심리치료가 가장 필요한 경계선 성격장애 환자를 대상으로 수용전념치료와 심리 유연성 원리를 적용한 이 책은 진작 나왔어야 할 책이다. 패트리샤는 이 책에서 경계선 성격장애의 치료와 관련한 일부 미신에 도전한다. 중요한 삶의 지식과 기술을 배우는 일련의 경험적이고 교훈적인 방법을 활용한 주의 연습은 경계선 성격장애 내담자와 씨름하는 모든 실무자에게 도움이 될 것이다. 추가로 '토막 논평'을 통해 풍부한 이론을 소개하면서 수용전념치료와 경계선 성격장애 및 감정 조절을 보는 유익한 관점을 통합하고 있다. 이는 임상 실제뿐 아니라 개념적으로도 치료자의 레퍼토리를 확장해 줄 것이다.

– **바르토스 클레슈치**Bartosz Kleszcz,
문학석사, 폴란드의 수용전념치료자 및 연구원

패트리샤 주리타 오나는 범진단적이고 비선형 모델인 수용전념치료를 감정 조절 문제에 대한 단계별 치료 접근 방식으로 변환하는 데 성공했다. 과학적인 참고 자료를 바탕으로 집단 치료에 좋고 개인 치료 용도로도 수정해서 사용할 수 있는 창의적 연습, 워크시트, 핵심 가르침 요점, 체험적인 수용전념치료, 주간 실습 등으로 가득 차 있다. 임상가는 분명 이러한 실용적이고 포괄적인 내용에 감탄할 것이다. 이제 수용전념치료를 기반으로 바로 써먹을 수 있는 경계선 성격장애 치료에 특화된 프로그램을 가지게 되었다.

– **루 라스프루가토**Lou Lasprugato
결혼 가족 치료자(MFT), 건강과 힐링을 위한
서터 건강연구소에 있는 동료 심사를 거친 수용전념치료 훈련가

너무 많이 너무 빨리 자기 패배적 방식으로 행동하는 사람을 어떻게 도울 수 있을까? 패트리샤 주리타 오나가 쓴 이 책은 수용전념치료를 사용하여 '슈퍼필러'가 자

신의 감정, 생각, 신체를 건강하게 인식하고, 중요한 것과 능숙하게 연결하도록 느낌에서 지혜를 찾게 한다. 이 책은 보물로 가득 차 있다. 정말 유용한 은유와 연습, 감정 조절에 관해 이해하고 말하게 하는 실용적 접근, '슈퍼필러'의 요구를 충족시키는 매력적이고 효과적인 모듈, 치료의 일반적인 함정을 인식하고 대응하기 위해 힘겹게 얻은 지혜의 보고이다. 훌륭한 유머, 지성, 연민으로 쓴 Z박사의 교재를 진심으로 추천한다.

– 에릭 모리스 Eric Morris

심리학 박사, 호주 멜버른 라 트로브 대학교 선임 강사 겸 심리학 클리닉 디렉터,
맥락행동 과학협회 펠로우, 『정신증의 회복을 위한 수용전념치료』의 공동 저자

패트리샤는 감정 조절을 접근할 수 있도록 예리하게 해체하여, 깊고 강렬한 감정을 경험하는 개인에게 수용전념치료가 어떻게 심리 유연성을 촉진할 수 있을지를 보여 준다. 특히 치료를 업으로 하는 사람으로서 진단의 꼬리표를 붙이지 않고 모든 내부 경험을 위한 공간을 만들고, 삶을 잘 살아내는 새로운 기술을 도모하는 의미 있는 행동에 들어가도록 하는 이 책의 소중함을 알게 된다. 새롭고 매력적인 내용으로 마음을 가볍게 하는 이 교재는 그 자체로 유연하며, 진행자 또한 자기 경험을 탐색하도록 초대한다. 이는 서비스를 찾는 사람뿐 아니라 스스로 '슈퍼필러'라 생각하는 치료자까지 품을 수 있는 그야말로 멋진 책이다.

– 루이스 상귄 Louise Sanguine

캐나다 캘거리에 있는 청소년 중독 및 정신 건강 외래 환자 프로그램을 위한
남부 앨버타 건강 서비스 캠퍼스의 직업 치료자 및 심상 심리서비스 컨설턴트

매일 많은 사람이 감정 조절에 어려움을 겪고 있다. 패트리샤 주리타 오나는 수용전념치료라는 효과적인 과학을 가지고 '슈퍼필러'의 엄청난 민감성을 마주한 치료자로서의 도전을 다루고 있다. 이 책은 예제, 연습, 가르침 요점 등으로 수용전념치료의 기술을 구축하는데 특별한 관심을 기울인다. 패트리샤는 전문가답게 감정 조절의 맥락적 이해를 쉽게 설명하여 초보 치료자도 이 책의 혜택을 누릴 수 있게 한다. 나는 이 책으로 경계선 성격장애 집단을 치료하는 치료자가 수용전념치료에 더 쉽게 접근할 수 있을 것이라 확신한다.

- 신듀 비에스 Sindhu BS

석사, ACBS 인도 지부 설립자 겸 회장, 인도 방갈로르에서 개인 진료를 하는 치료자

패트리샤 주리타 오나는 이 강력한 책에서 과정 기반과 수용전념치료를 통해 감정 조절 문제에 개입하는 방법을 단계별로 안내한다. 패트리샤는 친절하고 정확하게 경계선 성격장애를 개념화하는 방식에 있어 강력한 패러다임 전환을 이끌고 있다. 많은 진단의 기저에 있는 과정이기도 하고, 강력한 치료 개입 시 주된 목표가 되는 감정 조절을 강조한다. 여기에 정확하게 설명된 도구와 전략을 가지고 다양한 임상 요구에 강력하게 대응할 수 있다는 것이 이 책의 장점이다.

-데지레 다 크루즈 카사도 Desiree da Cruz Cassado

임상 심리학자, 수용전념치료 치료자, 교사 및 과정 기반 개입 애호가로 집단과 개인의 감정 알아차리기를 높이기 위한 전략 개발에 전념 중이다.

감정은 어떻게 조절되는가

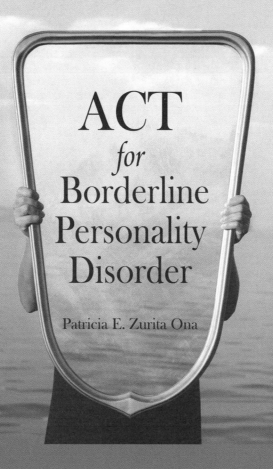

ACT
for
Borderline
Personality
Disorder

Patricia E. Zurita Ona

곽욱환 조철래 · 옮김

경계선 성격장애의 수용전념치료

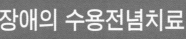
삶과지식
Life and Knowledge Publishing

2018년 미국에서 2,000명 이상의 아이가 부모와 분리되어 우리에 갇힙니다. 정부는 이를 '쇠창살 공간'이라 부릅니다.

이 원고를 보이지 않는 자, 감추어진 자, 약자, 집을 떠난 자들에게 바칩니다.

당신이 어디에 있든 나는 당신을 생각하며 이 책을 썼습니다.

- 주리타 박사

| 목차 |

---

1) 역주:이 책에서 notice는 '알아차리다'에 '주의를 두다'가 추가된 느낌으로 알아채다, aware는 알아차리다, appreciate를 알아봐 주다, recognize를 인식하다, acknowledge를 인정하다 로 번역했다.

| 추천사 |

누군가가 나에게 "수용전념치료는 감정 조절을 포함하지 않습니다." 또는 "경계선 성격장애가 있는 경우 수용전념치료를 할 수 없습니다."라고 말할 때마다 1달러씩 받았다면, 나는 지금 이중 코팅된 초콜릿 팀탐tim tam[1], 마블 만화, 좀비 영화, 콜디 coldies[2] 등 아주 즐겁긴 하지만 풍요롭고 의미 있는 삶을 사는 데는 꼭 필요치 않은 많은 것에 돈을 쓰느라 바빴을 것입니다. 많은 사람이 수년에 걸쳐 나에게 이러한 퍼피furphies[3]를 반복했지만, 불행하게도 나는 이러한 수고로움에 대해 단 한 푼도 받지 못했습니다. 그래서 오늘 밤 필요하지 않은 일에 충동적으로 돈을 쓰는 대신 컴퓨터 앞에 앉아 이 추천사를 쓰고 있습니다.

(맞습니다. 나는 내 글이 그다지 심오하거나 영감을 주는 추천사가 아님을 알고 있습니다. 패트리샤가 이를 원했다면 스티브 헤이즈에게 요청해야 했습니다. 하지만 긍정적으로 본다면 나는 독자들이 이 책을 실제로 읽어보고 싶게 매우 짧은 추천사를 쓰겠습니다.)

자, 그럼 가스배깅gasbagging[4]은 그만하고 본론으로 들어가겠습니다. 이 책은 수용전념치료 공동체에 큰 선물입니다. 왜일까요? 패트리샤 주리타 오나는 지금까지 수용전념치료가 할 수 있다고 깨닫지 못했던 새로운 영역에 수용전념치료를 끌어들이는 흥미로운 일을 하기 때문입니다. 책을 읽으면서 감정 조절이 수용전념

---

1) 호주의 국민 별미, 미각을 놀라게 하고 더 많은 것을 요구하게 만드는 일종의 초콜릿 비스킷.
2) 시원한 맥주를 뜻하는 호주식 용어.
3) 거짓 이야기를 뜻하는 호주 용어.
4) 중요하지 않은 것에 관해 이야기하는 호주 용어.

치료의 중요한 부분임을 발견하게 될 것입니다. 비록 우리가 다른 치료 모델과 다른 방식을 가지고 있지만, 감정 조절 부전으로 고통받는 내담자를 돕는 방법은 많습니다. 특히 '경계선'이라는 무서운 진단명이 붙여진 내담자와 함께 수용전념치료를 효과적으로 사용하는 방법을 배우게 될 것입니다.

그런데 내가 왜 이 모든 걸 당신에게 말하는 걸까요? 아마도 당신은 곧 책을 읽고 이를 스스로 알게 될 것인데 말이죠. (영화를 보기 전에 결말을 말하는 것과 같네요. "오, 맞아요. 결국에는 좀비들이 그를 잡습니다.") 글쎄요, 제가 이 책에 열광rapt[5]해서 이 말을 하는 것 같습니다. 나는 패트리샤가 우리 모두, 즉 치료자와 내담자 모두의 이익을 위해 이 황금 같은 정보를 외부에 알리는 어려운 일yakka[6]을 해냈다는 사실을 보고 정말 매료stoked[7]되었습니다.

그리고 나는 말해야 합니다. (음, 굳이 말해야 하는 것은 아니겠지만 나의 가치에 기반한 선택으로서 의식적으로 말하겠습니다.) 이 책은 틀림없이 우리가 수년 동안 본 수용전념치료를 적용한 가장 획기적인 교과서라고요. 굉장한 딩쿰dinkum[8]입니다!

이 책을 읽으면서 우리는 감정 조절을 개념화하는 방식에 있어 중요한 패러다임의 전환을 경험하고 이 영역의 문제로 고통받는 사람에게 수용전념치료를 전달하는 방법을 배울 것입니다. 패트리샤가 이를 위해 단계별로 무엇을 해야 하는지, 왜 해야 하는지, 어떻게 하면 효과적으로 할 수 있는지를 훌륭하게 보여 줍니다.

현실은 감정 조절 장애가 많은 경계선 성격장애뿐만 아니라 많은 진단통계편람(이하 DSM) 장애의 핵심 요소입니다. 이는 내담자뿐만 아니라 타인과의 관계에서 엄청난 고통의 원천입니다. 그리고 흔히 도울 준비가 부족하다고 느끼는 치료자에게 큰 어려움을 안겨줍니다. 우리 모두 그러한 내담자를 도우려고 노력했지

---

5) 매우 흥분됨을 뜻하는 호주 용어.
6) 열심히 일하는 것을 뜻하는 호주 용어. 야카yakka는 유난히 단단한 목재의 일종.
7) 매우 흥분된다는 뜻의 또 다른 호주 용어.
8) 진실, 진실한을 뜻하는 호주 용어.

만, 비참하게 실패하여 웨리비 오리weribee duck[9]처럼 슬프거나 잘린 뱀cut snake[10]처럼 화가 난 경험이 있습니다.

자. 좋은 소식은 이 책이 당신을 훌륭하게 준비시켜 줄 것이라는 점입니다. 당신은 내담자가 자신의 감정 고통을 훨씬 더 유연하게 다루는 방법을 배움과 동시에 이를 마주하면서 의미 있는 삶을 살도록 도울 수 있습니다.

이 시점에서 당신은 "생새우를 가지고 오지 마, 친구Don't come the raw prawn with me, mate![11]!"라고 생각할 수 있습니다. 그렇다면 그것은 (호주인에게는) 지극히 정상적인 생각입니다. 그러니 제 말을 받아들이지 마십시오. 책을 읽고 직접 확인하십시오.

글쎄요, 잡소리yabbering[12]를 그만하는 게 좋겠죠, 그렇지 않으면 당신은 내가 자존심이 세다고 생각하시겠죠I've got tickets on myself.[13]

안녕hooroo[14]!

– 러스 해리스[15]

멜버른, 오스트레일리아

2019년 5월 5일

---

9)결과에 매우 실망했다는 뜻의 호주 용어. Weribee는 세계 최대 규모의 하수 처리장 중 하나이다.

10)매우 화가 난다는 뜻의 호주 용어.

11)"속이려고 하지 마세요!"를 뜻하는 호주 용어.

12)너무 많이 말하는 것을 뜻하는 호주 용어.

13)자존심이 크다는 뜻의 호주 용어.

14)작별 인사를 뜻하는 호주 용어.

15) 역주: 해리스가 이렇게 많은 호주 용어를 사용한 것은 아마도 독자에게 자신의 감동을 객관적으로 바라보라는 탈융합적 의도로 보인다.

이 책의 원저 제목은 경계선 성격장애를 위한 수용전념치료Acceptance commitment therapy for Borderline Personality disorder이다. 지극히 실무적인 제목이고 기껏해야 '감정 조절 부전 내담자를 위한 유연한 치료 계획'이라는 부제가 붙은 정도인데 한글판 제목을 『감정은 어떻게 조절되는가』라고 다소 거창하게 정한 데에는 나름의 이유가 있다(이 책은 정신건강 전문가를 대상으로 집필된 책인데 혹시 일반인으로서 제목에 혹해 구매했다면 용서를 바란다).

첫째 이유는 (이미 눈치챈 독자들이 있을 수 있지만) 역자들은 이 책을 리사 펠드먼 배럿의 명저 『감정은 어떻게 만들어지는가 How emotions are made』(2018)에 대한 대답으로 보았다.

수년 전 역자들이 배럿의 책을 처음 접했을 때의 충격은 아직도 가시지 않는다. 배럿은 그동안 우리가 감정에 대해 알고 있던 상식 대부분이 틀렸다는 반직관적인 견해를 제시했기 때문이다.

현재까지의 감정 이론을 크게 구분하자면 (사회 구성주의 감정 이론은 논외로 하고) 세 가지이다. 우리가 심리 관련 책에서 주로 접한 이론은 진화적으로 감정의 종류가 미리 정해져 있다는 기본 감정 이론이다. 이후 인지과학이 대두되면서 인지적 해석을 중요하게 보는 감정 평가이론이 제시된다. 이 두 가지가 주류인 상황에서 그녀는 감정은 순간순간 구성되는 것이며 감정의 생성과 조절이 별개 과정이 아니라 하나라고 주장한다. 우리 스스로가 감정을 구성하는 설계자라는 관점을 강조했다. 이를 심리 구성주의 감정 이론이라 부른다.

배럿의 얘기를 듣는 순간 우리는 바로 이 견해가 대세가 될 것임을 예감했다. 역자들의 임상 경험과도 너무나 잘 부합되었기 때문이다. 하지만 이 이론을 임상에서 구체화하려면 어떻게 해야 하는지에 대해 배럿의 책에는 나오지 않는다(배럿의 이력 중 잠깐 임상을 보았던 적이 있었다지만 현재 배럿은 저명한 뇌과학자이다!). 감정 조절에 관해 감정 입자도를 높이고 신체 예산을 관리하라는 정도의 힌트만 있다. 우리는 패트리샤 주리타 오나가 이 책을 통해 배럿의 주장을 임상에 잘 녹여내고 있다고 본다.

둘째 이유는 '조절'에 관한 환상을 부각하고 싶었다.

엄밀히 말해 구성주의 감정 이론에서는 감정은 조절되는 것이 아니다. 생성과 조절이 하나이기 때문에 감정을 잘 생성하는 것이 조절하는 것이 되고, 역으로 감정을 잘 조절하려면 적절한 감정을 생성하면 된다.

'적절한 감정의 생성'이라는 게 무슨 말일까? 기본 감정 이론이나 평가이론으로 보면 맞는 감정이 있고 틀린 감정이 있으며 정확한 감정이 있고 부정확한 감정이 있다. 하지만 구성주의 감정 이론에서는 그저 그 상황에 적절한 반응(감정 행위)을 하면서 신체 예산을 줄일 수 있으면 충분하다고 본다.

이것을 심리치료로 가져온다면 그 상황에서 행동이 개인의 목표나 가치와 부합할 때 적절한 것이라 볼 수 있고, 이를 가장 잘 담아낼 수 있는 치료 중의 하나가 수용전념치료라고 생각한다. 어떤 의미에서는 개별화된 기능 분석과 심리치료에 가치를 적극적으로 도입하는 것이 구성주의 감정 이론의 치료적 완성이라 볼 수 있겠다.

마지막으로 수용전념치료 측면에서 본다면 이 책은 커다란 선물이다. 러스 해리스의 추천사에서처럼 그동안 수용전념치료는 철학적 입장만 강조하고 임상 실제에서 심한 증상의 환자에게 적용하기 만만치 않다는 비난을 받았었다.

역자들은 이 책 하나로 그러한 오명의 상당 부분을 해소할 수 있으리라 본다.

가장 심각한 환자로 분류하는 경계선 성격장애를 치료한다니 말이다. 수용전념치료를 연구하고 구성주의 감정 이론에 동의하는 역자들로서는 너무나 반가운 책이 나온 것이다.

책 내용에 대한 요약은 아래 다섯 가지 항목을 기억하면 된다. 너무 빨리 너무 많이 느끼고 너무 즉시 행동하는 슈퍼필러(책에서는 경계선 성격장애라 부르지 않고 슈퍼필러로 지칭한다)를 위한 지침이다. 책을 읽다가 흐름을 놓치면 이 페이지로 오면 된다.

1. 알아채기noticing
2. 명명하기naming
3. 가장 의지했던 행위의 실효성 확인하기checking the workability of go-to actions
4. 가치 확인하기checking values
5. 가치 기반 행동 선택하기choosing a value-based behavior

매번 번역 작업 중 괴로울 때마다 이번이 마지막이라 다짐하지만, 새로운 시각과 정보를 가르쳐주는 좋은 책과의 만남은 이 수고스러운 과정을 다시 반복하게 한다. 늘 이런 동기부여의 한 축인 맥락행동과학 연구회 동료들에게 이 책의 메시지를 전달하고 싶다.

2024년 5월

곽욱환, 조철래

| 서론 |

강력한 연구가 뒷받침되어 있긴 하지만 수용전념치료는 일반적으로 복잡하고, 배우기 어렵고, 혼란스럽고, 너무 많은 은유와 어리광스러운 연습으로 가득 차 있으며 기능이 좋은 내담자에게만 해당한다고 알려져 있다. 이를 감정 조절에 적용했을 때 수용전념치료는 너무 추상적이고 비선형적이어서 내담자에게 가르칠 수 있는 특정 기술이 부족하다고 말한다.

이 책은 이러한 모든 개념을 해체하고 너무 많이, 너무 빨리 느끼고, 너무 즉시 행동하는 내담자와의 임상 작업에 맥락행동 과학인 수용전념치료를 어떻게 적용할 수 있는지 보여 주려는 시도이다.

완벽하지는 않겠지만 나는 이 책에서 감정 조절을 위해 수용전념치료 치료를 회기 별로 만들어 이를 모으고 구성하기 위해 최선을 다했다. 수용전념치료를 뒷받침하는 감정 과학, 정서 신경과학의 핵심 개념을 간략하게 안내하고 수용전념치료 렌즈를 통해 감정 조절의 구성 요소를 재개념화했다. 각 장에는 '토막 논평'이라는 단편이 제공될 것이고, 웹 사이트(http://www.newharbinger.com/41771)에서 내려받을 수 있는 다양한 자료가 있다. 근본적으로 이 책은 슈퍼필러super-feelers[1]가 새롭고 의미 있는 방식으로 세상을 경험하도록 돕는다. 다시 말해 자신의 고통에서 도망칠 필요 없이 개방성, 감사, 호기심으로 고통을 갖는 법을 배운다.

지난 14년 동안 나는 수용전념치료를 특정 행동 레퍼토리에 적용하는 방법을

---

1) 역주: 우리말로 초감각자나 초느낌자로 번역하려 했으나, 경계선 성격장애라는 용어가 주는 기존 통념에서 벗어나려 새로운 용어를 창조한 저자의 의도를 살려 역자도 슈퍼필러라는 용어를 그대로 사용하기로 했다.

알아내는 데 다소 집착했다. 당신이 손에 들고 있는 이 책은 이러한 임상 노력의 일부이다. 수용전념치료의 용어로 말하자면 맥락행동 과학을 인간 투쟁의 특정 영역에 적용하고 보급하려는 나의 전념 행동이었다.

이 책은 감정 조절을 위한 수용전념치료를 회기별로 보여 주는 학술 서적이겠지만 슈퍼필러의 투쟁을 과소평가하거나, 모델의 유연성을 변경하거나, 임상 기술을 제한하거나, 로봇이 되라고 요구하지 않는다. 단지 당신과 함께 일하는 슈퍼필러를 위한 수용전념치료의 표적화된 개입을 보여 준다.

나는 내가 태어난 볼리비아의 덥고 습한 날씨에 맛있는 차 한 잔을 마시며 이 책을 마무리했다. 당신이 어디에 있든 이같이 하도록 초대한다. 편안한 자세로 좋아하는 음료를 마시면서 필요하다면 포근한 담요를 덮고 책 내용을 자세히 살펴보길 바란다. 그리고 가장 중요한 것은 **그것과 함께 중요한 무엇인가를 하는 것이다!**

PART 01

기본 사항
The Basics

Acceptance &
Commitment Therapy
for BPD

—

Chapter 01

감정 조절이란 무엇인가?
What Is Emotion Regulation?

경계선 성격장애를 다루는 책에 감정 조절이 있는 이유가 궁금할 수 있다. 나의 반응은 이러하다.

당신이 경계선 성격장애를 묘사하는 지형학적 또는 진단적 설명은 제쳐두고 이러한 내담자가 겪고 있는 핵심 투쟁을 살펴본다면 한 인간으로서 실효성 없고 비효율적인 행동을 통해 감정 경험의 성분을 경직되게 제거, 억제, 변경하려고 시도하는 만성적인 패턴을 인식할 수 있을 것이다.

현재 경계선 성격장애와 관련한 문헌 대부분은 이러한 투쟁을 인지 조절 부전, 정서 조절 부전, 행동 조절 부전, 자기 조절 부전을 특징으로 하는 감정 조절 부전 문제로 언급한다.

계속 읽기 전에 나는 다음 내용의 강력한 지지자라는 것을 미리 말하고자 한다.

1. 감정 조절은 정상적으로 경계선 성격장애 내담자뿐만 아니라 모두가 겪는 자연스럽고 정기적이며 보편적인 인간 과정이다. 예를 들어 당신의 하루를 생각해 보라. 가볍거나, 중간, 또는 강렬하게 항상 적응해야 하는 감정이 있

지 않은가? 그 느낌에 따라 행동하고 싶은 촉박감urge[1]이 있지 않은가? 어떤 일이 떠올라 어떤 느낌이 들 때 표정을 짓거나, 움직이거나, 일어서지 않는가? 진실은 우리가 끊임없이 감정에 대해 반응할 때 때로는 효과적이고 성공적으로 우리가 되고 싶은 사람과 일치하는 방식으로 조정하고 있지만, 때로는 감정의 꼭두각시가 된다는 것이다.

2. 감정 조절 문제는 경계선 성격장애 내담자에게만 해당한다는 생각을 해체한다. 임상적으로 외상후스트레스장애, 강박장애, 공포증, 아스퍼거장애, 약물남용 등을 보이는 내담자는 자신의 느낌과 관련된 반응을 관리하는 데 상당한 어려움을 겪는다.

3. 감정 조절은 조절에 문제가 있고 없고 식의 이분법이 아니라 각기 다른 감정 상태를 다루는 연속성 상의 어려움으로 이해한다.

4. 감정 조절을 다른 심리 과정의 성과, 소산 또는 결과로 개념화한다. 예를 들어 내담자가 감정 조절 문제를 마주하고 있다고 해서 그것만으로는 주어진 순간에 내담자의 비효율적인 행동을 유발하는 것이 무엇인지 말해주지 않는다.

5. 우울과 공황에서 경계선 성격장애에 이르는 다양한 심리 문제를 지형학적으로 각기 다르게 기술記述한다 하더라도 감정 조절의 실패가 관련되어 있음을 강조한다.

6. 감정이 '행동의 원인'이라는 생각을 거부하는 대신 '감정과 관련한 이야기' 또는 '규칙과의 융합'이 행동을 일으킨다고 제안한다.

7. 행동 조절 부전은 자해, 자살 시도 또는 과도한 음주와 같은 극단적인 충동 행동만을 뜻하는 것이 아니라, 그 정도의 경중은 있으나 한 사람의 가치와 일치하지 않는 실효성 없는 모든 행동 패턴을 의미한다고 본다.

---

[1]역주: urge를 impulse(충동)와 구분하기 위해 '촉박감'으로 번역함. 환자에게 읽어주는 지시문 안에는 부자연스러움을 피하기 위해 '충동(촉박감)'으로 표시했다.

이어지는 세 개의 장에서 나는 이러한 생각들을 다시 살펴보고 이 치료를 가능케 하는 뼈대를 이해할 수 있도록 개념적, 임상적 근거를 제공할 것이다. 당신은 감정 조절의 개념이 어떻게 바뀌고 변화했는지, 지금 바로 임상 작업을 할 때 그것은 어떤 의미가 있는지, 내담자와 감정 조절 작업을 할 때 흔히 갖는 오해에 대해 잘 알게 될 것이다.

이 장의 끝에 이 모든 것이 서로 뜻이 통하도록 내가 제안하는 감정 조절의 정의를 살펴볼 것이다. 이 정의에 기초하면 각기 다른 감정 조절 문제가 하나 또는 그 이상의 문제를 가진 내담자의 투쟁을 이해할 수 있는 뼈대가 됨을 알 수 있다.

감정 조절의 구성 요소를 이해하는 배경

감정 조절이 하나의 개념으로 등장한 건 대처를 말하는 문헌에서 시작되었다. 여기서는 감정 상태를 조절하고, 관리하고, 극복하기 위한 커다란 행동 목록의 일부로 개념화했다(Lazarus & Folkman, 1984).

수년에 걸쳐 그 구성 요소는 유의미하게 진화해 왔고 임상가 대부분은 임상 심리학 저작물을 통해 그 내용을 잘 알고 있다. 하지만 임상 심리학 이외의 분야에서 이를 광범위하게 연구한 곳이 두 곳이다. 정서 신경과학과 정서 과학 분야이다.

무엇이 감정 조절이고 무엇이 아닌지를 넓은 시야에서 보기 위해 각각의 분야에서 말하는 감정 조절의 핵심 발견, 그것의 기여 및 개념화를 살펴보고자 한다.

임상 심리학

행동치료나 인지행동치료에서 감정이나 느낌을 모호한 단어로 본다는 비판을 받았지만, 매우 초기부터 감정을 인식하고 있었다는 증거가 있으므로 이는 비판을 위한 비판일 뿐이다.

행동주의의 아버지 중 한 명인 B. F. 스키너는 감정적 풍경을 무시한다는 비판을 받았으나 그가 명시적으로 그렇게 선언한 바는 없다. 그는 사실 감정과 같은 연구할 가치가 있는 사적 사건이 있을 수 있다는 것을 분명 인식했다. 다만 결코 그것을 추구하지 않았으며(Skinner, 1953), 감정이 있다면 그것은 행동의 실제 원인이 아니라 설명을 위한 허구일 것이라 주장했다(Skinner, 1953, p. 160).

감정은 또한 다양한 임상 치료에서 자신의 역할을 부여받았다. 예를 들어 공포증과 불안을 치료하는 고전적 노출 기반 치료 또는 (감정처리 이론에서 나온) 외상을 치료하는 지속노출치료(Foa & Kozak, 1986)는 행동 이론 안에서 감정이 역할 하는 분명한 사례이다.

감정이 완전히 개념화되거나 오늘날의 방식으로 이해되지 못한 것은 사실이지만 무시된 것은 전혀 아니다. 행동 및 인지 치료의 발전에서 어쩌다 개념이 생겨났으나 심리 투쟁을 개념화할 때 그 나름의 역할을 분명 가지고 있다.

인지심리학과 인지행동치료가 주도한 90년대에는 감정을 생각이라는 왕국의 하인으로 보았다. 이때 사고[2]가 행동과 느낌을 정의하고 거기에 영향을 미친다는 고전적인 인지행동치료의 공식화가 대중화되었다. 그 결과 불안, 공포, 우울 및 기타 심리 상태의 치료에 인지 재구조화가 추가되고 학술 및 임상 환경에서 프로토콜로 치료하는 다양한 방법이 개발, 출판 및 장려되었다.

예기치 않게 마텔, 애디스 및 제이곱슨은 우울증이 있는 내담자를 위한 세 가지 다른 개입 , 즉 (행동과 인지 개입을 모두 포함한) 인지행동치료 프로토콜, (인지 재구조화가 빠진) 행동 활성화, 약물치료 셋을 비교 연구했다(Martell, Addis, Jacobson, 2001). 결과는 세 가지 개입 모두 효과적이지만 행동 활성화가 약물치료만큼 효과적이면서 인지행동치료 프로토콜 치료보다 우수하다는 엄청난 놀라움을 보여 주었다. 회의적 시각이 있을 경우를 대비하여 저자들은 두 번을 반복하여 같은 결과를 얻었다.

위의 연구는 변화를 불러온 매개와 동인을 모른 채 치료 결과에만 초점을 맞춘

---

2)역주: 이 책에서 대부분 thought를 사고, thinking을 생각이라 번역하지만, 지시문 등에서 자연스러운 흐름을 위해 혼용한 곳도 있다.

조사 연구의 한계를 인정하게 된 것 하나와, 인지 재구조화가 치료 결과와 관련하여 한계가 있음을 보여 줬다는 두 가지 점에서 중요한 의미가 있다.

변증행동치료, 마음챙김 기반 인지치료, 마음챙김 기반 스트레스 감소, 수용 기반 행동치료 같은 3동향 치료의 출현은 체험 회피 및 감정처리와 같은 생각이 아닌 다른 심리 과정이 치료 결과와 관련된 변화의 매개자라는 인식을 강조했다.

아래에서 감정의 기능을 강조한 (가장 잘 받아들여진) 연구 기반의 치료법에 대해 간략히 살펴볼 것이다. '간략히'라고 말한 것은 농담이 아니다. 나는 각 치료 모델에 관해 두 단락으로 작성하는 데 도전했다. 그러니 다음 몇 페이지에 걸쳐 수많은 전문 학술 용어를 읽어야 하는가로 미리 걱정하지 말기 바란다!

변증행동치료(Dialectical Behavioral Therapy, DBT)

변증행동치료의 설립자인 마샬 리네한은 경계선 성격장애와 감정 조절의 이해에 크게 이바지했다. 그녀는 DSM-Ⅲ에서 제안한 진단 기준을 재구성하여 경계선 성격장애를 인지, 대인 관계, 정서, 행동 조절, 자기 조절 다섯 가지 영역에서 기술技術의 결함이 있는 감정 조절 문제로 재개념화 했다(Linehan, 1993; Linehan, 2015). 경계선 성격장애 내담자는 감정 조절로 고통을 받는 것인데 사람들이 이를 두고 남을 조종하려 하고, 비합리적이며, 연극적이거나, 이기적인 것으로 봐서 치료할 수 없는 상태라고 생각했기 때문에 이러한 재개념화는 이 장애에 붙어있는 낙인을 없애는 중요한 단계가 되었다.

감정 조절을 보는 리네한의 이해는 경계선 성격장애가 있는 내담자뿐만 아니라 범불안장애, 반복 신체 초점 행동, 섭식장애, 약물 남용, 외상 같은 다른 증상을 가진 내담자에게도 변증행동치료의 보급을 촉진했다(Dimeff & Koerner, 2007). 감정 조절 문제가 있는 내담자를 치료하는 변증행동치료의 효능은 의심의 여지가 없다.

감정 도식 치료(Emotional Schema Therapy)

로버트 리히, 덴니스 틸츠 및 리사 나포리타노는 아론 백 모델, 즉 인지 모델에 따라 '감정을 사회적 인지의 대상으로 보는 메타 인지 또는 메타 체험 모델'을 언급하면서 감정 도식 치료를 제안했다(Robert Leahy, Dennis Tirch, Lisa Napolitano, 2011; Leahy et al., 2011, p. 19).

이 모델에 따라 14개의 감정 도식 차원을 평가했을 때 각자는 자신의 감정 경험을 인지적으로 이해하는 정도가 다르고, 여기에 대처함에 있어서도 인지 전략(예: 걱정, 반추 또는 다른 사람 비난), 체험 회피(주의 분산, 회피, 해리, 무감각, 음주 및 억제), 기타 전략 등으로 각기 다른 전략으로 반응한다고 보았다. 저자들은 감정 도식을 다루기 위해 감정 도식의 식별, 수인, 마음챙김, 수용과 기꺼이 함, 자비 마음 훈련, 인지 재구조화, 스트레스 감소 및 정서 처리 증강 같은 전략을 제안했다.

마음챙김 및 수용 기반 행동치료(Mindfulness and Acceptance-Based Behavior Therapies)

마음챙김 기반 스트레스 감소, 마음챙김 기반 인지치료 및 수용전념치료 등의 수용 기반 치료는 감정과 같은 내부 경험과 관계하는 방식에 문제가 있을 때 이것이 어떻게 정신 병리의 핵심이 되는지를 보여 주는 연구 결과를 활용했다.

예를 들어 일부 연구에서 불안 민감성(불안한 경험을 두려워함)과 체험 회피(생각, 감각 및 감정의 회피)가 불안, 만성 통증, 외상, 음주, 문제성 흡연, 섭식장애, 경계선 성격장애 및 우울증을 비롯한 여러 심리 문제와 관련이 있음을 보여 주었다(Roemer, Arbid, Martinez, & Orsillo, 2017).

감정 조절 치료(Emotion regulation therapy, ERT)

더글라스 멘닌과 동료들은 불안 문제 특히 범불안장애를 이해하기 위한 감정 조절 모델을 개발했다.

이 모델에 따르면 감정 조절 부전은 감정의 강도 증가, 이해 부족, 부정적 반응성, 부적응 감정 관리 반응을 보인다고 했다(Mennin, Heimberg, Turk, & Carmin,

2004; Mennin, Heimberg, Turk, & Fresco, 2002; Mennin, 2004; Mennin, 2006).

급진 개방 변증행동치료(Radically open DBT, RO-DBT)

급진 개방 변증행동치료는 강박장애, 편집성 성격장애, 회피성 성격장애, 신경성 식욕부진, 자폐 스펙트럼 장애, 내재화 장애, 치료 저항성 불안, 치료 저항성 우울 같은 과잉 행동의 조절을 주된 표적으로 하는 감정 조절 기반 치료이다.

급진 개방 변증행동치료는 일부 개인이 행동 조절 부전보다는 자신의 감정을 과잉 통제하거나 자기 통제로 싸우고 있다고 본다. 연구자들은 2018년 이전에 시행된 세 건의 무작위 임상 시험을 통해 저항성 우울증과 신경성 식욕부진에서 효과성을 입증했다(Lynch, Hempel, & Dunkley, 2015).

위에서 읽은 바와 같이 행동치료와 인지행동치료가 심리적 투쟁을 이해할 때 감정을 포함하지 않았다는 비판을 받았으나 감정은 절대 기각되지 않았고 각기 다른 역사적 시점에서 관련 연구가 진화하면서 통합되어 왔다.

이제 감정 조절을 정서 과학의 구성 요소로 살펴보겠다.

정서 과학

정서 과학 분야에서 제임스 그로스의 선구적 연구는 감정 조절과 관련한 대규모 연구의 전구체였으며 그 결과 유연한 감정 조절 모델의 개발로 이어졌다. 아래에 이 분야의 몇 가지 중요한 결과를 소개하겠다.

제임스 그로스가 정의한 감정 조절

그로스는 감정 조절을 이해하기 위해 상황 이전(선행 사건) 또는 주어진 상황에서(반응) 일어나는 조절 활동을 식별하는 데에 초점을 맞춘 과정 기반 모델을 제안했다. 그는 각 범주에서 특정한 조절 활동을 구분했다. 선행 사건 중심 전략에는 상황 선택, 상황 수정, 주의력 배치, 인지 변화가 있다. 반응 중심 전략에는 반응

조정(예: 감정 숨기기, 특정 감정을 느끼는 척하기)이 있다.

그로스의 작업은 개인의 감정 상태와 그 영향을 바꾸기 위해 어떤 조절 전략을 적용할지와 관련한 수백 가지 연구의 토대를 마련했다. 일관된 발견은 감정 조절 전략을 경직되게 도입할 때 임상 문제로 이어지는 경향이 있다는 것이었고 이는 전략의 사용에 있어 유연성이 중요함을 알려주었다. 이러한 발견이 알다오, 세페즈, 그로스가 감정 조절 유연성 모델이라고 불렀던 것의 토대이다(Aldao, Sheppes. Gross, 2015).

감정 조절 유연성

감정 조절 유연성 모델은 가변성과 유연성이라는 두 가지 변수에 주목한다. 알다오와 동료는 *가변성*은 '여러 상황에서 하나 이상의 감정 조절 전략의 사용'으로, *유연성*은 '환경에서의 자연스러운 변화와 가변성 사이의 관계'로 정의한다(2015).

알다오는 감정 조절 유연성을 높여 주는 개별 단계가 있다고 보았다. 즉, 각기 다른 유형의 평가 실습, 각기 다른 유형의 수용 실습, 넓은 범위의 감정 조절, 반-조절 전략, 사회적 맥락을 오가는 조절, 전략 간 전환 등이 있다.

정서 과학이 감정 조절의 이해에 어떻게 이바지했는지 요약하자면 (1) 감정 조절을 어떤 상황 전후에 개인이 느끼는 감정과 그것을 표현하는 방식에 영향을 주는 각기 다른 전략의 사용으로 인식한다. (2) 개인이 느끼는 감정에는 반드시 평가 과정이 있다고 본다. (3) 해석과 수용을 평가의 형태로 개념화한 것이다.

마지막으로 정서 신경과학이 감정 조절을 어떻게 이해해 왔는지 살펴보겠다.

정서 신경과학

리사 펠드먼 배럿과 리처드 데이비슨은 신경심리학 수준에서 감정을 연구하는 데 상당한 영향을 주고 있고 그들의 작업은 당신이 열렬히 배우고자 하는 16주 치료 프로그램의 개발에 영감을 주었다!

그들의 기여를 간단히 살펴보자.

리사 펠드먼 배럿

보스턴 노스이스턴대학의 신경 과학자인 리사 펠드먼 배럿은 서로 다른 문화권에서 감정의 보편성을 보려 했던 폴 에크만의 연구를 재현하고자 했다(2012). 그녀는 여러 번의 시도를 통해 에크만의 모든 연구 절차를 엄격하게 따랐음에도 불구하고 자신의 연구 결과가 에크만의 것과 매우 다르다는 것을 알아챘다.

전형적인 에크만 실험에서는 연구원이 참가자에게 특정 감정을 표현하는 얼굴을 보여 주고 주어진 단어 선택 목록에서 그 표정과 일치하는 감정 단어를 선택하도록 요청한다. 펠드먼 배럿은 이러한 실험 방법이 자연스럽게 참가자가 감정을 식별할 수 있는 옵션을 좁힐 뿐만 아니라 제시된 제한적인 옵션을 기반으로 단어를 선택하는 편향을 만들었다는 것을 발견했다.

그녀는 참가자에게 감정 단어 선택 목록을 제공하지 않고, 같은 표정을 보여 주면서 표정이 나타내는 감정을 자유롭게 선택하도록 요청했다. 이 연구 설계를 따랐을 때 에크만의 연구 정확도는 급격히 떨어졌다(Barrett, 2012).

배럿은 우리가 기존에 감정에 대해 알고 있다고 생각했던 것에 도전하는 *구성된 감정 이론*을 제안했다. 들을 준비가 되었나? 당신이 스카치를 마시는 사람이라면 배럿의 핵심 연구 결과를 읽을 때 그것이 필요할 수 있겠다.

1. 편도체가 뇌의 감정 중추라는 생각은 미신이다. 각기 다른 감정을 위해 실제로 우리는 뇌 전체의 신경 회로를 사용한다.

2. 감정이 보편적으로 같은 표정으로 표현된다는 생각은 미신이다. 같은 문화권에 속해 있거나 다른 문화를 가진 개인이 같은 감정을 경험할 수 있겠지만 표정에는 공통점이 있을 수도 있고 없을 수도 있다.

3. 감정은 단순히 우리에게 일어나는 것이 아니라 실제로 우리 뇌의 구성 또는 예측이며 생리적인 사건이다. 감정은 이전 학습을 기반으로 형성되며 과거에 경험한 신체/내수용 감각과 비슷한 걸 경험할 때 이전에 학습한 것이 활성화되고 뇌는 우리가 느끼고 있는 걸 빠르게 예측한다(이 부분이 행동 유연

성을 개발하는 데 있어 감정 입자도가 핵심인 이유이다).

4. 우리의 뇌에는 우리 내부에서 무엇이 일어나는지 예측하는 신경 모델이 있다. 원자료를 확인하지 않고도 매일의 삶에서 오로지 '예측 편향'에 따른 추론에 기반하여 무슨 일이 일어나고 있는지 예측을 만들어내기 위해 이 신경 모델이 활성화된다.

5. 감정은 언어 기반 추론이 매개한 존재론적 구성물이다. 그러고 나서 그 구성물이 감정 에피소드에 적용된다.

6. 우리는 *예측 오류*가 있어야 학습한다. 배럿은 뇌가 내부 세계와 상호 작용할 때 주어진 경험에서 감정 상태를 끊임없이 예측한다고 제안했다. 그런데 학습은 외부 세계와 내부 세계와의 상호 작용에서 예측이 틀렸을 때만 일어난다. 쉽게 풀어보자면 지금 뇌는 즉각적으로 "너의 심장이 빨리 뛰고 있으므로 이것은 불안하고 조심해야 한다는 말이야."라고 하지만 실제로 무슨 일이 일어나고 있는지 우리 몸으로 확인해야 할 때만 학습이 일어난다. 심장이 뛰는 것이 기쁨, 경외심 또는 행복과 같은 다른 많은 감정 상태의 신호가 될 수도 있기 때문이다.

배럿의 연구가 임상의에게 가지는 중요한 함의는 감정이 사람의 표정에 '보편적으로' 드러난다는 개념에 근거해서 가르치고 배웠던 것을 다시 생각해야 한다는 것이다(예를 들어 찡그린 얼굴은 분노이고 아래를 내려다보는 것은 수치심). 배럿 식으로 생각하면 한 사람의 한 가지 표정도 감정적으로 수백 가지 의미를 가질 수 있다. 그녀는 얼굴이 어떻게 보이는지에 따라 자동으로 의미를 도출하는 대신 그 사람의 경험에 대해 호기심을 가져야 한다고 말한다.

리처드 데이비슨

리처드 데이비슨은 마음챙김을 자신의 연구 핵심 요소로 삼아 철저하게 연구했으며 위스콘신 밀워키 대학에 있는 연구실은 미국에서 승려와 함께 뇌 연구를 수행하는 유일무이한 곳이다.

감정과 관련하여 데이비슨은 각 개인은 자신의 기질, 성격, 감정 성향, 감정 상태 등이 서로 영향을 주면서 별자리처럼 어우러지는 독특한 *감정 스타일*을 가진다고 했다. 그는 감정 스타일을 '특정의 식별 가능한 뇌 회로에 의해 지배되는... 우리 삶의 경험에 대응하는 일관된 방식'으로 정의한다(Davidson & Begley, 2012).

데이비슨은 이러한 감정 스타일이 여섯 가지 차원, 즉 회복력, 전망, 사회적 직관, 자기 인식, 맥락 민감성, 주의로 어떻게 평가될 수 있는지 보여 주었다. 이는 가르칠 수 있고, 훈련할 수 있고, 지도할 수 있다고 했다.

데이비슨의 연구는 마음챙김이 뇌 회로를 재구성하여 뇌 기능의 변화를 일으키고 새로운 감정 스타일을 개발하는 데에 도움이 될 수 있음을 보여 주는 충분한 자료를 제공했다.

감정 조절에서 세 가지 다른 분야(즉, 경험적으로 지지받는 치료, 정서 과학, 정서 신경과학)의 매혹적인 공헌을 읽은 우리는 이제 우리 분야와 일반 대중이 감정 조절을 더 잘 이해하고 있다고 기대해야 하지 않을까?

하지만 감정 조절에서 광범위한 오해는 지속되고 있다. 아래는 나의 임상 작업에서 내담자가 자신을 지각하는 방식뿐만 아니라 임상의가 내담자와 작업하는 방식에 영향을 미치는 감정 조절과 관련한 가장 흔한 오해들이다.

감정 조절과 관련한 오해

감정 조절은 과거의 개념화나 메시지로서는 오해하기 쉬운 구성 요소이다. 예를 들어 당신 앞에 있는 내담자를 당신이 어떻게 느끼는지에 따라 감정 조절을 진단한다거나, 감정 조절 문제를 겪고 있는 내담자는 항상 자해 행동을 할 거라는 가정은 틀렸다. 다음은 감정 조절과 관련한 가장 흔한 미신이다.

오해 1   높은 감정성을 보이는 내담자는 조절 부전 상태이다.

행동적으로 말해 감정 표현도는 문화에 의해 조형되는 행동이다. 라틴계, 이탈리아인, 히스패닉계와 같은 특정 문화 집단에서는 고조된 정서가 사회적으로 적절하다. 아시아나 북유럽 같은 문화 집단에서는 개인의 감정 표현을 최소화하도록 사회적으로 조형되었을 수 있다. 명심해야 할 중요한 점은 특정 집단 내에서 받아들여지는 감정 표현의 정도는 연속선상에 있으며 이는 사회적으로 강화되고 개인 학습 이력의 일부라는 것이다.

오해 2   내담자의 울음은 감정 조절 부전의 징후이다.

지도 감독 때 나는 종종 학생들이 치료실에서 일어나는 내담자의 눈물을 두고 "내담자가 조절 부전을 겪고 있다."라고 기술하는 것을 듣는다. 울거나, 화내거나, 심지어 비명을 지르는 것이 감정 조절 문제를 가리키지 않는다. 때에 따라 자신의 감정을 느끼고 행동하지 않는 사람이 있을까? 감정 반응성이 임상적으로 문제가 되는 것은 여러 가지 상황(예: 직장, 우정 관계, 가족생활)에서 일반적으로 이러한 행동의 빈도가 높을 때이다.

오해 3   외상 경험이 있는 내담자 역시 조절 부전 상태이다.

외상을 경험한 것이 만성적으로 조절 부전을 겪거나 경계선 성격장애 기준을 충족한다는 것을 의미하지 않는다. 임상의는 분명 외상이 내담자가 감정을 느끼고 행동 반응을 조절할 때 어려움을 겪게 하는 요인으로 생각할 수 있다. 하지만 감정 조절 문제는 행동 과잉이며 만성적인 문제임을 명심하라. 외상 이력이 있는 내담자가 회기에서 높은 정서를 보인다고 해서 이 사람에게 감정 조절 문제가 있는 것은 아니다. 자연스러운 조절 과정일지 하나의 문제일지는 행동 반응의 빈도와 만성화에 달려있다.

오해 4 감정 조절은 경계선 성격장애 내담자에게만 문제가 된다.

수년 동안 책에서 감정 조절을 경계선 성격장애의 핵심 양상으로 강조해 왔지만 최근 이러한 개념은 바뀌었다. 감정 조절은 모든 유형의 감정 장애에 적용되는 구성 요소이며 일부 연구 문헌상 불일치가 있지만, 기분 및 불안 장애의 유지 메커니즘이 감정 조절과 관련이 있는 것으로 보인다. 지난 수십 년 동안 임상 연구의 발전은 기분 및 불안 장애가 차이점보다 공통점이 많다는 것을 보여 주었다(Barlow, 2002; Brown, Ryan, & Creswell, 2007; Brown & Barlow, 2009). 감정 경험을 바꾸거나 수정 또는 피하려는 시도는 여러 임상 양상에서 공통으로 보이는 과정이다.

전업 치료자로서 나는 종종 경계선 성격장애 기준을 충족하지 않는 내담자와 작업을 했으나 이들도 역시 실효성 없는 감정에 이끌린 행동의 과잉으로 어려움을 겪었다. 몇 가지만 예를 들자면 강박장애, 외상후스트레스장애, 범불안장애, 주의력결핍 과잉행동장애, 아스퍼거장애 등이다.

오해 5 감정 조절은 여성의 문제이다.

역사적으로 여성에게는 감정적, ***반응적***, 비합리적이라는 꼬리표가 붙여졌으며 이것 말고도 여성의 감정 행동에 기초한 또 다른 꼬리표들이 주어진다. 안타깝게도 임상 자료를 볼 때 대부분의 연구에는 남성 참여자 수보다 여성의 수가 더 많다. 나의 짧은 소견으로는 진단 과정에서 일어나는 편견일 뿐이라 생각한다. 사실 분노와 투쟁하는 대부분의 남성 내담자가 감정 조절 부전의 특징을 가지고 있겠지만 과소 평가되거나 진단되지 않는다.

감정 조절의 재정의

수년에 걸쳐 연구자와 학자들이 서로 의견 차이를 보이면서 감정 조절은 논란이 많은 주제가 되었다. 연구자들은 감정 조절이 의도적인 변화 과정을 포함하는지, 행동의 결과만을 말하는지, 자동 반응만 포함할지, 의도적 반응까지 넣을지 의견이 분분하다.

최근 정서 과학, 신경과학 및 임상 심리학의 발전에 기초하여 나는 일반적으로 감정 조절을 다음과 같이 개념화한다. 감정 조절은 한 개인이 주어진 맥락 상황에서 자신에게 중요한 것을 기초로 작동하지 않고 비효율적이며 일치하지 않는 행동을 통해 감정 경험 성분의 수정, 변화, 변경을 시도하는 과정이다.

이 정의에 대해 몇 가지 분명히 해 둘 것이 있다.

1. **감정 조절은 사람들이 가지거나 가지지 않은 식의 이분법적 구성이 아니다.**
   심리 장애를 범주로 설명했던 사람들은 감정 조절 문제가 있는 사람과 그렇지 않은 사람이 나누어진다는 오해의 소지가 큰 개념을 계속 이어오고 있다. 현실은 우리 모두 끊임없이 매시간 우리의 감정 반응을 조절하고 있다. 때로는 효과적이고, 때로는 그렇지 않고, 때로는 적응적이고, 때로는 그렇지 않을 뿐이다. 행동 과잉으로 이끄는 비효율적인 조절 반응의 빈도가 높고 여러 번의 반응이 합쳐져 문제가 될 때 비로소 진단된다.

   나는 감정 조절을 어떤 사람이 연속선상에서 다양한 정도의 어려움을 겪는 것으로 개념화한다.

| 경증 | 중등도 | 중증 |

감정 풍경에 대응하지 않고 인생을 걷는 사람은 아무도 없다.

2. **감정 조절 과정은 곤란한 상황 이전, 도중 또는 이후에 일어날 수 있다.** 촉발 상황에 따라 감정 경험에 대응하는 것은 촉발 상황 이전, 촉발 상황 동안

또는 촉발 상황 이후에 일어날 수 있다. 예를 들어 회의에서 발표 요청을 받고 대중 연설 때의 두려움과 투쟁 중인 사람은 불안을 느꼈고 이를 진정시키기 위해 술을 마시기 시작할 수 있다. 그 상황 동안에도 자신의 두려움을 관리하기 위해 와인 한 잔을 들고 다닐 수 있다. 같은 사람이 발표가 끝나고 자신의 성과에 대해 좌절감을 느끼지 않으려고 몇 시간 동안 TV를 시청하면서 보낼 수 있다.

3. **감정을 변경하거나, 변화하거나, 심지어 억압하려는 노력이 모두 실효성 없는 행동은 아니다.** 수용전념치료에서 행동의 효율성 또는 실효성은 행동이 발생하는 맥락과 개인의 가치에 따라 정의된다. 예를 들어 친구와 대화하다가 갑자기 죽은 반려동물에 관해 들은 사람이 좌절감이나 슬픔과 함께 "나는 이 이야기를 듣고 싶지 않아."라는 생각을 할 수 있다. 이 행동은 회피이지만 친구와 계속 이야기를 이어가는 맥락에서는 실효성이 없는 것도 아니다.

위에 나온 일반적 정의에 따르면 감정 조절은 여러 임상 양상으로 나타나는 범진단 과정이고, 이렇게 볼 때 개인이 투쟁하는 더 넓은 범위의 문제를 이해할 수 있다. 또한 각기 다른 유형의 감정 조절을 생각해 보게 한다.

감정 조절의 유형

감정 조절은 개인적 가치와 특정 맥락과 시간 안에서 작동하지 않는 방식으로 자신의 감정을 변경, 변화, 수정, 억제하려는 노력으로서 기분 및 불안 장애, 경계선 성격장애 및 기타 임상 양상에 걸쳐 나타나는 범진단적 과정이라 볼 수 있다.

나는 감정 조절 문제를 두 가지 유형으로 제안한다.

단일 감정 조절 문제

우울, 사회 불안 및 범불안장애 등과 같이 단일한 감정을 조절하거나 억제하려는 특정 시도가 있을 때 단일 감정 조절 문제로 생각할 수 있다.

예를 들어 사회 불안증과 싸우고 있는 애니는 졸업 파티 초대를 받고 다른 사람들에게 오해받을까 봐 두려웠고 재빨리 그 두려움을 관리하기 위해 와인 한 잔을 마신다. 이것은 두려움의 감정 상태에 대응하는 자연스러운 과정이 어떻게 문제가 될 수 있는지를 보여 주는 예이다. 만일 애니가 자주 술을 마시는 행동을 하고 동료와 어울리는 모임이나 가족 행사를 피한다면 우리는 애니가 단일 감정 조절 문제를 가지고 있다고 말할 수 있을 것이다.

왜 그런지 궁금할 것이다. 내가 제안한 정의를 염두에 두고 보면 애니는 다른 사람과 연결되고자 하는 자신의 욕구와 일치 하지 않게 두려움이라는 감정 경험에 대해 음주와 회피 등의 경직된 행동을 보이면서 비효율적인 방식으로 대응하기 때문이다.

일반화된 감정 조절 문제

*일군의 감정 상태*가 넓은 범위의 조건과 오랜 기간의 맥락에서 매우 자주 경직된 방식으로 작동하지 않는 비효율적인 행동을 이끌게 한다면 이때의 감정 조절 문제는 일반화된 감정 조절 문제가 된다.

여기서 핵심 단어는 '일군의 감정 상태'이며 이는 기본적으로 위에서 설명한 단일 감정 조절 문제와 구별된다. 이는 경계선 성격장애, 섭식장애, 약물 남용 또는 강박장애에서 볼 수 있듯이 비효율적인 행동을 이끄는 한 다발의 감정 상태를 말한다.

요약

감정 조절의 구성 요소는 수년에 걸쳐 의미 있게 진화해 왔다. 여러 증거 기반 치료의 우산으로서 인지행동치료는 인간의 됨됨이에 감정의 영향을 인정하고 이를 다양한 방식으로 통합해 왔다. 이러한 새로운 치료 모델은 정적인 것이 아니라 진화하고 있다.

수백만 명의 사람들이 감정 조절의 어려움을 겪고 있으며 우리는 이미 효과적인 치료법을 가지고 있으나 더 잘할 수 있다. 하지만 각 분야가 따로라면 그럴 수 없다. 정서 과학, 정서 신경과학, 임상 심리학의 연구 결과를 통합하는 건 슈퍼필러를 지원하는 데 있어 절박하게 필요한 단계이다.

감정 조절은 범 진단 과정이다. 임상의로서 우리는 범용성의 모델을 사용하면서도 개별 내담자 상황에서 가변성과 심각도를 평가하고 각기 다른 성분에 기초한 감정 조절을 표적으로 삼아야 한다.

—

Chapter 02

수용전념치료란 무엇인가?
What Is ACT?

나는 이 장을 쓸 때 독자들이 수용전념치료에 익숙한 수준이 서로 다르다는 가정에서 접근했다. 수용전념치료 모델을 세세히 설명하는 일반적인 다른 책과의 중복을 피하고자 이론과 임상 수준의 간략한 재교육 과정만 제시하겠다.

수용전념치료는 한 단어로 '액트'라 발음한다. 수용 기반 과정을 중시하고 기능적 맥락주의에 철저히 뿌리내리고 있다는 점에서 3동향 치료로 여겨지는 경험적으로 지지받는 치료이다.

기능적 맥락주의

행동 과학에서 내가 가장 좋아하는 주제 중 하나인 기능적 맥락주의는 응용 행동 분석, 언어의 관계구성이론과 함께 수용전념치료의 기반 철학이다.

수용전념치료의 배경을 이해할 수 있게 하는 기능적 맥락주의에서 나온 핵심 개념을 살펴보자.

행동: 행동은 생각하기, 기억하기 또는 느끼기와 같은 사적 사건을 포함하여 유기체가 행하는 모든 것이다. 이러한 행동의 정의는 행동을 '맥락 안의 행위'로 이해하는 급진 행동주의에서 유래되었다.

맥락: 맥락은 선행 사건, 행동, 결과 간의 상호 작용 및 주어진 상황에서 행동이 가지는 '기능'을 말한다. 각각의 개념을 나누어서 보자.

- **선행 사건:** 생각, 느낌, 촉박감 또는 감각과 같은 사적 변수가 있고 타인에게서 우리가 듣는 말, 듣고 있는 노래, 떠올리는 기억 같은 공적 변수가 있다. 또한 가족력, 양육, 문화 규범, 학습 역사, 유전적 소인, 만성 질환과 같이 우리의 행동에 영향을 미치긴 하지만 덜 즉각적인 변수가 있다.
- **결과:** 좋든 싫든 모든 행동에는 결과가 있다. 간단히 말해 일부 행동은 결과에 따라 증가하거나 감소한다. 행동 용어로 강화, 처벌 또는 소거는 행동을 증가시키거나 감소시키는 것을 말한다.
- **기능:** 기능은 맥락에서 주어진 행동이 가지는 결과, 효과, 영향 또는 목적을 말한다. 같아 보이는 많은 행동의 기능이 다를 수 있다. 예를 들어 핫초콜릿을 마시는 사람은 달콤한 것을 맛보거나, 몸에서 따뜻한 걸 느끼거나, 단순히 초콜릿을 맛보기 위해 이 같은 행위를 할 수 있다. 임상 예를 든다면 우리가 비명을 지르는 행동을 할 때 상대방이 안도감, 수치심, 죄책감 등을 느낄 수도 있고, 대화의 주제를 변경하는 효과를 가질 수도 있다.

기능적 맥락주의는 인간의 행동은 맥락에서 이해가 되고 이는 홀로 일어나지 않고 이를 유발하거나 유지 또는 빈도를 줄이는 변수들과의 관계 속에서 일어난다고 개념화한다.

행동주의는 그동안 종종 기계적이고, 둔감하고, 차갑고, 선형적이라는 비판을 받아왔다. 람네로와 퇴네케가 지적했듯이 우리가 하는 일이 행동을 나열하는 것뿐이라면 분명 피상적이고, 차갑고, 기계적일 것이다(Ramnero, Torneke, 2008). 하지만 급진 행동주의에서 우리는 인간 행동이 복잡하다면 복잡한 그대로를 이해하려 한다. 내담자로부터 특정 행동이 일어나는 맥락을 듣는 일이 실제로는 매우 역동적인 과정이다.

나의 짧은 소견으로 기능적 맥락주의는 정밀성, 범위, 깊이를 가지고 개인의 경험 그대로를 자세히 들여다보기 때문에 문화적으로 가장 감수성 있는 이론 중 하나이다.

언어의 관계구성이론

수용전념치료에 관심이 있는 임상가라면 이론적 배경으로 관계구성이론의 핵심 개념을 배우는 것이 도움이 된다.

간단히 말해 관계구성이론은 우리가 태어나서 죽을 때까지 언어가 상징 자극들 사이에서 모든 유형의 연합을 매개한다고 본다. 상징 자극은 일평생 우리가 경험하면서 학습 이력의 일부가 되는 온갖 유형의 사적 사건(기억, 느낌, 생각, 맛/냄새 등의 경험)을 말한다.

각기 다른 유형의 관계가 자연스럽게 확립된다. 임상 문제를 이해할 때 필요한 두 가지 기본 관계와 한가지 핵심 개념을 소개하겠다.

훈련된 관계: 우리가 명시적으로 배운 특정한 상징 관계를 말한다.
유도된 관계: 이름에서 알 수 있듯이 훈련된 관계에 기초하여 유도된 관계이다. 예를 들어 아파트 엘리베이터에서 공황 발작이 일어난 후 다음 날 아파트 건물뿐만 아니라 친구 건물의 엘리베이터도 피한다면 유도된 관계가 성립된 것이다.
자극 기능의 변형: 특정 자극과의 상호 작용을 새롭게 학습할 때 어떤 행동의 기능, 영향, 목적이 바뀐다. 이 과정을 관계구성이론에서는 자극 기능의 변형이라고 한다. 예를 들어 내가 벌 공포증이 생겨 노출치료를 하게 된다면 벌과 이전과는 다른 관계를 맺는 경험을 하게 될 것이다. 노출 실습에 따라(벌 그리기, 가사에 '벌'이

라는 단어로 노래 부르기, 벌의 유튜브 동영상 시청, 벌 의상 착용 등) 벌이라는 자극이 다른 경험과 연합된다. 두려움과 관련된 벌이라는 자극은 사라지지 않지만 이제 그것이 단순히 혐오스러운 것이 아니라 실습과 관련된 다른 학습 경험이 생긴다.

수용전념치료

수용전념치료를 간략하게 기술하는 것이 나에게 커다란 도전이었지만 편집자가 짜증 내지 않도록 최대한 짧게 쓰려했다!

수용전념치료는 우울, 불안, 조현병, 만성 통증, 금연, 당뇨병, 강박장애, 약물 남용 등 여러 임상 조건에 적용되었다. 또한 기업 조직, 국제 보건 기구, 학교 시스템 같은 비임상 집단에도 적용되었다.

연구의 최적 기준인 무작위 임상 시험이 2018년까지 약 217건 수행되었다. 발표된 결과는 인간 투쟁의 여러 조건에 수용전념치료가 지속해서 적용되고 있음을 보여 준다.

수용전념치료의 핵심은 심리 육각형으로 대표되며 심리 유연성 조성을 목표로 하는 여섯 개의 상호 관련된 기능적 과정이다. 각각은 기능적으로 정의되므로 정적인 것이 아닌 하나의 과정으로 본다. 이들이 합쳐져서 인간 행동을 이해하는 수용전념치료 모델을 구성한다.

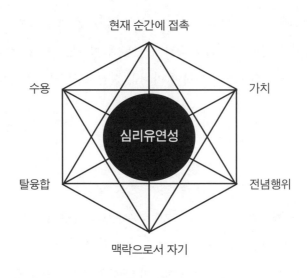

심리 육각형

아래에서 각 과정을 간략하게 설명하겠다.

수용

수용은 가치와 일치하지 않는 행동으로 이끄는 사적 경험과 함께 머물고, 받아들이고, 개방하고, 가지고, 허용하고, 내버려두고, 맡기는 과정을 뜻하는 적극적인 행동이다. 이것은 아마 3동향 치료를 아우르는 가장 흔한 과정 중 하나일 것이다.

감정 조절과 투쟁하는 내담자는 보통 강렬한 감정을 경험하기 때문에 이들에게 가르치는 핵심 기술이 바로 수용이다. 괴로운 감정과 접촉하면 '*당장 뭔가를 해야 한다.*' 또는 '*나는 이 느낌을 가질 수 없다.*' 같은 사고에 걸려들어 금세 작동하지 않는 감정에 이끌린 행동을 취할 수 있다. 수용은 또한 감정을 경험하면서 그 경험에 호기심을 갖도록 도와주기 때문에 특정 공포증, 범불안장애, 강박장애, 기타 조건에 있는 내담자를 치료하는 노출 기반 개입의 핵심 과정이기도 하다.

수용전념치료의 관점에서 감정을 경험할 때 그것이 강렬하고 압도적이라 하더라도 해결하거나 고쳐야 할 것은 없다. 이것이 내담자에게 전달하기 어려운 메시지일 수 있다. 따라서 내담자와 수용에 대해 논의할 때 이러한 개입이 혹시나 내담자의 고투가 사소하거나 별것 아닌 것으로 여겨지지 않도록 주의를 기울이는 것이 중요하다.

인지 탈융합

인지 탈융합 또는 탈문자화는 '언어를 능동적이고, 계속적이며, 관계적인 과정으로 보게 함으로써 비문자적 맥락을 만드는 과정을 말한다.'(Luoma, Hayes, & Walser, 2017).

탈융합은 융합의 대안이다. 융합은 생각을 문자 그대로의 절대적인 진리로 받아들이는 과정을 말하며 편협하고 경직되고 가치와 일치하지 않는 행동을 이끈다.

탈융합은 이미지, 가설, 판단, 기대, 기억을 포함한 모든 유형의 사고를 변경, 억제, 제거할 필요 없이 사적인 내부 경험을 그대로 가질 수 있게 돕는다.

명확히 하자면 모든 융합이 문제인 것은 아니다. 예를 들어 내가 차를 한 잔 마시면서 사랑하는 사람들과 보낸 시간을 회상하거나, 이 책의 개요를 되씹어볼 때 이것이 꼭 어떤 문제 행동을 일으키지는 않는다. 하지만 내담자 앞에 앉아있으면서 기억을 회상하거나 이 책의 개요에 머물러 있다면 내담자를 돌보는 나의 가치와 일치하지 않을 것이다.

융합을 설명하는 가장 흔한 용어는 걸린, 잡힌, 갇힌 또는 융합된 이다. 수용전념치료는 과거, 미래, 규칙, 이야기, 판단이라는 다섯 가지 다른 유형의 사고가 있다고 본다.

중등도에서 중증의 감정 조절 부전으로 싸우고 있는 내담자는 감정을 대하는 특정 규칙(예를 들어 '*나는 이 감정을 가질 수 없다.*', '*나는 그것에 대해 뭔가를 해야 한다.*', '*나는 그것을 그대로 둘 수 없다.*') 또는 도피 행동의 규칙(예를 들어 '*이 상황에서 벗어나야 해.*')에 걸려드는 경향이 있다. 그리고 이러한 갈고리 때문에 행동이 가져오는 결과를 보지 못하고 규칙 지배 행동을 한다.

현재 순간과 접촉

현재 순간과 접촉은 '현재 순간을 드러내는 것... 알아차림을 지금 여기에 발생하는 내부 및 외부의 경험으로 가져오는 것이다.'(Luoma et al., 2017).

이 말은 모든 수용전념치료 책을 통틀어 현재 순간과 접촉을 간단하게 정의한 것 중 하나이다. 우리 마음이 말하는 바가 아니라 주어진 순간에 있는 그대로의 현재에 머무르게 하는 과정이다.

현재 순간과 접촉은 전통적인 마음챙김이나 명상 수련과 같이 공식적인 실습으로 할 수도 있고 거리의 냄새, 자동차의 색상 등에 주의를 기울이는 일상생활 속 실습으로 가르칠 수도 있다. 다른 수용전념치료 책에서는 마음챙김, 알아차림, 현재 머물기 같은 서로 바꿔 부를 수 있는 용어를 사용한다.

현재 순간과 접촉이 왜 중요한지 궁금할 것이다. 여기에 간단한 답이 있다. 우리가 주의를 기울이면 그렇지 않을 때보다 마음이 만들어내는 것에 걸려든 것, 강렬한 불편한 경험에 갇힌 것, 고통스러운 감각과 싸우고 있는 것, 행동을 취하려는 강한 촉박감과 투쟁 중이라는 것을 더 잘 알아채게 된다. 우리는 자신이 현재에 얼마나 있지 않은지 바로 알아채지 못한다.

감정 조절 문제에서 이 과정이 얼마나 부족한지 알 수 있다. 내담자는 마치 '감정 공포증'이 있는 것처럼 불편한 특정 감정과 접촉을 어려워하면서 행동이 일어나는 맥락에 주의를 기울이지 않고 경직된 방식으로 급하게 행동한다.

맥락으로서 자기

맥락으로서 자기는 우리가 지니는 각기 다른 자기를 의미한다. 여기서 각기 다른 자기란 진행 중인 행동, 하나의 행동 군, 행동의 레퍼토리를 말하는 또 다른 하나의 방식일 뿐이라는 점을 명심하라.[1]

---

1)역주: 자기라는 용어를 일반적으로 심리학에서 말하는 심리 내적 구조물로 생각하지 말라는 의미이다.

수용전념치료에 정의된 자기 유형은 다음과 같다.

- **내용으로서 자기 또는 개념화된 자기:** 자기를 평가, 분류, 판단한다(예를 들어 *나는 여자이며, 나는 몸집이 작다.*').
- **과정으로서 자기:** 현재 경험을 지속해서 알아차린다.
- **맥락으로서 자기 또는 관찰하는 자기:** 사적이든 공적이든 사건을 경험하는 자기이다. '유연한 관점 취하기'라고도 하며 '모델을 사회적으로 확장하는 주요 원천'이다(Luoma et al., 2017).

가치

수용전념치료는 우리가 어디에 있든 무엇을 겪든 각자 성취감 있고 풍요롭고 목적 있는 삶을 사는 데 필요한 것을 가지고 있다고 가정한다.

가치는 각 개인이 인생에서 품기를 소망하는 자질에 기초한 지속적인 행위이고 중요한 것을 향해 행동 단계를 개발하도록 돕는 궁극적인 목표이며 수용전념치료의 나머지 과정에서 닻의 역할을 한다.

예를 들어 어떤 내담자가 외로움을 느끼는 즉시 자신을 고립시키면서 자살에 관해 생각하는 감정 조절 문제를 겪는다고 해보자. 수용전념치료에서 그가 외로움을 받아들이고, 개방하고, 가질 수 있도록 돕는 것은 스스로 가치 있는 삶을 향한 단계를 밟을 때만 일어날 수 있다.

전념 행동

가치를 말하면서 성취감 있고 풍요롭고 목적 있는 삶을 살아가는 데 꼭 필요한 단계를 논의하지 않는 것은 허공에 사라질 멋진 말을 하는 것과 같다. 수용전념치료는 뿌리에서 행동치료이며 전념 행동은 가치를 향한 구체적인 단계를 밟는 모든 것이다.

전념 행동이 외적 행동이라는 것은 이해하기 쉽지만, 고통스러운 사적 사건을 다룰 때도 적용된다. 가치가 이끄는 행동을 선택하는 것은 외현 행동(모든 유형의 공적 행동 기술인 자기주장 훈련, 갈등 해결 등)과 내현 행동(중요한 것을 향한 단계를 밟을 때 느끼는 불편한 감정, 느낌, 생각, 감각, 촉박감에 대해 개방하기) 둘 다를 포함한다.

이제 수용전념치료 과정에 익숙해졌으므로 내담자와 작업할 때 이 여섯 가지 핵심 과정이 지속해서 상호 작용하고 있으며 하나의 과정을 표적으로 할 때 다른 과정에도 영향을 미친다는 점을 명확히 해 두자. 수용전념치료 모델이 매우 유연하다는 것을 생각할 때 어느 한 과정을 다른 과정보다 더 많이 사용해야 하는 그런 규칙은 없다. 이는 치료자가 수용전념치료에 익숙한 정도와 각 과정에서 내담자가 느끼는 어려움을 어떻게 평가하느냐에 달려 있다.

개인 치료에서 나는 전념 행동의 닻이 되는 가치에서 시작해서 필요에 따라 다른 과정을 소개하는 것을 선호한다.

심리 육각형 도표의 여섯 가지 과정은 결국 심리 유연성 하나로 수렴된다. '사적 경험(사고와 감정)을 알아차리면서도 이를 바꾸려 하거나 그것의 통제를 받지 않고 현재 순간에 접촉할 수 있는 능력 그리고 상황이 바뀜에 따라 가치와 목표를 추구하는 행동을 지속하거나 변화시킬 수 있는 능력'을 말한다(Moran, Bach, & Batten, 2015, p. 26).

수년에 걸쳐 심리 육각형 과정을 구성하고 개념화하는 다양한 방법이 개발되었다. 다음 단락에서 설명하는 심리 삼각형은 이러한 대안 중 하나이다.

심리 삼각형

심리 삼각형은 여섯 가지 핵심 과정을 세 가지 기능 범주로 묶은 것으로서 수용전념치료 모델을 제시할 때 유용하다(Harris, 2019).

• **현재에 존재하기**: 여기에는 맥락으로서의 자기와 현재 순간과 접촉이 포함

되는데 두 과정 모두 경험의 언어적 측면과 비언어적 측면에 유연한 주의가
필요하기 때문이다.

- **개방하기:** 여기에는 수용 및 탈융합이 포함된다. 이 둘은 모두 사고, 느낌, 감정, 기억, 신체 감각, 촉박감 같은 사적 경험을 있는 그대로 가지면서 그것에 걸려들지도 과도히 반응하지도 않는 법을 배우는 과정이다.
- **중요한 것 하기:** 이것은 가치와 전념 행동 모두 행동 변화와 관련이 있고 하나가 다른 하나 없이는 일어날 수 없기에 이 두 과정을 합친다.

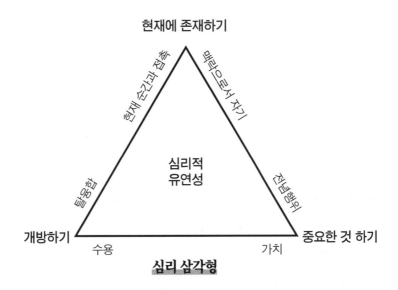

심리 삼각형

정신병리에 대한 수용전념치료 이해

심리 육각형 각 과정을 뒤집으면 핵심적인 심리 문제가 되고 인간의 괴로움을 유발하는 심리 경직성을 만든다.

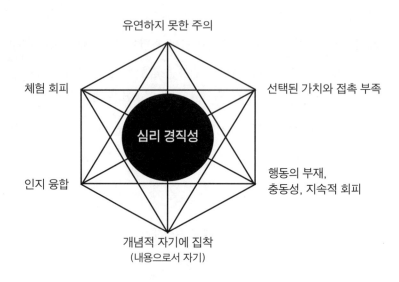

심리 경직성 육각형

심리 경직성이 무엇인지 궁금할 것이다. 많은 수용전념치료 책에서 매우 학문적인 것부터 가장 단순화된 버전에 이르기까지 다양한 정의를 찾을 수 있으나 쉽게 말해 수용전념치료 과정 또는 이들의 조합으로 일어나는 행위가 경직되고 유연성 없는 패턴을 보일 때를 말한다.

수용전념치료는 심리 육각형의 모든 과정이 여러 심리 장애에 걸쳐 다양한 변이로 나타난다고 본다(Luoma, Hayes, & Walser, 2017). 따라서 수용전념치료는 본질에서 범진단 접근 또는 과정 기반 치료이다. 이어서 설명하겠다.

수용전념치료는 범진단 접근이다

이 책이 범진단 과정을 설명하는 책은 아니지만 여러 장애 또는 동반 질환에 적용되는 전반적 치료라는 점을 고려하지 않고 수용전념치료를 논하기 어렵다.

'범진단 과정'이라는 멋진 용어는 특정 심리 과정/원인이 다양한 변이를 보이면서 여러 장애의 전반적인 행동으로 표현되는 것을 말한다. 범진단 과정은 심리장애를 독특하고 개별적인 범주로 보는 대신, 마치 연속선상의 공통 과정이 서로 관계를 맺는 것으로 본다.

수용전념치료 틀에서 범진단 과정을 어떻게 이해할 수 있을까? 예제를 살펴보면 더 쉬워진다. 강박장애와 우울증을 앓고 있는 내담자를 살펴보자. 수용전념치료는 강박장애를 가진 사람을 특정 사고와 융합(인지 융합)되어 고통스러운 느낌, 두려움 또는 불안을 피하고(체험 회피) 개인적인 가치와 일치하지 않는(선택한 가치와 접촉 부족) 강박이라는 지속적인 행동에 참여하는 것으로 개념화한다. 또한 우울증은 내담자가 슬픔과 우울한 느낌에서 벗어나려(체험 회피) 선택한 가치와 일치하지 않는 회피 행동인 행동 철수를 하는 것으로 개념화한다.

위의 간단한 예에서 수용전념치료가 심리 장애의 원인을 심리 육각형 과정으로 개념화하고 이러한 과정을 임상 명칭에 깔린 동인으로 본다는 점에서 본질에서 범진단 접근임을 알 수 있다.

임상 적용에서도 심리 육각형에서 유래한 핵심 개입법이 단일 심리 장애, 다중 심리 장애, 공존 질환을 앓는 내담자 모두에게 적용될 수 있다는 점 역시 범진단 치료임을 말해 준다. 예컨대 사회 불안증과 관련한 다섯 가지 치료 프로토콜, 우울증과 관련한 세 가지 추가 프로토콜 등을 읽는 대신, 이 모두에 수용전념치료 개입을 적용할 수 있으므로 임상의에게도 이익이다.

수용전념치료가 범진단 치료이자 과정 기반 접근이지만 당연히 특정 장애 및 문제 영역에서 일부 과정은 다른 과정보다 더 많은 관련이 있을 수 있다. 예를 들어 외상후스트레스장애가 있는 내담자가 범불안장애가 있는 사람보다 개념화된 자기에 더 높은 집착(예: 나는 실패자이고 사랑스럽지 않고 결함이 있다)을 보일 수 있다. 수용전념치료는 과정을 기반으로 장애를 개념화하는 범진단 치료 접근을 취하지만 경직된 건 아니다. 각 과정과 내담자와의 관계를 평가하는 점이 다음 단락에 기술한 대로 수용전념치료를 과정 기반 접근으로 만든다.

수용전념치료는 과정 기반 치료이다

DSM이 제안한 장애의 범주별 분류는 DSM-I의 106개 범주에서 DSM-5의 282개 장애로 기하급수적으로 증가하면서 성장했다. 지난 수십 년 동안 증후군 기반의 분류는 높은 비율을 보이는 공존 병리를 무시한 채 증상의 세부 목록을 나열하면서 임의의 절단점으로 병리 행동을 식별한 것으로 비난받았다(Nathan & Gorman, 2002; Gornall, 2013).

증후군 분류는 101개 이상의 치료 프로토콜(American Psychological Association, 2013)의 개발로 이어지면서 혼란스러운 임상의의 성가신 질문만 남겼다. 이 프로토콜을 언제 사용하는가? 도대체 이 모든 프로토콜을 언제 다 배울까?

수용전념치료는 범주형 또는 증후군적 접근이 아닌 본질에서 과정 기반 접근이다. 다양한 임상 양상이나 문제 행동에 깔린 특정 '과정'을 인식한 다음 그 과정을 표적 삼아 심리 육각형을 평가 도구이자 치료 도구로 사용한다.

기능적 맥락주의, 관계구성이론, 심리 육각형 또는 심리 삼각형의 기초를 배우는 것이 첫 단계이다. 또한 수용전념치료의 핵심 개입법들을 함께 펼쳐 두고 실행에 옮길 수 있을 때 온전한 기술 향상을 꾀할 수 있다. 좀 더 살펴보자.

기능 분석

수용전념치료에서 적절한 개입을 전달하려는 목적으로 만족스럽고 풍요롭고 의미 있는 삶을 만드는 데 도움 되지 않는 행동의 기능을 분석한다. 이 과정을 '기능 분석'이라고 한다. 기본적으로 기능 분석은 행동과 선행 사건(행동 이전에 일어나는 일) 및 결과(행동 이후에 일어나는 일) 사이의 상호 작용을 살펴보는 과정이다.

행동주의가 치료 장면에서 차갑고, 경직되며, 공감하지 못한다는 오해를 받았다. 수용전념치료는 급진 행동주의에 기반을 두고 있지만 기능 분석을 할 때 기계적이어야 한다는 말은 아니다. 수용전념치료 치료자는 여전히 내담자에게 친절하고 배려하면서 기능적 행동 개입법을 제공할 수 있다.

내 생각에 수용전념치료에 입문하는 임상의가 겪는 주요한 도전 과제 중 하나는 내담자의 실효성 없는 행동을 이해하기 위해 행동 원리를 적용하는 것이다.

기능 분석은 행동을 맥락적이고 기능적으로 본다는 점에서 특이하다. 이것이 수용전념치료의 기초이며 치료자에게 많은 의미가 있다. 예를 들어 치료 시간에 내담자가 "나는 오늘 패배자처럼 느껴져요."라는 생각을 털어놓았을 때 기계론적 행동주의 관점에 기반한 개입법은 내담자의 모든 성취, 자질 또는 기타 속성을 나열함으로써 "나는 패배자이다."라는 사고가 정확하지 않다는 것을 이해시키려 할 것이다. 치료자는 "당신은 오늘 패배자처럼 느끼지만, 두 아이를 키우고 가족을 부양해 온 거잖아요." 같은 말을 하면서 긍정적인 생각을 하도록 도우려 한다.

이에 대해 기능 분석을 한다면 치료자는 내담자에게 "언제 이런 생각을 합니까? 그때 뭘 하고 있었나요? [선행 사건] 그 생각이 있을 때 당신은 무엇을 하게 되나요? [결과] 그 특별한 행동이 당신의 삶의 질을 높여주나요? [실효성]"라고 묻는다.

위에서 읽은 것처럼 문제 행동을 보는 기계론적 분석과 기능 분석은 개념적으로 다르고 각기 다른 유형의 개입법에서 온 것이다. 러스 해리스는 맥락 행동 관점에서 기능 분석을 수행하기 위한 실용적인 양식을 제안했다(2019).

맥락: 먼저 내담자의 학습 이력, 사회 문화 변수, 신체 조건 같은 그다지 즉각적이지 않은 변수를 기록한다. 예를 들어 아래의 내담자는 만성적인 수면 장애와 타인과 단절된 이력이 있다. 그런 다음 아래 표를 작성한다..

선행 사건	행동	결과
실효성 없는 행동이 일어나기 전에 무엇이 발생하였나요?	에어컨을 켜는 직원을 향해 소리를 지름	**실효성 없는 행동 직후에 무엇이 발생하였나요?**
어떤 생각, 감정, 감각, 촉박감이 있나요?		당황스러움
커피숍의 실내 온도에 답답함과 짜증을 느끼면서 주간 실습 과제를 하던 중 에어컨을 켜는 직원을 관찰		

이것이 왜 중요할까? 수용전념치료에서 행동은 형태를 넘어 그것이 일어나는 맥락과의 관계에서 보는 것이기 때문에 그 개입은 선행 사건, 문제 행동, 결과를 표적으로 삼는다.

실효성

이것은 기능적 맥락주의와 수용전념치료에서 핵심적이고 독특한 개념이다. 모든 행동이 '맥락 안의 행위'라는 점을 고려하여 행동의 실효성을 볼 때 어떤 행동이 정확한지, 진실인지, 옳은지로 정의되지 않는 행동의 '진정한 기준'을 본다.

행동의 진정한 기준은 해당 행동이 가지는 실효성이다. 좀 더 명확히 말하자면 개인이 주어진 맥락에서 중요한 것을 향해 나아가는 데 도움이 될 때 그 행동이 '실효적'이다.

임상적으로 말하자면 수용전념치료를 전달하면서 문제 행동, 갇힘의 순간 또는 내담자가 겪고 있는 어려움을 이해하고자 할 때 치료자는 항상 내담자의 특정 투쟁에서 기능 분석을 수행하고 행동의 실효성을 탐구한 후 그것이 심리 육각형에서는 수용 쪽에 있는지 변화 쪽에 있는지를 확인한다.

기꺼이 함

기꺼이 함을 이야기하지 않고 수용전념치료 책을 쓰기란 불가능하다. 이것은 내담자가 겪는 온갖 유형의 내부 경험과의 투쟁에서 만족스럽고 풍요로운 삶을 향해 움직이도록 돕는 강력한 과정 중 하나이다.

학문적으로 말해 기꺼이 함은 '사적 경험이나 사건과의 접촉을 가능하게 하거나 유지하기 위한 자발적인 가치 기반 선택'(Hayes, Strosahl, & Wilson, 2011)으로 정의되었고, 첫 번째 수용전념치료 책에서 심리 육각형의 수용 과정을 기술할 때 수용의 동의어로 소개되었다.

주어진 행동이 우리 개인적 선택으로 중요한 것일 때 우리가 겪는 고통스러운 생각, 느낌, 기억, 이미지, 감각, 촉박감에서 어떤 공간을 만들 수 있어야 하므로 치료자로서 나는 기꺼이 함이 수용전념치료 모델의 핵심 특징이라고 본다. 불편한 경험을 가지는 법을 배우는 게 쉬운 일이 아니며 매번 불편을 기꺼이 감수해야 한다며 경직될 필요는 없지만 중요할 때 우리는 선택해야 한다.

기능적 맥락주의 임상 도구

현실을 직시하자. 심리 육각형은 똑똑하고 매력적으로 들리는 단어이자 도형이지만 수용전념치료를 논하면서 내담자에게 이 단어나 도형을 소개하지는 않는다. 기능적 맥락주의 또한 그러하다. 우리는 내담자에게 모델을 단순화하여 그들의 일상에 접근하고 일상과 관계할 수 있도록 만들어야 한다.

이제 기능적 맥락주의와 수용전념치료를 임상 작업에서 활동하게 만든 간편하고, 쉽게 접근할 수 있고, 치료 시작과 중간 어느 때이고 사용할 수 있는 멋지고 강력한 두 가지 도구를 소개하겠다. 당신의 임상 작업에서 최적으로 사용할 수 있게 두 가지 도구에 익숙해지기를 바란다!

매트릭스

포크, 햄브라이트, 웹스터가 개발한 매트릭스는 수용전념치료의 모든 과정과 기능적 맥락주의 틀을 소개하는 또 하나의 도구이다(Polk, Schoendorff, Webster, & Olaz, 2016 참조).[2]

매트릭스는 내담자가 언어에 지배되는 행동(정신 경험), 직접 경험(오감 경험), 가치를 향해 다가가기와 물러나기를 변별하도록 돕는 도표이다(아래). 이러한 변별 과정은 내용에 갇히지 않게끔 기능 수준에서 자신의 행동을 이해하도록 이끈다.

---

2)역주: 이 책은 『수용전념치료의 혁신, 매트릭스』(삶과지식, 2018)로 번역 출간됨.

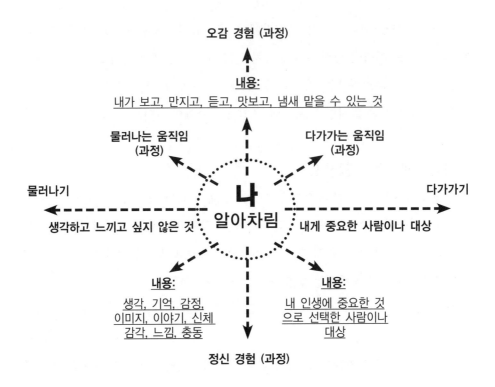

출처.『수용전념치료 매트릭스』: 각기 다른 설정과 대상군의 심리 유연성 구축을 위한 새로운 접근법(Polk & Schoendorff, 2009)[3]

매트릭스는 내담자에게 두 가지 차이점, 즉 오감 경험과 정신 경험의 차이(수직선), 그리고 중요한 것을 향해 다가가기와 개인적으로 불편한 경험에서 물러나기 사이의 차이(수평선)를 구별하도록 가르친다. 이러한 변별 작업의 결과 임상의와 내담자는 수용전념치료의 기능적이고 맥락적인 기반으로 계속 되돌아와서 정신 경험이 반드시 문제가 되거나 행동의 원인일 필요가 없음을 배운다.

---

3)역주: 이 책은『수용전념치료의 혁신, 매트릭스2』(삶과지식, 2019)로 번역 출간됨. 이 책들은 현재 국내에서 알라딘 중고서적으로만 구매할 수 있음.

선택 지점

시알로키, 베일리, 해리스가 처음 개발하고(Ciarrochi, Bailey, Harris, 2013), 해리스가 최신판으로 갱신한(2019) 선택 지점은 초진 때 사례 공식화를 하거나 치료 회기를 조직하는 데 도움이 되는 또 다른 기능적 맥락적 도구이다.

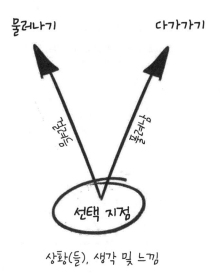

선택지점

도표 맨 위에서 내담자는 중요한 것(가치)으로 다가갈 때와 물러날 때 우리가 하는 것이 있다는 사전 안내를 받는다.

다음으로 왼쪽에는 온갖 '걸려듬'을 기록하고, 보통 체험 회피와 융합이 해당한다.

오른쪽에는 모든 '도움'을 기록하고 수용전념치료 과정 및 기타 적용할 수 있는 기술이 해당한다.

장황하지 않고 이해하고 사용하기 쉽고, 모든 임상 및 비임상 상황에 적용되고, 수용전념치료 모델을 최상의 상태로 파악할 수 있어서 나는 '선택 지점'이라는 도구와 사랑에 빠졌다.

수용전념치료 과정의 임상 평가

마지막으로 심리 육각형 기능 차원 체험 면담(HFDE)Hexaflex Functional Dimensional Experiential Interview은 켈리 윌슨이 개발했다. 매 순간 그리고 회기별로 심리 육각형의 여섯 가지 핵심 과정과 내담자와의 관계를 평가하는 데 도움이 되도록 설계된 임상 도구이다. HFDE는 임상의가 작성한다.

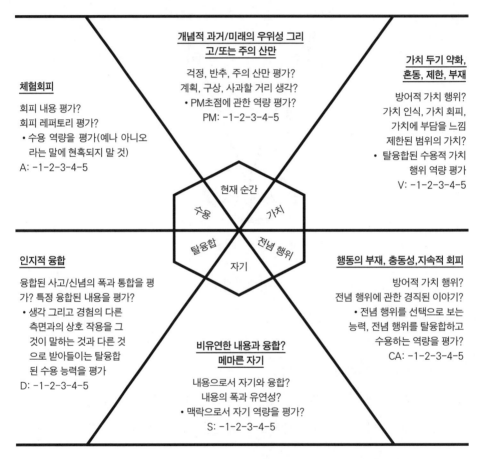

개념적 과거/미래의 우위성 그리고/또는 주의 산만

걱정, 반추, 주의 산만 평가?
계획, 구상, 사과할 거리 생각?
• PM초점에 관한 역량 평가?
  PM: -1-2-3-4-5

가치 두기 약화, 혼동, 제한, 부재

방어적 가치 행위?
가치 인식, 가치 회피,
가치에 부담을 느낌
제한된 범위의 가치?
• 탈융합된 수용적 가치
  행위 역량 평가
  V: -1-2-3-4-5

체험회피

회피 내용 평가?
회피 레퍼토리 평가?
• 수용 역량을 평가(예나 아니오
  라는 말에 현혹되지 말 것)
A: -1-2-3-4-5

현재 순간
수용
가치
탈융합
전념 행위
자기

인지적 융합

융합된 사고/신념의 폭과 통합을 평가? 특정 융합된 내용을 평가?
• 생각 그리고 경험의 다른
  측면과의 상호 작용을 그
  것이 말하는 것과 다른 것
  으로 받아들이는 탈융합
  된 수용 능력을 평가
D: -1-2-3-4-5

비유연한 내용과 융합? 메마른 자기

내용으로서 자기와 융합?
내용의 폭과 유연성?
• 맥락으로서 자기 역량을 평가?
  S: -1-2-3-4-5

행동의 부재, 충동성,지속적 회피

방어적 가치 행위?
전념 행위에 관한 경직된 이야기?
• 전념 행위를 선택으로 보는
  능력, 전념 행위를 탈융합하고
  수용하는 역량을 평가?
  CA: -1-2-3-4-5

심리 육각형 기능적 차원 체험 면담(HFDE)

수용전념치료 치료 자세

루오마, 헤이즈 및 왈설은 그들의 저서 '*수용전념치료 배우기, 치료자를 위한 수용전념치료 기술 훈련 매뉴얼*'(제2판)에서 치료자를 위한 아홉 가지 핵심 역량[4]을 제시했다(Luoma, Hayes, Walser, 2017). 한 번 살펴보길 바란다. 이 역량 목록을 읽으면 임상 개입의 유연한 전달과 관련된 자질, 수용전념치료 치료자가 지녀야 할 핵심 가치, 내담자와 치료자 사이의 장벽을 제거하는 원리가 있음을 알게 되고 우리 모두 풍부하고 목적과 의미 있는 삶을 창출하기 위해 최선을 다하고 있음을 인식하게 된다.

---

[4]역주: 아홉 가지 핵심 역량은 다음과 같다. 1) 내담자에게 동등하고 솔직하고 공감적이고 진실하며, 함께하는 관점을 가지고 이야기하며, 비효율적 반응에서 효율적 반응으로 바뀔 수 있는 내담자의 타고난 능력 존중하기 2) 내담자에게 도움이 된다면 기꺼이 자기 공개하기 3) 판에 박힌 수용전념치료 기법을 사용하는 것을 피하고, 내담자의 특정 요구에 맞는 개입법 사용하기 4) 내담자의 경험과 언어 습관, 그리고 사회적, 민족적, 문화적 맥락에 맞도록 개입법을 조정하고 새로운 은유나 체험 연습, 행동 과제 등을 개발하기 5) 부담스러운 내용을 수용하는 예를 보여 주는 동시에 내담자의 모순되거나 어려운 생각, 감정, 기억 등에 대해 해결하려고 하지 않고 기꺼이 포용하기 6) 적절하게 체험 연습, 역설과 은유 등을 소개하고, 단순한 문자적 의미 만들기를 강조하지 않기 7) 언제나 내담자의 경험이 무엇을 보여 주는지와 관련한 논의로 돌아오며, 치료자의 의견이 그러한 실제 경험을 대신하지 않기 8) 내담자와 논쟁하거나 가르치려 하거나 강요하거나 설득하려 하지 않기 9) 수용전념치료 관련 과정이 바로 그 순간에 인식되고, 적절하다면 이를 치료 관계 맥락 안에서 직접적으로 지지해 주기.

요약

이 장에서는 수용전념치료의 감각 및 인간 괴로움을 보는 수용전념치료의 이해, 기반 철학과 이론적 원리, 범진단 및 과정 기반 접근 방식, 심리 육각형의 변형, 기능 평가를 수행하는 가장 인기 있는 도구, 회기에서 수용전념치료 과정을 추적하기 위한 임상 평가를 제공하는 것이 목표였다.

수용전념치료는 전 세계 수백 명의 임상의에게 매력적인 모델이고 많은 유형의 상황을 다루는 응용 프로그램 수가 계속 증가하고 있지만 단순한 기교의 집합이나 은유 모음이 아니라는 점을 명심하는 것이 중요하다. 수용전념치료의 핵심은 기능 맥락 과학을 기반으로 미시적이고 거시적인 수준에서 행동 변화를 촉진하는 치료 모델이다. 수용전념치료의 과학적 근거, 그것이 어디에서 왔고 무엇을 말하는 것인지, 각기 다른 과정을 어떻게 평가하는지, 내담자가 접근할 수 있는 다양한 도구를 이해하면 수용전념치료 치료자로 더 발전할 수 있다.

그리고 수용전념치료 초보자일 경우 나는 당신이 반복적으로 자신의 목소리와 스타일을 찾고, 수용전념치료가 당신 삶 속으로 들어오게 하고, 그것을 당신 것으로 만들도록 계속 격려하고 싶다. 수용전념치료를 배울 때 나는 내가 참석한 워크숍의 진행자처럼 되려 노력하거나 잘 알려진 전문가 중 한 명처럼 수용전념치료를 전달하려고 분주했다. 그 모든 게 단지 '실효성 없는' 헛수고였다는 것을 깨닫는 데 몇 년이 걸렸다.

나는 스티브만큼 담대하지도, 로빈처럼 달콤하지도, 러스와 같은 곱슬머리도, 켈리의 눈물 또는 컬크의 정통함이 없다. 나는 내가 수용전념치료를 배우고 살아가는 여정에서 만난 다른 전문가의 자질과 속성을 가지고 있지 않다. 하지만 나는 수용전념치료 치료자가 되기 위한 열정적인 행동주의자로서의 말투, 어디든 달려가려는 자세, 그리고 이에 필요한 일에 전념하고 있다.

Chapter 03

감정 조절을 위한 수용전념치료
ACT for Emotion Regulation

이 장에서는 감정 조절을 다룬 현재 치료법을 간략하게 살펴보고 이를 다루는 수용전념치료의 적용을 소개한 후, 기능적 맥락주의에서의 정의를 제시하면서 끝을 맺는다.

현재 치료법

미국 심리학 협회 산하 임상심리학회에 따르면 다음의 치료들이 경계선 성격장애 치료에 근거를 가진 것으로 본다.

변증행동치료, 강력한 연구 지지

정신화기반치료, 중등도 연구지지

도식중심치료, 중등도 연구지지 (2016).

현시점까지 감정 조절을 치료하기 위해 노력해 온 것에서 아이디어를 얻기 위해 각 치료를 간략하게 설명하겠다.

정신화기반치료(Mentalization-Based Therapy, MBT)

베이트만과 포나기가 개발한 정신화기반치료는 경계선 성격장애를 앓는 내담자에게 효과적인 것으로 인식되었다(Bateman, Fonagy, 2010). 정신화기반치료는 내담자의 정신화를 강화하여 자신의 내부 경험을 타인의 경험과 구별하도록 돕는 게 목표이다. 정신화는 '주관적인 상태와 정신적 과정의 관점에서 암묵적으로, 명시적으로 우리 자신 또는 서로를 이해하는 과정'이라고 정의했다. 그것은 주관적인 상태와 (특히 애착 관계에서 두드러지는) 관계를 이해하는 역동적이고 다면적인 능력이다(Daubney & Bateman, 2015).

정신화기반치료의 전제는 감정 조절에 어려움이 있는 내담자는 정신화에 어려움을 겪는다는 것이다. 정신화가 개선되었을 때 정서 조절에도 도움이 되고 자살률과 자해를 줄이며 대인 관계를 강화한다. 정신화기반치료는 일반적으로 개인 및 집단 치료를 포함하여 18개월에서 36개월까지 지속한다.

도식치료(Schema Therapy, ST)

도식치료는 내담자가 초기 부적응 도식, 대처 스타일, 부적응 대처 반응을 식별하도록 돕는 것을 목표로 한다.

초기 부적응 도식은 '어린 시절에 개발되어, 평생 정교해지면서, 상당한 정도의 역기능으로, 자신 및 타인과의 관계에서, 광범위하고 만연된 주제'로 정의한다(Young, Klosko, & Weishaar, 2007). 2006년 연구에서 도식치료를 전이 중심 심리치료(transference-focused psychotherapy, TFP)와 비교했다. 결과에 따르면 3년의 치료 후 도식치료 조건에 있는 환자의 45%와 전이 중심 치료 조건에 있는 환자의 24%에서 완전한 회복이 달성되었다(Young et al., 2007).

변증행동치료(DBT)

변증행동치료는 현재 감정 조절 문제에 가장 널리 사용되는 치료이며 기술 훈련, 개인 치료, 전화 코칭, 치료 제공자를 위한 자문 팀으로 이루어져 있다(Linehan, 1993). 기술 훈련에는 마음챙김, 감정 조절, 대인 관계 효율성, 고통 감내 네 가지 모듈이 있고 청소년의 경우 중도의 길이라는 추가 모듈이 있다.

변증행동치료는 심각한 감정 부전과 자살성과 투쟁 중인 내담자를 위한 효과적인 치료가 없던 시기에 등장했다. 이런 내담자들은 장기간 입원했고 여러 약물 치료를 받았고 수백 시간의 치료에 참여했으며 정신 건강 공동체가 붙인 온갖 유형의 꼬리표에 노출되었으나 여전히 제대로 이해되지도 치료되지도 않았다. 변증행동치료는 치료 방법을 몰랐던 임상의가 내담자 집단을 치료하는 데 크게 이바지했으며 내담자에게 자신의 감정을 순화하는 방법을 가르칠 수 있는 탄탄한 이론적 틀과 전체 교과 과정을 제시했다.

변증행동치료의 개발과 보급이 20년이 지났고 과정 기반 치료의 시대가 시작되는 이 시점에서 임상, 수련 및 보급, 연구의 세 영역에서 변증행동치료의 현재 한계를 살펴보겠다.

임상 한계:

- 조기에 치료를 끝내는 중도 탈락률은 39%이다(Cameron, Palm Reed, & Gaudiano, 2014).
- 감정 조절 모듈의 일부인 인지 재구조화는 수용 기반 치료의 철학과 모순된다(Holmes, Georgescu, & Liles, 2006).
- 내담자가 발전시킨 이야기나 자기 서사敍事(예를 들면 '*나는 패배자야.*', '*나는 망가졌어.*', '*나는 결함이 있어.*', '*나는 엉망진창이야.*')는 치료 표적이 아니다.
- 대인 관계 행동의 만성적이고 복잡한 패턴을 자기주장과 기본적인 의사소통 기술 훈련으로 다룬다.

• 아마도 내 생각에 가장 골치 아픈 고려 사항은 개인이 싸우고 있는 감정 조절 문제의 정도를 보는 구분이 없다는 것이다. 마치 변증행동치료가 '범용성'으로 전달되는 모양새다.

수련 한계: 대부분 지역 사회 정신 건강 센터에서 완전한 변증행동치료 모델을 고수할 수 없다. 직원에게 포괄적인 변증행동치료 교육을 제공하거나 직원 교육 비용을 충당할 만한 충분한 재정 자원이 없다.

연구 한계: 변증행동치료는 주로 전체 패키지로 연구되었는데 모든 연구가 DBT 치료의 모든 구성 요소(개인 치료, 기술 집단, 상담 팀, 전화 코칭)를 포함해서 진행했으나 변화의 메커니즘이나 동인은 자세히 연구되지 않았다. 변증행동치료에 대해서는 단지 두 가지 성분 분석이 있다. 듀위, 크라비츠와 리네한과 동료가 행한 두 가지 연구이다(Dewe and Krawitz, 2007; Linehan et al, 2015). 그들의 연구 결과에 의하면 변증행동치료 기술의 가치에 대한 내담자의 인식을 두고 볼 때 통계적으로 유의한 기술은 11개에 불과했으며 전체 패키지의 다른 성분 없이 기술 훈련 집단만을 구현한 것도 여전히 효과적이었다. 연구에서 수집된 정보가 프로그램 개발에는 도움이 되겠지만, 이러한 성분 분석 중 어떤 것도 기술을 배우는 내담자의 변화를 주도하는 요인이 무엇인지 알려주지 않았다.

이러한 한계에도 불구하고 변증행동치료가 여러 임상 조건에 적용된 이유가 궁금할 것이다. 간단한 나의 대답은 이것이다. 모든 임상 문제는 감정 장애의 틀로 볼 수 있고 개별 임상 또는 범주형 장애는 모두 어느 정도 감정 조절 문제가 있다. 예를 들어 신경인지 장애(아스퍼거장애 또는 '고기능' 자폐 스펙트럼장애)를 앓는 내담자를 생각해 보면 생물학적 취약성에 영향을 받으면서도 자신의 감정을 이해하고 일상생활에서 감정의 영향을 인식하는 데 어려움을 겪는다. 변증행동치료에 쉽게 손이 가지 않을까?

앞으로 나아가기 위해 생각해 보아야 할 분명한 질문이 있다. 우리는 감정 조절을 위한 패키지 기반 치료를 계속 제공해야 할까? 당신은 나의 대답을 추측할 수 있을 것이다. 나는 그렇게 생각하지 않는다. 변증행동치료의 기여를 계속 인정할 수 있지만, 우리는 내담자에게 더 잘 작동하고 더욱 표적화된 과정 기반 치료를 개발해야 할 빚을 지고 있다.

수용전념치료와 감정 조절

탐색 연구에 따르면 수용전념치료는 심각한 감정 조절 문제의 치료에 유망한 결과를 보였다. 아래는 이러한 연구 및 개념적인 논문을 설명한 것이다.

그라츠와 건더슨(2006)

고의적인 자해 및 경계선 성격장애의 반복적인 이력이 있는 여성을 대상으로 14주의 치료가 수행되었다. 치료 후 자료는 우울(참가자의 50%), 불안(33%), 스트레스 관리(67%), 조절 부전 관리 능력(50%)의 개선과 함께 자해 행동이 현저히 감소(42%)했다.

홈즈, 조제스쿠, 그리고 라일스(2006)

이 개념적인 논문은 변증행동치료의 임상 적용에 있어서 이론적 모순을 검토하고 감정 조절에 어려움을 겪는 내담자를 위한 맥락적 변증행동치료의 개념을 제안한다.

저자들은 예를 들어 문제가 되는 인지 내용을 해결하기 위해 인지 변화 전략과 마음챙김 전략이 어떻게 섞여 있는지 정확히 지적한다. 그들은 맥락적 관점에서 인지 변화를 포함할 필요가 없고 사고는 그것이 일어나는 맥락에서만 이해될 수 있으며 생각은 그것에 반응하기보다는 그저 알아차리는 것이라고 제안한다. 이 관점에서는 인지의 내용보다 기능이 분석의 주요 초점이다.

그라츠와 툴(2011)

이 연구자들은 같은 14주 프로토콜을 사용하여, 더 이질적인 참가자를 표본으로 2006년 그라츠와 건더슨의 초기 연구를 재현했다. 치료 후 평가 측정 결과에 따르면 경계선 성격장애 참가자의 60% 이상에서 대조군보다 DERS로 측정한 감정 조절, AAQ로 측정한 체험 회피, 경계선 성격장애 증상의 개선이 규범적 수준에 도달했다(언급된 평가 도구에 대한 자세한 내용은 4장을 참조하라). 또한 참가자의 47% 이상이 스트레스와 우울 개선이 규범 수준에 도달했다(Gratz & Tull, 2011).

몰튼, 스노든, 고폴드, 가이머(2012)

경계선 성격장애 기준을 충족한 참가자를 수용전념치료와 통상적 치료 조건 중 하나에 무작위 할당하였다. 이 연구에서 두 집단의 참가자는 불안을 제외한 모든 측정에서 임상 및 통계적으로 유의미한 개선을 보였다.

치료 프로토콜인 현명한 선택은 본 연구를 기반으로 했다(Wise Choices, Morton, Snowdon, Gopold, & Guymer, 2012). 여기에는 현명한 선택(10장), 관계에서의 현명한 선택(10장), 활동하는 가치(처음 두 모듈을 더 유연한 내용으로 이은 것) 모듈이 포함되었다.

하우스와 드레셔(2017)

이 연구자들은 변증행동치료 집단 내에서 심리 유연성을 조사하는 탐색 연구를 수행했다. 그들의 연구 결과는 '심리 유연성이 경계선 성격장애 증상의 개선과 관련된 핵심 요소일 수 있으며, AAQ-2의 높은 점수로 알 수 있듯이 심리 유연성이 낮을수록 심리 고통이 높아지고 경계선 성격장애와 관련된 증상 및 행동을 더 많이 보이는 것과 관련이 있었다.'(House & Drescher, 2017).

레예스-오르테가, 미란다, 프레산, 바르가스, 바라간, 로블스, 아랑고(2019)

통제되지 않은 종단 연구를 통해 경계선 성격장애 및 감정 조절 문제로 진단된 내담자를 위한 세 가지 치료 집단 사이의 임상적 효능을 비교했다. 첫 번째 집단은 수용전념치료, 두 번째 집단은 변증행동치료, 세 번째 집단은 수용전념치료, 변증행동치료 및 기능 분석 정신 치료를 받았다. 각 치료 조건은 16개의 개별 회기와 18개의 집단 회기로 구성되었다.

결과는 시간에 따라 대부분의 의존 측정치에서 유의미한 차이를 보였지만, 치료 집단 간에는 차이를 보이지 않았다. 기본적으로 모든 내담자는 모든 치료에서 상당한 변화를 보였으며 세 가지 치료 방식 간 통계적 차이는 없었다.

이 연대순 연구 검토는 지난 15년 동안 각기 다른 임상의와 연구자가 감정 조절에 어려움을 겪고 있는 내담자에서 수용전념치료에 기반한 치료를 고려해 왔으며 이러한 예비 연구의 결과는 수용전념치료가 이들에게 효과적임을 시사한다.

감정 조절의 기능적 맥락적 정의

감정 조절의 구성 요소는 단지 이론적인 구성물이다. 그것은 그 배경에 있는 과정을 추출하지 않았고 학자들이 그것의 특정 유형(인지, 감정, 대인 관계, 자기 조절)을 확인하긴 했으나 여전히 이러한 일군의 행동이 있게 하는 과정을 알려주지 않는 지형학적 범주적 개념화이다.

다음은 내가 기능적 맥락적 견해에서 감정 조절을 이해하는 방식이다.

감정 조절 문제는 언어에 기반한 내용(주로 감정 내용과 관련한 규칙)과 높은 수준의 융합, 감정 경험을 높은 수준으로 체험 회피한 결과이며 이에 따라 실효적 행동의 결핍이 생기고 실효적이지 않은 행동 패턴이 나타난다. 이후 이 패턴은 전반적 환경에서 과잉 일반화되고, 장기간 강화되고, 맥락 민감성이 부족하고, 개인의 가치와 일치하지 않게 된다.

이 제안된 정의를 분석해 보겠다.

- **높은 수준의 융합:** 감정 조절 문제를 앓는 내담자는 감정 고통을 처리할 능력이나 즉각적인 조처의 필요성과 관련한 지배 사고 또는 느낌 기반 이야기에 융합하는 경향을 보인다('*이것은 이런 식이야*.', '*이를 당장 해결해야 해*.', '*이 지독한 느낌을 감당할 수 없어*.', '*그녀가 나를 더 잘 대해야 해*.', '*그들이 나에게 다시 전화하지 않는다면, 다시는 이런 일이 일어나지 않도록 해야 해*.'). 이러한 지배 사고는 자신의 감정, 타인의 행동, 일이 그렇게 되어야 하는 대로 되지 않는 상황을 다루는 능력에 영향을 준다.

- **높은 수준의 체험 회피:** 불편한 감정 경험 및 이와 관련된 요소(신체 감각, 촉박감, 사고, 이미지, 기억, 때로는 높은 신체 각성)를 최소화, 억제 또는 거부하려는 내담자의 시도를 말한다.

- **실효적 행동의 결핍:** 주어진 문제 상황에서 필요한 공감 행동, 자기주장 기술, 갈등 해결 기술, 자비로운 행동 등에서 내담자가 보이는 제한적인 가치 기반 행동 레퍼토리를 말한다.

- **과잉 학습된 비실효적 행동:** 감정 조절 문제를 가진 사람이 자신의 학습 이력으로 주어진 기술 레퍼토리 안에서 상황을 관리하다 보면 가치 기반 삶으로부터 물어나게 된다.

- **과잉 학습된 비실효적 행동 패턴:** 기본적으로 높은 수준의 규칙 융합과 높은 수준의 체험 회피가 합쳐지면 반복적, 재귀적, 자동적, 반복된 행동 반응으로 이어진다(이는 단일 행동이 아니라 행동 군이다).

- **전반적 환경에서 과잉 일반화되고, 장기간 강화되고, 맥락 민감성이 부족하고, 개인의 가치와 일치하지 않는 패턴:** 이러한 실효적이지 않고 효율적이지 않으며 경직된 행동 반응은 부적으로 강화되어 다양한 삶의 영역(우정, 직장, 가족)에 영향을 미치며 특정 상황에서(맥락 민감성) 그러한 행동이 가치에 다가가는 것인지 물러나는 것인지를 살펴보지 않고(가치 불일치 행동) 여러 상황에서 반복해서 같은 일을 하게 된다..

내가 제안한 정의는 나의 임상 작업, 최신 문헌 검토 그리고 (감정을 증폭시키는 블루투스 스피커를 들고 다니며 본인이 가장 중요하게 생각하는 것과 일치하지 않는 내담자의 행동을 만드는 과정이 무엇인지) 슈퍼필러를 이해하려는 시도에서 나왔다.

요약

이 장이 감정 조절을 위한 현재의 근거 기반 치료를 둘러보고 2006년 이후 다양한 연구에서 수용전념치료가 이 인구 집단의 치료에 어떻게 적용되어 왔는지 잘 알린 것이면 좋겠다.

1장부터 보았듯이 나는 감정 조절의 기초 과정을 살펴봄으로써 감정 조절의 개념이 해체되기를 바라는 사람이다.

1장에서 감정 조절의 일반적인 이해를 제시했다. "감정 조절은 기분 장애, 불안 장애, 경계선 성격장애 및 어떠한 임상 상황에 있는 개인이 감정을 변경, 변화, 수정 또는 억제하려고 시도하거나 자신의 가치 그리고 행동이 발생하는 맥락과 시간에서 실효성 없는 행동에 참여하는 범진단 과정이다."

또한 감정 조절 문제는 다양한 임상 양상에서 적용되므로 단일과 일반화된 두 가지 유형을 고려해 볼 수 있다고 제안했다. 단일은 문제 행동을 일으키는 특정 감정 상태(외로움 또는 대중 연설을 두려워함)를 의미하고 일반화된 감정 조절 문제는 비효율적인 행동을 일으키는 여러 가지 감정 상태(슬픔, 불안, 죄책감, 수치심 등)를 말한다.

이 장에서는 수용전념치료 과정에 초점을 맞춘 감정 조절의 맥락적 이해를 제공했다. 맥락 행동 과학 분야 안팎의 다른 연구자나 임상의가 다른 의견의 피드백을 줄 수 있겠지만 잠재적 비판에 대한 나의 반응은 감정 조절의 현재 정의는 무엇이 문제를 일으키고 유지하는지에 대해 말해주지 않으며 우리는 내담자의 질문에 대답할 의무가 있다는 것이다.

내담자가 힘겨워하는 감정 조절의 정도를 구별하고 이를 바탕으로 최상의 치료 옵션을 찾는 것이 중요하다고 생각한다. 감정에 자신의 반응을 조절하는 데 경증에서 중증의 어려움을 겪고 있는 내담자와 수년 동안 일해 온 임상의로서 충동 행동, 맹비난, 자살 사고, 해리로 어려움을 겪고 있는 내담자가 수용전념치료의 혜택을 받을 수 없다고 가정할 이유가 없다. 다만 이를 평가하고 치료할 것인지는 해당 행동의 빈도에 달려있다.

다른 수용전념치료 치료자, 연구자, 훈련자가 다른 견해를 가질 가능성이 크겠지만 이 역시 괜찮다. 앞으로 우리가 계속 과정 기반 치료로 나아가는 동안 지속적인 대화로 이어질 것이며 수용전념치료 연구는 감정 조절에 어려움을 겪고 있는 내담자 같은 특정 임상 집단에 적용되는 방향으로 계속 나아가고 있다. 하지만 동시에 우리는 이미 이런 견해를 가지고 좀 더 표적화된 치료를 제공할 수 있는 충분한 자료를 보유하고 있다고 생각한다.

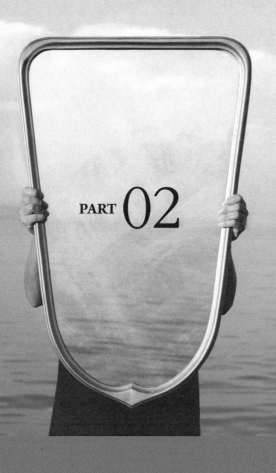

PART 02

치료

The Treatment

Acceptance &
Commitment Therapy
for BPD

—

Chapter 04

치료 오리엔테이션
Orientation to Treatment

이제 여기까지 왔다. 당신이 해냈다! 지금까지 치료의 '이유'에 관해 배웠다면 이제 '방법'으로 넘어 가보자.

이 장에서는 치료 양식, 치료 혜택을 받을 수 있는 군, 혜택을 받을 수 없는 군, 이를 전달하기 위한 설정, 치료 전 회기를 수행하는 법, 다른 복잡한 형태의 행동 조절 부전이 있을 때 이에 대응하는 법, 치료를 추적 관찰할 때 사용할 수 있는 과정 척도 및 결과 척도, 16주 치료 구조의 기본을 포함하여 이 치료를 제공하기 전에 고려해야 할 사항과 임상 결정을 안내할 것이다.

이 장은 다소 길어 보이지만 처음부터 끝까지 모두 읽는 것이 좋다. 당연히 이전 장도 마찬가지로 추천한다. 나는 슈퍼필러를 위해 가능한 최고의 수용전념치료 개입을 구현하기 위해 알아야 할 것만 적었다.

자, 시작해 보자.

치료 전달 시 유연성

2장에서 수용전념치료 이면에 있는 이론, 심리 육각형의 성분 및 모델의 핵심 특성을 검토하였으며 이 단락에서는 수용전념치료의 독특한 특성을 직접 적용하는 것을 보여 준다. 이 치료는 16회기로 구성된 프로그램이지만 고정되어 있지 않으며 치료 양식, 치료가 필요한 대상군, 치료에서 제공하는 모듈, 임상 설정 등에서 유연하다. 이러한 특징을 각각 살펴보겠다.

개인 또는 집단 치료

이 치료 프로그램은 개인 또는 집단으로 제공할 수 있다. 내용, 연습, 은유 및 워크시트는 치료 양식과 관계없이 사용할 수 있다.

한 학생이 나에게 "개인으로 치료를 제공하는 것은 어떨까요?"라고 물었다. 나의 짧은 대답은 다음과 같다. 개인 치료를 제공하는 경우 여전히 2시간 회기를 가질 수 있다. 프로토콜을 숙지하면 두 가지 중요한 워크시트가 있음을 알 수 있다. 문제 행동을 편리하게 기능 평가할 수 있는 '슈퍼필러를 위한 수용전념치료 로드맵'과 가치 기반 행동을 추적하는 기록지인 '활동하는 가치'이다.

두 워크시트 모두 행동을 취하려는 촉박감의 감정 경험, 가치 기반 행동, 그것의 결과 사이의 관계를 추적하는 데 도움이 되도록 설계되어 있어서 매우 편리하다. 회기마다 이러한 워크시트를 검토하면 내담자가 자기 행동을 추적하고 새로운 학습을 촉진하고 실생활에서 수용전념치료 핵심 기술을 사용하는 법을 공고히 하는 데 도움이 된다. 이는 슈퍼필러가 자신의 행동을 조형하도록 돕는다.

더 나아가 이 장에서는 치료 전 회기를 집단으로 진행할 때 구체적인 권장 사항을 소개한다.

마지막으로 수용전념치료 모델은 매우 유연하고 모든 유형의 임상 설정에 자연스럽게 어울리겠지만, 개방형 집단이나 집단 내 탈락 형태로 치료를 제공하는 것은 권장하지 않는다. 왜냐하면 이러한 내담자 대부분은 감정 각성으로 학습 능력이 떨어지는 어려움을 겪고 있으며 쉽게 교정되지 않는 실효적이지 않은 행동을 해 왔던 오랜 역사가 있기 때문이다. 따라서 자신들이 배우고 있는 핵심 수용전념치료 기술을 충분히 반복, 적용, 다시 반복하는 것이 그들 삶을 개선하는 핵심이다.

모듈식 접근 방식

치료는 다섯 개의 모듈, 열여섯 회기, 회기당 두 시간으로 구성된다. 이 치료의 마지막 회기는 내담자가 수용전념치료 기술을 일상생활에 적용하는 실험실 회기로 설계되었다. 권장순서는 다음과 같다.

모듈: 감정 알아차리기(다섯 회기)

모듈: 사고 알아차리기(세 회기)

모듈: 신체 알아차리기(두 회기)

모듈: 대인 관계 알아차리기(네 회기)

모듈: 철저한 알아차리기(한 회기)

수용전념치료 실험실(한 회기)

열여섯 개의 회기는 감정 조절 문제로 투쟁하는 내담자에게 수용전념치료의 모든 핵심 기술을 가르치기에 이상적인 숫자이다. 하지만 이 프로그램을 열여섯 개의 회기로 엄격하게 구현해야 한다는 의미는 아니다. 작업하는 설정에 유연성이 있는 경우 일부 회기에 추가 시간을 할애할 수 있다.

이 치료의 가장 큰 장점은 모듈식 교과 과정을 기반으로 설계된 것으로 개인이든 집단이든 관계없이 내담자의 요구에 따라 모듈을 선택할 수 있음을 의미한다.

모듈을 선택할 때의 권장 사항은 다음과 같다.

1. 감정 알아차리기 모듈과 사고 알아차리기 모듈이 핵심이다. 두 가지의 기술이 하나가 되어 서로를 구축하므로 두 모듈이기에 함께 가야 한다.

2. 다른 모듈은 내담자의 요구에 따라 단독으로 제공할 수 있다.

예를 들면 모든 내담자가 대인 관계 기술 훈련을 해야 하는 것이 아니므로 선택 사항일 수 있다. 반면 어떤 내담자는 신체 알아차리기 모듈이 필요하지 않을 수 있다. 또한 매회기를 시작 때마다 '순간 속에 머물기 연습'으로 현재 존재하기 기술을 연습하므로 일부 내담자에게 '철저한 알아차리기' 요소는 선택 사항이 될 수도 있다.

이상적으로는 열여섯 회기로 치료를 제공하는 것이지만 그렇지 않은 경우에도 내담자의 요구와 작업 환경에 따라 유연하게 사용하는 감을 익히게 될 것이다.

대상군

이 치료는 경증, 중등도 및 중증 감정 조절 문제를 겪는 내담자에게 권장된다. 중증의 내담자는 일반적으로 경계선 성격장애 진단을 받겠지만, 이 치료는 이 진단에만 국한된 게 아니다(1장을 보라). 감정 조절 항목이 DSM의 지형학적 분류법 I축 II축 모두에서 여러 가지 임상 양상으로 수록되어 있는 구성 요소라는 점을 고려할 때 특정 조건에서 이미 확립된 치료법에 이 치료 모듈의 일부 또는 전부를 추가해서 여전히 이익을 얻을 수 있는 여러 임상 양상이 있을 것이다.

다음은 경계선 성격장애 이외의 문제를 가진 내담자에게 이 치료를 제공할 수 있는 방식을 보여 주는 몇 가지 예이다.

- 사회 불안증으로 고생하는 내담자는 대인 관계 기술이 부족할 수 있다. 이런 경우 대인 관계 알아차리기 모듈은 사회 불안증의 노출 기반 치료에 부가적으로 유용할 수 있다.
- 아스퍼거장애로 진단받은 내담자, 즉 각기 다른 상황에서 행동 반응을 조절하는 데 어려움이 있는 사람은 응용행동분석, 로바스 훈련 및 중추 반응 훈련

[1]을 받는 것 외에도 이 책의 모든 모듈로부터 혜택을 받을 수 있다.

- 슬픈 느낌과 상황을 피하려고 행동 철수를 보이는 우울증을 겪는 내담자는 행동 활성화 기반 개입 외에도 감정 알아차리기, 사고 알아차리기 모듈의 이점을 누릴 수 있다.

위의 예는 임상의가 다양한 내담자와 함께 회기별 치료를 사용하는 것에 관해 어떻게 생각하면 좋은지 보여 준다. 그런데 이 치료가 감정 조절에 있어 본질적으로 유연하지만 일부 *특정 문제에서는 그 문제를 치료하는 근거 기반 관행에 추가되는 것이지 대체하지 않는다는 점*을 명심하길 바란다. 예를 들어 강박장애로 진단받은 내담자는 노출 반응 방지가 필요하고 동시에 내담자가 자신의 필요를 주장하는 방법을 모를 때 이 치료의 대인 관계 알아차리기 모듈을 추가하여 혜택을 누릴 수 있다.

제외 기준
정신병적 증상, 사고 장애, 폭력성이 있는 사람은 이 치료의 혜택을 받지 못한다.

임상 설정
이 치료는 외래 설정, 부분 입원 프로그램 및 입원 설정에서 제공할 수 있다.

지금까지 우리는 치료 양식, 대상군, 모듈 및 임상 설정을 포함하여 이 치료를 제공하기 위한 각각의 고려 사항을 검토했다. 치료 전 회기를 수행하는 방법으로 넘어 가보자.

---

1)역주: 중추 반응 훈련(Pivotal response training)은 Robert Koegel과 Lynn Kern Koegel이 개척한 자폐증 아동을 위한 조기 개입으로 사용되는 자연주의적 응용행동분석이다.

치료 전 회기

치료 전 회기는 50분씩 2회기 또는 120분 1회기로 진행할 수 있으며 치료에서 전념을 촉진하고 내담자를 선별하고 첫 번째 만남에서 내담자에게 치료의 기본 사항을 설명하는 시간이다. 치료 전 회기를 진행하기로 했다면 다음 단계를 제안한다.

1. 내담자의 인생 이야기 얻기
   - 다른 복잡한 심리 조건에서 임상 고려 사항
   - 다른 치료 서비스에서 임상 고려 사항
   - 임상 평가
2. 창조적 절망감 개입
3. 수용전념치료를 간략히 소개
4. 치료 세부 사항 설명하기
   - 회기 간격, 기간 및 횟수
   - 각 모듈의 내용을 간략히 검토
   - 집단 규칙(선택 사항)
   - 출석

사전 오리엔테이션 회기 동안 무엇을 해야 하는지 알 수 있도록 각 항목을 살펴보겠다.

내담자의 인생 이야기 얻기

대부분의 치료 센터에는 신규 내담자를 위한 다양한 임상 접수 질문지가 있다. 감정 조절 문제를 평가하기 위해 다음과 같은 질문을 하기 바란다.

- 감정을 증폭시키는 블루투스 스피커가 켜진 것처럼 감정을 매우 강하게 경

험합니까?

- 너무 예민하거나 감정적이라 당신에게는 어떤 것이든 커다란 감정 문제가 된다는 말을 들어본 적이 있습니까?
- 모든 종류의 감정에 대해 다이얼을 끝까지 돌리는 것처럼 때때로 감정에 압도당하는 느낌이 듭니까?
- 매우 고통스러운 감정으로 지친 상태입니까?
- 누군가와 힘든 상황을 겪은 후 그 상황에 대해 반복적으로 생각하십니까?

위의 모든 것은 감정 조절 문제를 평가하기 위한 개방형 질문이다. 몇 가지 설명을 추가하자면 때때로 임상의는 자신이 내담자에 대해 어떻게 느끼는지에 따라 감정 조절 또는 경계선 성격장애를 진단하도록 배웠다. 또는 내담자에게 외상이 있는 경우 자동으로 경계선 성격장애가 있다고 가정한다. 또는 내담자가 자살을 시도한 즉시 경계선 성격장애 진단을 붙인다. 하지만 이러한 **반응**[2]은 임상 기준이 아니다. 이것은 임상 진단의 기본 사항이 아니라 **반응**으로 간주해야 한다.

내담자가 자신의 감정을 다루는 경험에 관해 들었으면 내담자의 삶에서 감정과의 투쟁이 가지는 장단기 영향에 관해 질문하라. 이것은 이러한 반응이 지속되었을 때 단기간에는 이점이 있겠지만, 장기적으로는 더 큰 투쟁이 따른다는 것을 구분하기 위함이다.

복잡한 조절 부전 행동에서 임상 고려 사항

이 치료에 참여하려는 내담자와 면담할 때 물질 남용, 외상 기반 **반응**, 문제성 섭식 행동, 신체상 염려 또는 해리 문제와 같은 복잡한 조절 부전 행동을 겪고 있

---

2) 역주: 이 책에서 Reaction은 즉각적, 즉시적, 무의식적으로 나타나는 생각, 감정, 감각, 행동 등을 말하며, response는 이와 다르게 의식적인 것을 뜻하는 것으로 구분했다. stimulus-reaction 사이에는 공간이 없고, stimulus-response 사이는 공간을 둘 수 있다고 보았다. 둘 다 반응으로 번역했으나 뜻을 구별하기 위해 이 책에서는 reaction을 굵고 기울인 글씨체로 표현했다.

거나 겪은 이력이 있는 사람을 만날 수 있다. 다음은 이러한 임상 양상을 보이는 내담자에게 이 치료의 적절성과 효율성을 정할 때 도움이 되는 일반적 고려 사항이다. 수용전념치료가 이러한 복잡한 조절 부전 행동을 개념화하는 방법을 포괄적으로 설명한 21장 행동 조절을 위한 수용전념치료를 같이 보라.

섭식 행동 및 신체상 염려 문제

감정 조절 문제를 겪는 사람은 제한적인 식사, 과식, 게우기, 거식에서부터 폭식 및 신체상 염려에 이르기까지 문제성 섭식 행동으로 투쟁할 수 있다. 수용전념치료의 관점에서 볼 때 이러한 모든 행동은 실효성 없는 감정 관리 전략으로 쉽게 개념화할 수 있다. 따라서 수용전념치료를 현재 치료에 추가해 볼 수도 있고 정규 치료의 일부로 통합할 수도 있다.

이 치료가 효과적이지 않을 수 있는 유일한 조건은 신경성 식욕부진증인데 이는 거식증 진단을 받은 내담자가 더 많은 내과적 추적 관찰과 함께 다른 수준의 치료가 필요하기 때문이다. 거식증 이력이 있다면 내담자가 위험에 처하지 않았는지 확인하기 위해 6개월 이내의 건강 검진 자료를 요청하는 것이 도움이 된다. 사망 위험이 있다면 이 치료는 권장되는 치료법이 아니다.

다음은 치료 전 회기 동안 섭식 행동 및 신체상 염려를 평가하기 위한 몇 가지 제안이다.

- 당신은 때때로 먹지 않으려고 노력하나요?
- 강박적으로 많은 양의 음식을 섭취한 적이 있습니까?
- 체형과 체중을 조절하기 위한 시도로 완하제를 남용하거나, 자가 구토를 유도하거나, 매우 엄격한 다이어트에 참여하거나, 매우 엄격한 운동을 시도한 적이 있습니까?
- (여성의 경우) 세 번 이상 연속으로 월경 주기를 건너뛴 적이 있습니까?

이러한 모든 질문은 내담자의 문제성 섭식 행동이나 신체상 염려 문제를 평가하기 위해 이후에도 반복해서 물어보아야 할 질문이다.

외상

외상이 있거나 외상 이력이 있는 내담자는 모두 경계선 성격장애라는 오해가 있다. 외상의 영향을 받은 내담자가 감정 조절 문제를 보일 수 있지만, 이것이 경계선 성격장애가 있음을 의미하지 않는다.

수용전념치료가 외상 치료법은 아니지만, 내담자에게 원치 않는 기억을 경험해도 파괴되지 않는다는 걸 가르치기 때문에 단순 외상 또는 복합 외상의 이력이 있거나 최근 진단을 받은 내담자가 혜택을 받을 수 있다. 분노, 수치심, 죄책감 또는 두려움과 같은 압도적 느낌이 더이상 실효성 없는 행동의 원인이 될 필요가 없다. 감정 기계가 무엇을 떠올리게 할지 조절할 수는 없지만, 그러한 내부 경험과 함께하는 법은 배울 수 있다. 외상 관련 단서와 함께 오는 생리적 스트레스를 어떻게 관리할지 배울 수 있다. 근본적으로 그들은 자신의 삶을 최대한의 잠재력까지 사는 방식을 선택할 수 있다.

이런 내담자들에게 중요한 설명은 이 16주간의 치료에서 그들이 겪은 충격적인 사건을 공개하라고 요청하지 않을 것이라는 점이다. 대신 그 사건으로 인해 자신이 마주한 온갖 투쟁을 관리하는 수용전념치료 기술을 배우게 된다. 복합 또는 만성 외상 이력이 있는 일부 내담자는 외상 치료를 시작하기 전 감정 조절 기술로부터 혜택을 볼 수 있다.

외상을 평가하는 표준 질문은 다음과 같다.

- 충격을 받거나 생명을 위협하는 사건을 경험한 적이 있습니까?
- 이러한 사건과 관련한 침투 사고, 기억 또는 악몽을 경험합니까?
- 그 충격적인 사건으로 사람, 장소 또는 경험을 피합니까?
- 이러한 경험이 인생, 사람, 관계를 보는 방식에 영향을 미쳤습니까?

21장 행동 조절을 위한 수용전념치료에 수용전념치료의 렌즈를 통해 외상을 치료하는 방법에 대해 더 자세한 검토가 있다.

물질 남용

어떠한 물질이든 물질 사용은 압도적인 감정 상태를 조절하는 감정 조절 전략이 될 수 있다. 하지만 강렬한 감정을 경험하는 사람의 취약성에 약물 소비, 금단 **반응**이 더해지면 생명을 잃을 수도 있다.

내담자가 정기적으로 물질을 사용하므로 일상 기능에 영향이 있다면 이 치료법의 범위를 넘어선 다른 유형의 프로그램이 필요하다. 금단 **반응**은 치사율 때문에 아편제나 벤조다이아제핀, 장기간 알코올 사용 이력이 있는 내담자는 필요에 따라 해독 프로그램을 고려해야 한다.

물질 남용 이력이 있으나 최소 6개월에서 1년 동안 약물을 적극적으로 남용하지 않았고 기능이 심각하게 손상되지 않았다면 이 집단에 참여할 수 있다.

유사 자살 행동

때때로 만성 감정 조절 문제를 겪는 내담자는 유사 자살 행동을 보인다. 수용전념치료의 관점에서 볼 때 유사 자살 행동은 체험 회피, 강렬한 감정을 어떻게 관리하는지의 규칙과의 융합, 매번의 에피소드로 강화 받은 반응이 작용하여 압도적인 감정에 실효성 없이 반응하는 형태 중 하나이다.

유사 자살 행동을 보이는 내담자에게 이 치료는 자살 충동을 줄이고 의미 있고 풍부하며 목적 있는 삶을 살도록 돕는 도구이다. 회기별로 효과적인 감정 조절 기술을 가르치고 심리 유연성을 조성하는 견고한 기초를 제공한다.

유사 자살 행동을 직접적이고 명시적으로 표적화하려면 21장 행동 조절을 위한 수용전념치료에서 이에 해당하는 단락을 읽어라. 그리고 가능하면 이 실효성 없는 행동을 다루는 개인 회기를 제공하라.

자살 행동

자살 사고는 뭔가 잘못되었다는 신호이고 고쳐야만 할 문제라는 메시지를 받지만 우리는 단순히 마음에 떠오르는 걸 통제할 수 없으며 대부분은 한 번쯤 이러한 유형의 사고를 경험한 적이 있다. 이 치료에서 자살 행동을 이해하는 틀은 다음에 기초한다.

- 자살 행동은 경계선 성격장애에만 국한된 것이 아니다.
- 자살 행동은 비효율적인 문제 해결 전략이다.
- 자살 행동은 내부 및 외부 단서를 만나 감정 조절에 어려움을 겪는 여러 심리 과정의 결과이다.

치료 전 회기에서 이 치료의 적절성을 정할 때 내담자의 자살 행동을 질문하고 그 이력을 모으는 게 도움이 된다.

이 열여섯 번의 치료가 자살 행동에서 독점적인 치료는 아니겠지만 감정 알아차리기를 개발하고 강렬한 감정 경험과 심리 고통을 즉각적으로 멈추고 싶은 내담자의 강렬한 압박을 관리하는 데 필요한 모든 감정 조절 기술을 제공한다.

명확히 하자면 이 치료는 내담자의 감정 경험의 본질이나 감정의 강도 또는 감정을 너무 많이 너무 빨리 느끼는 자연적 성향을 바꾸는 데 초점을 두지 않는다. 오히려 이 치료는 불쾌한 감정이 있을 때 이를 가지고 행동 선택을 실습하는 기꺼이 함을 조성함으로써 사적 경험과 내담자와의 관계를 변화시키는 데 초점을 두고 있다.

다른 치료 방식도 마찬가지이지만 임상적으로 말해 내담자가 적극적인 자살 성향을 보이면 자살 에피소드가 해결될 때까지 어떤 치료도 효과적이지 않다. 수용전념치료가 단일 및 만성 자살 행동에 접근하는 방법에서 자세한 설명을 보려면 21장 행동 조절을 위한 수용전념치료를 참조하라. 필요한 경우 그리고 가능하다면 내담자가 집단에 참여하기 전에 해당 양상을 표적으로 하는 개인 회기를 제공하라.

사전 평가 회기 동안 내담자가 자살 행동의 이력이 있었고 현재의 위험 요소(21장에 설명)는 없다고 할 때 이 치료의 혜택을 크게 누릴 수 있다. 일부 기관은 지난 3개월 동안 자살 시도가 없다면 자살 행동 이력이 있는 내담자가 집단에 참여하는 것을 허용한다. 당신이 작업하는 조건과 내담자의 자살 행동을 확인해 보기 바란다.

다른 치료 서비스에서 임상 고려 사항

때때로 내담자는 수용전념치료나 감정 조절 치료에 익숙하지 않은 다른 치료 제공자로부터 서비스를 받고 있다. 우리는 내담자에게 치료를 전달하는 모든 제공자가 수용전념치료에 익숙해지기를 선호하지만, 다른 치료자가 수용전념치료에 친숙하지 않다는 이유로 내담자가 이 치료에 참여하는 데 장애가 된다거나 개인 치료에 이 치료를 추가로 제공할 수 없다는 것을 의미하지는 않는다.

다른 제공자와 부수적인 대화를 통해 치료의 기본 사항을 설명하는 것이 좋다. 유일한 잠재적 어려움은 제공자가 주로 2세대 치료 또는 전통적인 인지행동치료 교육을 받은 경우이며 이는 내담자에게 혼란을 줄 수 있다. 이런 상황에서는 치료자와 내담자에게 완전한 투명성을 부여하고 접근 방식 간의 유사점 또는 차이점을 설명하는 것이 좋다. 내 경험에 비추어 볼 때 수용전념치료가 인지행동치료의 한 유형이라는 점을 고려해서 수용전념치료가 무엇인지 설명했을 때 다른 임상가는 수용전념치료를 치료의 훌륭한 보조 수단으로 본다. 이러한 상황에서는 사례별로 진행하는 것이 좋다.

내담자의 이력을 듣고 선별하고 복잡한 형태의 행동 조절 문제 또는 기타 치료 서비스에서 특별한 고려 사항을 확인한 후 특정 척도를 사용하여 치료의 진행을 추후 관찰할 수 있다.

임상 평가

치료 시작 전, 치료 중, 치료 종료 시 최소한 당신의 치료를 안내하기 위한 두 가지 유형의 측정 도구, 즉 감정 조절 성과 평가와 과정 기반 평가 그리고 수용전넘치료 기반 과정을 시행하는 것이 중요하다.

다음과 같은 측정 도구를 추천한다.

감정 조절 성과 측정

감정 조절 어려움 척도Difficulties in Emotion Regulation Scale(DERS)

경계선 증상 목록 23Borderline Symptom List 23(BSL-23)

우울 불안 스트레스 척도Depression Anxiety Stress Scale(DASS)

노바코 분노 조사 25, 단축형Novaco Anger Inventory 25, Short Form(NAI-25)

섭식장애 검사 질문지Eating Disorder Examination Questionnaire(EDE-Q 6.0)

대인 관계 문제 조사Inventory of Interpersonal Problems(IIP-48)

DSM-5 기준의 외상후스트레스장애 점검표(PCL-5)

이 목록에서 하나만 선택해야 한다면 DERS를 권장한다. 또한 경계선 성격장애 기준을 모두 충족하지는 않으나 사회 불안증이나 공황과 같은 감정 조절 문제가 있는 내담자에게 이 치료를 제공할 때 추가로 다른 성과 평가도 고려할 수 있다.

감정 조절 및 수용전념치료에서 과정 기반 측정

5요인 마음챙김 척도Five Facet Mindfulness Questionnaire(FFMQ)

수용 및 행동 설문지Acceptance and action Questionnaire(AAQ-11)

가치 있는 삶 설문지Valued Living Questionnaire(VLQ)

인지 융합 설문지Cognitive Fusion Questionnaire(CFQ)

맥락으로서의 자기 척도Self-as-Context Scale(SACS)

감정 조절 어려움 척도Difficulties in Emotion Regulation Scale(DERS)[3]

---

3)DERS는 감정 조절 구성 요소의 일부이지만 다음과 같은 여섯 개의 하위 척도를 포함하기 때문에 과정 기반 측정 도구이기도 하다. 감정 반응의 비수용, 목표 지향 행동 참여의 어려움, 충동 조절의 어려움, 감정 알아차리기 부족, 감정 조절 전략에 제한된 접근, 정서 명료성 부족이 있다.

백곰 억제 조사White Bear Suppression Inventory(WBSI)

마음챙김 주의 알아차리기 척도Mindfulness Attention Awareness Scale(MAAS)

신체상 수용 및 행동 설문지Body Image Acceptance and Action Questionnaire(BI-AAQ)

체중에 대한 수용 및 행동 설문지Acceptance and Action Questionnaire for Weight(AAQ-W)

수용전념치료 과정을 살펴보기 위해 몇 가지 측정 도구만을 선택해야 한다면 CFQ 및 AAQ-11을 도입하는 것을 권한다. 우리가 실행한 마지막 연구 예비 자료에 따르면 감정 조절에 어려움을 겪고 있는 내담자가 융합으로 인해 상당한 어려움을 겪고 있는 것이 치료 결과의 매개자인 CFQ에서 포착되었다(Artusio).

창조적 절망감

창조적 절망감은 종종 그 이름 때문에 수용전념치료 초보자들에게 오해를 받는다. 언젠가 학생이 나에게 "절망이 어떻게 창조적일 수 있나요?"라고 물었다. 여기에 나의 짧은 답이 있다. 창조적 절망감은 절망감에 창의성을 더하는 것이 아니다. 오히려 체험 회피나 융합이 부른 내부 투쟁을 없애려는 노력이 효율성이 없다는 것을 인식함으로써 내담자를 지원하는 과정이다. 간단히 말해 창조적 절망감은 압도적인 사적 경험을 제거하려고 내담자가 시도했던 모든 목록을 작성하고, 이러한 시도가 가치와 관련하여 도움이 되었는지를 살펴보고, 이러한 전략에 계속 의존했을 때의 장기적인 결과를 확인하는 것이다.

내 생각에 이것이 치료에서 핵심적인 순간인데 명시적으로 심리 육각형의 한 부분으로 들어가 있지 않아 때때로 작게 다루어지지만 나는 이것이 내담자가 자동적인 삶에서 가치 기반 삶으로 전환하는 데 도움이 되는 열쇠라고 생각한다.

슈퍼필러가 자신의 가장 의지했던 문제 해결 전략이 더 많은 투쟁을 일으키고 장기적으로 상황을 악화시키며 가치에서 물러나게 한다는 것을 인식하도록 지지하는 게 쉬운 일이 아니다. 우리 모두 자신이 가진 내부 투쟁을 제거하고, 억압하고, 문제를 해결하고, 통제하도록 사회화되어 있다. 그런 관점에서 볼 때 창조적 절망감은 치료자와 내담자 모두에게 직관에 반하는 것처럼 느껴질 수 있다.

감정 조절 문제로 어려움을 겪고 있는 내담자를 위해 다음과 같이 창조적 절망감을 시작할 수 있다.

치료자 나는 당신이 고군분투하고 있다는 것과 거절당하는 두려움이 당신에게 나타날 때 많은 일이 일어난 것을 알고 있습니다. 이 두려움을 다루기 위해 노력한 모든 것의 목록을 작성하는 것에 당신 마음을 열 수 있을까요?

내담자 물론입니다.

치료자 *(화이트보드로 걸어가 그 위에 글을 쓴다.)* 지금까지 제가 들었던 것을 나열하는 것으로 시작해 볼게요. 아무것도 느끼지 못할 때까지 술을 마시고, 모임 후에 사람들에게 전화를 걸어 당신에게 좋은 기억을 갖도록 농담을 하고, 5년 동안 치료받은 것… 그밖에 어떤 것이 있나요?

(내담자는 거절의 두려움에 대처하기 위해 시도한 모든 전략을 계속 나열하고 치료자는 화이트보드 한 열에 기록한다.)

치료자 이제 살펴볼 목록이 생겼으니 이 중 어떤 것이 당신의 가치를 향해 다가가거나 멀어지게 했는지 살펴보겠습니다. 이것을 확인해 봐도 될까요?

내담자 물론입니다.

치료자 *(화이트보드에 쓴 각 전략 옆에 또 다른 열을 긋고 내담자의 대답에 따라 '물러나기' 또는 '다가가기'를 적는다.)* 아무것도 느끼지 못할 때까지 술을 마신다는 이 전략은 다른 사람들과 연결하는 가치로 봤을 때 다가가기인가요? 물러나기인가요?

내담자 그 순간 술을 마실 때 연결된 느낌을 받을 수 있겠지만 사람들과 함께 있고 싶을 때마다 항상 술을 마실 수는 없다는 걸 알고 있습니다. 그래서 물러나기예요. *(치료자는 전략 옆에 '물러나기'라는 단어를 쓰고 나머지 각각에 대해 계속 묻는다. 내담자가 나열한 각 전략을 검토한 후 치료자는 창조적 절망감을 이어나간다.)*

치료자 괜찮으시다면 이제 이러한 전략 각각의 장기적인 효과에 주의를 기울이면 어떨까요?

내담자 좋습니다.

치료자 여기서 시작합시다. 거절의 두려움이 나타날 때 아무것도 느끼지 못할 정도로 계속 술을 마신 후에야 사람들과 연결이 되는 순간을 가질 수 있다면 그 행동의 결과는 무엇이라고 말하겠습니까?

내담자 글쎄요, 간이 망가질 가능성이 크고, 필름이 끊길 수 있고, 친구들은 제가 술을 많이 마시는 걸로 계속 걱정할 것이고, 실제로는 다음날 끔찍하게 느끼고 때로는 제가 내뱉은 말로 부끄럽습니다.

치료자 (화이트보드에 글씨를 쓴다.) 장기적 결과는 잠재적 간 손상, 잠재적 필름 끊어짐, 친구들의 걱정, 끔찍함, 당혹감 등인 것 같습니다.

(치료자는 내담자가 거절의 두려움을 관리하기 위해 시도한 각 전략의 장기적인 영향에 관해 계속 묻는다. 모든 대답을 검토한 후 치료자는 내담자에게 다음 질문을 한다.)

치료자 거절의 두려움을 다루기 위해 가장 자주 썼던 방법을 하나씩 살펴본 후 화이트보드를 볼 때 무엇을 알 수 있습니까?

내담자 이것을 보는 게 힘드네요. 이렇게 보이다니... 나는 이런 식으로 깨닫거나 생각해 보지 않았습니다... 거절당할까 두려울 때 너무 끔찍해요. 그냥 사라지고 싶고... 그래도 계속 노력하고 또 노력하고 있습니다...

치료자 거부당하는 것의 두려움을 갖는 것이 얼마나 힘든지 이해합니다. 그리고 당연히 다른 사람처럼 그 느낌을 멈추기 위해 그 순간 그럴듯한 조치를 합니다. 그것은 자연스러운 반응처럼 보이지만 그것이 당신의 삶에 미치는 영향을 볼 때 이러한 전략들은 당신을 가치에서 물러나게 하고 더 많은 투쟁을 일으키는 것처럼 보입니다.

내담자 네... 나는 지금 그러고 있어요... 하지만 거절의 두려움을 감당하기가 너무 어렵습니다... 짜증 나요.

치료자 확실히 그렇습니다. 그것은 짜증 나고, 당신은 거절의 두려움과 싸우기 위해 할 수 있는 모든 것을 시도했습니다. 하지만 거절의 압도적인 두려움에서 벗어나기 위한 전략들이 다른 사람들과의 연결에서 물러나게 했다면 이제 다른 걸 시도할 수 있을까요? 아무리 노력해도 그것이 나타날지 또는 언제 나타나는지 통제할 수 없다는 점을 생각할 때 거절의 두려움과 함께 사는 법을 배우려고 노력할 수 있을까요?

이것은 창조적 절망감이 회기에서 어떻게 수행될 수 있는지의 예일 뿐이다. 확실히 치료에 손쉽게 사용할 다른 은유들이 있다. 구덩이 은유, 클립보드 밀기 은유(Harris, 2019), 괴물과의 줄다리기, 모래 늪 투쟁(Hayes et al., 1999) 같은 은유들이다.

창조적 절망감을 촉진하고 내담자가 불편한 감정을 통제하려는 온갖 유형의 노력이 어떤 영향을 주는지 인식하도록 도운 후에는 수용전념치료가 무엇인지 간략하게 논의하는 것이 도움이 된다.

수용전념치료에 관한 간략한 소개

내담자에게 수용전념치료를 소개하는 방법에는 여러 가지가 있지만 '적을수록 좋고, 간단할수록 좋다.'는 게 나의 주요 권장 사항이다.

고전적인 방법인 머리글자는 내가 수용전념치료를 내담자에게 소개하는 가장 좋아하는 방법의 하나다. 간단하지만 효과적이다.

A = Accept 당신의 생각과 감정을 **받아들여라**. 그리고 현재에 머물라.

C = Choose 가치 있는 방향을 **선택하라**.

T = Take 행동을 **취하라**.

또한 수용전념치료가 많은 임상 및 비임상 집단의 치료에 연구되고, 적용되고 있으며 당연히 치료를 진행하게 되어 기쁘다는 것을 내담자에게 전달한다!

다음은 치료의 세부 사항을 내담자와 공유할 때이다.

치료의 세부 사항을 설명하기

내담자에게 수용전념치료를 소개한 후 회기의 간격, 기간, 횟수 및 각 모듈에 관해 간단히 설명을 하고 해당이 있으면 집단 규칙과 같은 세부 사항을 검토한다.

이 모듈에 관해 일반적인 용어로 말하는 방법은 다음과 같다.

- 모듈 1: 감정 알아차리기(다섯 회기) – 모든 유형의 감정을 다루는 법.
- 모듈 2: 사고 알아차리기(세 회기) – 감정과 함께 오는 문제사고를 다루는 법.
- 모듈 3: 신체 알아차리기(두 회기) – 강렬한 감정을 경험할 때 우리 몸을 다루는 법.
- 모듈 4: 대인 관계 알아차리기(네 회기) – 격렬한 감정으로 인한 대인 관계 문제를 다루는 법.
- 모듈 5: 철저한 알아차리기(한 회기) – 감정 기계가 지배하는 순간을 다루는 법.

이는 또한 치료 전반에 걸쳐 반복해서 사용하게 될 핵심 은유, 즉 감정 기계와 슈퍼필러를 소개할 좋은 기회이다. 강조하자면 이 치료는 감정 다이얼이 아닌 언제 어디서나 켜지는 감정 스위치를 지닌 채 너무 많이, 너무 빨리 느끼고, 너무 빨리 행동하는 사람들을 위해 설계되었다.

집단 규칙(선택 사항)

집단 양식에서 이 치료를 진행하기로 했다면 여기에 권장 사항이 있다.

모든 집단 치료에서 일반적인 규칙은 다음과 같다.

- 집단에서 논의된 이름과 개인 정보는 비밀을 유지합니다.
- 공격적인 행동을 하지 않기로 동의합니다.
- 알코올이나 다른 물질에 취한 채 회기에 참석하지 않는 데 동의합니다.
- 정시에 집단 회기에 참석합니다.

• 회기 사이에 연습을 완수하는 데 동의합니다.

특정 치료 집단의 참가자를 위한 추가 집단 규칙은 다음과 같다.

• 섭식장애, 물질 남용, 외상, 자살 또는 유사 자살 행동에 관해 이야기할 때는 이러한 주제가 다른 사람들에게 영향을 미칠 수 있으므로 신중해야 합니다.
• 집단 회기 외에 집단에서 오해나 상처를 받았을 때 집단 진행자와 논의하는 데 동의합니다.
• 열여섯 번의 회기(일주일에 두 번 또는 일주일에 한 번)에 참여하기로 서약합니다.
• 세 번 결석 시 더는 참여할 수 없음을 이해합니다. (감정과 사고 알아차리기 모듈만 전달하려는 경우 한 번의 결석만 허용하는 것이 좋다)

지금쯤이면 당신은 치료 전 회기는 어떻게 진행되는지 그리고 염두에 두어야 할 임상적 고려 사항의 감각을 가졌을 것이다. 아래의 네 가지 단계를 배웠다. (1) 집단으로부터 혜택을 받을 내담자를 선별하는 법 (2) 창조적 절망감을 촉진하는 법 (3) 수용전념치료를 소개하는 법 (4) 치료의 세부 사항을 내담자에게 소개하는 법.

내담자를 선별할 때 접하는 수많은 가능성 중에서 나는 당신이 접할 수 있는 가장 흔한 가능성 그리고 내담자의 고유한 임상 요구와 당신이 일하는 환경에서 적합한 치료를 전달하기 위해 내려야 할 결정에 초점을 맞췄다.

치료 구조로 넘어가자.

치료 구조

이것은 다섯 개의 모듈로 구성된 열여섯 회기 치료 프로그램이다.

모듈 1: 감정 알아차리기(다섯 회기)

모듈 2: 사고 알아차리기(세 회기)

모듈 3: 신체 알아차리기(두 회기)

모듈 4: 대인 관계 알아차리기(네 회기)

모듈 5: 철저한 알아차리기(한 회기)

아마도 당신은 위의 목록이 열다섯 회기만으로 구성된다는 것을 눈치챘을 것이다. 마지막 회기인 16회는 참가자들이 치료에서 배운 수용전념치료 기술을 사용하여 일상생활에서 만난 실제 상황을 주제로 토론하는 실험실 회기로 설계되었기 때문이다.

각 회기에서 내담자에게 가르치는 다섯 가지 핵심 수용전념치료 기술이 있다.

1. 알아채기
2. 명명하기
3. 가장 의지했던 행위의 실효성 확인하기
4. 가치 확인하기
5. 가치 기반 행동 선택하기

가치 기반 행동을 선택할 때 내담자는 치료 중에 배우는 내부 기술과 외부 기술(사적 기술, 공적 기술과 유사)을 사용할 수 있다.

이러한 핵심 수용전념치료 기술은 내담자가 생각, 기억, 이미지, 감각, 감정, 촉박감 같은 모든 유형의 내부 경험에 두루 적용하는 청사진을 목표로 한다. 내담자의 학습을 극대화하려면 임상의가 이러한 기술을 반복해서 검토하고 치료 전반에 걸쳐 모든 회기의 내용과 연결하는 것이 중요하다.

회기 형식

각 회기는 두 시간 동안 진행되며 다음 내용으로 구성된다.

1. 순간 속에 머물기 연습 (5-10분)

모든 회기는 참가자가 의도적으로 순간에 존재하도록 격려하는 *현재 순간 활동과 접촉하기*로 시작한다. 이러한 활동은 반영적인 것에서부터 상호 작용적인 것에 이르기까지 다양하며 외부 자극(예: 물체 또는 소리)에 주의 기울이기부터 내부 경험(예: 감정, 생각 또는 촉박감)으로 점진적으로 이동한다. 내가 이 회기를 '마음챙김'이라고 부르지 않은 이유가 궁금하다면 *마음챙김*이라는 단어가 매우 광범위한 용어이고 완전히 익히기까지 긴 시간이 걸리는 다양한 의미를 지니기 때문이다. 따라서 이러한 연습을 '순간 속에 머물기 연습'이라 한다.

2. 주간 실습 검토

순간 속에 머물기 연습을 수행한 후 각 회기의 새로운 자료를 소개하기 전 10분에서 15분 동안 두 개의 핵심 워크시트를 검토한다.

• 슈퍼필러를 위한 수용전념치료 로드맵

이 로드맵은 임상적으로 말하자면 기능 평가 워크시트이지만 학술적인 전문 용어를 사용하지 않는다. 로드맵 도표는 내담자가 선행 사건, 행동, 결과 간의 연관성을 알아채고 실효성 없는 행동과 가치 기반 행동을 구분하며 (비록 바꾸고 싶을지라도) 통제할 수 없는 것을 알아채도록 돕는다.

이 로드맵을 작성할 때 내담자는 일상적인 투쟁과 관련하여 알아차림을 개발하고, 어려운 상황을 개별 부분으로 나누고, 이 치료의 핵심 수용전념치료 기술을 적용하는 방법에 대해 숙고하게 되고 이를 서식 하나에 담았다. 적은 것이 미덕이다.

• '활동하는 가치'

이 워크시트는 내담자가 정기적으로 가치 기반 행동에 참여하도록 독려하고 자신에게 중요한 것을 향한 단계를 밟을 때 회기에서 다루었던 기술을 실습할 수 있는 또 다른 기회를 제공한다.

치료 전반에 걸쳐 내담자가 매일 어려움을 겪는 상황을 해체하여 수용전념치료 기술을 실행에 옮길 기회로 사용할 수 있게 두 워크시트를 모두 작성하도록 강하게 권하는 것이 중요하다.

3. 가르침 요점

모든 가르침 요점에는 참가자와 함께 진행할 수 있는 핵심 아이디어가 있으며 기본적으로는 *내담자에게 무엇을 가르칠 것인지*를 말해 주는 지침이다.

이 원고에 쓰인 내용을 토씨 하나 안 틀리게 기계적 모드로 들어갈 필요가 없다. 그런 식으로 작동하지 않는다. 당신은 당신이다!

자신의 단어로 자유롭게 사용하고 자기 내용으로 만들어 자신만의 스타일을 찾고 자신의 은유를 추가하여 핵심 아이디어를 가르칠 수 있게 최선을 다하라! 당신이 어떤 수준의 수용전념치료 훈련을 받았든 가르침 요점은 당신이 회기를 진행할 수 있게 준비시켜 줄 것이다. 또 다른 책을 읽거나 온라인에서 추가 자료를 검색할 필요가 없다. 내담자에게 수용전념치료를 가르칠 수 있는 모든 준비가 여기에 있다.

4. 체험적인 수용전념치료

체험적인 수용전념치료 연습은 가르침 요점에 생명을 불어넣는 구체적인 활동이다. 본질에서 경험적이며 상호 간 작업, 집단 토론 및 물질화 활동 등을 오간다. 기본적으로 내담자에게 가르침 요점에 소개된 각 수용전념치료 기술을 '어떻게 할지' 보여 준다.

각 연습 후에는 내담자가 가질 수 있는 모든 **반응**에서 간단한 디브리핑, 반영 및 토론을 촉진한다. 한 가지 활동 후 바로 다음 가르침 요점으로 가는 것보다 한두 명의 내담자에게 확인하는 것이 좋다.

5. 조심해!

조심해! 단락은 가르치는 요점, 활동, 이와 관련된 잠재적인 문제를 검토할 때 당황하지 않도록 당신이 만날 수 있는 특정한 도전적인 순간을 경고해 준다. 물론 나는 수정 구슬을 가지고 있지 않으며 이 치료를 제공할 때 내담자와 마주칠 수 있는 무한한 상황을 예상할 수는 없지만 적어도 내가 임상 작업에서 만난 가장 흔한 상황에서 몇 가지 예고를 하고 싶었다.

6. 모든 것을 하나로 묶기

각 회기가 끝나면 당신이 배운 내부 기술과 외부 기술을 나열하는 작은 표를 볼 수 있다. 명확히 해 둘 것은 내부 기술과 외부 기술을 정리하는 것은 가르치는 목적으로만 사용한다.

내가 생각한 것은 이런 것이다. 직접 실습을 해 봐야 알게 되는 기술이 있다. 접지, 탈융합, 느낌에 개방하기 같은 기술이다. 나는 이것을 '*내부 기술*'이라고 부른다. 그리고 관찰할 수 있는 다른 기술, 즉 공감 행동, '아니오'라고 말하기 등은 '*외부 기술*'이라고 부른다. 다시 말하지만, 이것은 가르치는 목적으로만 사용되며 내담자가 배우고 있는 내용을 빠르고 간편하게 정리하여 삶의 도전에 직면했을 때 쉽게 기억할 수 있도록 도와준다.

치료 전반에 걸쳐 내담자는 모든 유형의 사적 및 공적 경험에 적용할 수 있는 동일한 핵심 기술(알아채기, 명명하기, 가장 의지했던 행위의 실효성 확인하기, 가치 확인하기, 가치 기반 행동 선택하기)을 배우고 있음을 기억하라. 따라서 모든 회기에서 이 핵심 기술을 강조한다면 매우 유용할 것이다.

내가 해주고 싶은 조언은 회기가 끝날 때마다 당신이 가르친 기술과 토론의 핵심 아이디어를 요약하여 내담자가 일상생활에 어떻게 적용할지 명확하게 알려주는 것이다.

7. 주간 실습

마지막으로 한 회기가 끝이 날 때 내담자가 많은 호기심을 가지고 일상생활에서 수용전념치료 기술을 연습하도록 격려할 때이다!

당신 마음에서 "왜 주간 실습이지? 수용전념치료잖아. 수용전념치료는 워크시트나 과제를 사용하지 않잖아."라는 생각이 떠오르기 전에 미리 분명히 해

두겠다. 역사적으로 행동치료자는 서류 작업을 너무 사랑한 나머지 내담자에게 매번 주간 실습을 할당하는 것이라고 비난을 받았었다. 내가 다른 사람들을 대변할 수는 없지만 이 비판에서 나의 소소한 반응은 다음과 같다. 우리 내담자의 삶은 치료실 안에서 일어나지 않는다. 그들의 삶은 치료실 밖에서 발생하며 우리 작업의 진정한 영향은 그들이 사는 방식에 달려있다! 회기 사이에 연습을 독려하는 것은 슈퍼필러가 자신의 삶에서 수용전념치료 기술을 적용하는 데 중요하다. 그렇지 않으면 우리 회기는 바람에 의해 흩어지는 근사하고 흥미진진한 단어일 뿐이다!

회기의 이 부분에서는 내담자에게 치료의 두 가지 핵심 워크시트인 '슈퍼필러를 위한 수용전념치료 로드맵'과 '활동하는 가치' 워크시트를 제공한다. 당신은 이미 '주간 실습 검토' 단락에서 이것을 접했다.

내담자가 기능적 맥락 렌즈로 자기 행동을 보고 입, 손, 발로 중요한 것을 향해 행동할 수 있도록 최선을 다하라고 말하고 싶다. 핵심 워크시트는 이런 학습 과정을 촉진한다.

이제 당신은 수용전념치료 치료 회기의 모든 부분에 익숙해졌다.

수용전념치료를 처음 접하는 사람이든, 경험 많은 수용전념치료 임상의이든, 감정 조절을 다루는 초보자이든, 또는 슈퍼필러와 함께 일한 다년간의 경험이 있든 이 치료를 제공하기 전에 1장에서 4장을 읽어보기를 바란다. 나는 당신을 고문하려는 게 아니라 이 장들은 수용전념치료의 배경 과학과 수용전념치료가 최근 감정 조절에 접근하는 방법에서 알아야 할 기초를 제공한다. 이것은 16주간의 회기별 수용전념 치료이지만 수용전념치료 모델의 유연성, 유동성 및 과학적 엄격함을 해치지 않는다. 당신은 당신의 숙제를 하고 수용전념치료에 활기를 불어넣어 당신 것으로 만들어라!

회기가 끝날 때마다 이 책을 쓸 때 내가 가장 좋아했던 부분 중 하나인 토막 논평을 발견하게 될 것이다.

토막 논평

토막 논평은 정서 신경과학, 행동주의, 수용전념치료 연구, 관계구성이론의 발견, 의사 결정 등의 정보와 이 원고를 쓰면서 공부하고 읽고 같이 잠들었던 자료로서 당신에게 더 빠른 통찰을 가져올 아주 멋진 아이디어 조각들이다!

건너뛰지 말라, 날 믿으라, 잠에 빠져들진 않을 것이다! 멋진 연구나 배경 정보를 이해하기 위해 연구원이나 괴짜가 될 필요는 없다. 나는 토막 논평 모두가 수용전념치료 또는 이 치료와 관련이 있다고 장담하며 당신이 읽으면서 일부 내용에 놀랄 수도 있을 것이다. 개방성과 호기심이 인류를 멀리까지 데려가지 않았던가!

요약

나는 이 치료는 본질에서 얼마나 유연한지를 논의하고 그 유연성이 치료 양식, 모듈식 접근 방식, 혜택을 받을 수 있는 대상군, 전달될 수 있는 설정 등에서 그러하다고 설명하면서 이 장을 시작했다.

또한 당신은 치료 전 회기가 어떤 모습인지 감각을 얻었고, 이를 진행하기 위해 네 가지 특정 단계를 거쳤으며, 복잡한 형태의 감정 조절에서 이 치료의 적절성과 효과를 보장하는 데 필요한 고려 사항을 익혔다.

위의 모든 단계를 완료하면 앞으로 당신과 당신의 내담자가 하게 될 작업 분위기가 설정되고 치료에서 내담자의 전념에 확실히 도움이 될 것이다!

마지막으로 치료를 시작하기 전에 이 치료의 독특함이 다음을 기반으로 한다는 점을 강조하는 것이 중요하다.

- 임상의에게 감정 조절 문제를 다룬 회기별 수용전념치료를 제공한다.
- 감정 조절은 이분법적인 구조가 아니라 연속체이며 모든 인간 레퍼토리의

일부라고 정상화한다.

• 우리가 숨을 쉬고 있는 한 때로는 명시적으로, 때로는 우연히, 때로는 적응적으로, 때로는 비적응적으로 감정 반응을 끊임없이 조절한다. 어떤 인간도 감정 조절 반응에서 예외일 수 없다.

• 치료의 중심에 내담자의 가치가 있고, 압도적인 감정에서 실효성 없는 반응이 내담자가 원하는 삶을 사는 데 있어 얼마나 방해가 되는지에 강조점을 둔다.

• 기술을 가르쳐서 일차적으로 행동을 대체하더라도 내담자가 벗어나려는 고통을 마주할 준비가 되지 않는 치료가 아니라 감정 조절 문제에 처한 사람들이 투쟁하는 동인(높은 수준의 체험 회피, 높은 수준의 융합, 실효성 없는 행동)을 직접 겨냥한다.

• 감정 노출과 물질화 연습을 통해 일상생활에서 길러지고 익히고 적용할 수 있는 기술인 수용 기반 연습을 회기마다 점진적으로 촉진한다.

마지막으로 당신을 위한 단어가 있다. **넌 할 수 있어!**

—

Chapter 05

모듈 – 감정 알아차리기
Module - Emotional Awareness

치료의 첫 번째 모듈이므로 이 모듈이 무엇을 다룬 것인지 기본 아이디어를 제공하겠다.

주요 목적은 감정 알아차리기 기술을 배우고 어떤 상황이나 장소에서 높은 감정 각성을 경험할 때 그 기술을 적용함으로써 슈퍼필러가 자신이 만들고 싶은 삶을 살 수 있도록 돕는 것이다.

이 모듈에서 말하는 감정 알아차리기는 삶의 기술로서 모든 감정 경험의 각기 다른 성분을 해체하여 호기심과 개방성으로 관찰하고, 주어진 순간에 최선을 다해 불편함과 함께하고, 이어지는 가장 의지했던 행위에 주의를 기울이고, 가치를 확인하고, 행동을 선택하는 데에 초점을 둔다. 이 모듈은 내담자가 자기 감정을 *기능적으로 살펴보고* 일상생활에서 선행 사건, 행동, 결과의 사슬을 인정하도록 돕는다.

감정 조절에서 주된 문제는 감정 그 자체가 아니라 가능한 한 빠르게 고통스러운 감정에서 벗어나려 한다거나, 순간의 감정에 기반하여 빠르게 행위를 하거나, 온종일 감정을 관리하는 데에 시간을 보내는 방식이라는 점을 기억하라.

슈퍼필러가 감정에 이끌린 행동에서 가치 기반 행동으로의 이동을 돕기 위해서는 속도를 늦추고, 그들 감정 경험의 여러 층이 수정할 필요가 있는 어떤 것이 아니라 자연스러운 과정임을 알아채도록 도와야 한다.

내담자가 어려운 감정을 경험하는 능력을 확장하거나, 친애하는 내 친구 조지 아이퍼트가 좋아하는 말처럼 '더 많이 개방'할 때 자기 가치를 향해 움직일 수 있는 더 많은 능력을 얻는다. 즉, 어떻게 느끼는지 더 많이 배울수록 자신의 삶을 어떻게 선택하는지 더 많이 배운다!

시작해 보자.

1회기 – 기본
Session 1 - The Basics

이 회기의 주제

치료의 첫 번째 회기에서 첫 만남을 위한 몇 가지 권장 사항이 있다.

완전히 현존하기 위해 당신의 최선을 다하고, 단순히 기법을 살펴보는 것이 아니라 과정의 본을 보이고, 가르치고, 강화하고 있음을 명심하라. 물론 참가자에게 제시하는 기술이지만 집단에서 수용전념치료 기술을 가르칠 때 당신이 이따금 자료를 서두르거나 속도를 늦추고 있는지 알아채라. 자신의 속도를 찾아라. 각 회기는 2시간이고 그 시간 안에 각 회기의 자료가 검토되도록 고안되었다.

수용전념치료는 본질에서 유연한 모델이며 치료자마다 다른 스타일을 가지고 있음을 기억하라. 집단을 운영할 때 치료자로서 당신 자신의 버전을 수행하기를 바란다(비디오나 수용전념치료 양성 프로그램에서 본 치료자 버전이 아니다. 해당 버전은 이미 참조했다). 이 교과 과정은 기술을 가르칠 필요가 있는데 때때로 임상의는 기술 가르치기가 수용전념치료와 일치하는지 의심한다. 당신이 이런 생각을 한다면 난 이렇게 반응하겠다. 수용전념치료가 기술 가르치기와 일치하지 않는 부분은 없으며 기술을 가르칠 때 지시적인 게 아무 문제가 없다. 수용전념치료와 일치한다. 수용전념치료 과정 집단을 진행 중일 때 그건 또 다른 하나의 설정일 뿐이다. 슈퍼필러는 수용전념치료가 제공하는 유연성과 과정 기반 접근 방식을 여전히 유지하면서 실용적이고, 체험적이며, 손에 잡히는 기술이 필요하다.

시작할 준비가 되었으면 첫 번째 회기의 세부 사항을 살펴보겠다.

이번 회기는 참가자에게 감정 조절의 일반적인 이해를 제공하기 위해 고안되었다. 그것은 슈퍼필러를 슈퍼필러로 만드는 것, 감정 조절 반응이 어떻게 문제가 되는지, 감정 롤러코스터로 채워진 삶과 선택하는 삶의 차이를 설명한다. 감정 기계, 켜고 끄는 감정 스위치를 갖는 은유도 처음으로 소개한다.

참가자들이 치료 시작부터 진정으로 중요한 것이 무엇인지 파악하는 데 도움이 되는 세 가지 간단한 가치 탐색 활동이 있다. 마지막 하나는 그들이 그 고통스러운 감정을 더 많이 밀어내거나, 부정하거나, 기각할수록 의미 있는 삶과 멀어진다는 아이디어를 강조한다.

회기는 황소의 눈 연습을 사용하여 가치 탐색에서 전념 행동으로 전환하면서 끝이 난다. 이 활동은 '슈퍼필러를 위한 수용전념치료 로드맵(비임상 버전의 기능 평가)'을 소개하면서 안착한다.

'슈퍼필러를 위한 수용전념치료 로드맵'은 전체 치료에 걸쳐 제시될 핵심 기술의 중요한 시각적 표현이며 내담자가 배우고 연습할 다섯 가지 핵심 기술을 적용하는 데 도움이 된다. (1) 알아채기 (2) 명명하기 (3) 가장 의지했던 행위의 실효성 확인하기 (4) 가치 확인하기 (5) 행동 선택하기이다. 이러한 핵심 기술은 기억하기 쉽고 모든 유형의 사적 경험에 적용할 수 있다.

이 첫 번째 회기의 핵심 메시지는 슈퍼필러가 망가졌거나 혼자가 아니라는 것이다. 그들은 단지 감정 기계를 가지고 있는데 그것의 스위치가 켜지면 감정을 너무 많이, 너무 빨리 느끼면서 너무 순식간에 행동할 뿐이다.

개요

1. 순간 속에 머물기 연습
2. 가르침 요점: 감정 조절의 기초
3. 가르침 요점: 가치 명료화
4. 가르침 요점: 전념 행동, 행하는 것을 행하기
5. 모든 것을 하나로 묶기

6. 주간 실습

자료

참가자 두 명당 지폐 한 장

참가자 한 명당 동전 하나

워크시트

유인물: 황소의 눈

유인물: 슈퍼필러를 위한 수용전념치료 로드맵

유인물: 활동하는 가치

유인물: 감정 조절의 기초(부록 참조)

http://www.newharbinger.com/41771에 방문하여 워크시트를 내려받아라.

회기에서 일반적인 소개를 하면서 잠시 시간을 보내라. 이 치료가 가지는 적극적이고 체험적인 성격을 말하고 삶에서 가치가 이끄는 행동을 하는 것이 집단 치료의 주요 목표라는 아이디어를 부드럽게 소개하라. 이 시간은 당신의 경력과 개인적 가치의 일부이기도 하므로 이 과정을 하게 된 당신의 전념을 간략히 공유할 좋은 기회이기도 하다. 다음으로 모든 사람이 집단에 현존하고 일상의 모든 활동이 수용전념치료 기술을 배우고 경험하는 걸로 전환하는 데 도움이 되도록 회기마다 간단한 훈련으로 시작할 거라고 내담자에게 알려라.

순간 속에 머물기 연습

전체 치료를 통해 현재 순간과의 접촉을 촉진할 것이기 때문에 여기에서 나의 기본 권장 사항을 일러두겠다. 시작 전에 미리 읽어서 활동이 무엇인지 감을 가져라. 내담자에게도 시작 전에 간단한 미리보기를 제공하여 활동이 무엇인지 감을 가지게 하라(예를 들면 신체적 활동, 눈을 감고 연습, 시각화 연습 등). 그리고 내담자에게 한번 해보고 싶은지, 거기서 무엇이 나타나는지에 마음을 열고 볼 수 있는지 확인하라. 처음 그리고 회기마다 모든 경험에서 배울 수 있는 호기심과 개방성의 본을 보이는 것이 중요하다.

계속 진행하기 전의 마지막 권장 사항은 모든 회기에서 '지시문' 또는 '지시 사항[1]'이라는 단어를 발견할 수 있겠지만 자신의 스타일, 자신의 목소리 및 수용전념치료에서 자신의 말하기 방식에 따라 내용을 수정하는 데 최선을 다할 것을 명심하라는 것이다. 결국 당신이 이 치료를 시행하는 것이고 (잘 정리되어 있고 준비가 완료된 상태에서 얻을 수 있는 추가적인 이점이 있겠지만!) 이 책은 단지 이를 위한 지침서일 뿐이다.

다음은 첫 순간 속에 머물기 연습의 지시문이다.

"다음 몇 분 동안 방에서 당신의 주의를 끄는 세 가지 다른 물건을 알아챌 수 있는지 확인해 봅니다. 그것을 보고 그것의 특성(예: 색상, 크기, 모양, 얼마나 오래되었는지, 깨끗한지?)을 조용히 기술해 보십시오."

내담자에게 약 5분 동안 참여할 시간을 준 다음 경험을 공유하도록 초대하라. 이 훈련에서 디브리핑을 시작하기 위한 두 가지 주요 질문이 있다. (1) 특정 사물에 초점을 맞출 때 무엇을 알아챘나요? (2) 하나의 특정한 물건에 대해 무엇을 알아챘나요?

참가자들로부터 이 간단한 순간 활동의 경험을 수집한 후 첫 번째 회기의 가르침 요점을 다루는 '감정 조절의 기초'(http://www.newharbinger.com/41771에서 이용 가능) 유인물을 전달하라(부록 참조).

---

1)역주: 때에 따라서는 지침으로 번역하기도 함.

가르침 요점: 감정 조절의 기초

다음은 이 주제에 관해 다루는 네 가지 핵심 아이디어이다. 참가자에게 제시하기 전에 미리 익숙해지도록 읽어 두면 도움이 된다. 감정 기계, 슈퍼필러 및 감정 스위치의 은유가 내담자에게 소개되는 것은 이것이 처음이며 치료 전반에 걸쳐 계속 언급될 것이다.

이 가르침 요점의 목적은 감정 조절 반응의 속성과 기능을 정상화하고 무엇이 이 반응을 문제로 만드는지 배우는 것이다. 이 가르침 요점이 약간 교육적일 수 있겠지만 내담자에게 앞으로 있을 작업의 기초를 제공하는 것이라 설명하면서 시작하고 진행해 나가면서 내담자의 의견을 구하는 것이 좋다(이 주제와 관련한 더 많은 정보를 원한다면 이 책 2장을 참조하라).

감정이란 무엇인가?

내담자에게 감정은 단순해 보이지만 실제로는 그렇게 단순하지 않다는 점을 설명하라. 감정은 커다란 시스템, 즉 우리의 감정 기계의 일부이다. 우리의 감정 기계는 생리학, 신경학, 심리학이 모두 함께 작용하는 복잡한 시스템이며 스위치를 켜면 우리가 주의를 기울이는 것, 회상하는 것, 표정, 행동 등을 조직하는 미세 반응이 우리 몸의 여러 층(교감 시스템, 부교감 시스템, 내분비 시스템, 신경 시스템)에서 함께 어우러진다.

다음을 명확히 하라. (1) '감정'과 '느낌'이라는 용어는 치료 전반에 걸쳐 같은 의미로 사용된다. (2) 느낌은 '*기분*'과는 다르다. 기분은 오래 지속되는 상태지만 감정이나 느낌은 생리적으로 서로 연결된 일시적 경험이다.

감정 조절이란 무엇인가?

여기에 내담자에게 설명할 핵심 개념이 있다. 감정 조절은 감정에 관해 무언가를 함으로써 감정을 관리하려는 모든 시도를 말한다. 때로는 적응적이지만 때로는 그렇지 않다.

다음은 내담자와 공유할 수 있는 하나의 예이다. 누군가 영화를 보면서 애완동물이 다치는 것을 보았을 때 이 사람은 눈을 감거나 고개를 돌릴 수 있다. 그것이 감정 조절의 한 형태이다. 우리가 직장에서 긴 하루를 보내고 스트레스를 느낄 때 목욕으로 자신을 위로하는 결정을 할 수 있다. 이 또한 또 다른 감정 조절 활동이다. 다시 한번 우리 모두 감정에서 반응을 끊임없이 조정하고 있다는 메시지를 전달한다. (이때가 내담자로부터 간단히 각자의 감정을 관리하는 방식의 예를 들을 수 있는 좋은 타이밍이다)

감정 조절은 언제 문제가 되는가?

우리에게 어떤 행동이 정말 중요한 것과 관련하여 효과적인지 아닌지를 확인하지 않고 감정 기계가 떠올리는 느낌에 따라 빠르게 행동할 때 감정 조절이 비로소 하나의 문제가 됨을 분명히 하라. 그리고 우리는 각기 다른 상황에서 이 같은 행동을 반복한다.

계속 진행하기 전에 감정에 이끌린 행동이 내담자의 삶에서 만성적인 문제 행동을 일으킨 예를 살펴보는 것이 도움이 된다. 여기서 주의할 점은 참여를 독려하면서도 내담자가 개인 문제를 공유할 때 다른 사람을 자극하지 않도록 환기하는 것이다.

마지막으로 감정 조절 문제는 단일 문제와 일반화된 문제 두 가지 유형이 있음을 명확히 하라. 단일 감정 조절 문제의 예는 사회적 상황에서 불안이나 당혹감에서 두려움을 겪는 사람이 사교 모임이나 데이트를 피하거나 불안을 줄이려고 자낙스를 가지고 다니는 것과 같은 사회 불안증이다. 일반화된 감정 조절 문제가 있는 개인은 불안이나 슬픔뿐만 아니라 모든 감정 상태에 따라 너무 많이, 너무 빨리 느끼고, 너무 순식간에 행동하려는 느낌과 싸우고 있다. 한 개인이 일반화된 감정 조절 문제로 어려움을 겪을 때 우리는 그를 슈퍼필러라 부른다.

슈퍼필러는 누구인가?

슈퍼필러는 언제든지 켜고 꺼지는 감정 스위치로 투쟁하는 사람이다. 예를 들어 죄책감을 느낄 때 기가 죽는다. 불안을 느낄 때 불안으로 으스러진다. 슬픔을 느낄 때 온통 슬픔으로 가득 찬다. 슈퍼필러는 순간에 모든 감정을 0에서 100까지 빠르고 강렬하게 경험하고 감정이 절정에 이르면 그들의 마음에 떠오르는 온갖 생각을 절대적인 진리로 믿고 그 순간 느낌이 말하는 대로 해버린다. 나중에 그들은 자신이 아끼는 사람에게 상처를 주거나 자신들이 상처받은 것으로 후회한다.

우리 중 대부분은 어떠한 시점에서 압도적이거나 참담하고 강렬한 감정을 느끼게 되고 느끼는 바에 따라 행동한다. 하지만 슈퍼필러의 경우 항상 감정이 자신의 행동을 좌우한다. 이것을 내담자와 관련짓기 위해 그들에게 감정 스위치가 빠르게 켜졌을 때 일어난 일과 그것의 결과를 간략하게 나누어 달라고 요청하라.

이 가르침 요점을 살펴본 후 잠시 멈추고 내담자에게 질문할 수 있는 시간을 주라. 일부 내담자는 '내가 많이 느끼지 않거나 그런 불편한 감정이 없었으면 더 좋았을 것'이라고 말할 수 있다. 수용전념치료 치료자로서 당신은 그런 말에 대해 반론하거나 도전하거나 맞설 필요가 없다는 것을 기억하라. 대신 그런 말을 할 때 이를 강렬한 감정에서 내담자의 투쟁을 알아봐 주는 기회로 이용할 수 있으며 참을 수 없는 감정이 오고 갈 때 감정이 우리를 정의하도록 두지 않고 우리가 그 감정을 가질 수 있음을 집단에서 배우게 될 것이라고 전달하라.

체험적인 수용전념치료: 당신은 당신의 감정 이상이다

참가자를 둘씩 짝짓고 각 쌍에 1달러 지폐를 준다. 다음으로 각 쌍에게 지폐의 가치가 그대로 유지되는 한 상상할 수 있는 모든 것을 하도록 요청한다. 접어도 되고 밟아도 된다. 2분의 시간을 주고 완료한다.

끝이 났으면 내담자가 지폐에 대해 한 일을 집단에서 설명하게 하고 각 쌍의 말을 다 들은 후 다음과 같은 질문을 제기한다. 지폐는 여전히 1달러 지폐인가요? 참가자는 지폐가 여전히 1달러 지폐이며 여전히 지폐의 가치를 가짐을 인식한다. 이 연습에서 취할 메시지는 다음과 같다. 감정 기계가 활성화되면 감정은 슈퍼필러를 질질 끌고 밟고 때린다. 그러면 당연하게 슈퍼필러는 온갖 종류의 행동을 시도하지만 그렇다고 감정이 슈퍼필러를 정의하지 않는다. 그들은 감정이 아니다. 오히려 지폐와 더 비슷하다. 슈퍼필러는 지치고, 피곤하고, 헝클어질 수 있겠지만 그들이 감정인 것은 아니고 감정을 가진 것이다.

연습이 끝나면 참가자에게 처음 치료실에 앉았던 때로 돌아가 이 연습과 관련한 디브리핑을 하도록 초대하라. 치료해 나가면서 당신은 각 체험적인 수용전념치료 활동 후 수백 번의 디브리핑을 해야 하므로 여기에 나의 팁을 주겠다. 이런 순간 다음과 같은 일반적인 질문을 통해 학습을 촉진하라. 이 연습에서 무엇을 배웠습니까? 당신에게 무엇이 나타났습니까? 그것이 당신에게 어땠나요? 슈퍼필러가 내부 경험에 주의를 기울일수록 경험은 수리, 변경 또는 제거하는 것이 아니라 있는 그대로 함께 할 수 있다는 것을 더 잘 배운다.

조심해!

이 첫 번째 가르침 요점을 살펴보고 체험적인 수용전념치료 활동을 할 때 감정 조절은 모든 인간에게 자연스러운 반응이며 그 자체로는 아무런 문제가 없다는 메시지를 명확히 전달하는 것이 중요하다.

슈퍼필러, 감정 기계, 감정 스위치 같은 말이 우습게 들리겠지만 이 은유는 느낌의 복잡성, 슈퍼필러가 자신의 감정 경험을 다루는 것이 얼마나 어려운지, 감정 조절 문제를 치르는 것이 고장 나거나 결함이 있는 문제가 아니라 일상생활에서 겪는 압도적인 감정을 관리하려는 투쟁이라고 설명할 때 도움이 된다.

또한 슈퍼필러라는 용어는 내담자에게 부여되는 다른 유형의 명칭(조절 부전, 조종, 너무나 서투른, 너무 감정적, 정서적으로 민감한 등) 또는 경계선 성격장애나 강박성 성격장애 같은 임상 진단보다 훨씬 덜 병리적이다.

기본 개념을 명확히 한 후 가치 명료화로 이동한다.

가르침 요점: 가치 명료화

회기의 이 지점에서 참가자에게 진정으로 중요한 것이 무엇인지 찾아보도록 초대하면서 가치를 소개한다.

참가자에게 수용전념치료는 감정 기계가 켜져 있을 때 인생에서 중요한 것을 선택하고 그 방향으로 나아가도록 초대하는 것이라고 간략하게 설명한다. 가치는 그들이 인생에서 옹호하고 싶은 가장 깊은 자질이다. 가치는 그들이 '무엇'을 하는가가 아니라 그것을 하는 '이유'이다. 목표는 목록에서 완료되었다고 확인할 수 있는 작업이고 가치는 우리가 노력하는 지속적인 삶의 원리이기 때문에 목표와는 다르다(이 때문에 수용전념치료에서는 가치는 '친절하기' 또는 '사랑하기' 같은 동사로 작성한다).

체험적인 수용전념치료: 가치 식별

가치 명료화를 소개하며 세 부분으로 구성된 활동을 전체 집단이 같이한다. 자신에게 진정으로 중요한 것이 무엇인지 명확히 표현하는 데 어려움을 겪거나 느낌과 가치를 혼동하는 참가자에게 특히 유용하다. 이러한 가치 탐색 활동은 고통스러운 감정, 불편한 생각, 끔찍한 감각을 밀어내면 그것은 마치 우리에게 중요한 것을 밀어내는 것과 같다는 점을 강조하며 끝을 맺는다. 여기에 당신을 위한 권고사항이 있다. 가치는 우리에게 활력을 준다. 따라서 이를 내담자에게 제시할 때 임상의로서 당신이 어떤 본을 보이고 있는지 살피는 것이 중요하다. 단순히 가치를 탐색하는 기법인지, 아니면 삶의 목적, 의미 또는 추진력을 찾아가는 과정인지가 중요하다.

첫 번째 부분: 상상 연습

참가자들을 위해 다음 지시 사항을 읽어라. "지금부터 몇 분간 앞으로 24시간 안에 죽을 것이라는 소식을 듣고 마지막 몇 시간 동안 사는 것 외에는 할 수 있는 일이 없다고 상상해 보십시오. 당신은 어떤 자질로 기억되고 싶습니까? 당신이 어떻게 살았는지를 다른 사람들이 뭐라고 말하길 원하십니까? (잠시 멈춤) 지금, 이 질문은 당신에게 정말로 중요한 것이니 시간을 가지고 대답해 주세요."

내담자가 이 질문에 관해 숙고할 수 있도록 약 5분의 시간을 준 후 그들이 이 연습에서 가진 **반응**을 집단과 간략하게 공유하도록 초대하라. 약 5분 동안 토론한 후 가치 탐색 연습을 이어가라.

두 번째 부분: 당신의 고통을 뒤집기 (윌슨과 듀프렌Wilson &Dufrene, 2008 에서 가져옴)

지시 사항: 이 연습을 위해 이제까지 꽤 오랫동안 괴로움을 겪었던 일의 정신적 목록을 작성해 보십시오. 그중에서 이 연습에서 집중할 어려움 중 하나를 선택하세요. (잠시 멈춤) 잠시 시간을 두고 그 특별한 어려움, 그 상황과 함께 오는 고통에 세심한 주의를 기울이고 다음 질문에 스스로 대답할 수 있는지 보십시오. 그것이 왜 그렇게 아픈 것일까요? 그것이 왜 나를 괴롭힐까요? (잠시 멈춤) 잠시 속도를 늦추고 다시 확인해 보십시오. 그것이 왜 그렇게 아픈 것일까요? 그것이 무엇과 관련된 것인가요? (잠시 멈춤) 그것은 무언가가 당신에게 진정으로 중요하기 때문에 정말 당신에게 중요한 것이기에 상처를 받은 것입니다. 그것은 마치 동전을 뒤집기 하듯이 뒤집어 본다면 당신의 상처에 주의를 기울일 때 당신에게 중요한 것이 보일 것입니다.

참가자에게 이 연습에 대해 생각해 볼 시간을 준 후 집단과 그들의 **반응**을 공유하도록 초대하라. 깊은 생각을 안내하는 핵심 질문은 다음과 같다. 내담자의 상처는 무엇이었나? 그리고 그들의 상처 뒤에 숨겨진 가치는 무엇이었나? (또는 상처를 뒤집는다면 그 가치는 무엇인가?). 간단한 토론 후 가치 탐색 활동의 마지막 부분으로 이동하라.

세 번째 부분: 고통 밀어내기, 가치 밀어내기

지시 사항: 각 내담자에게 동전을 전달한 다음 자원자가 집단에 동전의 앞면을 설명하도록 요청한다. 그런 다음 마찬가지로 다른 자원자에게 동전의 뒷면을 설명해 달라고 한다. 이후 참가자에게 동전의 앞면이 위로 향하게 하여 손바닥으로 동전을 잡고 앞면이 참가자가 가진 모든 불편한 감정, 상처, 불쾌한 생각, 심지어 감각까지 담고 있다고 상상하라고 요청하라. 그런 다음 손바닥에 있는 동전을 뒤집고 동전 뒷면이 자신에게 진정으로 중요한 것이라 상상하라고 한다. 다음으로 상처를 받아 감정 기계가 움직일 때 가장 흔한 반응(예: 산만해짐, 음주 또는 자살 사고)을 찾아내도록 요청하라. 참가자들이 자신의 반응을 공유한 후 "아무도 상처받는 것을 좋아하지 않으니 이 모든 반응이 다 그럴 만하죠. 자연스러운 회피 반응입니다."라고 요약해 준다.

이 시점에서 참가자에게 동전의 끝을 손가락으로 잡고 팔을 쭉 뻗게끔 요청한다. 집단에 "당신이 그 느낌을 계속해서 밀어낼 때 어떤 일이 일어납니까? 당신의 상처와 함께 오는 또 다른 무엇을 피하고 있습니까?"라고 물어보라. (참가자를 압도하는 감정을 밀어내는 것은 항상 그들에게 중요한 것을 밀어내는 것임을 알도록 돕는다)

핵심 메시지는 다음과 같다. 회피는 자연스러운 것이지만 상처를 피하려고 밀어내는 것은 중요한 것을 멀리 밀어내는 것이다. 참가자가 상처에서 더 달아날수록 중요한 삶을 만들 기회를 더 얻지 못한다.

참가자에게 이 연습에서 그들의 **반응**을 집단과 토론하도록 요청하고 수용전념치료에서 가치는 우리 삶에 의미와 목적을 부여하는 나침반임을 강조하라.

내담자가 마지막으로 취할 메시지는 *중요한 것을 선택하고, 우리의 가치에 따라 사는 것은 종종 매우 불편한 느낌, 생각, 감각 및 감정 기계가 일으키는 모든 소*

음을 선택하는 걸 포함한다는 것이다. 여기 나의 내담자의 예가 있다. 딸에게 거절 당했음에도 불구하고 딸과의 연결을 가치로 선택한 아버지는 딸이 자신에게 답장 하지 않더라도 매일 그녀에게 문자를 보낼 수 있었다. 실망하거나 상처를 받거나 좌절감을 느낄 수 있겠지만 그는 여전히 '연결하기'의 가치를 실습하고 있다.

조심해!

이러한 가치 탐색 연습을 진행할 때 참가자가 '감정 상태' 또는 '느낌'(예: 행복감 또는 덜 괴로워함)을 가치나 행위(예: 연습하기 또는 잘 먹기)와 혼동하는 것에 주 의를 기울이는 게 중요하다. 나는 이 치료가 실제로 내담자가 의미 있는 삶을 사는 데 도움이 될 수 있도록 이 둘의 구별에 도움이 되는 사례를 몇 번이고 되풀이해서 제공하기를 강력히 추천한다.

　또한 가치에 따라 살기를 선택하는 것은 자신에 대해 어떻게 느끼고 싶은지를 선택하거나 참담한 느낌을 피하는 게 아님을 기억하라. 특히 슈퍼필러의 경우에 는 감정을 통제하고, 억압하고, 이를 기반으로 행동하기 쉽다. 당신은 아마 "내가 그렇게 미치지 않았다면 나의 가치를 따르기 쉬웠을 거야." 같은 얘기를 들을 것이 다. 다시 한번 치료의 이 시점에서 내담자의 어려움을 정상화하고 그 압도적인 감 정이 어떻게 그들이 가치를 향해 나아가기를 어렵게 만드는지 알아채면서 내담자 의 투쟁을 수용하는 본보기를 보이는 것이 중요하다. 그들에게 조금씩 이러한 감 정을 가지면서 중요한 걸 향해 나아가도록 이 집단이 돕게 될 것임을 상기시켜라.

　2장을 기억하겠지만 심리 육각형에서 내담자와 가치를 논의할 때마다 전념 행 동으로의 전환이 필요하다.

가르침 요점: 전념 행동, 행하는 것을 행하기

다음은 전문 용어를 사용하지 않고 내담자에게 전념 행동에 관해 간략한 가르침 요점을 제시한 것이다.

- 자신의 가치를 실습하는 것은 동사이며, 종이 위나 대화 속 좋은 단어의 문자열이 아니라 감정 스위치가 켜져 있어도 우리가 취하기로 선택하는 행동이다.
- 우리의 가치를 실습하는 것은 그러한 행위가 얼마나 빠르거나 완벽한지를 말하는 것이 아니라 감정 기계가 우리를 다른 방향(예컨대 *'지금 당장 좋게 느끼려'* 하거나 회피하거나 *'지금 바로 여기 행위를 취하려는'* 방향)으로 움직이도록 밀어붙일 때조차 우리의 삶을 사는 방식을 계속해서 선택하는 것을 말한다.

이는 또한 실효성의 개념을 너무 자세히 다루지 않고 간략하게 소개할 좋은 기회이다. 내담자에게 치료 전반에 걸쳐 행동이 자신의 가치를 향해 다가가는 데 도움이 되는지 또는 물러나게 하는지 확인할 것이며 그 과정을 수용전념치료에서 실효성이라고 부른다고 간단히 얘기하라.

내담자에게 자신의 가치나 실효성과 관련한 질문이나 의견이 있는지 확인한 후 고전적인 수용전념치료 연습인 황소의 눈으로 이동하라.

체험적인 수용전념치료: 황소의 눈 연습 (수정됨)

황소의 눈 유인물을 각 참가자에게 전달하고 유인물에 있는 네 가지 영역을 구분한 다음 지금까지 네 가지 영역에서 자신의 가치와 얼마나 일관되게 또는 일관되지 못하게 살고 있는지 해당하는 위치에 표시하도록 초대한다. 표시가 과녁에 가까울수록 그 가치 영역에 더 일치하는 행동을 하는 것이다. 내담자가 이 활동을 완료할 수 있도록 몇 분 동안 시간을 주라.

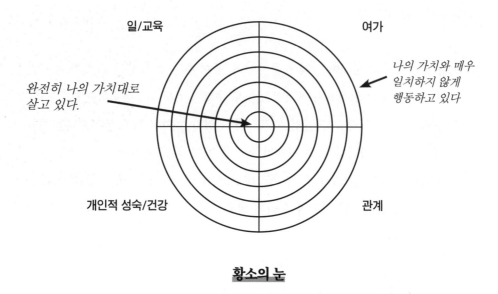

황소의 눈

이 연습을 마친 후 내담자에게 그들의 반응과 숙고를 집단과 공유하도록 초대하라. 다음은 집단 토론을 시작하기 위한 핵심 질문이다. 그들이 알아차린 것은 무엇인가? 그들은 모든 영역에서 살고 싶은 삶을 살고 있는가?

내담자에게 이 치료를 통해 주 단위로 가치 기반 행동을 선택할 수 있고 언제, 어디서, 얼마나 오래 그 활동에 참여할지 정할 수 있다고 설명하라.

조심해!

내담자와 이 활동을 하다 보면 때때로 "나는 중요한 것이 무엇인지 확실히 알고 있지만 다른 사람들이 자기 몫을 하지 않으니까 못하는 겁니다." 또는 "나는 그것을 시도해 봤지만, 아무 효과가 없었어요." 같은 반응을 듣게 된다. 이것은 참가자가 가치에 기반한 삶에 방해물이 된다는 생각에 낚인 것이고 이유 대기의 예이다. 이것이 첫 번째 회기이므로 내담자의 투쟁을 알아봐 주고 이러한 진술에 대해 반응의 실효성에 초점을 맞춘 견해로 대응하는 게 도움이 된다. 나는 보통 "최선을 다했으나 당신이 바라는 걸 얻지 못할 때 가치를 실습하는 일이 얼마나 힘든지 알 수 있습니다. 이 순간에 가지고 있는 생각을 집단과 나누는 건 어떨까요? 그 아래 어떤 감정이 있습니까? 그러한 생각, 감정, 느낌, 감각이 당신이 무언가를 하도록 어떻게 밀어붙이고 있는지 알아챌 수 있습니까? 그것은 자연스러운 것이지만 지금 그러한 생각, 느낌, 감정, 감각을 가지는 게 어떤 것인지 알아채는 실습이 가능한지 봅시다." 같은 말을 한다.

모든 회기에서 다른 사람의 행동이나 내담자가 겪는 어려운 상황이 변하지 않더라도 가치 있게 살아갈 수 있는 여러 방식에 대해 논의한다. 이것은 가치 작업의 가장 근본적인 측면 중 하나이다. 누군가의 삶의 조건이 이상적이지 않은 맥락에서(예: 빈곤, 최근의 손실 또는 자연재해) 어떻게 우리의 가치를 살아낼 수 있는가이다. 수용전념치료에서 우리의 가치대로 사는 것은 우리가 옳거나 이상적인 맥락을 가질 때만이 아니라 우리가 어디에 있더라도 여전히 목적을 찾는 것을 말한다. 쉽지 않겠지만 그게 바로 이 치료가 하고자 하는 것이다.

모든 것을 하나로 묶기

마칠 때쯤 참가자에게 치료가 끝날 때 쉽게 기억할 수 있도록 집단에서 다룬 모든 기술을 다시 다루게 될 것이라고 알려라.

내담자에게 이러한 기술은 내부 기술과 외부 기술의 두 가지 범주로 이루어져 있다고 설명하라. 내부 기술은 사적 기술이고 외부 기술은 공적 기술이다. 내부 기술의 예로는 느낌 알아채기, 느낌 명명하기, 가장 의지했던 행위 확인하기가 있다. 외부 기술의 예로는 공감 행동 실습하기와 두드림으로 자기 자비 실습하기가 있다. 이러한 내부 기술과 외부 기술을 구분하는 게 엄격한 것이 아니라 내담자가 사적 행동과 공적 행동을 구별하고 선택하는 역량을 활용하도록 돕는 가르침이다.

치료를 통해 내담자가 다섯 가지 핵심 수용전념치료 기술을 배우게 될 것임을 상기시켜라. 모든 유형의 사적 경험을 알아채기, 명명하기, 가장 의지했던 행위의 실효성 확인하기, 가치 확인하기, 그리고 내부 기술 또는 외부 기술(예: 탈융합 또는 가치 기반 문제 해결) 선택하기이다.

각 회기가 끝날 때 다루어진 내부 기술 및 외부 기술 목록을 지침으로 사용하여 치료 전반에 걸쳐 두 가지 핵심 워크시트인 '슈퍼필러를 위한 수용전념치료 로드맵'과 '활동하는 가치 워크시트'를 작성하도록 한다.

주간 실습

첫 번째 회기를 마치면서 참가자에게 수용전념치료 기술을 자신의 삶에 도입하는 것은 적극적이고, 역동적이고, 지속적인 과정이며 집단에 참석하는 것은 하나의 단계임을 설명하고, 회기 사이 일상에서 배운 기술을 반복 실습하도록 권장하라.

이제 격앙된 목소리로 회기가 끝났음을 알리고 다음 회기부터 회기 시작 때 순간에 머물기 연습 후 집단과 함께 주간 실습 검토를 하면서 수용전념치료 기술을 삶에 어떻게 적용했는지 확인하고 서로를 지지하게 될 것이라고 알려라.

다음 회기에는 소중한 사람의 사진을 가져오라고 요청하라. 회기마다 내담자에게 전달할 두 개의 핵심 워크시트가 있다. http://www.newharbinger.com/41771 을 방문하여 워크시트를 내려받아라.

슈퍼필러를 위한 수용전념치료 로드맵

이 워크시트에서 참가자는 투쟁 중인 상황에서 문제 분석을 하도록 초대된다.

로드맵은 아래에서 위로 작성하며 도전적인 상황에서 여섯 가지 구체적인 단계를 배울 수 있도록 돕는다. (1) 도전적 상황 식별하기 (2) 그것과 관련된 개인적 가치 확인하기 (3) 행위 안의 감정 기계 알아채기 (4) 잠재적 가치 기반 행동 및 이의 실효성 확인하기 (5) 가치 기반 행동 선택하기 (6) 특정 행동에 사용할 내부 기술 또는 외부 기술 선택하기이다.

이 로드맵 워크시트는 수용전념치료와 일관된 방식으로 선행 사건, 행동, 결과를 알아채는 기초를 다지는 것이며 본질에서 기능 평가이다.

활동하는 가치

'활동하는 가치' 워크시트는 내담자의 일상생활에서 가치 기반 행동을 촉진하는 것을 목표로 한다. 치료 시작부터 내담자는 자신에게 중요한 개인적 가치를 선택하고 그 주에 특정 가치 기반 행동을 찾아보도록 요청받는다. 완료 후 이 관찰 내용을 워크시트에 채울 수 있다.

이것은 이 치료의 첫 번째 회기이지만 수용전념치료는 모든 인간은 무언가를 소중히 여긴다는 견해를 가지고 있으며 이 치료는 감정 조절을 위한 것이지만 내담자에게 이러한 기술이 매 순간 어디에 있든 방향, 목적, 삶의 의미를 찾도록 돕는 수단임을 가르친다.

'활동하는 가치' 워크시트를 소개할 때 내담자에게 이후 남은 열다섯 회기 때 매번 삶의 나침반을 찾고 그 방향으로 나아가기 위해 이 작업을 할 것이라고 알려 둔다.

필요에 따라 추가 워크시트가 소개된다. http://www.newharbinger. com/41771에 있다.

지루하게 들리겠지만 명심하라. 연구에서는 연습, 주간 실습 또는 회기 사이의 과제를 완수한 내담자가 더 나은 치료 결과를 얻는다는 걸 보여 준다. 슈퍼필러의 치료 효과를 극대화하자!

토막 논평

여기서 토막 논평을 처음 만났을 것이다! 이제 나의 작업에 영감을 준 이론과 연구 일부를 빠르게 조금씩 읽게 될 것이다. 첫 번째 논평을 살짝 들여다보자!

수용전념치료의 관점에서 볼 때 한 개인의 삶에서 감정 조절과 같은 자연스러운 조절 활동을 하나의 문제로 바꾸는 것은 압도적인 감정에서 감정 관리 반응의 빈도, 맥락 민감성 부족, 비실효성 때문이다. 즉, 감정 조절은 우리가 고통스러운 감정을 억압하거나, 밀어내거나, 도피하거나(체험 회피), 상황(맥락)을 보지 않고 순간의 생각에 따라 행동(융합 및 실효성 없는 행동)을 취할 때 문제가 된다.

슈퍼필러가 감정을 조절하는 전략은 (1) 감정 기계가 떠올리는 느낌을 알아차리지 못하여 수용하지 않으며 (2) 빠르게 행동하고(충동적인 행동) (3) 자신의 가치에 따라 실효성 있는 행동을 선택하지 않고 (4) 모든 맥락에서 경직되게 행동하는 것이다(규칙 지배 행동).

워크시트: 슈퍼필러를 위한 수용전념치료 로드맵

선택: 내가 선택할 가치 기반 행동은 무엇인가?

선택: 내가 사용할 수 있는 내부 기술은 무엇인가?

선택: 내가 사용할 수 있는 내부 기술 및 외부 기술은 무엇인가?

확인: 가치 기반 선택 사항은 무엇인가? 그것의 실효성은 어떠한가? 선택 사항을 적고, 그 선택 사항이 당신의 가치에 다가가느지 아니면 물러나느지를 실효성을 나타내는 줄에 'X'를 표시합니다.

선택 1: _____

다가가기　　　가치　　　물러나기

선택 2: _____

다가가기　　　가치　　　물러나기

확인: 감정 기계가 뭐라고 하나? 떠오르는 감정, 기억, 이미지, 사고, 감각, 충박감을 알아채고 명명하세요.

확인: 이 상황에서 나에게 진정 중요한 것은 무엇인가?

어떤 상황인가? (가능한 구체적으로)

내가 조절할 수 없는 것은 무엇인가?

주간 실습 워크시트: 활동하는 가치

개인적 가치: _____

나의 가치는 개인적인 가치인가? 아니면 타인이나 타인의 행동을 바꾸려는 것인가?

_____

_____

나의 가치를 확인한 후 내가 취하기로 선택한 구체적인 행동은 무엇인가? (언제, 어디서, 얼마나 오랫동안?)

_____

_____

특정 행위를 취할 때 나의 감정 기계는 _____ 같은 불편한 느낌을 떠오르게 한다.

나는 그런 느낌을 얼마나 기꺼이 가지고 싶은가? (0 = 최저부터 10 = 최고까지 숫자를 표시하세요.)

0   1   2   3   4   5   6   7   8   9   10

가치 기반 행위를 취할 때 내가 겪게 될 감각은 무엇인가?

_____

가치 기반 행위를 취할 때 어떤 생각이 나타날 수 있나?

_____

가치 기반 행위 후의 결과는 무엇이었나?

_____

_____

가치 측정: 해당하는 곳에 표시하세요.

멀리   가까이

0   1   2   3   4   5   6   7   8   9   10

Chapter 06

2회기 – 감정 알아차리기
Session 2 - Emotional Awareness

이 회기의 주제

————

1회기에서 감정 조절 문제가 무엇이고 슈퍼필러는 누구인지 기본 사항을 살펴보면서 내담자의 가치를 탐색했고, 2회기는 내담자에게 감정의 목적을 가르치고 두 가지 내부 기술인 *알아채기와 명명하기*를 소개한다.

알아채기와 명명하기 기술을 실습하고, 감정 경험의 각기 다른 성분을 해체하고, 그 복잡성을 인정하는 다양한 연습을 도입한다. 이를 위해 사진 및 동영상 클립과 같은 다양한 자극이 사용된다.

감정 경험은 생리적 경험, 평가 또는 생각, 조직된 행동 등이 서로 어우러지면서 일어난다. 같은 행동 반응이 반복되면서 자연스럽게 만성적으로 실효성 없는 행동이 강화된다. 이 감정 경험을 적응적으로 관리하는 게 우리 모두 특히 슈퍼필러에게 필요한 삶의 기술인데 그렇지 않으면 순간의 감정과 자신의 학습 역사에 휩쓸려 상황에 빠르게 갇혀 버린다.

마지막으로 슈퍼필러는 명시적으로든 암묵적으로든 사회 문화적으로 수백 번 강화를 받으면서 감정에서 다양한 신념을 익혀왔기 때문에 내담자가 감정에 관해 가지고 있는 가장 흔한 사고, 신념 및 미신을 자세히 검토하면서 이 회기의 끝을 맺는다.

개요

1. 순간 속에 머물기 연습
2. 주간 실습 검토
3. 가르침 요점: 감정은 무엇에 좋은가?
4. 가르침 요점: 감정 명명하기
5. 가르침 요점: 감정 구분하기
6. 가르침 요점: 감정에 관한 사고
7. 모든 것을 하나로 묶기
8. 주간 실습

자료

이전 회기를 마칠 때 모든 참가자에게 사진 한 장씩 가져오도록 요청했었다.

로맨틱, 공포, 코미디 영화의 2분 클립으로 낭만적 교제, 두려움, 어리석음과 같은 구체적 느낌을 불러일으키는 짧은 장면을 선택한다.

워크시트

유인물: 감정 색인

유인물: 감정에 관한 사고

http://www.newharbinger.com/41771를 방문하여 워크시트를 내려받아라.

순간 속에 머물기 연습

이 회기를 시작할 때 참가자에게 소중한 사람의 사진을 가져오도록 한다(이전 모듈에서 주간 실습 과제로 요청했었다). 사진을 가져오는 것을 잊어버린 사람이 있다면 깊이 아끼는 사람을 생각해달라고 요청하면 된다. 그런 다음 30초 동안 이미지를 보면서 이 사람과 함께했던 달콤한 추억을 스스로 설명해 보라고 한다. 내담자에게 이 기억에 집중할 수 있는 몇 분의 시간을 준 후 연습 때 떠오르는 생각, 느낌 및 감각을 알아채도록 격려한다.

참가자에게 이 기억을 붙잡을 수 있는 몇 분의 시간을 준 후 이 연습에서의 **반응**을 집단과 공유하도록 요청한다. 모든 개입은 실험이므로 이러한 연습을 디브리핑할 때 (특정 결과를 듣기를 바라는 대신) 내담자의 경험을 다루는 호기심의 본을 보이는 게 도움이 된다. 질문에서 몇 가지 일반적인 제안은 다음과 같다. 알아차린 것은 무엇인가요? 그 순간 감정 기계는 무엇을 하려고 했나요? 그 경험에 머무르려고 했습니까, 아니면 그 순간을 낚아채는 생각, 감정, 감각이 있었나요?

늘 그렇듯 내담자의 경험에 관해 배운 후 주간 실습 검토로 이동한다.

주간 실습 검토

지난주에 소개된 주간 실습 워크시트를 검토할 자원자를 요청한다. 첫 번째 회기에서 알 수 있듯이 집단에서 다루는 자료를 통해 학습이 촉진되므로 핵심 워크시트를 검토한다.

치료 전반에 걸쳐 모든 회기에 워크시트 검토가 계속되므로 워크시트를 검토하기 위한 틀을 만드는 것이 도움이 된다. 집단을 운영하는 경우 세 명의 자원자를 요청하는 것이 도움이 되며 한 명은 '슈퍼필러를 위한 수용전념치료 로드맵', 두 번째 자원자는 '활동하는 가치' 워크시트, 세 번째는 이전 회기에서 제안된 추가 워크시트를 검토한다.

때때로 나는 임상의가 주간 실습을 검토할 때 모든 내담자가 다 해보도록 참여하는 것에 대해 우려하는 것을 들은 적이 있다. 나의 짧은 조언은 이러하다. 우리는 내담자의 실효성 없는 행동 패턴을 깨뜨리도록 돕는 것이기 때문에 더 부지런히 감정 경험의 층을 풀어 주는 것이 더 오래 지속되는 행동 변화를 촉진할 수 있다(이것이 행동 작업을 수행하는 아름다움이다). 감정 경험, 촉발 요인과 결과, 서두르는 행동 대 찬찬히 가치대로 사는 과정을 직접 보여 주는 게 좋다.

아래는 워크시트를 검토할 때 내가 추천하는 사항이다.

1. '슈퍼필러를 위한 수용전념치료 로드맵'을 검토할 때 촉발 상황과 개인적 가치 찾기 사이의 연관성, 감정 기계가 제시하는 여러 수준의 경험, 그동안 내담자가 가장 의지했던 행위를 알아채도록 돕는다. 이 과정은 시간이 걸릴 수 있기에 서두르지 않는 것이 중요하며 자원자만 검토하는 게 좋다. 이렇게 하더라도 집단은 여전히 그 과정을 통해 혜택을 받는다.

2. '활동하는 가치' 워크시트를 검토할 때 내담자와의 풍부한 토론을 위한 몇 가지 팁이 있다.
   - 내담자가 진정한 개인적 가치를 향해 나아가고 있는지, 타인의 행동이 변하기를 바라는지 아니면 그야말로 희망뿐인 생각인지 주의를 기울여라(많은 슈퍼필러가 '*나는 좋은 대우를 받고 싶다.*' 또는 '*존중받고 싶다.*'라는 생각을 할 때 간힌다). 워크시트의 나머지 질문은 따로 설명 안 해도 이해가 되는 것들이다.
   - 대부분 내담자가 워크시트의 기꺼이 함 항목에 관해 묻는다. 내가 내담자에게 말하곤 하는 대답은 이러하다. "중요한 일을 하는 게 쉽지 않으며 감정 기계는 자연스럽게 온갖 유형의 경험을 떠오르게 합니다, 편안한 것이든 불편한 것이든 당신이든 저에게든이요. 하지만 개발해야 할 기술은 그런 스트레스가 많은 느낌을 알아채고, 수용하고, 접촉하고, 공간을 만드는 방법을 실습하는 것입니다. 첫 번째 회기에서 얘기했듯이 감정에 맞서 싸

울수록 우리가 감정을 가지는 것이 아니라 감정이 우리를 가지게 됩니다. 그러니 괜찮으시다면 예전에 어떤 특정한 가치 기반 행위를 취하던 순간 으로 돌아가 보겠습니다. 당신에게 떠오른 불편한 감정은 무엇이었을까 요? (*내담자가 반응할 때까지 기다린다*) 그 느낌을 가지는 것에 얼마나 개 방되어 있었는지 한번 확인해 보시겠습니까? 가장 낮은 0에서, 가장 높은 10까지, 당신은 어디에 있었다고 말하겠습니까?"
• 가치 측정을 포함하여 워크시트의 모든 항목을 검토한 후 자원자에게 가 치를 실행하는 과정이 어땠는지 확인하라.

보통 주간 실습을 하지 않는 참가자가 있다. 큰 문제로 만들지 않고 새로운 행 동을 시작하기가 어렵다는 것을 인정해 주고 다른 사람이 할 때 같이 확인한다. 자 신의 실습을 완수하지 않은 사람들도 여전히 다른 사람들의 경험에서 배운다.

주간 실습 검토를 마친 후에는 이번 회기 내용으로 이동할 차례이다.

가르침 요점: 감정은 무엇에 좋은가?

대부분 내담자는 감정이 일상생활에서 목적을 가진다는 것을 인정할 것이다. 이 주제를 소개하고 감정의 기능을 맥락화하기 위해 내담자와 공유할 재미있는 과학 이야기가 있다. 안토니오 다마지오는 뇌 수술을 받은 환자가 모든 지능 검사에서 평균 점수를 받았음에도 불구하고 일상생활의 기본 작업(식당에서 음식 주문, 입 을 바지 선택, 식료품 구매 등)을 완수할 수 없었던 사례를 제시함으로써 사고의 힘에 도전한 최초의 신경 과학자가 되었다(Antonio Damasio, 2008). 다마지오는 이 환자가 자신의 감정을 식별할 수 있는 능력을 상실했기 때문에 이러한 작업을 완료할 수 없고 감정이 없으면 결정을 내릴 수 있는 충분한 자료가 없으므로 이러 한 작업을 완료할 수 없을 거라는 가설을 유지했다. 다마지오는 기본적으로 감정 이 없으면 우리의 사고만으로 우리 삶을 계속 기능적으로 유지하기는 충분하지 않음을 보여 주었다.

이 이야기가 옹호하듯이 불편하고 짜증스럽고 괴로운 감정을 포함한 모든 감정은 우리 삶에 각기 다른 목적을 가진다. 감정은 우리의 친구, 파트너, 동맹, 동반자, 심지어 지지자이다. 감정은 우리가 타인과 소통하고 연결하고 우리에게 무슨 일이 일어나고 있는지 파악하고 위험한 순간 살아남는 데에 도움이 된다. 그리고 감정은 우리가 중요한 것에 다가가게 동기화한다.

이 가르침 요점을 삶으로 가져오기 위해 참가자에게 다마지오의 이야기를 개별적으로 숙고하고 자신의 감정이 이러한 각 기능을 수행하는 다양한 상황을 집단과 공유하도록 요청하라. 잠시 시간을 내어 감정의 실질적인 이득을 살펴보게 하라.

참가자의 몇 가지 반응을 모았다면 이제 전체 치료에 사용될 알아채기 및 명명하기 기술을 소개하는 연습으로 이동하기 좋은 순간이다.

체험적인 수용전념치료: 감정 기계를 알아채기

때때로 슈퍼필러가 자신의 감정 경험과 함께 머무는 것이 도전적이므로 이 연습을 할 때에는 높은 감정 상태를 활성화하는 것보다 경도의 감정을 불러일으키는 것이 좋다.

참가자에게 이 활동은 우리 피부 아래에 나타나는 걸 알아채는 것이 목표라고 설명하라. 각기 다른 영화의 2분짜리 클립을 보여 줄 텐데 각 클립이 끝난 후 신체에서 나타날 수 있는 모든 **반응**을 적을 거라고 미리 알려라. 떠오른 감정, 나타나는 생각, 기억, 이미지, 심지어 수면으로 올라오는 가장 의지했던 행위나 촉박감을 적게 할 것이다.

낭만적인 장면이 상영되는 영화 클립을 2분 동안 재생하는 것으로 시작한다. 타이머가 꺼지면 참가자에게 잠시 멈추고 내부 경험을 알아채고 적어 보라고 요청하라. 2분짜리 공포 영화 클립과 코미디 클립에 대해서도 같은 지시를 내린다. 각기 다른 장르의 영화를 통해 참가자들은 각기 다른 감정 상태를 알아채면서 감정 기계의 활동을 알아채는 연습을 할 수 있다.

세 개의 클립을 모두 본 후 각각에 대해 내담자에게 다음 질문을 한다.

- 몸에서 당신이 알아차린 **반응**은 무엇인가요? 특별한 감각이 있나요? 이 감각이 가만히 있나요? 움직이나요?
- 이 **반응**과 함께 온 감정은 무엇입니까? 이름을 붙일 수 있을까요?
- 이러한 감각, 감정과 함께 오는 어떤 생각, 이미지 또는 기억이 있나요?
- 이러한 생각, 이미지 또는 기억이 있을 때 무엇을 하고 싶었나요?
- 이 연습에서 유발된 어떤 감정을 바꾸거나, 억제하거나, 도망치거나, 탈출하려는 시도가 있었나요?

위의 질문은 감정이 발생할 때 일반적으로 어떤 형태의 체험적, 행동적, 생리적 반응이 있는지 내담자가 알아채는 데 도움이 된다. 다시 말해 일단 우리가 느끼면 우리는 생각하고, 신체 반응을 보이고, 행동한다. 그다음 가르침 요점으로 이동하기 전에 내담자에게 하나의 기술로서 알아채기는 그들이 경험하는 것을 있는 그대로 기술하는 것임을 강조하라.

조심해!

다른 수용전념치료 책을 읽었다면 저자마다 기술記述하기, 알아채기, 명명하기 같은 기술技術에 관해 각기 다른 용어를 사용한다는 걸 눈치챘을 것이다. 혼동을 줄이고 내담자가 핵심 수용전념치료 기술을 배우도록 돕는 목적에서 우리가 알아챈다고 할 때 그것은 내부 및 외부 세계를 관찰하기, 기술하기 또는 언급하기라고 말하겠다..

다음 핵심 수용전념치료 기술인 '명명하기'로 넘어가자.

가르침 요점: 감정 명명하기

내담자에게 자신의 감정, 느낌 및 감각을 명명하도록 가르치는 것이 단순하고 크게 중요하지 않은 기술처럼 들리겠지만 감정 조절을 말하는 현재 연구를 보면 정보를 맥락화하는 건 차이를 만든다. 감정을 알아차렸을 때 맥락 안에서 감정에 반응하는 역량이 증가한다. 간단히 말해 우리가 느끼거나 감각하는 것을 더 많이 인식하고 명명할수록 그것에 어떻게 반응할지 선택할 여지를 더 많이 가진다(더 많은 정보를 원하면 이 장의 끝에 있는 토막 논평 단락에 이것을 설명하는 구체적 연구가 있다). 다음 활동은 내담자가 감정의 명명을 체험적으로 실습하는 데 도움이 된다.

체험적인 수용전념치료: 알아채기 및 명명하기 실습

타이머를 1분으로 설정하고 참가자에게 회기에 가져온 사진을 보도록 요청하라(사진은 이미 '순간 속에 머물기 연습'에 이용되었지만, 이번에는 다른 느낌을 불러일으키는 데에 사용된다). 사진을 가지고 있지 않다면 역시 단순히 자신이 아끼는 사람을 상상할 수 있다. 타이머가 꺼진 후 내담자에게 이 사람과 약간 힘들었던 일을 떠올리고 그 도전적인 순간의 세부 사항, 소리 및 특이성을 알아채면서 최선을 다해 이 기억에 주의를 기울여 보라고 요청하라. 타이머를 2분으로 설정한다.

　타이머가 꺼지면 참가자에게 힘들었던 기억에 집중할 때 어떤 **반응**이 있었는지 집단에 디브리핑하도록 요청하라. '감정 색인' 시트를 나눠주어 그들이 느낀 감정을 찾도록 돕는다.

　참가자들이 이 연습에서 자신의 감정을 알아채고 명명하기를 배울 때 감정 기계의 미세 성분을 알아채기 위해 잠시 시간을 갖도록 격려하라.

　질문하라. "어떤 유형의 생각, 기억, 또는 이미지가 마음에 떠올랐는지 알아챌 수 있나요? 몸에서 어떤 잠음 신호가 생겼나요? 주도적인 느낌이 있었나요? 그 특별한 순간에 뭔가 하고 싶은 느낌이 들었나요?"

이 가르침 요점을 마치기 위해 참가자에게 그들이 느낀 감정에 따른 반응으로 가장 의지했던 행위나 무엇을 하고 싶은 촉박감을 알아챘는지 질문하라. 내담자에게 확인하라. 감정을 가지면서 아무 행동도 하지 않을 때 그 과정이 어땠나요? 감정을 가지는 것은 그 감정이 고통스럽다고 해서 반드시 거기에 따라 행동하는 것을 의미하지 않는다는 메시지를 전달하라.

앞으로 나아가기 전에 내담자에게 알아채기와 명명하기는 같이 이루어지는 수용전념치료 기술이며 앞으로 가능한 한 많이 연습하도록 격려하라.

다음으로 내담자에게 자신의 감정에 기반하여 행위를 하거나 행동한 상황을 생각할 수 있는지 그리고 그러한 행동의 결과를 기억하는지 물어보라.

참가자들이 자기 경험을 기술하는 동안 집단 토론을 촉진하기 위해 물어보아야 할 두 가지 핵심 질문이 있다. 특정 감정에 따라 행동하는 단기 결과 또는 대가는 무엇입니까? 장기 결과 또는 대가는 무엇입니까? 이러한 질문은 내담자가 무언가를 느끼는 것에서 그치지 않고 그에 따라 어떤 행동을 이어갈 때 어떤 결과를 가진다는 것을 알아채도록 돕는 것이 목표이다. 행동의 실효성을 확인하는 기술은 나중에 소개하겠다.

조심해!

내담자가 감정 색인 유인물을 본 후에도 감정의 이름을 찾을 수 없는 경우 내담자가 자기 몸에서 오는 감각을 구분하도록 도와주라. 표정에 따라 내담자가 느끼는 감정을 제안하거나 감정을 단어에 맞추는 것을 자제하라. 나는 종종 학생이나 잘 훈련된 임상의가 마치 내담자의 경험에 대해 진실을 알고 있는 것처럼 "당신은 화가 난 것처럼 보이네요."와 같은 언급을 하고 내담자는 "나는 화난 것이 아닙니다."라고 대답하는 걸 자주 본다. 치료자 쪽의 유연한 대응이 핵심이다!

정서 과학의 현재 연구는 감정이 문화마다 다른 구성이라고 보고 감정이 비슷한 얼굴 표현도를 가진다는 생각에 도전한다. 이것은 이번 회기 '토막 논평'의 일부이다.

가르침 요점: 감정 구분하기

내담자에게 슈퍼필러는 너무 많이 너무 빨리 한꺼번에 느끼는 문제를 겪고 있어서 주어진 상황에서 속도를 늦추고, 감정 경험의 각기 다른 성분을 분해하고, 감정 알아차리기를 함양하고, 감정 기계에서 반응을 선택하는 이런 과정이 어려울 거라고 설명하라. 특히 성가신 느낌을 받을 때가 그러하다. 나는 때때로 내담자 중 한 명이 "모든 게 한꺼번에 일어나는 것처럼 느껴진다."라고 말했던 것을 집단과 공유한다.

내담자에게 그들이 겪는 각기 다른 느낌을 구별하는 법을 배우는 건 실습해야 할 또 다른 기술이며 감정 알아차림 개발의 한 부분이라고 말해주라.

감정 구분하기를 위한 체험적인 수용전념치료

이 체험적인 수용전념치료는 내담자가 자연스럽게 변해 가는 각기 다른 느낌을 특징짓도록 돕는 부분과, 다른 감정 상태를 각각의 감정으로 구분해 내는 것이 가지는 이점 두 부분으로 이루어져 있다.

첫 번째 부분에서 이 활동을 통해 감정 기계가 떠올리는 것이 바뀐다는 것을 충분히 알아챌 수 있도록 한동안 하나의 이미지에만 집중할 것임을 분명히 하라. 인내심을 갖고 자기 경험에 호기심을 갖도록 초대하라.

시작을 위해 집단 내 참가자에게 다른 사람을 대하면서 약간 힘들었던 상황을 회상하도록 하고 몇 분 동안 그 이미지의 세부 사항을 가능한 한 많이 붙잡도록 요청하라. 원하는 경우 눈을 감을 수 있다(약 2분). 그런 다음 그들에게 떠오르는 감정과 감정의 미세 성분, 즉 신체 감각과 그 감각에 동반되는 감정, 생각, 기억, 이미지에 어떻게 이름을 붙일 수 있을지 그리고 그들이 감정을 느낄 때 생기는 촉박감과 취하려는 행동을 조용히 알아채도록 운을 떼라. (*2분간 잠시 멈춤*) 이미지를 가지는 동안 내담자에게 또 다른 어떤 감정이 나타나는지 알아채도록 초대하고 이때 다시 감각, 생각, 가장 의지했던 행위를 알아채도록 운을 떼라. (*2분간 잠시 멈춤*) 잠시 멈춘 후 다시 한번 내담자에게 다른 감정이 떠오르는지 알아채도록 초대하고 감정 경험의 각기 다른 요소를 알아채도록 격려하라. (*2분간 잠시 멈춤*)

자원자에게 이 활동을 하면서 관찰한 내용을 집단과 공유하도록 요청하면서 이 첫 번째 활동의 디브리핑을 시작한다. 촉진자로서 내담자가 자기 경험을 공유할 때 그 순간 알아채기, 명명하기 기술을 사용할 수 있도록 최선을 다하라. 경험을 나눌 때 감정과 감정 사이로 넘어가면서 일어나는 자연적인 이동이나 변동을 강조하라.

두 번째 활동으로 넘어가서 이제 당신이 먼저 하나의 예를 들고 이를 기초로 자원자가 집단에 구두 진술을 할 것이고 그들 사이의 유사점이나 차이점을 알아채는 요청을 할 것이라고 설명하라.

1. 먼저 "정말 많은 일이 일어났습니다. 엄청난 감정 경험이었습니다. 받아들이기 힘든 일이었습니다." 같은 일반적인 진술을 한다. 다음으로 내담자에게 유사한 진술을 큰 소리로 말하도록 요청한다. 일부 자원자가 참여하게 하고 그다음 유형의 진술로 넘어간다.
2. 이제 "가슴에서 따끔따끔한 감각을 알아차렸습니다. 그것은 공포였습니다. 어떻게 하면 이 사람에게 나가라고 말할 수 있을까 생각했고, 소리를 지르고 싶은 강한 촉박감이 있었습니다." 같은 좀 더 구체적인 진술을 한다. 이전과 마찬가지로 내담자에게 유사한 진술을 자원하도록 초대한다.

집단에서 내담자가 두 가지 유형의 진술을 모두 큰 소리로 말했을 때 둘 사이에 어떤 차이점을 알아챘는지 물어보라. 그런 다음 내담자에게 첫 번째 진술은 일반적이고 두 번째 진술은 구체적이라고 설명한다. 지금쯤이면 당신과 당신의 내담자는 이 활동의 어떤 부분이 감정 조절과 관련이 있는지 궁금해할 수 있겠지만 발견을 통한 학습을 촉진하는 것이 중요하기 때문에 내담자에게 다음과 같이 질문한다. "당신이 생각하기에 감정 기계가 당신을 선택하는지, 당신이 행동을 선택하는지를 배우는 데 있어 어떤 진술이 더 도움이 될 것 같습니까?"

내담자로부터 몇 가지 반응을 수집하고 일반 진술은 주어진 상황에서 행동 반응을 선택할 수 있는 능력을 감소시키고 당연히 압도적인 감정을 가질 때 더욱 그럴 것이라는 점을 명확히 하라. (이러한 과정을 감정 구별 및 감정 입자도[1]라고 부르는데 정서 과학에서 연구된 것이다. 더 많은 정보는 '토막 논평'을 보라)

조심해!

이 가르침 요점에서 명심할 두 가지 고려 사항이 있다.

1. 이것이 치료의 시작이고 일부 내담자는 감정 경험의 성분을 구별하는 데 어려움을 겪기 때문에 임상의가 부드럽게 유도하고 이러한 미세 성분을 파악하도록 돕는 것이 중요하다.

2. 감정 구별 기술을 제시할 때 일부 내담자는 감정을 구별하는 것이 자신에게 어떻게 도움이 될 수 있는지 회의적일 수 있다(어쩌면 당신도 그러겠지만). 수용전념치료의 치료자로서 내담자의 생각에 어떠한 도전을 하거나 설득하거나 증명할 필요가 없다는 것을 기억하라. 당신의 임무는 학습을 촉진하고 맥락화하는 것이지 강요하는 게 아니다. 이 상황에서 내담자에게 이렇게 답할 수 있다. "나는 지금 당신의 마음이 말하는 걸 들었습니다. '느낌에 이름을

---

1) 역주: 감정 입자도(emotion granularity)란 리사 펠드먼 배럿이 감정을 구별하는 능력을 새롭게 표현한 용어로 감정 경험과 지각을 섬세하게 묘사할수록 감정 입자도가 높다고 할 수 있다. 그녀의 연구 결과를 보면 감정 입자도가 높은 사람들이 감정의 근원에 대한 이해가 깊고 감정 조절이 쉽고, 스트레스 때 과음이나 공격적인 보복의 빈도가 낮았다고 한다.

붙이는 걸로 어떻게 감정 조절이 되지? 내가 상황을 더 잘 다룬다고?'요. 이것은 당신이 안 해 본 것이니까 마음에서 이해가 되지 않겠지만 여기 당신을 위한 질문이 있습니다. 당신은 기꺼이 이것을 시도하고 당신이 원하는 사람이 되기 위해 각각의 감정 경험을 알아채고 명명할 때 어떤 일이 일어나는지 기꺼이 해 보실 의향이 있으십니까?"

위의 반응은 내담자가 말하는 것에 도전하거나 판단하는 것이 아니라 새로운 행동을 시도하려는 기꺼이 함에 초점을 맞추고 탈융합 요소가 있으며 가치 기반의 삶을 장려한다는 점을 알아채라. 수백 가지 반응을 생각해 낼 수 있겠지만 핵심 메시지는 실험을 장려하는 것이다.

이 회기의 가장 길고 마지막 가르침 요점인 '감정에 관한 사고'로 넘어가자.

가르침 요점: 감정에 관한 사고

이 가르침 요점은 학습 레퍼토리의 일부이면서 우리가 직간접적으로 배워왔던 감정과 관련한 가장 흔한 메시지를 내담자와 논의하는 것을 목표로 한다. 목표는 슈퍼필러가 세 가지를 하도록 돕는 것이다. (1) (좋거나 나쁘거나 옳거나 그르거나 맞거나 틀리거나가 아닌) 자신의 학습 역사의 일부로 자신이 가진 감정에 관한 사고를 확인하기 (2) 정서 과학의 최신 연구 내에서 감정을 맥락화하기 (3) 이러한 사고를 바탕으로 어떤 단계를 밟을 때 그것의 실효성 살펴보기.

다음은 '감정에 관한 사고' 유인물에서 다루어지는 핵심 아이디어이다. 체험적인 수용전념치료 활동을 하면서 내담자와 함께 검토할 수 있도록 미리 읽어보기를 바란다.

사고: 감정은 느닷없이 나타난다.

우리는 종종 우리의 감정이 어떻게 일어나는지 알아차리지 못하겠지만 느닷없이 감정이 나타나지는 않는다. 감정은 예전 여행에서 술을 마시러 나가고 싶지 않다고 친구가 말함으로써 우리를 실망시켰던 장면이 떠오르거나, 영화 속 등장인물이 죽는 것을 보고 우리의 감정을 움직이게 했던 자극적인 사건들의 몇 가지 예처럼 내적 또는 외적 만남에 의해 시작되거나, 촉발되고, 유발된다.

사고: 나는 느낀다. 그러므로 그것은 사실이다.

감정 기계가 활성화되어 완전히 작동 중일 때 우리는 그 순간 진짜 일어나는 일과 감정 기계가 우리에게 무슨 일이 일어난다고 말하는 것 사이의 구분이 힘들다. 마치 순간의 느낌이 현실을 지배하는 것처럼 느낀다. 예를 들어 공황 발작을 겪은 사람이 거리를 걷다가 호흡 곤란을 알아채면 곧이어 공황 발작이 올 것 같은 두려움 때문에 빠르게 특정 식당을 피하는 결정을 한다.

사고: 불편한 느낌은 영원히 지속된다.

우리가 경험하는 모든 느낌에는 자신만의 생애가 있지만 느낌은 보통 수 초 지속되다가 다음 것이 올 때 없어진다. 감정은 가장 고통스러운 감정을 포함하여 가만히 두면 평균 90초 지속한다. 하지만 압도적인 감정 상태는 마치 고무줄이 뻗는 것처럼 오래 연장되는데 이는 보통 우리가 감정을 평가하고 해석하기 때문이다. 그런 다음 우리는 반복해서 상황을 생각하고 거기에 집착하거나 어떤 상황에서 화가 난 것을 두고 자신에게 화를 내거나 즉시 긍정적인 감정을 떠올리려고 노력하는 등 초기 감정 상태를 연장하는 행동을 한다. 역설적으로 이러한 모든 반응은 단순히 우리의 불편한 느낌을 연장하고 뇌에서 더 많은 자원을 이용하며 우리의 초기(또는 일차) 감정을 증폭시킨다.

사고: 좋은 감정이 있고 나쁜 감정이 있다.

우리 중 대부분은 감정이 좋거나 나쁘다는 이분법적인 견해로 사회화되었다. 몇 가지 예만 들더라도 불안, 슬픔, 향수鄕愁는 나쁜 것으로 행복, 기쁨은 좋은 것으로 간주한다. 수용전념치료는 감정이 인간 조건의 일부이기 때문에 모든 유형의 감정을 느끼도록 만들어져 있으며 (심지어 불편한 감정조차도) 감정은 우리가 가지고 거쳐 가고 담는 경험일 뿐이라는 것을 인정한다.

사고: 타인의 행동이 내 느낌을 좌우한다.

타인의 행동은 확실히 우리의 강렬한 느낌이 시작되는 방아쇠가 될 수 있다. 하지만 상황은 매번 독특한 것이어서 같은 상황에서도 각자 다른 느낌이 들 수 있다. 예를 들어 무서운 영화를 보는데 같은 영화 심지어 같은 장면에 대해서도 다른 반응을 보일 수 있다. 어떤 사람은 강한 공포를 경험하겠지만 다른 사람은 깜짝 놀라는 반응을 보인다.

사고: 나의 강렬한 느낌에 대해 생각하는 것은 항상 건강하다.

(통신사에 연락해서 불만을 전달할 때처럼) 감정이 우리와 소통하려는 것이 무엇인지 알아내는 것과 감정을 반복해서 곱씹는 것은 매우 다르다. 우리의 느낌에 끝없이 몰두하는 것은 강도와 지속 시간을 증폭시킬 수 있다. 이는 모든 느낌에 적용되며 전형적인 예는 분노이다.

사고: 고통스러운 감정은 내가 해야 할 일을 가리킨다.

감정의 일반적인 목적이 우리에게 무언가를 전달하는 것은 사실이지만 우리가 너무 빨리 운전하거나 지붕 아래로 떨어지거나 공격을 받는 것 같은 위험한 상황에 있지 않은 한 우리에게 행동을 안내하는 유일한 변수로서 항상 강렬한 감정에 의존하는 것은 도움이 되지 않는다.

슈퍼필러가 너무 많이 느끼고 너무 빨리 느낀다는 점을 생각할 때 이것은 매우 큰 어려움이다. 하지만 격하게 느껴지거나 오래 느껴지는 온갖 감정이 뭔가 바뀌어야 하거나 누군가가 우리에게 잘못하고 있다는 지표는 아니다. 강렬한 감정에 대해 잠시 중지하고 물러나서 상황이 무엇인지 살펴보고 중요한 것이 무엇인지 확인하지 않고 빠르게 행동하는 것은 실제로 우리에게 상처를 준다.

사고: 모든 불편한 감정은 나쁜 것이다.

고통스러운 감정은 가지기 어렵고, 한자리에 있기 어렵고, 때때로 3도 화상처럼 느껴질 수 있다. 하지만 모든 감정과 마찬가지로 그것은 우리의 동맹이며 주의를 기울이면 때때로 유용하다. 고통스럽고 상처를 주는 느낌은 특정 상황에서 우리에게 중요한 것을 말해 주는 메시지를 전달할 수 있다.

사고: 내 감정을 조절할 수 있어야만 한다.

이 생각을 논의할 때 작은 연습 하나를 안내해 볼 수 있다. 참가자에게 스스로 피곤함 (*잠시 멈춤*), 실망감 (*잠시 멈춤*), 마지막으로 혐오감을 느끼라고 (*잠시 멈춤*) 말한다. 그런 다음 무슨 일이 일어났는지 알아보라고 요청한다. 그들은 자신의 감정 상태를 조절할 수 있었을까? 아마도 그렇지 않을 것이다. 일부 내담자는 감정 상태 중 하나와 관련된 표정을 보여 줄 수 있겠지만 그들에게 물어보면 그 특정한 감정을 느끼지 못했을 것이다. 우리는 우리의 어떤 느낌, 특히 불편한 느낌을 조절하고 싶은 만큼 조절해 낼 수 없다. 오로지 주어진 느낌에서 행동 반응을 조절할 수 있을 뿐이다. 느낌을 멈추겠다는 생각은 판타지 아일랜드로 가는 표를 사는 것과 같다. 우리는 우리가 느끼는 걸 조절할 수 없다. 우리가 느끼는 것을 느낄 뿐이다.

사고: 나는 느낀다, 그러므로 나는 행동한다.

슈퍼필러는 생각에 융합되어 있어 자기 행동으로부터 느낌과 관련한 사고를 분리하는 데 어려움을 겪는다. 우리의 감정 기계가 활동할 때 우리는 느끼는 것을 느끼고 내면의 목소리가 자연스럽게 그 상황에서 무엇을 해야 할지 떠올린다. 우리는 잠시 멈추지 않고 바로 행동한다. 그렇게 하는 것이 효과적이지 않음에도 불구하고 마치 우리가 느끼는 것이 사실인 것처럼 행동한다.

사고: 긍정적인 느낌은 이상하다.

일부 슈퍼필러의 경우 차분하고 유쾌하고 즐거운 감정을 경험하는 게 낯설어서 이렇게 익숙하지 않은 감정 상태에 불편함이 생긴다. 감정은 그저 느껴지는 감정일 뿐이다.

감정에 관해 익숙하지만 논의하지 않은 또 다른 생각이 있는지 집단에 물어보라.

이제 이 가르침 요점에서 핵심 아이디어를 읽었으므로 체험적인 수용전념치료 연습을 하고 참가자와 함께 검토할 준비가 되었다.

체험적인 수용전념치료: 감정에 관한 사고 알아채기

내담자에게 감정에 관한 사고 유인물을 나눠주고 이 가르침 요점을 가지고 감정에 관한 사고를 하나씩 토론할 거라고 설명하라.

이러한 각각의 요점에 대해 논의할 때 당신이 이 토론을 단지 교훈적인 것만이 아니라 체험적 활동으로 진행될 수 있도록 최선을 다하기를 권한다. 나의 추천 사항은 이런 것이다. (1) 내담자에게 그 사고에서의 **반응**을 묻고 (2) 당신의 개인적 삶에서 예를 하나 들려주고 (3) 내담자에게 예를 들라고 하면서 그 사고를 절대적 진리로 붙잡을 때 어떤 행위를 하는지 물어보고 (4) 그 사고에 따라 행동하는 것이 자신의 가치에 다가가는 움직임인지 물러나는 움직임인지 묻는다.

반복해서 미안하지만, 위에 나온 권장 사항은 매우 중요하다, 왜냐하면 이 치료를 통해 당신은 온갖 유형의 내부 경험에 이끌리는 행동(이 회기로 보자면 감정에 관한 사고에 이끌린 행동)의 실효성을 살펴보는 것으로 계속 돌아갈 것이기 때문이다. 수용전념치료에서 실효성은 항상 개인의 가치에 따라 평가된다는 것을 기억하라!

조심해!
———

집단 참가자와의 토론이 진행됨에 따라 감정에 관한 이런 사고가 사실인지 아닌지 논의하거나 감정을 버리도록 설득하기보다는 학습 이력의 일부로 맥락화하는 게 중요하다. 때때로 내담자는 "이런 식으로 생각하는 것을 그만둬야 합니까?"라고 묻는다. 수용전념치료와 일치된 반응은 생각은 여기저기서 불쑥 올라오는 것임을 분명히 하는 것이다. 우리는 그것을 통제할 수 없으며 우리의 과제는 그러한 생각을 가지면서 행동을 선택하는 것이고 그것에 대해 어떤 것도 하지 않고 가치에 기반한 행동을 선택하는 것이다.

모든 것을 하나로 묶기

이 순간은 오늘 모임에서 배운 기술을 요약하는 기회이다. 아래 표는 약식으로 간단하지만, 내담자가 기억하기에 아주 편리하다! 화이트보드나 종이 위에 그릴 수 있다. 당신이 결정하면 된다. 감정 폭풍 속에서 가치 기반 행동을 선택하도록 내담자를 격려할 때 반복해서 그들의 내부 기술과 외부 기술을 구분할 수 있도록 시각적 도움을 제공하기를 권한다. 시각적 재료는 학습에 도움을 준다!

내부 기술	외부 기술
감정 알아채기와 명명하기 개인적 가치 확인하기	

    이 회기에는 감정의 기능, 각기 다른 느낌을 변별하는 것의 중요성, 슈퍼필러가 때때로 융합될 수 있는 감정에 관한 사고 등이 있었으나 핵심 기술은 알아채기와 명명하기(내부 기술)이다. 그리고 첫 번째 회기부터 내담자에게 자신의 가치를 확인하도록 요청하고 있다.

    내담자에게 회기마다 내부 기술과 외부 기술 목록이 늘어나므로 회기 밖에서 실습할 수 있다고 설명하라. (만약 기술의 가짓수가 걱정된다면 다섯 가지 핵심 수용전념치료 기술인 알아채기, 명명하기, 가치 확인하기, 가장 의지했던 행위의 실효성 확인하기, 가치 기반 행동 선택하기를 가르치고 있음을 기억하라.)

주간 실습

내담자에게 이번 주의 핵심 워크시트인 '슈퍼필러를 위한 수용전념치료 로드맵'
및 '활동하는 가치'를 전달하고 꼭 해 오도록 권장하라.

독서 선택사항

나는 이 치료의 훌륭한 동반자인 슈퍼필러를 위한 자조 서적을 집필했다. 이
책을 추가로 읽고 내담자와 공유할 수 있다. 책 이름은 〈*감정 롤러코스터 탈출하
기: 감정적으로 매우 민감한 사람들을 위한 수용·전념치료Escaping the Emotional Roller
Coaster: ACT for the Highly Emotionally Sensitive*〉이다.

토막 논평

왜 내담자에게 감정 구별이라고 불리는 각기 다른 감정 상태의 변별을 가
르치는 것이 중요할까?

이유는 이러하다. 배렛과 그로스가 시행한 연구에서 개인들은 2주 동
안 가장 강렬한 감정을 기록하도록 요청받았다(2001). 또한 2주 전후에
감정을 조절하기 위해 했던 노력을 문서로 기록해 달라는 요청도 받았다.
연구 결과에 따르면 부정적인 감정을 구분하고 이를 차별화된 방식으로
명명하는 능력은 감정 조절 능력과 비슷했다. 기본적으로 감정을 변별하
고 무슨 감정인지 확인하는 건 더욱 적응적인 감정 조절로 가는 길을 열
어준다.

리버만과 그의 동료가 시행한 또 다른 실험도 있다(Eisenberger &
Lieberman, 2004; Berkman & Lieberman, 2009). 참가자에게 강한
감정을 드러내는 얼굴 사진을 보여 주면서 fMRI로 이들의 뇌 활동을 보

았다. 개인이 그 사진을 보자마자 편도체가 활성화되었다. 한편 개인이 느끼는 감정에 꼬리표를 붙이도록 요청했을 때 편도체의 활동은 감소하고 전전두엽 피질의 활동은 증가했다. 기억해야 할 메시지는 감정 상태에 꼬리표를 붙이거나 명명하는 건 편도체의 활동을 감소시키는데 이 때 전전두엽 피질이 우리 몸으로부터 받은 모든 유형의 자료를 기반으로 우리의 행동을 조직하고, 계획하고, 안내하는 역할을 한다.

감정 명명하기는 고속도로에서 운전할 때 브레이크를 밟는 것과 같다. 차를 멈추게 한다. 이 경우 편도체가 빠른 속도로 달리는 것을 멈춘다.

유인물: 감정 색인

성공적인	슬픈	즐거운
쓴	비판적인	안목 있는
평화로운	강력한	조용한
갇힌	화난	겁먹은
가벼운 마음으로	장난기 많은	보잘것없는
호기심 많은 (궁금한)	확실한	압도당한
차분한	절망적인	사랑받는
자랑스러운	알아봐 주는	황폐한
무감각한	보람 있는	차가운
하찮은	배신감 드는	굴욕적인
감사한	마비된	취약한
부적절한	가치 있는	무력한
심심한	피곤한	창의적인
단절된	비어있는	살아있는
열린 (개방된)	보호받는	안전한
상상력이 풍부한	적대적인	어리둥절한
사려깊은	반응적인	짜증이 나는
대담한	조용한	분개한
혼란스러운	절망적인	활동적인
우울한	쾌활한	분개한
자극을 주는	희망적인	따뜻한
느긋한	상처받은	존경하는
충격받는	이해받는	좌절한
자신감 있는	양육받는	부끄러운
버림받은	감각적인	예술적인
괘씸한	낙천적인	수용받는

유인물: 감정에 관한 사고

이 유인물은 감정에 관한 가장 흔한 사고를 검토합니다. 각각 의견이나 관찰 사항을 자유롭게 적으십시오.

감정에 관한 사고	의견, 관찰
사고: 감정은 느닷없이 나타난다.	
사고: 나는 느낀다. 고로 나는 존재한다.	
사고: 불편한 느낌은 영원히 지속된다.	
사고: 좋은 감정이 있고 나쁜 감정이 있다.	
사고: 고통스러운 감정은 나쁜 것이다.	
사고: 타인의 행동이 내 느낌을 좌우한다.	
사고: 나의 강렬한 느낌에 대해 생각하는 것은 항상 건강하다.	
사고: 고통스러운 감정은 내가 해야 할 일을 가리킨다.	
사고: 모든 불편한 감정은 나쁜 것이다.	
사고: 내 감정을 조절할 수 있어야만 한다.	
사고: 나는 느낀다, 그러므로 나는 행동한다.	
사고: 긍정적인 느낌은 이상하다.	
사고: _____	

—

Chapter 07

3회기 – 감정 알아차리기
Session 3 - Emotional Awareness

이 회기의 주제

이 치료의 일반적인 목표는 슈퍼필러에게 가치를 행위로 옮기는 과정의 하나로 감정 알아차리기 기술을 가르치는 것임을 명심하라. 이 회기에서는 다음 네 가지 중요한 과정에 초점을 맞춘다. (1) 감정 기계가 작동할 때 즉각 반응, 강한 촉박감, 직감 **반응**[1]의 *실효성 알아채기* (2) 불편한 감정 상태를 경험하려는 *기꺼이 함 개발하기* (3) 어떤 주어진 느낌에서 *과잉 학습된 임시변통 또는 반응 식별하기* (4) *중요한 것을 말해 주는 감정과 감정 소음 구분하기*이다. 특히 마지막 과정은 우리의 모든 메시지가 감정에 관해 생각하도록 사회화되어 있으므로 내담자와 풍부한 토론의 원천이 된다.

　사건(외적, 내적 촉발 요인), 감정 **반응**, 결과 사이의 연결(기능 분석)은 치료

---

[1]역주: 직감 반응은 gut reaction의 번역이다. 배럿의 심리 구성주의에서 이와 비슷한 뜻을 가진 용어로 정동실재론(affect realism)이 있다. 자신의 내수용 감각 경험을 세계를 반영하는 객관적 표상이라 믿는 것을 말한다. 소박실재론의 한 형태이다.

중에 본을 보이고 촉진해야 할 기술이다.

감정을 통제하려는 환상과 감정을 밀치고 억제하고 뿌리치는 것의 영향이 자세히 분석될 것이다. 슈퍼필러에게 핵심 내부 기술인 '느끼기로 선택하기'가 소개된다. 슈퍼필러가 감정과 맞서 싸우거나 억누르지 않고 느껴지는 감정(특히 혐오적 감정 상태)을 철저하게 느끼는 법을 배울 때 뇌가 훈련되면서 속도가 늦추어지고 맥락에서 한 걸음 물러나 자신의 가치 기반 반응을 선택할 기회를 얻는다.

자, 시작해 보자!

개요

1. 순간 속에 머물기 연습
2. 주간 실습 검토
3. 가르침 요점: 직감 **반응**
4. 가르침 요점: 즉각 반응
5. 가르침 요점: 불편한 느낌과 대항하는 싸움 인지하기
6. 가르침 요점: 느끼기로 선택하기
7. 가르침 요점: 느끼기를 원하기, 감내하기, 기꺼이 하기
8. 모든 것을 하나로 묶기
9. 주간 실습

자료

빈 플래시 카드

주사위 (세 집단당 한 개씩)

워크시트

해당 없음

순간 속에 머물기 연습

이 회기를 시작하면서 참가자에게 편안한 자세로 의자에 앉도록 요청한 다음 아래 지시문을 읽는다.

발을 바닥에 대고 등을 곧게 펴서 똑바로 하되 뻣뻣하지 않게 앉습니다. 팔과 다리를 꼬지 않고 손을 무릎에 올려놓으십시오. 눈을 부드럽게 감습니다. 부드러운 심호흡을 몇 번 하고 이 순간 몸과 마음이 쉬도록 합니다. 숨을 들이쉬고 내쉴 때 자신의 숨소리와 느낌을 알아챕니다.

이제 당신이 이 방 안에 있다는 것에 주의를 기울이십시오. 방 안팎에서 들리는 소리를 알아챕니다. 의자에 어떻게 앉아있는지 알아챕니다. 몸이 의자, 바닥, 그리고 몸 자체에 닿는 곳에 집중합니다. 옷이 몸에 닿는 부분을 알아챌 수도 있습니다. 당신의 몸에서 어떤 다른 감각을 알아채나요? 그저 그들을 알아채고 그들의 존재를 인정합니다. 또한 이러한 감각이 그 자체로 시시각각 어떻게 변화하거나 이동하는지 알아챕니다. 그것을 바꾸려 하지 마십시오. 어떤 생각이나 촉박감이 생기면 그냥 내버려둡니다. 그것과 상호 작용하거나 밀어내려고 하지 마십시오. 단순히 그것을 주목하고 부드럽게 어떤 판단이건 알아채고 몸의 감각으로 돌아오십시오.

준비되었으면 방의 소리로 다시 주의를 넓히십시오. 몸과 마음을 다시 방으로 가져오기 위해 심호흡을 몇 번 합니다. 손가락과 발가락을 부드럽게 움직여 몸으로 일부 에너지를 되돌려 줄 수 있습니다. 준비되면 눈을 뜨고 몸으로 가져온 알아차림을 집단으로 가져옵니다.

내담자에게 이 훈련에서의 **반응**을 물어봄으로써 간단한 디브리핑을 진행하라. 이것이 내담자가 오랫동안 내적 경험에 주의를 기울이도록 요청받은 첫 번째 훈련이라는 점을 생각할 때 그들이 겪었을 수도 있는 각각의 경험을 알아채고, 인정하고, 알아봐 주고, 해석하거나 해결하려는 촉박감을 지켜보도록 최선을 다하라! (이런 일은 일어나게 마련이다. 우리는 인간이고 마음은 자연스럽게 우리를 수선修繕 모드로 데려간다)

주간 실습 검토

순간 속에 머물기 연습을 마친 후 지난주의 주간 실습('슈퍼필러를 위한 수용전념 치료 로드맵' 및 '활동하는 가치')을 검토할 자원자를 요청하라. 늘 그렇듯이 개별 연습을 각기 다른 참가자가 검토하도록 하는 것이 도움이 된다.

다시 반복해서 미안하지만, 이 훈련을 검토할 때 이전 회기에서 다룬 두 가지 내부 기술인 알아채기와 명명하기를 강화하여 참가자의 학습을 촉진하고 감정 기계, 감정 스위치, 감정 다이얼 은유의 사용을 이어간다. 이제 이 회기의 새로운 내용으로 넘어갈 시간이다. 다음 가르침 요점으로 바로 넘어가는 대신 약간의 변형된 가르침 요점을 소개하는 간단한 활동이 있다.

체험적인 수용전념치료: 감정 기계 알아채기

이 연습은 슈퍼필러가 감정 경험의 새로운 성분, 즉 우리 모두에게 일어나는 가장 의지했던 행위를 알아채도록 도움으로써 감정 알아차리기 기술을 증진하는 것을 목적으로 한다. 이 연습에서는 집단당 하나의 주사위와 여섯 개의 플래시 카드가 필요하다. 각 플래시 카드에는 아래 문장이 적혀 있다.

플래시 카드 1: 당신이 느끼기 좋아하지 않는 감정
플래시 카드 2: 당신이 싫어하는 감정
플래시 카드 3: 경험하기 좋은 감정
플래시 카드 4: 느껴보고 싶은 감정

플래시 카드 5: 불편하겠지만 관리 가능한 감정

플래시 카드 6: 극도로 압도적인 감정

집단의 참가자 수에 따라 참가자를 두세 명 소집단으로 구성하라. 다음으로 참가자 각각이 주사위를 굴릴 것이며 주사위 숫자대로 플래시 카드를 할당할 거라 설명하라. 참가자는 플래시 카드를 큰 소리로 읽은 다음 세 종류의 질문에 답하게 한다. 감정의 이름 / 그것을 몸에서 어떻게 느끼는지 / 감정에 따라 행동할 때 가장 자주 하는 세 가지 행동.

약 오 분 동안 소집단에서 서로의 반응을 공유한 후 한 사람씩 이 활동에서 배운 내용을 전체 집단과 공유하도록 요청하라. 디브리핑할 때 감정 경험의 각기 다른 요소를 말할 수 있게 계속 운을 떼고 내담자의 가장 의지했던 행위가 자연스러운 것임을 강조하라. 가장 의지했던 행위가 어떻게 또 다른 하나의 감각일 뿐이고, 이것이 우리를 정의하거나 행동을 유발하지 않는다는 것을 설명하라(슈퍼필러에게는 이해하기 어려운 개념이므로 지나치게 설명할 필요가 없다. 모든 회기에서 이와 관련된 학습을 촉진할 많은 체험 연습들이 있다).

다음 가르침 요점은 직감 **반응**이나 즉각 반응을 볼 텐데 이것은 내담자가 보이는 가장 흔한 반응이다.

가르침 요점: 직감 반응

이 가르침 요점은 종종 내담자와 흥미로운 대화로 시작한다. 다음은 내담자와 살펴보기 전에 고려해야 할 주요 아이디어이다.

슈퍼필러는 하루 내내 떠오르는 온갖 유형의 느낌이 있다. 이러한 느낌은 강도와 지속 시간에서 다르고 사고, 기억, 감각, 촉박감 등과 함께 온다. 그들 대부분은 그 느낌에 걸려들어 느낌을 행동의 원인으로 빠르게 받아들인다(예를 들어 '*나는 이상한 느낌이 있으니까 이 사람 옆에 앉지 않을 거야.*'). 확실히 우리 모두 온갖 유형의 **반응**을 경험하겠지만 이것은 우리가 항상 그것에 대해 뭔가를 해야 한다는 것을 의미하지는 않는다. 우리가 경험하는 모든 느낌이 의미를 갖는 것은 아니며 때로는 우리 몸이 그저 소음을 내기도 하는데 바로 이 직감 **반응**이 단순한 소음일 수 있다. 문제는 직감 **반응**이 직관이나 감정적 지혜와 쉽게 혼동될 수 있으며 이러한 메시지는 다양한 문화권에 강하게 뿌리를 내리고 있다. 슈퍼필러에게 이러한 메시지는 "나는 느낀다, 그러므로 나는 행동한다." 사고와 융합을 강화할 수 있다.

참가자에게 직감, 직감 **반응**, 예감, 직관[2]이라는 단어에 대해 가지고 있는 아이디어를 집단과 공유해 보도록 요청하여 이 가르침 요점을 시작할 수 있다. 이러한 단어에서 내담자의 인식을 듣고 나서 당신 자신의 말을 쓰면서 위 단락의 핵심 아이디어를 내담자와 공유할 수 있다.

회의적인 집단이 있다면 조직 심리학의 의사 결정 연구에서 확립된 사실, 즉 한 사람이 특정 주제에 전문 지식을 가지고 있지 않다면 직감을 믿고 그것에 기초하여 내리는 결정과 결과 사이는 연관성이 없다는 것을 공유할 가치가 있다. 기본적으로 직감 **반응**은 전문 지식이 그들과 함께 할 때만 매우 도움이 된다(Dane, Rockmann, & Pratt, 2012). (자세한 내용은 이 회기의 마지막에 있는 토막 논평 상자를 확인하라)

여기에 공유할 두 가지 사례가 있다. (1) 누군가를 처음 만났는데 서로 알아 갈 시간을 가지지 않고 자신의 남은 인생을 함께 보내고 싶은 사람이라는 낌새를 느낀다. (2) 미국에서 서브프라임 부동산 위기가 발생한 후 그 영향을 받은 사람들을 기자들이 면담했고 그들 중 일부는 어떻게 부동산을 구입하기로 했는지를 묻는 구체적인 질문에 답을 한 적이 있다. 그들은 집에 들어갔을 때 아늑한 느낌이 들어 바로 구입하기로 했다고 한다. 이들 중 일부는 계약서를 읽지 않았거나 그들의 소득이 주택담보대출을 받을 여력이 있는지 계산해 본 적이 없다. 개인 예산이나 금기, 배상 비용 또는 때에 따라 이사 비용과 같은 다른 변수에 주의를 기울이지 않

---

2)역주: 영어로는 직감(gut feelings), 직감 **반응(**gut reactions), 예감(hunches), 직관(intuition)이다.

고 전적으로 직감에 따라 결정했다.

다음은 슈퍼필러가 직감 **반응**과 진정한 감정 알아차리기를 구별하는 데 도움이 되는 팁이다. 직감은 일반적으로 우리 몸의 감각(두근거림)과 지금 당장 해치워야 할 일과 관련한 강한 판단적 사고 또는 문제 해결 사고와 함께 온다.

반면에 진정한 감정 알아차리기는 질적으로 다르다. 즉각적인 행위를 요구하기보다 중요한 것을 가리키는 부드러운 목소리와 비슷하다.

이것은 슈퍼필러에게 설명하기에는 복잡한 구별이다. 도움이 되는 은유는 직감이 우리 귀에 들리는 시끄러운 음악과 같아서 지금 당장, 거의 항상 충동적으로 행동을 취하도록 요구하는 것이다. 진정한 알아차리기는 부드러운 배경 음악과 비슷하다. 부드럽고 섬세하며 때로는 행동을 취하도록 가리키면서 일반적으로 우리에게 중요한 것, 우리의 가치에 대해 알려 준다.

체험적인 수용전념치료: 직감 **반응**/진정한 알아차리기 목록

————

이 토론을 풀어나가기 위해 내담자에게 직감 **반응**과 진정한 알아차리기를 구분할 수 있는 각기 다른 상황에 관해 생각해 보도록 요청한다. 토론 중에 내담자가 이러한 각각의 경험(직감 **반응** 및 진정한 알아차리기)과 관련된 행동을 말할 때 이를 개인의 가치와 연결하는 운을 떼라.

조심해!

————

이것은 슈퍼필러에게 매우 민감한 주제이다. 왜냐하면 그들은 우리와 마찬가지로 그들의 느낌, 예감, 그리고 직감 **반응**을 마치 *우리가 알고 있는* 어떤 것이 일어날 징조처럼 절대적 진실로 듣도록 (명시적으로나 암묵적으로) 사회적으로 조형되어 왔기 때문이다. 일부 문화권에 이것이 매우 강화되어 있고 일부 임상 양상에는 아주 극단적으로 나타난다. 예를 들어 강박장애 환자가 체성 또는 신체 감각을 자신의 강박행동을 이해할 수 있는(합리화하는) 촉발 요인으로 여긴다고 상상해 보라. 이 사람이 어떤 신체 감각이나 감정을 느낄 때마다 그건 무언가를 의미한다. 마치 감정이 뭔가를 놓쳤거나 옳지 않은 것의 유일한 지표가 된다. 모든 감정에 의미가 있다면 하나하나의 감정에 따라 매번 행동 해야 할 것이다! 당신에게 어떤 사람과 관련하여 좋지 않은 '분위기'나 생각('*저 사람은 나와 어울리기에 좋은 사람이 아닌 것 같아.*')이 떠올랐으나 시간이 지나면서 같은 사람이 실제로 좋은 친구가 된 적이 있지 않은가? 이것이 바로 슈퍼필러가 길러야 하는 기술이며 이 치료가 그 시작이기를 바란다.

빠른 조언: 내 친구 조지 아이퍼트가 수용전념치료 편집 위원회의 일원으로서 이 원고를 읽었을 때 지적했듯이 당신이 이 부분을 가르칠 때 감정이나 직감 **반응**이 우리의 적 또는 감정 기계가 완전하지 못하다고 하기 보단 감정 사슬의 자연스러운 성분이라는 점을 분명히 하는 것이 중요하다. 직감 **반응**에서 생각과 빠르게 융합되지만 않으면 우리 모두 이를 가지고 있는 법을 배울 수 있다.

슈퍼필러는 자신의 가치에 맞춰 살기 위해 느끼는 방식을 바꿀 필요가 없다. 단지 자신의 내적 외적 세계와 관계하는 몇 가지 새로운 방법만 배우면 된다. 그리고 그것은 가능하다!

가르침 요점: 즉각 반응

감정 기계가 활성화될 때 때로는 압도적이고 파괴적인 감정으로 올 때가 있다고 설명하라. 그 감정이 너무 강렬해서 우리는 자연스럽게 이를 관리하기 위해 할 수 있는 모든 것을 한다. 이러한 감정 관리 전략이 반복되면 내가 *즉각 반응* 또는 *임시변통*이라고 부르는 것을 만들어 낸다. 우리는 그것이 우리 삶에 도움이 되는지 아닌지를 확인하지 않고 쉽게 의지한다. 행동적으로 말하자면 이러한 즉각 반응은 강화되고 일반화되면서 과잉 학습된다.

이런 식으로 확립되고 과잉 학습된 반응 유형은 일반적으로 그 순간만 작용하고 장기적으로는 효과가 없으며 우리를 개인적인 가치로 데려가는 데에도 실효적이지 않다. 즉각적인 감정 기반 반응의 몇 가지 예는 다음과 같다. 맹비난, 관계 단절, 과식, 절식, 등교 거부, 과음, 약물 사용, 처방 약물 남용, 강박적인 성관계, 과도한 쇼핑, 자해 또는 자살 생각하기 등이 있다.

다음은 내담자가 살고 싶은 삶에 장벽으로 작용하는 가장 흔한 즉각적인 과잉학습된 반응을 알아채는 것을 목표로 하는 활동이다.

체험적인 수용전념치료: 즉각 반응 목록

내담자에게 다음을 물어볼 수 있다. "오로지 고통스러운 감정을 차단하는 것만 생각할 정도로 강력한 감정적 고통을 경험한 적이 있습니까?" 그들의 대답을 듣는 동안 다음과 같은 질문으로 감정 경험의 각기 다른 성분에 대해 질문함으로써 알아채기, 명명하기 기술을 실습하도록 계속 돕는 것이 중요하다. "당신의 몸에서 알아챈 것은 무엇인가요? 어떤 감각이 떠올랐습니까? 내면의 목소리가 뭐라고 말했습니까?" 내담자의 몇 가지 답변을 들은 후 우리가 감정에 압도당할 때 이를 억제하거나 감정에 따라 행동하는 것이 아주 자연스러운 반응임을 언급하라. 그리고 내담자의 가치와 관련하여 그 반응의 실효성을 확인하는 것도 중요하다.

내담자가 어린 시절, 십 대, 젊은 성인, 그리고 최근에 임시변통을 사용한 인생의 각기 다른 시기를 살펴보도록 운을 떼라. 반응을 수집할 때 내담자의 삶에서 그것을 사용한 장단기 결과를 화이트보드에 적어 두라.

이러한 즉각 반응은 과잉 학습된 것이기 때문에 내담자의 오랜 삶의 역사에 이것이 끼친 영향을 알아채도록 돕는 것이 유용하다.

조심해!

임시변통 중 일부(예: 자해)는 다른 문제의 촉발 요인이 될 수 있다. 즉각 반응 중 일부는 쉽게 걷잡을 수 없이 커지면서 다른 유형의 심리 투쟁(우울증, 완벽주의, 섭식장애, 문제성 신체상 염려, 약물 남용, 만성 자살 시도)으로 옮겨갈 수 있으므로 내담자가 이 주제에 관해 얘기할 때 주의를 기울이는 것이 도움이 된다. 또한 내담자가 자해 행동에 대해 집단과 공유하는 경우 이것이 다른 내담자에게 촉발 요인이 될 수 있으므로 부드럽게 중지시키고 내담자가 이에 관해 신중하게 생각하도록 요청하는 것이 좋다.

이 치료의 전체 목적이 체험적이고 심리 유연성을 실습하는 것이므로 자살이나 그와 비슷한 단어를 말하지 말라는 규칙이 없다는 점도 알아채라. 치료 밖에서 내담자는 모든 유형의 대화를 듣고 참여할 때 상대방에게 금지된 단어 안내장을 건네면서 대화할 수는 없으므로 다른 사람의 발언으로 감정 기계가 구동될 때도 여전히 현재에 머무는 방법을 실습하도록 돕는 것이 중요하다.

가르침 요점: 불편한 느낌과 대항하는 싸움 인지하기

모든 가르침 요점이 강조하듯이 감정 스위치가 켜지면 우리 모두 극도로 고통스럽고 시끄러운 감정을 포함한 온갖 유형의 감정을 경험하게 되고 자연스럽게 이러한 감정을 최대한 빨리 차단, 중지 또는 종료하려 든다고 내담자에게 말하라. 슈퍼필러는 더 자주 그리고 더 많은 상황에서 이것을 할 뿐이다.

다음 연습은 감정적 불편함에 대항하여 싸우려는 우리의 자연스러운 반응의 영향을 알아채는 적극적인 연습임을 설명하고 이 가르침 요점에 잘 들어맞는 체험적인 수용전념치료로 이동하라.

체험적인 수용전념치료: 느낌과 싸우기 연습

한 내담자당 색인 카드를 하나씩 건네고 투쟁 중인 감정을 하나씩 적도록 요청하라. 이 연습에서 집중하고 싶은 어떠한 감정이든 괜찮다. 다음으로 둘씩 짝을 지어

서로 마주 보고 서서 양손으로 색인 카드를 잡은 채 팔을 뻗어 상대방의 손과 접촉하도록 요청한다. 색인 카드가 그들 손바닥 사이에 있는지 확인한다. 그런 다음 감정을 밀어내는 것처럼 이 카드를 서로의 손을 향해 가볍게 밀라고 요청한다.

잠시 후 참가자에게 밀었던 카드를 놓아주고 그다음으로 손바닥이 위를 향하도록 하여 양손에 카드를 놓고 몇 분 동안 그대로 두라고 요청한다.

참가자에게 이 연습 때 느꼈던 어떤 **반응**이나 관찰을 물어보라. 집단 논의를 촉진하기 위해 다음 두 가지 중요한 질문을 할 수 있다. (1) 그들이 감정을 밀어내는 것과 이를 양손에 놓는 것의 차이를 알아채고 있는가? (2) 싸움 전략을 시도했을 때 그 느낌에 무슨 일이 일어나는가? (보통 그 느낌은 되돌아온다.)

내담자와 공유할 수 있는 유용한 은유는 이러한 불쾌한 감정을 수도꼭지에서 흐르는 물처럼 생각하는 것이다. 물이 우리 손 사이로 흐를 때 수도꼭지를 틀어막으면 어떻게 되는가? 그들은 그런 일을 해본 적이 있는가? 해보지 않았다면 내담자에게 집에서 이것을 시도해 보고 무슨 일이 일어나는지 확인해 보라고 요청할수도 있다. 우리가 그것을 방해하려고 할수록 더 엉망이 된다. 마찬가지로 우리가 감정을 차단하거나 억누르거나 싸우려고 할수록 감정은 더 강해진다.

내담자에게 두려운 감정이 나타나지 않을 거라 약속할 수는 없겠지만 목발 없이 직접적이고 개방적인 방식으로 감정과 마주하는 것을 배우는 것이 수용전념치료의 핵심 기술임을 간략하게 상기시켜라.

조심해!

이 주제에 대해 논의할 때 계속 압도적인 느낌을 따라 행동하거나 반대로 이로부터 도망치는 행동의 장단기 결과로 돌아오는 것이 중요하다. 이렇게 싸우는 전략 대부분은 단기적인 보상이 있을 수 있지만 (예: 화가 났을 때 누군가에게 소리를 지르거나, 불안해서 면접을 피할 때 기분이 좋다) 장기적으로 볼 때 삶이 확장되는지 제한되는지를 보아야 한다.

가르침 요점: 느끼기로 선택하기

다음 가르침 요점은 내담자가 자신의 감정 경험을 통제하려는 전략이 어떻게 비효율적일 수 있으며 실제로 더 제한적인 행동을 만드는지 알아채도록 돕는 것이 목표이다. 이 가르침 요점은 수용전념치료의 핵심 과정인 수용으로 넘어간다.

감정 기계가 특정 순간에 만들어내는 느낌을 우리가 원하는 만큼 통제할 수 없다는 것을 내담자와 간략하게 공유한다. 참가자에게 다음과 같이 물어볼 수 있다. "당신은 스스로 기뻐지라고 할 수 있습니까? 이 순간에 슬퍼할 수 있습니까? 아니면 스스로 화가 나라고 할 수 있습니까?" 마지막으로 참가자에게 "어떻게 할 수 있을까요?"라고 묻는다. 일부 내담자는 행복함이나 슬픔의 표정을 지어 보일 수 있겠다. 하지만 그것은 그들이 통제할 수 있는 감정 상태가 아니라 외적 행동이라고 설명하라.

여기 내담자와 공유할 실제가 있다. 우리는 우리가 느끼는 것을 느낀다. 감정 기계가 떠올리는 변덕스럽고 압도적이며 불쾌한 감정을 가질 수 있도록 배우는 것은 '느끼기로 선택하기'라는 특정 기술이 필요하다. 이것은 가치를 행동으로 옮길 때 감정 상태에 대응하는 핵심적인 내부 기술이다.

체험적인 수용전념치료: 중요할 때 느끼기로 선택하기

이 연습은 어떠한 느낌이라도 품고 개방하고 접촉하는 방법을 체험적으로 보여 준다. 참가자에게 편안한 자세로 앉아 스스로 최대한 편안한 자세를 찾도록 초대하라. 서 있기를 선호한다면 그렇게 할 수 있다. 그런 다음 아래 제시된 지시문을 읽어라.

다음 몇 분 동안 당신의 시선을 방의 어느 한 지점에 집중하거나 눈을 감고 부드럽게 호흡에 주의를 집중하도록 초대합니다. (*2~3분 동안 잠시 멈춤*)

다음으로 지난주에 경험했던 약간 속상한 기억을 당신의 마음으로 가져와서 잠시 몸에서 일어나는 것을 알아채 봅니다. 이 기억을 마음속에 가지는 동안 떠오르는 감각에 주의를 기울이십시오. 따라오는 느낌을 명명할 수 있는지 살펴보십시오. 이것의 강렬함, 당신의 마음에 나타나는 생각, 심지어 가장 의지했던 행위까지 알아채 봅니다. 무엇을 하고 싶으신가요? 이 느낌을 억누르거나 도망치고 싶은 촉박감이 있습니까? 그러면 당신이 그것을 위한 일부 공간을 만들고 거기에 있도록 허용할 수 있는지 확인해 봅니다. 이런 감정이 어떻게 자연스럽게 변하는지 그러면서 어떻게 저절로 새로운 감각이 오는지 알아챌 수 있는지 봅니다.

참가자의 관찰을 수집하고 이를 알아봐 주라. 아무리 불편하더라도 내담자에게 중요할 때는 있는 그대로 감정을 느끼기를 선택하는 만큼 임시변통, 회피 반응 및 즉각적인 직감 **반응** 또한 하나의 선택지로 사용할 수 있음을 전달하도록 최선을 다하라. 수용전념치료는 내담자를 불편하게 만드는 것을 강요하는 것(고문이라고 함)이 아니라 중요할 때 선택적으로 고통스러운 감정과 접촉하는 법을 배우는 것이다!

조심해!

수용은 마음챙김이지만 내담자가 이와 관련한 수백 개의 연상과 메시지에 이미 노출되었기 때문에 부담스러운 용어이다. 그래서 나는 개인적으로 임상 작업에 사용하지 않는다. (오 이런... 내가 지금 곤경에 처해 있나요?) 수용 작업을 할 때 나는 *알아채기, 같이 있기, 함께 있기, 머물기, 그대로 두기*와 같은 용어를 사용하며 항상 이 과정을 내담자 가치의 맥락으로 구성한다.

모든 느낌을 수용하기를 익히는 것은 포기하기, 느낌을 좋아하기, 그러한 감정을 가지는 게 쉬울 것이라 가정하기가 아니라는 점을 명확히 하는 것이 도움이 된다. 단순히 그것에 대항해 싸우지 않고 가지고 있는 법을 배우는 것일 뿐이다. 그것은 감정 기계가 작동할 때를 알아채고 그것으로부터 도망치고 너무 빨리 행동하는 대신 그것과 함께 오는 것을 느끼기로 선택하기이다.

마지막 가르침 요점은 중요할 때 느끼기를 선택할 수 있는 내담자 능력, 즉 '기꺼이 함'을 증진하는 것을 목적으로 한다.

가르침 요점: 느끼기를 원하기, 감내하기, 기꺼이 하기

이 세 번째 회기를 마치면서 내담자에게 특히 가치대로 살아갈 때 느끼기로 선택하기가 실습하기 쉬운 기술이 아님을 언급하라. 우리의 감정 기계는 어려운 느낌을 일으키고 이를 가지고 싸움을 걸 것이다. 하지만 내담자 이외 그 아무도 그러한 감정을 처리하는 방식을 결정할 수 없다. 불편한 감정을 느끼기 위해 느끼는 것은 값어치가 없지만 (단지 그 이유만으로 불쾌감을 느끼는 것을 좋아하는 사람이 어디 있을까?) 중요하기 때문에 불편한 느낌을 느끼는 것은 다르다. 수용전념치료 그리고 이 치료를 통해 내담자는 가치 지지 행위를 선택하고 그렇게 하도록 자신의 기꺼이 함을 확인해야 한다.

기꺼이 함에 관해 너무 장황하게 말하지 말고 내담자에게 다음 활동은 기꺼이 함이 무엇인지 보여 주는 것이라고 말하라.

체험적인 수용전념치료

집단 전체에 누군가가 자신에게 레몬 반쪽을 주고 이를 맛보라 했다는 상상을 하도록 요청하라. 입으로 꽉 물 때 자신의 표정이 어떻게 보일까? 레몬을 꽉 깨무는 것처럼 행동하면서 눈, 코, 입, 얼굴이 어떻게 보일지 상상할 수 있을까?

자원자에게 모든 **반응**을 기술하도록 요청하라. (시간 제약으로 인해 한 명의 자원자에게만 말하는 것이 적절하다) 다음으로 다시 집단에 레몬 반쪽이 주어지고 맛보는 상상을 했을 때 얼굴이 어떻게 보일지 상상해 보라고 요청하라. 이번에는 표정에 긴장감이 느껴질 때 잠시 긴장을 풀어보라고 요청하라.

이후 집단의 내담자들과 함께 편안한 상태와 다르게 얼굴을 긴장시켰을 때 어떻게 느끼는지 확인하라. 그들의 반응을 들으면서 느낌을 가지거나 느끼기를 선택하는 기꺼이 함은 얼굴을 쥐어짜고 긴장시킬 때의 그 느낌을 계속 이어나가는 것이 아니라는 점을 강조하라. 이는 투쟁을 알아채면서도 호기심과 개방성을 가지고 느껴야 할 것을 느끼기 위해 그 순간에 최선을 다하는 것이다.

그들에게 의미 있는 것을 하기 위해 느낌을 위한 공간을 만드는 기꺼이 함을 가졌던 순간에 대해 간략하게 확인하라. 예를 들어 내담자가 지난 주간 '활동하는 가치 워크시트'를 완수했다고 가정하면 그들은 기꺼이 함을 경험한 상황을 마주한 것이다. 아무도 예를 들지 않으면 당신 개인의 생활에서 예를 공유하는 것이 도움이 된다.

예를 들어 내가 이 책을 쓸 때 온갖 유형의 느낌(흥분, 피곤함, 좌절, 두려움, 기쁨), 판단적 사고('나는 좋은 작가가 아니다. 나는 무엇을 하고 있는가? 아무도 이것을 읽지 않을 거야.'), 그리고 강한 촉박감(출판사에 전화를 걸어 "못하겠어요. 이제 그만합시다."라고 말하려 함)이 함께 왔다. 그런데도 특정 임상 문제에 대해 수용전념치료를 전파하는 나의 가치에 따라 사는 것은 그런 느낌과 싸우거나 분석하는 데에 시간을 낭비하지 않고 그러한 느낌에 개방적으로 머물도록 초대하는 것이다. 이 장을 쓰는 동안 느낌, 생각, 촉박감이 위아래로 점프하는 것을 알아챘다. 하지만 나는 호기심을 가지고 그것을 알아채고 이름을 부르기로 선택한다. 나의 개인적인 가치를 향한 실효성을 확인하고 계속 쓰기로 선택한다. 그것이 삶이고 수용전념치료이다.

조심해!

내담자에게 기꺼이 함을 가르칠 때 이를 종종 '*원함wanting*'이나 어떤 감정 상태와 동의어로 여기는 경우를 본다. 명확히 하자면 수용전념치료에서 내부 경험에서 기꺼이 함은 다른 행동과 마찬가지로 하나의 행동이며 내담자가 가진 어떤 느낌이나 감정 상태가 아니라 조형될 수 있는 것이다. 중요한 순간에 느끼고자 하는 기꺼이 함과 느끼기로 선택하는 것은 서로 연결되어 있다.

수용전념치료는 기꺼이 함과 수용을 수동적이거나 무기력한 것이 아닌 능동적인 치료 과정으로 본다. 왜냐하면 우리가 내적 투쟁과 싸움을 중단할 때 자원 낭비를 멈추고 그때 생긴 에너지를 새로운 시작, 새로운 선택, 새로운 행동을 실습하는 데에 사용할 수 있기 때문이다.

모든 것을 하나로 묶기

———

다음은 이 회기에서 다룬 내부 기술 또는 외부 기술을 요약했다.

내부 기술	외부 기술
직감 *반응* 알아채기 진정한 감정 알아차리기를 알아채기 임시변통을 사용하려는 촉박감 알아채기 감정을 느끼기로 선택하기 가장 의지했던 행위의 실효성 확인하기	

주간 실습

———

내담자에게 핵심 워크시트인 '슈퍼필러를 위한 수용전념치료 로드맵' 및 '활동하는 가치'를 완수하도록 요청하라.

토막 논평

친구나 동료와 이 치료에 관해 얘기할 때 직감과 진정한 알아차리기는 아주 자극적인 주제였던 적이 있어서 나는 이에 관한 토막 논평을 쓰기로 했다. 배경은 다음과 같다. 수년간 나는 슈퍼필러가 순간의 감정과 자신의 느낌, 상황 또는 그들 앞에 있는 사람에 대한 내적 평가에 어떻게 걸려드는지를 목격했다. 그들은 빛의 속도로 감정 경험으로 소비되었다. 그들과 대화할 때 나는 나의 주의를 붙잡는 너무 많은 상황을 두고 "나는 이런 느낌이 있었고, 그걸 느끼고, 그걸 알고서 나는 그것을 했다."라는 식의 대사로 이어지는 수백 개의 반응을 들었다.

흥미롭게도 직감에 근거하여 결정을 내리는 이러한 현상은 조직 심리학과 사회 심리학에서 풍부하게 연구되었다. 다음은 두 학자의 핵심 아이디어를 요약한 것이다. 다니엘 카너만과 아모스 트버스키는 '휴리스틱과 편견'에 관심이 많았다(Kahneman, Slovic, & Tversky, 1982). 그들은 사람들이 어떻게 실수하는지가 궁금했고 복잡한 인지 과정을 분석하는 데에 많은 시간을 보낸 후 마음이 어떻게 작동하는지 이해하기 위해 두 가지 유형의 시스템을 파악했다. 시스템 1은 쉽고, 빠르고, 자동적이며, 연합적인 성격을 띠고 있다. 시스템 2는 통제되고, 노력이 필요하고, 논리적이며, 규칙에 지배된다. 직관은 시스템 1의 일부로서 다른 인지 과정과 마찬가지로 보고 싶어 하고 기대하는 것만 본다. 기본적으로 원래 그럴 것이라 여겨지는 것과 맞지 않는 새로운 자료나 아이디어는 이전의 연합성에 기반한 마음으로서는 모호하므로 이를 신속하게 기각하고 우리가 '이미 이것을 알고 있던 것'을 믿게 하고 경험이나 더 깊은 조사를 통해 학습할 기회를 없앨 위험이 있다. 마음은 모호함을 좋아하지 않으며 겁에 질린 채 친숙한 해석을 붙잡고 싶어 한다. 무섭지 않은가?

카너만의 연구 결과는 조직 심리학 특히 의사 결정 과정을 이해하는 데 적용되었다. 그리고 한 사람이 특정 주제에서 전문 지식을 가지고 있지 않은 한 자신의 직감을 신뢰하는 것에 기초하여 내리는 빠른 결정과 그 결과 사이에는 관계가 없다는 게 많은 연구로 확립되었다. 기본적으로 직감 **반응**은 전문 지식이 동반될 때만 매우 도움이 된다(Dane, Rockmann, & Pratt, 2012). 마음에 새길 무언가가 있는가?

—

Chapter 08

4회기 – 감정 알아차리기
Session 4 - Emotional Awareness

이 회기의 주제

이전 회기들은 감정 경험의 다양한 층을 배우는 데 중점을 두었으며 내담자는 알아채기, 명명하기, 가장 의지했던 행위의 실효성 확인하기 기술을 차근차근 구축해 왔다. 이 회기는 슈퍼필러가 그날그날 투쟁하는 불안, 두려움, 분노, 죄책감 같은 압도적이고 고통스러운 느낌에 집중한다. 고통스러운 느낌이 어떻게 빠르게 감정 사슬(하나의 행동 반응이 감정을 낳고 그 감정이 또 다른 행동 반응의 출발점이 되는)의 시동을 거는지 강조한다. 이는 슈퍼필러에게 과잉 학습되고 협소한 행동 반응의 끝없는 원천을 남긴다.

이 회기는 다양한 감정 상태를 다루겠지만 본질에서 역동적이다. 적극적인 알아차리기 훈련으로 시작해서 신체 연습과 (즉흥 연극에서 유래한) 체험 연습을 혼합하고 행동 선택으로서의 접지를 가르치는 것으로 끝난다. 참가자들은 압도적인 감정에 걸려드는 대신 현재 순간에 머무는 것을 배울 수 있다.

슈퍼필러에게 중요한 메시지는 우리의 가치대로 살기 위해 감정을 바꾸거나 수정할 필요가 없다는 것이다.

개요

1. 순간 속에 머물기 연습
2. 주간 실습 검토
3. 가르침 요점: 불안, 두려움 및 걱정
4. 가르침 요점: 죄책감과 후회하는 느낌
5. 가르침 요점: 침울한, 저하된, 슬픈 느낌
6. 가르침 요점: 화난, 짜증 난, 성가신 느낌
7. 가르침 요점: 감정 사슬
8. 가르침 요점: 접지
9. 모든 것을 하나로 묶기
10. 주간 실습

자료

중간 크기의 공 하나

워크시트

해당 없음

순간 속에 머물기 연습

─────

이 회기를 시작할 때 내담자에게 일어서서 어떤 방향으로든 방을 돌아다니도록 초대하라. 걷는 동안 발이 땅에 닿는 것을 알아챌 수 있게 의도적으로 속도를 늦추도록 요청하라. 발뒤꿈치가 땅에 닿는 지점부터 다음 걸음을 수행하려고 발을 들어 올리기 전 발가락이 구부러지는 지점까지 발의 각 부분을 감지한다. 참가자에게 발이 움직이는 동안 몸의 균형을 알아채도록 운을 떼고 이 훈련에 참여하는 옳고 그른 방법은 없다는 것을 상기시켜라. 걷는 이 순간에 존재하는 것이 전부이다. 그들의 마음에 어떻게 걷고 있는지 여러 생각, 기억 또는 이미지가 떠오르면 단지 조용히 '*생각*', '*감정*', '*감각*'이라고 말하고 다시 걸음에 집중하도록 초대하라.

참가자들이 걷는 동안 소리, 냄새, 온도, 주의를 끄는 색상, 환경의 일부인 모양 등에 주의를 기울이며 자신의 감각을 사용하여 주변을 알아채도록 운을 떼라.

이 활동을 약 5분 정도 진행한 후 참가자에게 걷기에 집중할 때 어떤 **반응**이 있었는지 집단별로 디브리핑을 요청하라.

주간 실습 검토

지금쯤이면 주간 실습 검토를 진행하는 방법에 익숙해졌을 것이다. 확실하지 않으면 이전 회기의 주간 실습 검토로 가서 이를 분명히 하라.

그 후 이 회기는 일상생활에서 압도적인 감정을 다루는 것의 영향을 배우는 데 초점을 맞출 거라 말하라.

가르침 요점: 불안, 두려움 및 걱정

두려움, 불안, 걱정은 우리가 자주 겪는 감정이므로 이를 서로 구별하는 것이 중요하다고 내담자에게 설명하라. 두려움은 현재이고 불안/걱정은 미래이다. 개인적인 예를 공유하는 것이 내담자가 감정을 구별하는 데 도움이 된다. (내가 지진 가능성과 관련한 뉴스를 듣는다면 그것은 걱정 불안일까요, 두려움일까요? 지금 순간 교통사고 소식이 들리면 걱정을 느낄까요, 두려움을 느낄까요?)

다음으로 걱정은 많은 불안 문제의 본질적인 부분이라고 설명한다. 일반적으로 걱정이 '*만약 ~ 한다면*'이라는 생각과 함께 나타나면 이를 문제 해결과 쉽게 혼동할 수 있다. 예를 들어 사회 불안증으로 투쟁하는 사람이 파티에 초대받으면 불안에 어떻게 대처할지 걱정할 수 있다. 범 불안으로 투쟁하는 개인은 일이 잘못될 가능성을 만성적으로 걱정하는 경향이 있다. 공황장애로 투쟁하는 사람은 발작이 올까 봐 식료품점에 가는 것을 피한다.

치료자로서 당신의 이해를 돕기 위해 말하자면 수용전념치료에서 '만약 ~ 한다면'이라는 식의 걱정과 불안은 체험 회피(인지 회피)의 한 형태로 간주한다. 결과적으로 그들은 어려운 감정적 주제가 있을 때 부정적인 영향을 피하는 자세로 임한다.

내담자가 하는 질문에 답한 후 각각의 가르침 요점을 위한 체험적인 수용전념치료로 이동하라.

체험적인 수용전념치료: 두려움과 걱정의 실효성 바라보기

이 연습과 이 회기의 나머지 연습에서는 내담자가 특정 촉발 상황을 탐구하도록 돕는 데 있어 알아채기, 명명하기, 가장 의지했던 행위의 실효성 확인하기 기술을 이용한다. 이 체험적인 수용전념치료 순간은 두 부분으로 나뉜다. 첫 번째 부분은 걱정 느낌의 역할 연기이고, 두 번째 부분은 워크시트를 보조 도구로 이용한 집단 대화이다.

첫 번째 부분

자원자를 참여하도록 초대하라. 불편하지 않으면 지난주에 약간의 걱정을 불러일으킨 특정 상황을 집단과 공유해 주면 된다고 미리 설명하라. 내담자가 조금 생각해 보도록 시간을 주고 해당 촉발 사건을 집단과 공유한 후 방을 돌아다니도록 요청하라. 내담자가 걷는 내내 온갖 유형의 '만약 ~ 한다면' 시나리오와 잘못된 일과 관련한 언급을 무작위로 큰 소리로 말하여 걱정스러운 느낌에 빠지도록 이끌면서 어깨의 긴장과 불안해 보이는 모습과 같은 신체 감각을 꼭 짚어주라.

몇 가지 디브리핑 반응을 수집한 후 모든 구성원을 위한 집단 연습으로 이동하라.

두 번째 부분

참가자에게 지난 한 달 동안의 삶을 되돌아보면서 걱정스러웠던 순간을 찾아내고, 다음 질문에 답할 수 있는지 확인을 요청하라.

- 걱정스러운 상황은 무엇인가요?
- 몸에서 어떻게 느껴지나요?
- 무엇을 하고 싶으신가요?
- 그 행동이 당신의 개인적 가치와 일치하나요? 그것의 실효성은 어떤가요?

내담자가 불편하지 않으면 자신의 반응을 집단과 공유할 수 있다. 수용전념치료에서 우리는 계속 행동의 실효성을 조사하고 있음을 참가자에게 상기시켜라. 화이트보드로 이 활동을 마무리하면서 참가자에게 불안과 걱정에 따른 반응이 실효성이 있는 경우와 그렇지 않은 사례를 제시하도록 요청하라. 예를 들어 벌에 쏘였다면 다음번 하이킹 때는 불안하면서 긴 소매와 바지를 입을 수 있다.

조심해!

모든 유형의 감정에 따른 반응에서 가장 의지했던 행위의 실효성을 반복해서 확인하는 것에 싫증날 수 있겠지만 기술을 가르치는 것이며 실습과 반복이 학습을 촉진한다는 점을 명심하라.

가르침 요점: 죄책감과 후회

죄책감은 일반적으로 관계의 맥락에서 발생하기에 사회적 감정이라 불리며 상호의존적인 문화 집단(예: 라틴계 또는 중국 문화) 내에서 더 빈번하거나 사회적으로 강화된다는 것을 내담자와 공유하라. 죄책감은 일반적으로 특정 기대와 일치하지 않거나 특정 상황에서 저지른 실수를 의미한다. 일부 내담자가 수치심과 관련된 예를 든다면 다음 회기 때 다룰 거라고 알려주라.

집단에 죄책감을 어떻게 이해하고 있는지 묻고 한두 가지 예를 제시하고 체험적인 수용전념치료 연습으로 넘어가라.

체험적인 수용전념치료: 죄책감 목록

참가자에게 죄책감에 사로잡혔던 순간을 회상하고 잠시 그 이미지를 마음속에 가져오도록 요청하라. 내담자에게 떠오르는 느낌, 생각, 신체 감각 및 가장 의지했던 행위를 스스로 디브리핑함으로써 각기 다른 층의 감정 경험을 알아채도록 운을 떼라. 몇 분 후(1분~3분) 내담자에게 이 이미지를 내려놓으라 하고 작업한 상황을 집단과 공유할 자원자를 요청하라. 자원자로부터 반응을 수집할 때 죄책감과 관련된 행동을 묻고 "당신의 행동이 당신을 가치로 다가가게 했나요, 물러나게 했나요?"라는 핵심 질문을 하라.

조심해!

일부 내담자의 경우 죄책감은 다른 맥락(예: 종교적 맥락, 문화적 맥락)과 관련하여 수년에 걸쳐 강화되었으며 특정 생활 방식으로 굳어진 것일 수 있다. 개인이 고수하고 있는 종교적 또는 문화적 신념 체계에 도전하는 것에서 비켜나서 행동의 실효성에 계속 초점을 맞추는 것이 중요하다. 사람들은 자신이 느끼는 것을 느끼겠지만 내담자 개인의 가치에 더 다가가게 또는 더 물러나게 하는지에 따라 효과적인 행동인지 아닌지가 결정된다.

가르침 요점: 침울한, 저하된, 슬픈 느낌

슬픔은 우리 모두 일상생활의 일부로 경험하는 자연스러운 감정이라고 내담자에게 설명하라. 슬픔을 우울증과 혼동할 수 있기에 둘을 구별하는 것이 중요하다. 우울증은 일련의 증상 군을 뜻하는 임상 용어이며 그중 하나로 슬픔을 느끼는 것이고, 기분 부전증은 2년 이상의 만성 우울을 말한다.[1] 이와 대조적으로 슬픔은 우리 모두 때때로 경험하는 느낌이다. 슬픔을 느낀다는 것이 반드시 우울하다는 것을 의미하는 것은 아니며 단순히 사람이 살아 있고 느끼고 있다는 것을 의미한다.

체험적인 수용전념치료: 침울한, 저하된, 슬픈 느낌 속으로 뛰어들기

내담자에게 슬픔이 가치 기반 행동이나 정상적인 적응 행동을 이끌었던 상황의 예를 들어보라고 요청하라(예: 사랑하는 친구가 의학적 질병을 진단받았을 때 당신의 가치가 우정을 표현하는 것이므로 가능한 많은 시간을 친구와 함께 보내기로 결정할 수 있다).

다음으로 참가자에게 슬픔을 경험한 순간을 기억하도록 요청하고 상황을 선택한 후 삶의 각 순간 그 감정에서 보인 다양한 요소를 알아챌 수 있도록 잠시 시간을 주라. 그런 다음 참가자에게 자신이 집중한 기억을 집단과 공유하고, 불편하지 않다면 슬픔의 신체적 경험, 이와 관련된 생각, 가장 의지했던 행위에 관해 말하도록 운을 떼라. 마지막으로 이전에 논의한 감정과 마찬가지로 내담자에게 그들이 취한 행위가 자신의 가치를 향한 다가가는 움직임인지 물러나는 움직임인지 물어보라.

우리의 작업은 슬픔을 없애는 것이 아니라 때때로 찾아오는 슬프고 침울하고

---

1)역주: 기분 부전증은 더 이상 DSM-5에서 공식적인 진단명이 아니다. 저자는 아마도 DSM-IV 내용을 기반으로 기분 부전증을 언급하는 것으로 보인다.

불길한 감정을 가지고 우리가 원하는 삶을 사는 법을 배우는 것임을 기억하라.

조심해!

치료자로서 우리는 내담자의 감정 상태와 조응하면서 내담자가 저하되거나 슬프거나 우울함을 느끼고 있는 것을 볼 때 자연스럽게 '뭔가 해.', '이 사람을 기분 나쁘게 내버려두지 마.', '격려해 줘.' 등의 내면의 목소리를 알아챌 수 있다. 하지만 우리가 내담자에게 본보기를 보이는 중이라는 것에 주의를 기울이는 것이 중요하다. 감정이 행동의 원인이라는 본보기인가? 우리가 저하되었다고 느낄 때 우리는 우리의 가치대로 살지 못한다는 본을 보이는 것인가?

그러한 감정을 가질 때 내담자의 투쟁을 계속 알아봐 주는 것이 중요하지만 동시에 그 내용에 걸려들지 않도록 주의하라. 임상의는 슬픔으로 인한 행동의 선행 사건과 결과에 초점을 맞추는 것이 중요하다. 다시 말하지만, 이것은 당신이 알아봐 주는 기계가 되어야 한다고 말하는 것이 아니다. 내가 제안하는 것은 내담자의 투쟁을 이해하는 것이 하나의 단계라는 것이다. 다음 단계는 "슬픔을 느꼈을 때 무엇을 하고 있었나요? 얼마나 강렬했습니까? 결국 무엇을 하게 되었나요?"와 같은 질문을 하는 것이다.

가르침 요점: 화난, 짜증 난, 성가신 느낌

각기 다른 색조를 가진 분노는 피할 수 없는 또 하나의 감정이며 압도적인 감정이 될 수 있다. 그것은 슈퍼필러의 삶에 중대한 영향을 미치고 그들을 위험에 놓이게 한다. 일반적으로 분노는 상황이 어떻게 되어야 하는지, 사람들이 나를 어떻게 대해야 하는지, 또는 분노 그 자체의 생각과 기대와 함께 촉발된다. 일부 슈퍼필러는 분노 **반응**을 볼 때 누가 분노를 일으켰는지에 초점을 맞춘다. 그들이 상처받았다고 보기 때문에 이는 자연스러운 반응이다.

집단에 분노를 어떻게 이해하고 경험하는지 물어본 후 이 가르침 요점을 위해 체험적인 수용전념치료로 이동하라.

체험적인 수용전념치료: 분노 촉발 요인 목록

이 활동은 세 부분으로 나뉜다. 첫 번째는 내담자가 사로잡힐 수 있는 분노 사고를 검토하고 두 번째는 알아채고 명명하기 기술을 실습하는 간단한 활동이며 세 번째는 체험이다.

첫 번째 부분: 분노 사고

다음은 각각의 사고에서 핵심 아이디어이므로 내담자와 함께 살펴볼 수 있다. 분노와 관련한 아래의 사고를 내담자와 논의할 때 당신은 유연성의 본을 보이고 있고, 행동의 선행 사건과 결과, 분노에 관한 현재까지의 연구, 이 감정이 가지는 진화적인 측면으로 맥락화하고 있음을 기억하라. 내담자를 설득할 필요는 없다!

사고: 나는 다른 사람들이 한 것, 말한 것, 행동하지 않은 것으로 화가 날 뿐이다.
 다른 사람들과 교류할 때 때때로 그들이 우리를 화나게 하는 행동이나 말을 하는 것은 자연스러우며, 우리의 마음은 재빨리 '그들이 그렇게 하지 않았다면 나는 화를 내지 않았어.'라고 말할 수 있다. 한 발 뒤로 물러나면 그 사람의 행동이 다른 사람들이 아닌 우리에게만 영향을 미치는 이유가 우리 자신의 취향, 선호도, 기대 또는 가치 때문임을 알아챌 수 있다. 예를 들어 누군가가 식료품점에서 새치기한다면 일부는 화를 내고 다른 일부는 신경 쓰지 않을 수 있다. 왜냐하면 화가 난 그 사람의 취향, 선호도, 기대 또는 가치 중 일부가 고려되지 않았기 때문이다.

사고: 내가 화를 내면 다음부터는 다른 사람이 나를 괴롭히지 않는다.
화를 내서 우리가 원하는 것을 얻게 되면 단기적으로 효과적일지라도, 장기적으로

작동하는 행동을 의미하지도 않고, 오래 지속되고 만족스러운 관계를 만드는 효과적인 움직임을 의미하지도 않는다.

사고: 나를 화나게 한 것에 관해 이야기하는 것은 항상 도움이 된다.

화가 났을 때 누군가가 잘못했다거나 나를 화나게 한다거나 실망하게 한다는 수백 가지 생각을 하고 이를 여러 사람에게 반복해서 이야기하고 싶은 촉박감을 느끼는 것은 자연스러운 일이다. 당연하게 들리겠지만 지난 수년 동안 분노를 연구한 연구자는 우리를 화나게 한 것에 대해 속을 털어놓았을 때 오히려 그 생각이 분노의 감정을 증폭시키고 연장하면서 자신을 더 화나게 할 뿐이라는 것을 보여 주었다.

사고: 분노는 자기를 향한 우울증이다.

이 표현의 기원은 모르겠지만 대중 심리학에서 흔히 볼 수 있는 표현이며 매우 널리 퍼져 있다. 우울한 사람들은 다른 사람들보다 더 짜증이 날 수 있지만 그렇다고 화를 낼 때마다 그 사람이 우울하기 때문은 아니다. 상상해 보라! 열쇠를 찾을 수 없어서 짜증이 날 때 이것이 우울인가?

분노에서 이러한 생각을 살펴본 후 참가자들이 분노에 관해 논의해야 할 다른 생각이 있는지 확인하고 그렇지 않다면 다음 활동을 진행하라.

두 번째 연습은 내담자가 화난 상황에서 한발 물러나기, 자신의 느낌 알아채기, 느낌 명명하기, 분노와 관련된 사고 내버려두기, 분노에 이끌린 행동의 실효성 확인하기를 돕는 것을 목표로 한다. 내담자가 자신의 화난 행동을 기능적으로 바라보도록 장려함으로써 분노가 상황을 덮치도록 내버려두지 않고 가치 기반 행동에 참여할 수 있는 능력을 높인다.

두 번째 부분: 알아채기와 명명하기 활동

이 활동을 위해서는 중간 크기의 공이 필요하다. 참가자에게 일어서서 원을 만들라고 한 뒤 집단으로서 우리는 각자에게 분노가 어떻게 나타나는지 서로 확인할 것이라고 설명한다. 물론 불편하다고 느끼면 누구든 참여할 의무는 없다.

내담자에게 이 활동을 위해 공을 사용할 것임을 알리고 당신은 그들 중 아무에게 공을 던지는 것으로 시작한다. 그것을 잡는 사람은 자신의 분노 촉발 요인 중 하나, 자신의 몸에서 느끼는 것, 그리고 그 촉발 사건에서 반응으로 주로 하는 걸 말하도록 초대한다. 분노 촉발 요인은 TV에서 듣는 뉴스나 차에 침입하는 사람과 같은 중대한 상황만이 아니라 규칙적인 일상생활과 관련된 것이기도 하다. 식사할 때 치아를 만지는 사람, 식료품점에서 줄을 서서 기다리는 동안 쳐다보는 사람, 컵 받침 위가 아닌 테이블 위에 직접 잔을 올려놓는 사람에 의해 촉발될 수 있다.

당신이 이 활동을 시작하면서 내담자가 분노 촉발 요인을 공유할 때 알아채기, 명명하기 기술을 사용하도록 운을 떼라. 모든 내담자가 최소한 그들을 화나게 하는 두세 가지 다른 상황을 공유할 때까지 계속하라. 물론 이것은 집단의 크기에 따라 당신이 정하면 된다.

세 번째 부분: 분노 위험 인식하기

내담자가 방의 원래 장소로 돌아온 후 계속해서 마주하는 분노 유발 상황의 정신적 목록을 작성하고 이 연습을 위해 수행할 특정 상황을 선택하도록 요청하라. 다음은 내담자에게 읽어 주는 일반적인 지침이다. 원하는 경우 자유롭게 수정하여 자신만의 단어를 사용할 수 있겠지만 핵심 질문은 꼭 해야 한다.

몇 분 동안 눈을 감거나, 원하는 경우 눈을 뜨고 이 속상한 기억의 이미지를 마음속에 떠올리고 최선을 다해 가능한 많은 세부 사항을 완전히 볼 수 있도록 합니다. (잠시 멈춤) 힘이 들 수 있으나 이 이미지와 함께 존재하기 위해 최선을 다해 주십시오. 너무 과하거나 너무 어렵다고 느껴지면 스스로 부드럽게 대하도록 합니다...(잠시 멈춤). 당신의 마음에는 모든 유형의 방해 요소가 떠오를 수 있습니다. (잠시 멈춤) 그것을 인정하고 그저 그 이미지에 다시 주의를 집중하도록 최선을 다하십시오. 화가 난 상황의 모든 측면을 마음속으로 알아챌 시간을 가지십시오. (*2~3분 동안 멈춤*)

내담자들에게 다음과 같은 핵심 질문을 하는 동안 그들이 가졌던 **반응**을 집단과 공유하도록 초대하라.

- 그들은 어떤 감각이나 신체 **반응**을 알아차렸나? 어떤 종류의 불편함이 있었나?
- 그들에게 어떤 분노 사고가 떠올랐나? 상황과 관련된 자신과 타인을 보는 판단적 사고는 없었나? 어떤 기대나 규칙이 깨졌나? 미래를 향한 사고는 없었나?
- 그 순간 무엇을 했나?
- 그 상황에서 정말 마음이 아팠던 점은 무엇인가? 그것에 대해 무엇이 그토록 속상했나?

두 번째 질문이 중요한 질문인데 일반적으로 사람이 화가 났을 때 상황과 관련한 판단 사고, 규칙(예: '*이것은 옳지 않아.*') 또는 미래를 향한 사고(예: '*아무것도 변하지 않을 거야.*')가 있기 때문이다. (각기 다른 유형의 생각은 다음 모듈에서 다루겠지만 이런 정도의 명칭을 참가자에게 부드럽게 소개할 수 있다.)

이 체험적인 수용전념치료를 끝마치기 위해 화난 느낌과 화난 행동을 구별하게끔 내담자를 보조하라. 화를 느끼는 것은 자연스러운 일이며 우리는 우리가 느끼는 것을 통제할 수 없겠지만 우리의 행동은 통제할 수 있다. 화를 느낀다는 것이 분노에 따라 행동하는 것을 의미하지 않는다.

조심해!

내담자가 화를 느낄 때 그들은 종종 무엇을 하는 올바른 방법이나 무엇이 어떻게 되어야 하는지와 관련한 사고와 융합된다. 수용전념치료의 관점에서 볼 때 분노는 보통 혐오스러운 사건에서 옳고/그름, 공평/불공평이라는 관계 구성과의 융합이 일어나면서 유발된다.

내담자는 상황이 어떻게 '되어야 하는지' 또는 다른 사람들이 어떻게 잘못했는지에 대해 빠르게 화를 내거나 융합될 수 있다. 이러한 상황에서 그들의 화난 감정을 알아봐 주는 것이 도움이 될 수 있겠지만 실효성 질문으로 돌아가라. "이 분노로 인해 당신이 치른 비용은 무엇인가요?", "이 분노는 무엇을 위한 것인가요?"

만성 분노로 투쟁하는 내담자의 경우 학습 역사의 맥락에서 분노를 정상화하는 것이 도움이 된다. 학습 역사의 일부 측면을 활성화하는 버튼이 눌러졌을 때 화를 내는 것이다. 당연히 그들 앞에 그 역사가 있기에 거기에 반응하는 것이다.

가르침 요점: 감정 사슬

치료의 이 시점까지 각기 다른 연습을 통해 참가자들은 자신의 감정이 어떻게 활성화되는지 알아채기 위해 반복해서 실습해 왔다. 이 가르침 요점은 감정이 어떻게 우리 행동의 연료가 되는지 보여 준다. 그리고 때때로 어떤 행동들은 다른 생각, 이미지, 기억, 그리고 감각과 함께 오는 또 다른 감정의 촉발 요인이 된다. 그러고 나서 우리는 다시 행동한다. 그리고 그 행동은 또 다른 감정의 방아쇠가 되면서 계속 이어진다. 감정-행동-감정-행동-감정-행동이라는 사슬은 계속된다.

이 가르침 요점을 설명하는 간단한 예가 있다. 슈퍼필러인 마리사는 수업에서 처음으로 자신의 글쓰기와 관련한 피드백을 받았다. 그녀는 혼란스러워서 '내가 세미콜론을 사용하는 방식이 틀렸다는 말을 들어본 적이 없다.'라고 생각했다. 그녀는 강사에게 "내가 찾아보고 이것이 맞는지 다른 사람들에게 확인하겠다."라고 말했다. 강사는 놀란 얼굴로 그녀를 바라보았고 마리사는 그 즉시 그런 식으로 강사의 피드백에 맞서는 것이 적절치 않다는 것을 깨달았다. 하지만 그녀가 이를 깨달았을 때 이미 강사는 떠나고 없었다. 마리사는 그녀에게 사과하고 만남을 요청하는 이메일을 보냈다. 마리사는 30분 동안 컴퓨터를 바라보며 기다렸으나 강사로부터 답장을 받지 못한 채 강사가 자신을 낮게 평점하는 것에 두려움을 느껴 다시 이메일을 보냈다. 마리사는 여전히 아무런 반응도 받지 못했다. 마리사는 더욱 겁이 나서 강사에게 전화를 걸어 음성 메시지를 남겼다. 세 시간쯤 지났을 때 강사는 마리사에게 돌아와서 자신이 수업하고 있었다고 설명했다. 마리사는 자기 행동에 대해 부끄러움을 느끼고 다시 한번 사과를 했다.

이 예를 공유한 후 내담자가 감정-행동-감정-행동이라는 사슬을 알아챘는지 확인하고 이 가르침 요점을 위한 활동을 진행하라.

체험적인 수용전념치료: 감정 이후 감정에 관해 배우기

이 연습은 즉흥 연극을 기반으로 하며 어리석게 보이지만 내담자가 각기 다른 방식으로 감정이 우리가 가진 사적 경험이라는 걸 배우는 데 도움이 된다. 그렇다고 걱정하지 말라. 당신이 이것을 진행하기 위해 추가로 즉흥극 수업을 들을 필요는 없다.

자원자를 요청할 때 어려운 상황을 집단과 간략하게 공유할 거라 미리 설명함으로써 참가자가 준비할 수 있도록 하라. 자원자를 구한 후 감정 스위치가 켜지는 특정 촉발 상황을 설명하고 감정-행동-감정-행동-감정-행동이라는 사슬을 기술하도록 요청하라(이 활동에서 최대 네 가지 감정 상태를 넣는 게 이상적이다). 자원자에게 각 감정에 대해 흔히 투쟁하는 생각, 감각, 가장 의지했던 행위에 관해 물어보라.

다음으로 집단 구성원 세 명을 초대하고 자원자가 겪는 감정을 각자 시연하도록 요청받을 것이라고 설명하라.

이제 한 명의 자원자와 세 명의 추가 참가자가 있고 자원자에게 자신이 투쟁하는 상황을 (말이 없이 단지 제스처로만) 시연하도록 요청한다. 그 다음 추가 참가자로서의 첫 번째 감정을 시연할 때는 생각과 감각을 큰 소리로 말하고 그 감정에 따라 행동하는 순서로 연기하도록 운을 떼라. 그 후 두 번째 감정을 시연하는 사람 또한 생각을 말하고, 몸으로 그 감정에서의 신체적 감각을 보여 주고, 그다음 그에 따른 행동을 표현한다. 세 번째 참가자는 세 번째 감정에서 같은 과정을 따르며 활성화할 때까지 계속한다.[2]

　체험적인 수용전념치료가 끝날 때마다 매번 했던 방식과 마찬가지로 참가자에게 그들이 알아챈 것을 디브리핑 하도록 요청하라. 주요 자원자에게 중요한 질문은 감정-행동-감정-행동 등의 사슬이 자신의 가치를 향한 움직임인지 반대되는 움직임인지 묻는 것이다.

　압도적인 느낌이 행동을 이끌어 고통스러운 감정과 문제 행동의 끝없는 사슬의 촉매제가 되는 방식을 알아채도록 반복해서 실습하는 것이 슈퍼필러에게 도움이 된다.

조심해!

이 활동이 우습게 보일 수 있지만 과소평가하지 말고 내담자에게 수용전념치료 기술을 가르치는 여러 방식이 있음을 기억하라. 가르치는 활동의 다양성은 학습을 강화한다. 다른 수용전념치료 책을 읽었다면 '깨끗한 고통 대 더러운 고통' 또는 '일차 고통 대 이차 고통'이라는 용어를 보았을 것이다. 모두가 같은 현상, 즉 감정-행동-감정-행동-감정의 감정 사슬을 언급하고 있다. 마지막으로 불안, 걱정, 수치심, 분노 등 어떤 감정이든 그것이 강렬할 때는 가만히 있지 못하고 우리 모두 해당 감정에 쉽게 소비될 수 있다. 다음이자 마지막 가르침 요점은 '닻 내리기'라는 고전적인 기술이다.

---

2)역주: 자원자 한 명은 말하지 않고 감정을 시연하고, 나머지 세 명은 생각과 감각을 말하면서 시연한다. 모두 합쳐서 네 가지 감정이다.

가르침 요점: 접지

집단 내 내담자에게 '너무 많이, 너무 즉시, 너무 빨리' 감정을 경험할 때 기분이 어떤지 확인하라. 몇 가지 답변을 수집한 후 강렬한 감정에 걸려들면 과도한 양의 뇌 자원이 소모되어 정신 능력을 고갈시키고 순간의 열기 속의 감정에 휘둘려 보다 취약해진다고 간략하게 설명하라. 아무것도 하지 않고 자신을 현재로 돌아오게 하고 감정과 함께 앉아있는 법을 배우는 것은 우리의 두뇌 능력에 더 효율적이며 가치 기반 행동을 선택할 수 있는 역량을 높인다.

러스 해리스는 압도적인 순간을 다루기 위해 닻 내리기 은유를 소개했는데 이는 통제 불능의 느낌일 때 슈퍼필러를 가르치는 기술로 완벽하게 적합하다(2019). 연습해 보자.

체험적인 수용전념치료: 닻 내리기

내담자에게 이 기술의 목적은 그들이 강렬한 감정에 걸려들어 그 감정이 장악하고 있을 때 현재 순간으로 되돌아오도록 돕는 것이라고 설명하라. 그 순간에 자신을 접지한다고 해서 감정이 사라지는 것은 아니지만 잠시 멈추고, 중심을 잡고, 그 순간에 정말로 중요한 것이 무엇인지 확인할 수 있는 시간을 갖게 한다. 마지막으로 이 기술은 도망치거나 압도적인 감정에서 빠르게 벗어나는 것이 아니다. 그것은 그들이 그 느낌에 걸려들 때를 알아채는 것을 배우고, 내부 경험과의 투쟁을 놓아버리고, 도전적인 순간에 스스로 자신의 가치를 실습하는 법을 배울 기회를 주는 것이다.

닻 내리기 기술을 단순히 하나의 기법으로 가르치는 것이 아니라 왜, 어떻게, 언제 사용해야 하는지 맥락화하는 것이 중요하다. 내담자에게 일어나도록 초대하고 다음과 같은 말을 하라.

고통스럽고 압도적인 감정이 나타날 때 때로는 너무 빠르고 강하게 다가와 마치 발로 차이거나 밟히거나 바닥에 쓰러질 것 같습니다. 당연히 우리는 그것에 걸려들어 느낌이 우리를 가지는 것이 아니라 우리가 해당 느낌을 가질 수 있다는 것을 잊어버립니다. 따라서 닻을 내리는 기술은 감정 기계가 완전히 작동하는 순간에 자신을 접지하는 것입니다. 실습해 봅시다. 다음 순간에는 자신을 고정하는 방법으로 발을 바닥에 최대한 세게 누르고 의도적으로 호흡을 천천히 합니다. (몇 초 동안 잠시 멈춤) 호흡의 성질을 확인하기 위해 배나 가슴에 손을 얹을 수도 있습니다.

일부 내담자의 **반응**을 수집한 후 이제 내담자가 직면한 번거로운 상황을 다루는 한 가지 기술로 닻 내리기 실습을 하겠다고 말하라. 다음은 자신의 스타일에 맞게 수정할 수 있는 이 활동의 기본 지침이다. 내담자들이 자리에서 일어서서 지난주에 감정 기계가 완전히 작동하고 있었던 도전적인 만남에 대해 잠시 생각해 보라고 요청하라. 상황을 선택한 후 내담자가 몇 분 동안 그 만남을 상상하고 이에 따르는 느낌, 감각, 가장 의지했던 행위를 알아채고 명명하도록 초대하라. 예를 들어 그들은 "나는 ~ 의 느낌을 알아채고 있다."라고 말할 수 있다. (잠시 몇 분 동안 멈춤) 부드럽게 닻을 내리도록 격려하라. 발을 바닥에 최대한 세게 누르고 호흡을 늦추고 친절하게 몸에 손을 얹고 천천히 몸의 균형을 앞뒤로 잡아 이 순간에 몰입할 수 있다. 다음으로 그들 앞에 있는 세 가지 다른 물체에 의도적으로 집중하고 계속해서 발을 누르고 호흡을 늦추는 동안 그 물체의 특성을 조용히 알아채도록 초대하라.

이 연습이 끝나면 내담자에게 자리에 앉도록 하고 피드백을 요청하라. 압도적 느낌으로 다가오는 자기 경험을 있는 그대로 접촉하는 과정을 강조하라. 의도적으로 투쟁하면서도 (감정적 **반응** 사슬을 시작하지 않으면서) 바로 여기, 바로 지금인 현재로 되돌아온다. 마지막으로 닻 내리기 연습을 할 때 호흡을 늦추고 투쟁을 인정한 후 자신의 임무는 대화하는 사람, 주변 환경, 보고, 듣고, 냄새 맡는 사물 등

외적 세계에 집중하는 것임을 내담자에게 명확히 설명하라.

조심해!

일반적으로 닻 내리기나 접지하기는 느낌을 조절하거나 변경하는 기술로 보이며 확실히 그런 틀로 소개될 수도 있다. 수용전념치료에서 접지하기는 현재 순간으로 자신을 되돌리는 *선택*으로 소개된다. 어떤 느낌을 제거하는 것이 아니라 지금 여기로 어떻게 돌아올지 선택하고 그다음 가치 기반 행동을 선택하는 것이다.

좀 더 명확하게 말하자면 수용전념치료에서 모든 것은 행동의 기능을 보는 것이다. 접지하기는 행동이며 두 가지 방식으로 사용할 수 있다. 통제 전략으로 사용할 수도 있지만 어떤 것이 일어나더라도 현재에 머물기 위해 선택하는 행동으로 사용할 수 있다. 여기서 다시 한번 말하는데 감정으로부터 도망치는 자연스러운 경향 때문에 슈퍼필러에게 이 기술을 가르칠 때 이것을 언제 어떻게 사용하는지 맥락화하는 것이 핵심이다.

마지막으로 이 가르침 요점을 검토할 때 일부 내담자는 감정적으로 압도당한다고 느낄 때 타임아웃을 시도하는 것에 대해 질문한다. 이러한 유형의 질문에 대해서는 때때로 촉발 사건으로부터 거리를 두는 것 또한 가치 기반 행동이며, 갑작스럽고 파괴적으로 촉발 상황에서 벗어나기보다 자신과 그들이 염려하는 사람을 위해 돌봄을 가지고 타임아웃을 실습하도록 권장하는 것이 도움이 된다.

모든 것을 하나로 묶기

이 회기에서 다루는 내부 기술과 외부 기술을 요약하고 내담자가 회기 사이에 실습하도록 권장하라.

내부 기술	외부 기술
(압도적인) 감정을 알아채고 명명하기	
감정 사슬 알아채기	
압도적인 감정을 느끼기로 선택하기	
닻 내리기 (접지)	
가장 의지했던 행위의 실효성 확인하기	
가치 확인하기	

　　이 치료에서 배우는 다섯 가지 핵심 수용전념치료 기술(알아채기, 명명하기, 가장 의지했던 행위의 실효성 확인하기, 가치 확인하기, 가치 기반 행위 선택하기)이 온갖 유형의 내부 경험에 어떻게 적용되는지 내담자에게 강조하는 것이 도움이 된다. 내담자는 치료 시작부터 자신의 가치를 확인하는 실습을 해왔으며 치료 전반에 걸쳐 가치를 행동으로 옮기는 다른 기술을 배우고 있다.

주간 실습

내담자에게 핵심 워크시트인 '슈퍼필러를 위한 수용전념치료 로드맵' 및 '활동하는 가치'를 전달한다.

토막 논평

이 치료의 모든 회기의 연습에는 감정의 수용이 들어있는데 감정을 단순히 알아챈다는 것이 엄청난 일이기 때문에 때때로 임상의에게 회의적인 생각이 든다. (내 학생 중 한 명이 몇 년 전에 "자신의 감정을 알아채고 아무것도 하지 않는 게 정말로 도움이 될까요?"라고 물었을 때처럼) 당신의 마음에 이러한 견해의 생각이 떠오를 때 여기에 지금까지 우리가 수용과 기꺼이 함에 관해 알고 있는 것이 있다.

조지 아이퍼트와 미셸 헤프너가 수행한 선구적인 연구인 2003년으로 거슬러 올라가 보자(Georg Eifert, Michelle Heffner, 2003). 그들은 불안에 취약한 사람들에서 수용 대 통제의 효과를 살펴보고 있었다. 이 연구에서 참가자들은 무작위로 두 집단으로 배정되어 이산화탄소 수치가 약간 높은 공기를 호흡하도록 요청받았다. 한 집단은 호흡 기술을 연습하도록 지시받았고 다른 집단은 수용 연습을 지시받았다. 두 집단의 참가자는 기본적으로 이산화탄소가 많은 공기를 호흡하고 있으며 이는 자연스럽게 비자발적이고 통제할 수 없는 불편한 생리적 감각을 불러일으키게 된다.

이 연구의 결과는 매우 흥미로웠다. 우선 모든 참가자는 공황 발작을 겪을 때와 마찬가지로 발한, 심장 박동 증가, 격한 호흡 같은 생리적 **반응**을 보고했다. 호흡 기술에 의존한 참가자의 거의 절반이 연구를 중단하고 통제력을 잃었다. 하지만 생리적 **반응**과 싸우지 않고 대신 이를 수용한 참가자들은 생리적 감각에서 두려움이 적고 그 영향에 대한 재앙적인 생각을 덜 보고했다.

수용 기반 과정을 보는 후속 연구에서는 이러한 연구에 또 다른 변수들(온갖 유형의 불편한 경험을 경험할 때 내담자에게 제시되는 틀)이 추가되었다. 예컨대 2004년 카렐라와 포사이스는 두 가지 치료법, 즉 수용전념치료로 강화된 인지행동치료와 인지행동치료 중 하나에 공황장애 진단을 받은 내담자를 무작위로 배정한 후 두 집단 간의 자연 감소율을 비교했다. 이 연구에서 모든 참가자는 내수용성 감각 노출 연습을 완료했지만 흥미롭게도 인지행동치료 집단에서는 다섯 명이 치료를 중단했으나 수용전념치료 집단은 단지 한 명만 치료를 중단했다(Karekla, Forsyth, 2004).

수년에 걸쳐 이러한 연구는 여러 번 반복되었다. 수용이라는 구성 요소는 통제 기반 반응을 보았던 이전의 모든 연구 방향과 상반되었기 때문에 처음에는 매우 도발적이었다. 하지만 요즘에는 3동향 접근 방식의 모든 문헌을 고려할 때 수용 기반 과정에 관해 이야기하는 것이 표준이다. 더 나은 삶을 살기 위해서는 더 나은 생각을 하고 더 나은 기분을 느껴야 한다는 식의 치료 근거는 시대에 뒤떨어졌다. 치료를 자신에게 중요한 것과 함께 충만하고 일관된 삶을 살아가는 것에 두는 것이 계속해서 큰 성공을 거두고 있다.

당신 마음이 '사람들이 자신의 불쾌한 경험을 받아들이기만 하면 더 나아지는 것인가?'라는 생각을 떠올릴 수 있다. 이런 일이 발생하면 그 생각을 가볍게 쥐길 바란다. 왜냐하면 연구는 계속해서 우리에게 그것을 보여 주었기 때문이다. 그리고 앞으로도 그럴 것이다.

Chapter 09

5회기 – 감정 알아차리기
Session 5 - Emotional Awareness

이 회기의 주제

축하한다! 오늘 당신은 감정 알아차리기 모듈의 마지막 회기를 가르칠 것이다.

이 회기에는 네 개의 가르침 요점만 있으므로 마지막에 그동안 모듈에서 다루었던 모든 기술을 살펴볼 여유 시간이 있다. 이전 회기가 일상의 압도적인 경험에 중점을 두었다면 이번 회기는 인간으로서 자신이 누구인지와 관련한 서사(예: '난 망가졌어.', '엉망이 됐어.', '난 어색해.', '난 망했어.', '나는 적합하지 않아.')와 함께 오면서 슈퍼필러에게 더 충격을 주고, 사기를 떨어뜨리고, 속상하게 하는 느낌에 초점을 맞춘다. 이 회기는 수치스러움을 다룬 체험 연습에서 시작해서 슈퍼필러의 파괴적인 감정이 삶의 각기 다른 시기에 어떻게 나타났는지 그려보도록 초대하는 것으로 옮겨간다. 이러한 감정에서 융합 또는 회피 반응의 반복성과 지속성을 설명하기 위해 조앤 달이 개발한 '인생 선 연습'[1]을 가져와서 체험적인 수용전

---

1)역주:『수용전념치료의 확장, 가치의 예술과 과학』(삶과지식, 2022) 6장에 소개되어 있다.

넘치료 시간에 소개한다. 마지막 가르침 요점은 분노가 어떻게 만성적인 감정 중 하나를 감추고 있는지에 초점을 맞추어 내담자가 누군가를 상처 주고 있을 때 하나의 기술로서 *분노를 벗겨내도록* 초대한다.

결국 이 회기는 슈퍼필러가 느끼는 모든 유형의 감정 경험을 있는 그대로 계속 접촉하고 자신의 삶에서 배양할 수 있는 적극적인 행동으로서의 수용 과정을 촉진하여 낭비하는 시간, 에너지, 감정 기계를 통제하려는 노력을 중단하는 데 초점을 맞춘다.

개요

1. 순간 속에 머물기 연습
2. 주간 실습 검토
3. 가르침 요점: 수치스러운 느낌
4. 가르침 요점: 분노가 만성 감정을 감출 때
5. 가르침 요점: 만성 감정 찾아내기
6. 가르침 요점: 만성 감정 그려 보기
7. 모든 것을 하나로 묶기
8. 주간 실습

자료

스카프 하나
각 참가자를 위한 메모장과 펜
빈 종이

워크시트

해당 없음

순간 속에 머물기 연습

이 연습은 스트레칭 연습이다! 지시 사항을 읽고 자유롭게 수정하여 자신의 것으로 만들라!

지시 사항: 참가자에게 두 발을 엉덩이 너비로 벌리고 무릎을 열고 나란히 일어서도록 초대한다. 숨을 완전히 들이쉬고 내쉬는 것을 의도적으로 알아채도록 한다(2분). 그런 다음 발가락을 꼼지락거리며 신발에 닿을 때 발의 감각을 알아채도록 요청하라. 계속해서 호흡에 집중하는 동안 팔을 쭉 뻗어서 천천히 천장을 향해 나란히 들어 올리도록 한다. 이 자세를 유지하면서 이 자세가 어떤 느낌인지 알아채도록 요청하라. 만약 그들 중 누군가가 이 자세를 유지하려 씨름하고 있다면 그들의 몸을 부드럽게 대하도록 초대하라. 그들의 몸을 강요하거나 압박할 필요가 없다. 내담자가 약 2분 동안 그 자세를 유지한 후 천천히 팔을 내리고 몸 옆으로 내려놓은 다음 각자의 의자로 돌아가기 전에 몇 분 동안 그 자세를 유지하도록 요청하라.

이 연습에 관해 내담자와 함께 생각해 보는 시간을 가지고 이를 수행하는 '올바른 방법' 또는 '더 나은 방법'이라는 갈고리에 낚이지 않도록 조심하라. 치료자로서 이 연습을 포함하여 모든 개별 개입에서 호기심의 본을 보이라.

주간 실습 검토

이전 회기와 똑같이 실습하라.

가르침 요점: 수치스러운 느낌

이 회기는 보통 내가 누구인지의 서사와 함께 오는 것이어서 더 고통스러울 수 있는 유형의 감정에 초점을 맞춘다. 수치스러운 느낌을 논의하면서 시작한다.

어떤 내담자는 죄책감과 수치심을 혼동하므로 이 두 가지 감정을 어떻게 이해하는지 물어보는 것부터 시작하라. 그런 다음 아래 사항을 명확히 하라.

- 죄책감은 특정 행동을 뜻하는 감정이다. 예를 들어 친구로부터 선물 받은 시계를 분실하였을 때 분실의 책임감을 느낄 수 있다.
- 수치심은 한 사람으로서 자신에 대해 가지는 감정으로 단지 행동이 아니라 자신에게 근본적으로 문제가 있는 것처럼 느끼는 것이다. 수치심을 느낄 때 마음은 재빨리 다음과 같은 꼬리표를 떠올린다. 몇 가지 예를 들자면 '*나는 망가졌다.*', '*나는 너무 이상하다.*', '*나는 어색하다.*', '*나는 감정적으로 연약하다.*' 등이다.

사회 진화를 준거 틀로 삼아 수치심을 맥락화하는 것이 도움이 된다. 다음과 같이 말할 수 있다.

불편하기는 하지만 수치심은 사실 우리 조상들이 투쟁과 어려움을 헤쳐 나가는 데 도움을 주었습니다. 집단이 서로 어떻게 행동해야 하는지를 정하는 규범을 확립하는 데에 도움을 주었기 때문입니다. 예를 들어 훔치거나, 거짓말하거나, 배신하는 행동들은 받아들여지지 않았고 그러한 행동을 보여 준 개인들은 거부당했습니다. 이는 수치심과 그 특정의 집단 안에 있는 개인으로서의 이상적인 관점과 다르게 이질감이나 분리된 감각을 촉발했습니다. 우리 대부분은 집단 내의 동료들과 비슷하지 않거나 도덕규범 또는 어떻게 되어야 한다는 기대에 미치지 못할 때 수치심이 촉발됩니다.

체험적인 수용전념치료: 수치스러운 행동의 실효성 살펴보기

수치심과 작업하기 위한 많은 연습이 있겠지만 이 회기에서 전체적으로 수치심을 우리가 경험하는 다른 감정과 마찬가지로 그 자체의 생애를 가지는 감정으로 본다.

연습은 두 부분으로 구성된다. 첫 번째 부분은 느낌으로서 수치심을 기술하는 체험 연습이고, 두 번째 부분은 내담자의 삶에서 수치심에 따른 행위의 결과를 살펴보는 집단 논의이다.

아래 지시문을 그대로 써도 되고 당신에게 적합하게 수정해도 된다.

앉거나 일어서서 편안한 자세를 찾으면서 몸은 이완합니다. 눈을 감고 천천히 알아차림을 호흡으로 가져옵니다. 숨을 들이쉬고 내쉴 때마다 당신의 모든 숨을 알아챌 수 있도록 합니다. 숨을 들이쉬고 내쉴 때마다 호흡에 집중하면서 최선을 다해 이 순간에 존재할 기회를 주십시오. 이제 당신이 너무 심하게 상처받아 다른 사람에게 그저 숨기고 싶었던 순간을 상상해 보십시오. 당신은 사라지고, 사라지고, 사라지기를 원했습니다. 그것이 너무 과하거나 너무 어렵다고 느껴지면 자신을 부드럽게 대합니다. (잠시 멈춤) 당신 내면의 목소리가 '네 잘못이야, 뭔가 문제가 있어, 넌 망가졌어.'라는 말을 하면서 자기 비판적인 생각을 떠올렸던 그 기억의 구체적인 내용을 마음속에 떠올릴 수 있는지 살펴보세요. 이 장면을 가능한 한 생생하게 마음속에 재현할 수 있는지 살펴보고 지금 순간 일어나는 것처럼 경험할 수 있도록 최선을 다합니다. 그 이미지와 동반되는 다양한 종류의 단어와 문장을 알아채고 그것이 떠오르면 그것의 이름을 '생각'이라고 부르십시오. 천천히 그리고 부드럽게 당신 관심의 초점을 당신의 생각에서 당신의 신체 감각으로 바꿔줍니다. 몸을 위에서 아래로 천천히 훑어보면서 불편함이 있거나 기억에 **반응**하는 부위를 알아챌 수 있는지 확인합니다. 생각 때와 마찬가지로 '여기 감각이 있다.'라고 하면서 나타나는 감각에 이름을 붙여줍니다. 다음으로 이 순간에 나타나는 다른 감정을 천천히 알아채기 시작하고 그 느낌으로 알아차림을 가져오십시오. 당신이 감각과 생각에서 했던 것처럼 그 느낌의 이름을 자신에게 하나씩 조용히 말합니다. 그러한 감정이 거기에 있도록 허용할 기회를 주십시오. 그것이 자신만의 공간을 갖게 해 주세요. 그것이 그렇게 존재하도록 허용합니다. 이러한 느낌에 맞서 싸우거나 제거하거나 그것으로부터 자신의 주의를 돌리고 싶은 충동(촉박감)이 있는지 알아채세요. 숨을 쉬면서 친절하게 생각, 감각, 느낌, 충동(촉박감)이 떠오르는 것을 알아채고 이름 부르기로 돌아오십시오. 수치스러운 감정을 알아챕니다. 이러한 느낌이 왔다가 사라지는 것을 보면서 한 발 뒤로 물러나는 걸 상상할 수도 있으며 이렇게 하면서 숨을 쉬는 걸 기억하십시오. 마지막으로 몇 차례 숨을 쉬고 천천히 이 방으로 돌아오겠습니다.

이 연습에서 내담자의 **반응**을 수집한 후 내담자에게 수치스러운 느낌이 있을 때 가장 흔히 하는 행동에 대해 논의하도록 요청한다. 다음으로 그러한 행동의 실효성을 확인하도록 도우라.

조심해!

매우 민감한 사람들의 세계에서 수치심이 한 번 활성화되면 그것은 일반적으로 외로움에서부터 단절에 이르기까지 여러 가지 감정을 일으키는 첫 단추가 된다. 참가자들의 몸에서 수치심이 촉발될 때 이를 알리는 개인적인 단서를 알아채도록 돕고 이를 관찰자로서 바라보도록 하는 것이 중요하다.

다른 모든 감정과 마찬가지로 수치심에도 목적이 있으며 내담자의 삶에서 수치심이 가지는 실효성은 상황과 분리될 수 없고 그 상황 안에서만 이해될 수 있다. 궁극적으로 수치심은 다른 강한 감정과 마찬가지로 우리 인류가 생존하는 데 도움이 되었다. 이를 경험한다 해서 성격이 미숙하거나 결함이 있는 것이 아니다.

하지만 수치심은 잠잠히 있는 감정일 수 있으므로 쉽게 가려지거나 분노와 혼동될 수 있다.

가르침 요점: 분노가 만성 감정을 감출 때

분노로 끓어오르는 순간 분노 뒤에는 숨겨진 고통과 상처가 있을 수 있다고 슈퍼 바이저에게 설명하라. 이 가르침 요점은 분노의 열기를 제거하고 가치 기반 행위를 위한 공간을 만들 수 있도록 분노 **반응**을 벗겨내는 것이다.

하나의 기술로 분노를 벗겨내는 것은 왜 어떤 일이 그렇게 심하게 상처를 주는 지 계속 살펴보고 만성적인 느낌과 자신의 이야기가 활성화된 게 있는지 확인하는 것이다. 너무 장황하게 말하지 말고 체험적인 수용전념치료로 이동하라.

체험적인 수용전념치료: 분노 해체하기

아래 지시문을 보고 무엇을 말하는지 이해한 후 당신의 스타일에 맞게 조정하라. 각 지침 사이에 잠시 쉬도록 하라.

1. 최근에 화가 났던 상황을 떠올려 봅니다. 장면을 가능한 한 생생하게 시각화 하고 잠시 어떤 느낌이었는지 기억해 보세요.

2. 마음속으로 화가 났던 장면에 집중하면서 상황, 자신, 이와 관련된 사람들에 대해 당신이 가졌던 생각을 알아채 봅니다.

3. 이 순간 몸의 **반응**을 관찰하고 몸에 나타나는 감각을 알아채고 몸이 가는 대 로 내버려둡니다.

4. 이에 대해 감정, 감각을 바꾸려는 유혹, 문제를 해결하려는 생각을 알아챕니 다. "생각... 감정... 감각"이라고 자신에게 말하면서 그 성분을 최선을 다해 있는 그대로 알아챕니다.

5. 다음은 스스로 다음 질문에 대답하는 것입니다. 이 상황에 대해 정말로 아픈 것이 무엇일까? 왜 그렇게 심하게 아픈 것일까? 이 질문에 대해 생각해 볼 시간을 자신에게 줍니다. 여기에 대해 당신 마음이 빠르게 반응을 내놓는다

면 의도적으로 잠시 쉬고 가볍게 잡은 상태에서 다시 확인해 봅니다.

6. 잠시 후 발견한 내용을 봅니다.

일반적으로 이 연습에서 내담자의 **반응**을 듣고 그 특정 상황에서 일어난 분노에 관해 무엇을 배웠는지 보라. 그들 중 누가 자신의 분노가 다른 상처, 즉 수치심, 불명예 또는 외로움을 위장했다는 걸 알아챘는지 확인하라. 일부 참가자는 그랬을 수도 있고 그렇지 않은 참가자도 있을 것이다. 분노가 다른 유형의 상처를 숨기고 있다는 걸 알아챈 내담자는 그 숨겨진 느낌과 연결되면서 무엇을 알아챘는지 확인하라.

내담자의 경험을 수집한 후 분노 뒤에 다른 유형의 상처가 있는지 확인하기 위해 다음 팁을 제공하라. 그들이 스스로 격양되었다는 것을 알게 되면, 즉 어떤 상황이나 사람이 자신에게 어떤 잘못을 저질렀는지에 대해 계속해서 생각하고 비난하는 사고의 목록을 만들고 있거나 자신의 주장을 증명하거나 자신을 방어하려는 강력한 촉박감을 느낀다면 이제 그 분노를 벗겨내어 그 속을 들여다볼 때이다.

조심해!

이 가르침 요점을 살펴볼 때 발생할 수 있는 두 가지 잠재적 시나리오가 있다.

첫 번째 시나리오는 일부 내담자가 이 가르침 요점을 분노 반응이 정당하지 않거나 부적절하거나 타당하지 않은 것으로 인식할 수 있다. 이 경우 이 연습은 그들의 경험이 틀리거나 부정확하다고 말하는 것이 아니라 그들이 느끼는 것이 무엇이든 실제이며 누구도 이에 반대할 수 없다는 걸 친절하지만 명확히 하는 게 중요하다. 이렇게 해결되지 않은 상처를 확인하지 않으면 관심을 잡아먹는 강력한 감정인 분노가 우리를 빠르게 낚아채 버린다. 이는 우리가 한 발 뒤로 물러나 가장 의지했던 행위의 실효성을 확인하고 우리에게 진정으로 중요한 것이 무엇인지 확인하고 행동을 선택할 수 있는 역량을 떨어뜨린다.

두 번째 시나리오는 타인을 향한 분노가 정당하다고 주장하면서 자신의 분노가 개인적으로 자신의 취약성을 숨기고 있음을 확인하지 못하는 내담자가 있을 수 있다. 그런 경우 내가 권하고 싶은 것은 내담자가 당신의 의견에 동의하도록 설득하거나 밀어붙이려는 어떠한 촉박감도 조심하라는 것이다. 대신 내담자의 투쟁을 이해하는 데 집중하고 내담자의 삶에서 그러한 분노 행동이 가지는 실효성으로 부드럽게 돌아가라. 결국 이 치료의 기준은 실효성이다!

가르침 요점: 만성 감정 찾아내기

내담자에게 이 회기의 나머지 가르침 요점은 질적으로 약간 다른 한 유형의 느낌에 초점을 맞출 거라고 설명하라. 이것은 갑작스럽고, 날카롭고, 심하게 상처 주고, 독특한 방식으로 관심을 끈다. 이러한 만성적인 느낌이 특이한 이유는 (1) 일반적으로 우리가 누구인지의 서사('나는 망가졌다.', '엉망이야.', '너무 망쳤어.', '나는 항상 혼자야.')를 동반한다. (2) 삶의 각기 다른 영역(우정, 직장 관계, 가족 관계 등)에서 촉발된다. (3) 각기 다른 인생 시기(십 대, 청년기)에 촉발되었다. (4) 참을 수 없을 만큼의 감정적 상처(수치심, 거부감 등)를 몰고 온다.

이러한 만성 감정의 성질을 살펴본 후 참가자에게 마음에 떠오르는 어떤 감정이 있는지 또는 투쟁하고 있는 '부적합' 서사의 또 다른 형태가 있는지 물어보라. 그런 다음 체험적인 수용전념치료로 이동하라.

체험적인 수용전념치료: 만성 느낌 찾아내기

이 활동의 목표는 매우 민감한 사람에게 투쟁의 원천이 되는 만성 감정과 그와 관련된 이야기를 듣는 것이다.

시작할 때 내담자에게 연습이 진행되는 동안 내용을 적을 수 있는 종이와 펜을 준비하도록 요청하라.

다음은 체험 연습을 위한 지시문이다.

자신에게 편안한 자세를 찾고 눈을 감는 게 좋으면 눈을 감으시고 그렇지 않으면 방의 한 지점에 주의를 집중하십시오. 숨을 들이쉬고 내 쉴 때를 알아채면서 천천히 호흡에 주의를 집중합니다. 당신이 한 사람으로 어떻게 비치는지 다른 사람들이 당신을 이러저러한 식으로 인식하는 것이 얼마나 두려웠는지 그리고 그 안에 당신이 누구인지의 이야기나 서사가 있어 당신이 심하게 상처받았던 순간을 마음에 떠올려 보십시오. 그 상처의 순간을 떠올리세요.

익숙한 감각과 함께 오기 때문에 그 느낌을 이미 인식할 수도 있습니다. 같은 이야기가 다양한 시간, 다양한 상황, 다양한 시나리오로 반복될 수 있습니다. 자신과 관련한 어떤 서사가 올라오나요?

잠시 이 이미지를 유지하세요. 세부 사항을 알아채고 지금 일어나고 있는 것처럼 되살려 보세요. 최선을 다해 현재에 머물러 봅니다. 개인이자 인간으로서 한 사람인 당신이 누구인지에 대해 동반된 감각과 서사를 찬찬히 시간을 가지고 들여다보십시오. 천천히 그리고 부드럽게 눈을 뜨십시오. 이미지는 마음에서 사라지도록 두고 어떤 **반응**이 있었는지 적어 보십시오. 자신에 관해 자신이 가졌던 생각, 신체 감각, 가장 의지했던 **반응go-to reactions**[2], 그리고 이 기억과 함께 온 감정을 기록합니다.

그런 다음 다시 눈을 감으십시오. 숨을 들이쉬고 내쉴 때 공기가 지나가는 감각을 알아채고 알아차림을 다시 호흡으로 가져갑니다. 그리고 당신의 감정 기계가 작동하여 똑같은 만성 느낌과 당신이 누구인지에 대한 비슷한 서사를 활성화 하는 또 다른 기억을 떠올릴 수 있는지 보십시오. 첫 번째 기억과 마찬가지로 가능한 한 명확하게 상상하고 그 기억을 유지하면서 당신이 경험하는

---

2)역주: 이 책에서 단 한 번 나오는 표현이다. 자기도 모르는 사이에 항상 즉각적인 반응을 보였다는 의미일 것 같다.

느낌, 충동(촉박감), 신체 감각을 알아채 봅니다.

그 정도에서 천천히 눈을 뜨고 당신에게 떠오른 **반응**을 적어 보세요.

마지막으로 눈을 감으세요. 나무줄기처럼 발을 바닥에 대고 천천히 한 번 더 호흡에 주의를 돌립니다. 당신이 이 순간에 있도록 허용합니다. 잠시 호흡을 유지한 다음 이 연습의 마지막 부분에서 끊임없이 반복되는 이러한 느낌을 만났던 또 다른 고통스러운 상황을 기억해 낼 수 있는지 보십시오. 다른 기억들과 마찬가지로 최선을 다해 이 이미지를 가능한 한 생생하게 마음속으로 가져와서 잠시 그 상태를 유지합니다. 부드럽게 이 이미지에 초점을 맞추면서 이 순간 피부 아래에 무엇이 나타나는지, 그리고 그것이 당신 자신에 대해 어떻게 생각하게 하는지를 보십시오.

마지막으로 당신의 **반응**을 살펴본 후 깊고 천천히 숨을 쉬면서 이 기억을 놓아주고 눈을 뜨세요. 이 마지막 부분에서 당신에게 떠오른 **반응**을 적어 보십시오.

디브리핑하는 동안 내담자가 이러한 만성적 느낌을 가질 때 감정 경험의 각기 다른 요소를 알아채고 이름 붙일 수 있게 운을 떼라.

조심해!

이 연습을 진행할 때 일부 내담자는 다음과 같이 말한다. "하지만 그것은 사실이에요, 나는 저를 …[부적합한 이야기]로 만든 일을 했습니다, 그래서 나 자신이 부끄럽습니다."라고 말한다. 그런 이야기를 듣는 일이 어렵고 내담자가 투쟁해 온 만성적인 감정과 그와 관련된 이야기를 알아봐 주는 것이 맞지만 그 이야기가 틀렸다는 것을 증명하거나 내담자에게 자신을 바라보는 다른 방식을 요구하는 것은 자제하는 것이 중요하다. 그렇지 않으면 당신과 내담자는 내용에 쉽게 걸려들 수 있으며 우리 뇌가 가지고 다니는 단어 기계에 맞서 이길 방법이 없다.

대신 내담자의 삶에서 그 이야기를 붙잡았을 때의 실효성에 초점을 맞춘다. 당신은 "그 만성적인 느낌과 이야기는 삶을 확장하나요, 삶을 제한하나요? 그것은 당신이 가져가고 싶은 삶으로 다가가는 데 도움이 됩니까?"라고 묻는다.

분명히 말하자면 나는 내담자의 과거가 중요하지 않다거나 과거에 관해 이야기하지 말아야 한다고 말하는 게 아니다. 나는 내부 경험을 고치거나 해결해야 할 어떤 것으로 보면서 통제 기반 행동을 강화하는 것을 조심하라고 제안한다.

가르침 요점: 만성 감정 그려 보기

이 가르침 요점은 내담자가 자신의 삶에서 만성 감정의 영향을 그려 보도록 돕는 것을 목표로 한다. 특정한 만성 감정 알아채기는 감정을 알아채는 첫 단계이며 그 다음 단계가 이와 관련된 행동이 가지는 실효성을 확인하는 것이고 아래에 있는 활동의 목적임을 내담자와 소통하라.

체험적인 수용전념치료: 만성 감정 그려 보기

다음 연습은 조안 달이 개발한 연습을 기반으로 한다(2009). 스카프와 메모장이 필요하다.

시작하면서 이 연습에 참여하도록 자원자를 초대하라. 그가 투쟁하고 있는 만성적인 감정에 관해 질문하고 그것이 그의 삶에 미치는 영향을 확인할 수 있도록 허락을 받아라. 자원자를 찾은 후 스카프를 바닥에 놓고 자원자에게 스카프 끝 중 하나에 서도록 초대하라. 이 사람에게 스카프가 이러한 만성적 느낌의 타임라인이라고 상상해 보도록 요청한다. 아래 지시를 따라 계속 진행하라.

1. 내담자 옆에 서서 내담자에게 스카프를 밟고 한 인간으로서 자신의 가치가 무엇인지 집단과 공유하도록 초대하라.

2. 종잇조각에 내담자의 가치를 적고 이 종이를 스카프의 반대편에 놓아 (또는 벽에 붙임) 참가자와 나머지 집단이 이를 볼 수 있도록 하라.

3. 참가자에게 어떤 만성적 느낌(버림, 외로움 또는 거부 등)이 그가 집중하고자 하는 지속적인 투쟁을 일으킨 것인지 물어보라.

4. 참가자에게 그 투쟁에서 구체적 기억을 공유하도록 요청하라.

5. 참가자에게 생각, 감정, 신체 감각, 이미지, 기억 및 이 느낌과 함께 나타나는 이야기가 나오도록 운을 떼면서 느낌을 알아채고 이름 붙이도록 요청하라.

6. 내담자에게 인생의 다양한 시기(어린 시절, 청소년 또는 어린 성인기부터 시작하여 그 느낌이 처음 나타날 때마다)에 그 느낌을 기반으로 어떤 행위를 취했는지 물어보라.

7. 내담자가 인생의 특정 시기에 있었던 특정 행동에 관해 답할 때마다 그것을 종잇조각에 적어라. 내담자에게 그 종이를 쥐게 하고 그 행위가 자신의 개인적 가치를 향한 다가가는 움직임이었는지 아니면 물러나는 움직임이었는지 확인하도록 요청하라.

8. 내담자가 그러한 행동이 개인적 가치와 일치하지 않는다고 대답하는 경우 이 종이를 스카프 옆(그 행위가 내담자를 자신의 가치에서 물러나게 하는 방식을 보여 주기 위해 스카프 위가 아니라 옆, 왼쪽 또는 오른쪽으로)에 부드럽게 두고 종이 위에 서도록 요청하라.

9. 내담자에게 다른 감정, 생각, 감각, 심지어 삶의 결과를 보도록 운을 떼면서 특정 행위와 결과를 취하는 과정에 관해 물어보라.

10. 이러한 결과를 종이 한 장 또는 여러 장에 기록하고 스카프 옆의 첫 메모 옆에 두라.

11. 내담자에게 타임라인으로 돌아가서 청소년기 또는 청년기에 있었던 기억을 회상하도록 초대하라. 성인이 될 때까지 위의 단계를 반복한다. (기본적으로 내담자의 행동이 그의 가치와 일치하지 않는 경우 스카프 측면에 종이 한 장을 놓는다. 연습이 끝나면 스카프 옆에 내담자의 삶에서 만성 감정

에 따른 행위의 영향을 설명하는 많은 종이가 있을 수 있다.)

12. 내담자의 행동이 그의 가치와 일치한다면 그 경험을 기술하도록 초대하라.

자원자에게 이러한 만성 느낌이 삶의 다양한 시기에 나타났을 때 자신의 반응에 관해 알게 된 점을 기술하도록 요청하라. 그가 그것을 처리했던 유사하거나 다른 방식이 있는가?

이 활동의 중요한 메시지는 내담자에게 모든 감정 특히 이러한 참담한 감정은 행위에서 강한 추진력과 함께 온다는 걸 다시 한번 보여 주는 것이다. 하지만 우리 삶에서 실효성을 확인하지 않고 빨리 그것에 걸려들면 (이 연습에서 가치와 일치하지 않는 경로가 보여 준 것처럼) 훨씬 더 많은 어려움을 겪게 된다.

조심해!

매우 민감한 내담자에게 자신이 투쟁하는 참담한 감정을 확인하고 자신의 삶에 미치는 영향을 알아채고 이런 어려움을 다른 사람들과 공유하도록 요청하는 게 결코 쉬운 일이 아니다. 그들의 행동 레퍼토리는 과잉 학습되고 과잉 일반화된 것이기 때문에 이런 활동을 마칠 때 때로는 내담자가 "나의 만성적인 감정을 알아챘지만, 여전히 나는 엉망이라고 믿습니다."라고 말한다.

이 같은 내담자의 언급을 들을 때 "이것은 함께 하기에 힘든 생각입니다. 아무도 이런 경험을 환영하지 않을 것입니다. 그리고 나는 그것이 상처임을 이해합니다."와 같은 말로 먼저 그 순간 내담자의 경험을 깊이 알아봐 주는 게 매우 중요하다. 모든 인간에게는 각자 자신과 관련한 고통스러운 느낌과 생각이 있으며 우리 모두에게 그것을 위한 공간을 마련하고 상처를 인정하는 것은 어려운 기술이라며 정상화한다. 마지막으로 그 생각과 관련한 내담자의 어려움을 깊이 인정하고 그것을 인간 조건의 일부분으로 정상화한 후 자신과 관련한 감정과 생각에 따라 빠르게 행동할 때 내담자의 삶에 어떤 일이 일어나는지 스스로 확인하도록 초대한다.

당신은 내담자에게 다른 답을 해줄 수 있는 단어를 찾을 수 있을 것이다. 하지만 생각이 이해되지 않는다고 주장하거나 사실인지 아닌지 논의하는 것이 아니라 오히려 그 생각이 내담자의 삶에 미치는 영향에 계속 초점을 맞추는 것이 중요하다. "그 생각과 느낌을 악착같이 꽉 붙잡으면 어떻게 될까요? 당신이 되고 싶은 사람이 되는 데 도움이 될까요?"

모든 것을 하나로 묶기

다음은 이 회기에서 다루는 기술을 요약한 것이다.

내부 기술	외부 기술
만성 감정을 알아채고 명명하기	가치 기반 행동 선택하기
가장 의지했던 행위의 실효성 확인하기	
가치 확인하기	

내담자에게 이 모듈에서 다루는 나머지 기술을 상기시켜라.

- 하나의 행동으로서 감정 느끼기를 선택하기
- 감내하기와 기꺼이 하기 구별하기
- 임시변통 알아채기
- 직감 **반응**과 진정한 감정적 지혜 구별하기
- 감정 사슬 알아채기
- 닻 내리기

내담자가 호기심과 개방성을 가지고 이 모듈에서 다루는 기술을 실습하도록 권장하라. 내담자는 효과가 있는 것과 그렇지 않은 것 그리고 다음에는 다르게 할 수 있는 것을 배우게 된다.

주간 실습

내담자에게 치료의 두 가지 핵심 워크시트를 작성하도록 운을 떼라.

개인 메시지

이 모듈의 끝에서 나는 슈퍼필러의 감정 조절을 위해 수용전념치료 기술을 가르치는 당신께 '찬사'를 전하고 싶다! 회기를 즐겁게 진행하였기를 바라며 당신이 수용전념치료로 감정 조절 문제를 소박하고 전문 용어가 없는 역동적인 방식으로 다루는 경험을 할 수 있게 되어 기쁘다.

다음 모듈은 사고 알아차리기이다. 당신은 내담자에게 엄청난 양의 탈융합을 가르치게 될 것이므로 계속해서 당신 마음에 감사할 준비를 해라!

토막 논평

아래는 만성 문제나 다중 문제를 가진 내담자에게 더 긴 치료가 필요함을 입증하는 연구 결과를 요약한 것이다.

· 이 페이지는 실수가 아니다. 가설을 증명하는 연구가 없다.

Chapter 10

모듈 – 사고[1] 알아차리기
Module - Thought Awareness

축하한다! 당신은 슈퍼필러를 위한 이 열여섯 회기의 치료에서 공식적으로 새로운 모듈인 '사고 알아차리기'를 시작하고 있다.

당신에게는 어떨지 모르겠지만 이 모듈은 수용·전념치료가 생각을 이해하는 방식이 (적어도 서구 문화에서) 우리가 수년간 받은 교육과 너무 다르기에 참가자에게 가장 논란이 많은 부분 중 하나이다.

우리 중 대부분은 우리가 느끼고 생각하는 것을 우리 마음이 어떻게 통제하는지 우리가 상황을 다르게 생각하면 그 상황을 어떻게 더 잘 처리할 수 있는지를 말하는 메시지로 사회화되어 있고 그 메시지에 푹 빠져 있다. 나도 세상이 그렇게 간단했으면 좋겠다. 하지만 실제로 우리는 마음속에 일어나는 것을 전혀 통제할 수 없다. 진실을 말하자면 우리의 마음은 끊임없는 연상 작용을 일으키는 것을 너무나 좋아하기 때문에 속임수를 쓴다.

---

1)역주: 이 책에서는 대부분 thought를 사고로 thinking을 생각(생각하기)으로 번역하였으나, 대화 내용이나 체험 지시문에서는 둘 다 생각으로 번역한 곳이 있다.

수용전념치료는 생각이 어떻게 또 다른 하나의 사적 경험일 뿐인지 가르쳐준다. 우리는 마음속에 나타나는 걸 항상 사랑할 필요는 없으며 주어진 순간에 우리에게 진정 중요한 것과 일치하는 방식으로 마음의 소음에 반응하는 법을 배울 수 있다. 이것이 바로 이 모듈의 내용이다.

이 모듈 전반에 걸쳐 나는 당신이 내담자의 마음이 떠올리는 생각의 종류를 그들과 함께 탐색할 때 이에 도전하고, 이의를 제기하고, 틀렸음을 증명하고, 대체하고, 합리화하려는 모든 촉박감에 주의를 기울이기를 권한다. 나의 좁은 소견으로 융합은 내담자와 치료자 모두에게 문제를 고치고 해결하는 반응을 유발하고 마음 내용을 더 많은 마음 내용으로 채우는 대응에 빠지기 쉽다. 이는 우리의 주의를 분산시켜 생각이 경직되는 융합이 내담자의 삶에 미치는 영향을 바라보지 못하게 한다.

다음 세 번의 회기에서는 탈융합에 대해 더 자세히 알아보겠다. 당신은 내담자가 자신의 사고와 싸우는 것을 멈추고 이를 가볍게 잡도록 가르칠 것이다. 내면 목소리 은유는 감정 기계의 또 다른 성분으로 소개된다. 사고 없는 감정이 없고 그 반대도 마찬가지이기 때문이다.

이 모듈을 시작하기 전에 마지막 말을 하자면 마음의 끊임없는 내용을 살펴볼 때 그 기준은 실효성이다!

6회기 – 사고 알아차리기
Session 6: Thought Awareness

이 회기의 주제

융합과 탈융합은 내면 목소리의 두 가지 주요 과정으로 다루어진다. 수년에 걸쳐 탈융합(탈문자화)의 다양한 특성에 대해 많은 정의가 제안되었다. 융합에 대한 가장 최근의 정의는 '인간이 가진 생각의 내용에 사로잡히는 경향성으로 인해 생각이 행동 조절의 다른 유용한 원천보다 우위를 차지하는 것'이다(Luoma, Hayes, & Walser, 2017). 탈융합은 슈퍼필러가 배워야 할 유용하고 중요한 기술이지만 이 자체가 치료의 주된 목적은 아니며 내담자의 삶에서 유연하고 가치 기반 행동을 지원하기 위한 과정임을 명심하라.

회기의 시작부터 감정 기계가 켜질 때 우리 마음이 어떻게 활성화되어 하나의 독립체가 되는지 표현하기 위해 *내면 목소리* 은유가 소개된다. 단어 기계, 내용 생성기, 팝콘 기계, 원시인 뇌 같은 마음을 일컫는 수많은 수용전념치료 은유가 있다. 하지만 참가자가 이 치료의 자료를 쉽게 기억할 수 있도록 하는 게 중요하기 때문에 이 교과 과정 전체에서 같은 은유를 사용하는 것이 좋다. 감정 기계, 감정 (다이얼 대신) 스위치 은유를 쓸 수 있고 여기서는 내면 목소리를 쓰겠다.

이 회기에서는 과거 사고, 미래 사고, 꼬리표 사고 세 가지 유형의 사고에 대해 논의할 것이다. 각 가르침 요점에서 내담자는 개인적 가치와 일치하지 않는 행동을 이끄는 사고를 알아채고, 명명하고(이 교과 과정의 핵심 수용전념치료 기술로서 지금은 사고에도 적용한다), 탈융합하는 기술을 실습한다.

꼬리표 사고를 알려주는 가르침 요점은 기술記述과 (언어의 자연스러운 속성인) 평가 간의 차이를 배울 기회를 많이 요구하므로 분량이 가장 길다. 제안을 하자면 회기의 첫 번째 시간에 처음 다섯 가지 가르침 요점(내면 목소리에서 과거 사고까지)을 살펴보고 두 번째 시간에 나머지 가르침 요점(반추, 꼬리표 사고, 미래 사고)을 검토하는 것도 괜찮을 것이다.

개요

1. 순간 속에 머물기 연습

2. 주간 실습 검토

3. 가르침 요점: 내면 목소리

4. 가르침 요점: 내면 목소리의 부드러움과 거침

5. 가르침 요점: 융합과 탈융합

6. 가르침 요점: 사고의 실효성 확인하기

7. 가르침 요점: 과거 사고

8. 가르침 요점: 반추

9. 가르침 요점: 꼬리표 사고

10. 가르침 요점: 미래 사고

11. 모든 것을 하나로 묶기

12. 주간 실습

자료

타이머

각 참가자를 위한 종이와 펜

화이트보드 또는 기타 큰 칠판

워크시트

해당 없음

순간 속에 머물기 연습

회기를 시작할 때 제안하는 지시문이다.

이 훈련을 위해 일어서서 벽에 기대시고 숨을 들이쉬고 내쉴 때 공기가 지나가는 감각을 알아챕니다. 숨을 들이쉬고 내쉴 때 가슴과 배가 오르락내리락하는 알아차림을 부드럽게 가져옵니다. 공기가 콧구멍으로 들어가 몸을 통과하고 잠시 후 빠져나가는 공기의 감각에 집중하면서 호흡의 속도를 알아채십시오. (*잠시 멈춤*)

우리의 마음은 여러 많은 것을 궁금해하기 때문에 이 순간 다양한 생각이나 이미지에 주의가 분산되는 것은 당연합니다. (*잠시 멈춤*) 이러한 생각이 왔다 갔다 할 때 최선을 다해 이를 알아채고 이미지라 해도 이를 알아챌 때마다 자신에게 '생각'이라고 조용히 말하면서 친절하게 각각에 대해 이름을 붙입니다. (*잠시 멈춤*) 거기에 대응하거나 걸려들지 않고 마치 지나가는 자동차처럼 움직이게 놓아두고, 부드럽게 주의를 호흡으로 되돌리십시오.

주의의 초점을 호흡에서 느낌으로 옮기십시오. 이 미세한 순간에 자신의 느낌을 알아챌 수 있는지 살펴봅니다. 약간의 호기심을 가지고 그 느낌이 즐거운지 불쾌한지 편안한지 불편한지 알아챕니다. 무슨 감정인지 이름 붙일 수 있나요? 그렇다면 그 감정의 이름을 자신에게 조용히 말합니다. 감정에 이름을 붙이기 힘들다면 그것에 갇힐 필요는 없습니다. 부드럽게 따라가면서 몸에서 이 감정과 함께 오는 감각을 알아차릴 수 있는지 확인합니다. 이 감각이 있는 신체 부위가 어떤 곳인지 알아챌 수 있나요? *따끔거림, 가려움*, 기타 수식어를 사용하여 이 감각을 조용히 기술합니다.

또 다른 감정이나 감각이 생기면 이전과 마찬가지로 기술하고 감정 풍경이 순간순간 어떻게 변하는지 관찰하세요. 잠시 감각과 감정이 오르락내리락하는 것을 계속 알아챕니다. 생각이 오고 갈 때마다 '생각'이라고 계속 이름 붙입니다.

이 순간 당신 몸의 자세를 있는 그대로 알아챕니다. 벽에 등을 대고 누르면서 어떤 느낌인지 알아챌 수도 있습니다. 허리를 곧게 펴고 있나요, 아니면 뻣뻣한가요? 다리가 구부러져 있나요, 아니면 똑바로 서 있나요?

마지막으로 다시 한번 호흡으로 주의를 가져와서 들숨과 날숨의 성질을 알아채고 들고 나는 매 순간의 성질을 알아챈 다음 천천히 이 훈련을 내려놓고 다시 이 순간으로 돌아오세요.

내담자가 이 활동에서 경험한 **반응**이 있으면 공유하도록 초대하고 '*이 순간에 존재하는 기술*'도 다른 기술과 마찬가지로 배우고 함양할 수 있음을 계속 강화하라.

주간 실습 검토

두 명의 자원자에게 지난주의 주간 실습인 '슈퍼필러를 위한 수용전념치료 로드맵'과 '활동하는 가치' 워크시트를 살펴보도록 요청하라. 다음 세 회기 동안 감정 기계의 또 다른 층인 '생각하기'에 집중할 것임을 내담자에게 알려라.

가르침 요점: 내면 목소리

이 가르침 요점은 마음을 일컫는 은유로서 '내면 목소리'를 소개하고 그것의 네 가지 주요 특성을 강조한다. 익숙해질 수 있게 미리 읽어 두라.

- **'위험 탐지기'로서 내면 목소리의 자연스러운 진화:** 우리 조상들은 악천후, 도전적인 영토, 야생 동물, 집단 안팎의 적 등 온갖 유형의 위협과 위험한 상

황에 노출되었음을 설명하라. 그들은 생존을 위해 무엇이 잘못된 것인지, 앞으로 무엇이 잘못될 것 같은지 파악할 수 있어야 했다. 그래서 우리 조상들은 살아남기 위해 끊임없이 내면의 목소리에 의존했다. "조심해, 네가 전에 겪었던 일과 비슷해 보여." 시간이 지남에 따라 내면 목소리는 '위험 탐지기'로 진화했으며 우리가 더는 선사 시대 조건에서 살지 않겠지만 오늘날에도 이를 계속 수행하고 있다.

예를 들어 공황 발작을 두려워하는 사람들은 몸의 어떤 변동에도 계속 주의를 기울일 수 있다. 심장이 빨리 뛰는지 뱃속에 불편한 느낌이 있는지 입안에 타액이 적은지 등에 주의를 기울인다. 당연히 감정 기계는 두려움에 초점을 맞추고 내면 목소리는 제 일을 한다. "이게 공황 발작일까? 조심해, 그때가 온 것일 수 있어!"라는 생각을 떠올린다.

- **내면 목소리의 자연스러운 보호 기능:** 우리 조상들이 끊임없이 위험에 처했기 때문에 위험 탐지기로서 내면 목소리가 모든 위협으로부터 그들을 보호하는 역할을 했다는 설명을 이어간다. 지금까지도 우리 내면의 목소리는 정확히 같은 일을 하고 있다. 상처받지 않도록 우리를 보호한다. 계속해서 공황 발작으로 고생하는 사람의 예를 살펴보면 비슷한 신체 감각이 나타날 때 불편하지 않을 수도 있겠지만 매번 마음은 이를 경험하지 않으려 한다.

- **연관성을 만드는 내면 목소리의 자연스러운 경향성:** 내면 목소리는 우리가 태어날 때부터 경험에서 배우면서 형성되고 언어를 통해 우리가 가졌던 수많은 경험을 기반으로 끊임없이 상징 관계를 확립하고 있다는 아이디어를 내담자에게 설명하라. 우리가 몇 살인지 상관없이 내면 목소리는 항상 새로운 연관성을 만들어 낸다.

참가자에게 다음 문장을 완성하라고 하면서 이런 내면 목소리의 연관성을 보여 줄 수 있다. "친구를 가까이 두어라, 그리고 ~ "에 이어서 "당신의 내면 목소리는 무엇을 말합니까?"라고 질문하라. 그러면 아마도 내담자는 "적은 더 가까이"라는 단어로 문장을 완성할 것이다.[2] 또 다른 예가 있다. " ~ 만한 곳은 없어."라고 한 후 참가자의 반응을 기다린다. 아마도 참가자는 "집"이라 말할 것이다. 이것은 우리가 학습된 연관성을 원하지 않거나 상황과 일치하지 않는 순간이라 할지라도 내면의 목소리는 우리가 마지막 숨을 쉴 때까지 이 연관성을 유지하리라는 것을 보여 준다.

- **내면 목소리의 자연스러운 지속 활동:** 마지막으로 우리가 내면 목소리에 세심한 주의를 기울이면 그 목소리가 우리 마음 한구석에서 온갖 종류의 것들에 대해 끊임없이 떠들고 있다는 것을 알게 될 것이라고 설명하라. 내면의 목소리는 휴가를 가지 않는다. 항상 비교하고, 분석하고, 평가하고, 계획하고 있겠지만 TV 화면에 나타나는 것을 통제할 수 없는 것처럼 마음속에 나타나는 것을 통제할 수 없다.

내면 목소리의 이러한 네 가지 특성을 살펴본 후 사고를 말할 때 이미지와 기억도 해당한다는 것을 명확히 하라. 그리고 나서 각 활동을 진행하라.

체험적인 수용전념치료: 내면 목소리 알아채기

내담자에게 사용할 수 있는 종이 한 장과 펜을 준비하라고 하라. 타이머를 3분으로 설정하고 다음과 같은 지시를 내린다. "다음 3분 동안 머릿속에 떠오르는 것을 적어 보세요. 이미지나 기억이 떠오르면 '(무엇의) 이미지'인지 적어 보세요. 제가 그만두라고 할 때까지 계속해 주세요."

타이머가 울리면 참가자에게 현재와 관련된 문장에 동그라미를 치라고 말한다. 연습을 마치면서 내담자가 내면 목소리의 활동을 알아챘을 때 어떤 **반응**이 있었는지 수집하고, 내면 목소리가 떠올리게 했던 내용의 종류에 관해 물어보라. 그것의

---

2) 역주: Keep your friends close, and your enemies closer. 라는 속담이다.

이상한 속성을 강조하라.

조심해!

이 가르침 요점을 살펴볼 때 한 참가자가 나에게 마음이 쉼 없이 계속되는 걸 인정하라는 요점이 무엇인지 물은 적이 있다. 집단 중 일부가 계속 반추하고 있어서 마음이 계속되는 것은 알고 있었다.

처음 나의 반응은 (당신은 다를 수 있다) 내담자가 이미 마음의 끊임없는 특성을 알아챘다는 것을 알아봐 주고 마음이 자기 일을 한 것이라고 정상화하는 것이었다. 이후 다음 가르침 요점 회기에서 반추 사고가 우리의 삶에 어떻게 영향을 미치는지 어떻게 벗어날 수 있는지 살펴볼 것이라고 설명했다.

지금쯤이면 알아차렸겠으나 연습의 특정 결과에 관해 내담자를 설득하거나 과도하게 설명할 필요가 없다. 마칠 때쯤 우리는 이를 말로가 아니라 실습과 생활로 수용전념치료 기술을 배우게 된다. 내담자의 경험, 질문, 의심, 반응을 알아봐 주는 것은 당신과 내담자를 더 발전시킬 것이다.

이어지는 회기의 다음 가르침 요점은 언어의 장단점에 초점을 맞춘다.

가르침 요점: 내면 목소리의 부드러움과 거침

이 가르침 요점의 목표는 내면 목소리가 어떤 때이든 어떤 유형의 내용으로든(단맛과 쓴 맛, 도움이 되는 것과 되지 않는 것, 그 사이 모든 것) 올 수 있으며 우리가 통제할 수 있는 것은 없다는 점을 내담자가 인식하도록 돕는 것이다.

내담자에게 내면 목소리가 때때로 부드럽고 런던 휴가 계획, 타인과 관련한 멋진 의견, 돈을 절약할 수 있는 편리한 계획, 요리할 때 맛을 혼합하기 위한 신선한 아이디어, 고속도로에서 안전 규칙을 따르거나, 우리가 아끼는 사람을 살피도록 격려하는 등 유용할 수 있다고 설명한다. 또 어떨 때는 사람들이 자신에게 어떻게 잘못했는지의 생각, 우리가 좋아하지 않는 사람에 대한 복수, 우리가 몇 살로 보이는지의 생각, 다른 사람들과 자신의 글쓰기 비교, 우리의 일이나 실수에서 자기비판, 미래의 끔찍한 자동차 사고를 예견하는 등의 목소리를 낼 수 있다. 이런 것은 내면 목소리의 거친 면의 일부 예일 뿐이다.

우리 내면의 목소리는 부드럽고 친절하며 멋진 면과 거칠고 독하고 험한 면을 모두 가질 수 있는 타고난 재능이 있다는 점을 정상화하라. 그 후 이 가르침 요점을 너무 길게 설명하지 않고 인간 마음의 위와 같은 특징을 강조하는 다음의 짧은 활동으로 넘어가라.

체험적인 수용전념치료: 내면 목소리의 부드러움, 거침 그리고 통제 환상

알림: 이 활동은 두 부분으로 구성된다. 첫째, 참가자에게 오늘 감정 기계가 켜졌을 때 가졌던 부드럽고 거친 사고, 이미지 또는 기억 중 임의로 세 가지를 기꺼이 공유할 의향이 있는지 물어보라. 간단할수록 내면 목소리가 어떠한 유형의 내용으로도 올 수 있다는 마지막 가르침을 생생하게 전할 수 있다. 이것이 다음 활동을 위한 소개이다.

두 번째 부분은 내담자에게 "노란색 메모장을 생각하지 마십시오."라는 (다른 걸 이용해도 된다) 지침을 제공한다. 그런 다음 이 지침을 들었을 때 내담자의 내면 목소리가 무엇을 했는지 확인한다. 아마도 당신이 이 문장을 말하자마자 대부분 내담자는 마음속에 노란색 메모장의 이미지를 가지고 있었을 것이다.

이 연습에서 내담자의 **반응**을 수집하면서 우리 중 누구도 내면 목소리와의 논쟁에서 이길 가능성은 거의 없다는 점을 강조하라. 내면 목소리가 거칠어질 때마다 강력한 생각이나 추론을 생각해 내더라도 연중무휴로 사고 생성 기계와 토론하게 될 것이다. 우리 내면의 목소리를 통제하는 것은 환상이며 감정 기계가 작동할 때 마음의 모든 소음을 가진 채로 우리의 개인적인 가치를 향해 행동을 취하는 게 수용전념치료와 이 치료가 추구하는 것임을 강조하라.

조심해!

마음의 힘에 대해 우리가 지금까지 받았던 모든 메시지를 고려했을 때 이 가르침 요점은 직관에 어긋나기 때문에 수용전념치료에서 사고는 좋거나 나쁘거나 건강하거나 해롭거나 아름답거나 추한 것으로 보지 않음을 내담자에게 본을 보여 주는 것이 중요하다. 우리는 사고를 우리가 가진 내면 목소리와 사적 경험의 자연스러운 산물로 간주한다.

　이 모듈의 다음 가르침 요점은 융합 및 탈융합에 초점을 둔다.

가르침 요점: 융합과 탈융합

지금쯤 내담자는 수용전념치료가 생각을 어떻게 이해하는지에 친숙해졌으므로 이번 가르침 요점에서는 융합과 탈융합을 소개한다.

　아래에서 이러한 각 과정에 대한 간략한 비학문적 설명을 읽고 이를 지침으로 내담자와 논의할 수 있다.

　　융합: 내면 목소리를 100% 확실하게 믿거나 그것이 우리에게 하라고 하는 걸 그대로 할 때 내면 목소리에 걸려들거나, 융합되거나, 잡히거나, 갇혀 있다고 말한다. 우리 모두 내면 목소리에서 나오는 각기 다른 유형의 내용과 융합되겠지만 특히 감정 기계가 켜져 있을 때 걸려들면 끝없는 재앙을 겪게 된다. 감정 스위치가 켜지면 슈퍼필러는 내면 목소리에 의해 생성된 내용과 쉽고 빠르게 융합될 수 있다. 그들이 뭔가를 느낄 때 내면 목소리는 '그것이 유일한 진실이야.'라고 말하면서 순간의 감정에 따라 신속하게 행동할 수 있다.

　　탈융합: 탈융합은 그러한 사고, 기억, 이미지 또는 일련의 단어가 무엇인지에 관해 알아챔을 배우는 것이다. 그것은 해결하기, 대체하기, 도전하기, 반론하기, 부정하기를 할 필요가 없는 그저 내면 목소리의 내용일 뿐이다. 치료 전반에 걸쳐

탈융합을 언급할 때 풀기, 탈착 또는 분리[3] 같은 단어로 바꾸어 사용할 수 있다.

조심해!

전부는 아니더라도 나와 함께 작업한 내담자 대부분은 긍정적 사고의 힘을 믿거나 마음이 기분을 이긴다고 배우고 들었거나 이런 틀에서 치료받았으며(2동향 인지행동치료) 그리고 불편한 사고를 지닐 때 이것이 틀렸다는 것을 증명하고 이를 중화하기 위해 긍정적 생각을 떠올리고 인스타그램에서 기분 좋은 인용문을 읽거나 심지어 거울에 비친 자신을 보고 긍정적인 말을 해야 한다고 알고 있었다.

만약 내담자가 융합의 한 형태로 긍정적으로 생각하기의 힘을 주장한다면 나는 "당신과 나를 포함한 모든 사람이 받은 온 메시지를 고려할 때 이 모든 게 말이 되지 않는다는 걸 이해합니다. 지금 잠시 만약 당신과 제가 이 대화에서 한발 물러난다면, 그리고 만일 당신이 인스타그램 메시지를 읽지 않거나 긍정적인 생각을 하지 않는다면 당신에게 어떤 일이 있을지 직접 확인해 보도록 초대합니다. 어떻게 될 것 같습니까?"라고 하면서 행동의 기능에 초점을 맞추는 반응을 제안한다. 이 질문에 답하는 내담자는 행동의 기능과 접촉하도록 초대된 것이고 일부 내담자들에게 긍정적 진술을 찾는 것은 회피의 한 형태일 수 있다(물론 모든 사람에게 해당하는 것은 아니다).

가르침 요점: 사고의 실효성 확인하기

감정 알아차리기 모듈에서 해오던 것처럼 이 회기에서는 계속해서 실효성 질문으로 돌아간다. 다시 한번 분명히 언급하지만 사고의 실효성은 우리의 사고가 사실인지 아닌지를 확인하는 것이 아니라 행동을 취하는 것이 우리를 개인적 가치에

---

3)풀기(unhooking), 탈착(detaching), 분리(separating)

더 다가가게 하는지 물러나게 하는지를 확인하는 것이다.

내담자에게 지난 모듈에서 자신의 감정을 기반으로 행동의 실효성을 확인하는 방법을 배웠으며 이제는 일상생활에서 나타나는 사고, 이미지 및 기억에서도 (특히 감정 스위치가 켜져 있을 때) 같은 기술이 적용될 것임을 상기시켜라.

내담자에게 실효성 여부를 확인하지 않고 내면 목소리가 지시하는 그대로 수행한다고 상상해 보라고 말함으로써 이 기술의 중요성을 강조할 수 있다. 우리 내면의 목소리가 날씨가 좋다고 말한다 해서 업무 수행 중에 하와이로 휴가를 갈 것인가? 아주 좋은 음악 기기를 말한다 해서 그것에 수천 달러를 쓸 것인가? 2~3분 동안 내담자의 반응을 논의한 후 체험적인 수용전념치료 활동으로 넘어간다.

체험적인 수용전념치료: 사고의 실효성 확인하기

이 활동은 내면 목소리에서 나오는 마음의 소음과 융합될 때의 결과를 논의하는 것이 목표이고 두 부분으로 구성된다.

첫 번째 부분

화이트보드 가운데에 수직선을 그린 다음 참가자에게 내면 목소리와 융합되는 것의 장단점을 제시하도록 요청하라. 왼쪽에는 장점을 적고 오른쪽에는 단점을 적는다. 그런 다음 참가자와 함께 그들이 알아챈 것을 확인하라. 이 연습은 간단해 보일지 모르지만 사고는 우리 행동의 작은 독재자가 아니라 우리가 가진 사적 경험으로서 이를 관찰하고 연구하고 검토하는 법을 배울 수 있음을 강조하라.

두 번째 부분

내담자가 지난주에 직면한 문제 상황, 그들이 투쟁한 사고, 이와 관련된 행동, 그들의 행동이 가치로 다가가는 움직임인지 물러나는 움직임인지에 관해 생각하도록 운을 떼라.

조심해!

때때로 이 연습을 할 때 내담자는 행동의 단기 결과에만 집중할 수 있으므로 장기적 영향도 살펴보는 것이 중요하다.

회기의 이 지점까지 당신은 내담자에게 수용전념치료가 사고에 접근하는 방식에 있어 훌륭한 토대를 제공했다. 이제 내담자에게 삶에서 경직되고 협소하며 경직된 행동을 이끄는 특정 내용에서 탈융합 과정을 소개할 때이다. 이 모듈은 여러 가지 연습을 즉시 가르치는 대신 아주 기본적인 탈융합 연습으로 시작한다는 것을 알 수 있다. 왜 그런지 궁금하고 당신이 알고 있는 모든 멋진 탈융합 연습을 가르치고 싶은 촉박감을 가질 수 있으므로 이 모듈의 속도와 관련한 이론적 근거를 말하겠다. 슈퍼필러는 이미 고통스럽고 불편하며 압도적인 사적인 내부 경험을 마주할 때마다 문제 해결 및 임시변통 방식으로 들어가는 전문가이므로 탈융합을 또 다른 통제 전략으로 쉽게 사용할 수 있다. (그렇다, 모든 것이 역효과를 낼 수 있다. 탈융합 또한 그러하다!) 명확히 하자면 나는 수용전념치료가 제공하는 모든 유용한 탈융합 기술을 내담자가 배워서는 안 된다고 말하는 것은 아니지만 학습 맥락 없이 이를 가르치는 것에 대해 주의하라고 말하고 싶다.

가르침 요점: 과거 사고

내담자에게 이 가르침 요점을 간단히 소개하는 방식은 다음과 같다. "우리는 내면 목소리가 어떻게 이미지 또는 기억과 온갖 유형의 마음 소음 같은 여러 유형의 사고를 내놓는지 논의했습니다. 다음 가르침 요점은 그중 일부에 초점을 맞출 것입니다. 우리가 논의할 첫 번째 유형의 사고는 과거 사고입니다. 아시다시피 우리 조상은 생존을 위해 포식자, 적 또는 날씨에 무엇이 잘못되었는지 추적해야 했습니다. 따라서 진화적으로 말하자면 우리 내면의 목소리는 비록 우리가 원시 시대에 살고 있지 않더라도 보호하려는 속성으로 인해 계속해서 과거로 돌아가도록 연결되어 있습니다. 이제 그러한 과거 사고가 당신의 삶을 (특히 감정 기계가 켜질 때) 어떻게 확장하거나 좁히는지 살펴보겠습니다."

다음 체험 연습은 내담자가 내면 목소리의 내용을 알아채고 명명함으로써 탈융합하도록 가르친다.

체험적인 수용전념치료: 과거 사고를 알아채고 명명하기
───────

시작하기 전에 다음 지침을 읽어라.

편안한 자세로 앉아 타이머를 3분으로 설정합니다. 앉아있는 동안 현재, 미래 또는 과거와 관련된 생각이 있는지 알아채면서 마음속에서 일어나는 일에 주의를 기울입니다. 과거의 생각, 기억, 이미지가 있다면 '과거'로 이름을 붙이고 테이블이나 자신의 다리 중 하나를 가볍게 두드립니다. 이것은 매우 어리석어 보이는 연습처럼 보일지 모르지만 잠시 당신의 마음이 무엇을 하는지 지켜봅시다. 당신의 임무는 알아채는 것입니다. (잠시 멈춤) 다음 몇 분 동안 마음속에 나타나는 모든 과거의 생각, 기억, 이미지에 명칭을 붙이기 위해 최선을 다하십시오... 그리고 마음이 방황하기 시작한다는 것을 알아채면 최선을 다해 그것을 관찰하고 떠오르는 과거의 생각, 이미지 또는 기억에 주의를 기울이십시오. (약 3분 동안 이 연습을 계속한다)

타이머가 꺼지면 내담자에게 이 연습에서 느낀 경험을 물어본다. 자연스럽게 애쓰지 않아도 내면의 목소리는 온갖 유형의 내용을 떠올린다는 것과 이 연습은 의도적으로 과거의 생각에 주의를 기울이는 것을 목표로 한다는 점을 강조하라.

조심해!

때때로 내담자는 과거에 초점을 맞추는 것에 어떤 이점이 있는지 묻는다. 우리 내면의 목소리가 우리가 떠났던 여행, 만난 사람들, 첫 키스, 가족의 추억 등을 회상할 때가 있으며 그것은 모두 그것이 일어나는 맥락에 달려있다는 점을 분명히 하는 게 도움이 된다. 예를 들어 일요일 아침에 차를 마시고 편안함을 느끼고 전날 보았던 영화를 회상하는 것이 가치와 일치하지 않는 행동을 이끌지는 않는다. 하지만 우리 내면의 목소리가 과거에 계속해서 머물기 시작하고 그것이 우리의 가치에 다가가는지 물러나는지 확인하지 않고 즉각적으로 행동할 때도 있다. 다음에 나오는 가르침 요점은 특히 이러한 유형의 생각인 '반추'이다.

가르침 요점: 반추

과거 사고에 걸려드는 것이 본질에서 잘못된 것은 아니지만 반추에서 볼 수 있듯이 과거 경험을 이해하거나 과거로부터 배우는 것과 과거에 머무는 것과는 차이가 있음을 참가자에게 명확히 하라. 내면 목소리는 (1) 과거를 반복적으로 처리하기 (일어난 상황, 말했던 것, 저지른 실수에 대해 계속해서 되짚기) (2) 해결할 수 없는 것을 해결하려 노력하기 (예를 들어 우리가 아끼는 사람이 세상을 떠났을 때 '조심하라는 그녀의 말을 난 결코 잊지 못해,') (3) 죄책감에 근거한 진술에 머물기 ('그녀를 즉시 병원에 데려갔다면 심장 마비를 일으키지 않았을 텐데.') 같은 과거와 관련된 온갖 유형의 문제 해결 사고를 떠올리게 한다.

다음 체험적인 수용전념치료 활동은 반추 사고로부터 탈융합을 실습하도록 돕는 것을 목표로 한다.

체험적인 수용전념치료: 반추 사고로부터 탈융합

내담자에게 가능한 한 편안하게 앉도록 요청한 후 다음 지침을 제공하라.

이 연습을 하는 동안 눈을 뜰 수도 감을 수도 있습니다. 짧은 연습입니다. 당신을 화나게 한 대화, 최근 받은 비싼 전기 요금 청구서, 상사에게 들은 (열 받는) 평가와 같이 당신이 되풀이해서 생각하는 과거 상황을 떠올리십시오.

과거 사건에서 기억이 나면 잠시 이를 잡고 있으세요... (잠시 멈춤) 그리고 당신이 기억을 잡을 때 어떻게 느끼는지 알아챕니다... 그리고 당신 내면의 목소리가 무엇을 떠올리는지 알아채십시오... 가능하다면 기억과 관련된 생각을 '과거 사고'로 명명하세요, 그리고 이것을 명명한 후 이들 각각이 마치 공중에 떠 있는 것처럼 당신을 지나쳐 날아간다고 상상해 보세요. 그것이 당신 앞을 오갑니다. 과거로부터 온 사고가 어떻게 생겼는지 알아챌 수 있는지 보세요... 모양, 글꼴, 크기, 색상 그리고 시선에서 벗어날 때까지 왼쪽에서 오른쪽으로 어떻게 이동하는지 알아채 보세요. (내담자가 탈융합을 연습할 수 있도록 2분 동안 잠시 멈춤)

끝내기 전에 나는 당신이 과거의 이미지를 놓아두고 당신의 호흡에 집중하여 자신을 이 순간으로 되돌아오게 최선을 다하도록 초대합니다. 원한다면 잠시 발가락을 꼼지락거릴 수 있습니다. (잠시 멈춤)

이 연습 후의 피드백을 내담자와 확인할 때 그들이 방금 이 치료의 전통적인 핵심 내부 기술인 알아채기, 명명하기와 새롭고 멋진 탈융합 기술, 즉 반추 사고가 있을 때 아무것도(당연히 아무 행동도) 하지 않고 과거 사고로부터 탈융합하는 기술을 실습했음을 분명히 하라.

회기를 더 진행하여 일상에서 탈융합에 접근하도록 안내하기 전에 주제를 포착하는 이름을 선택함으로써 과거 사고에 이름을 붙이도록 격려하라. 진지하고 엄격한 과학적 명칭일 필요는 없다. '이별 생각', '마우이 여행 생각', '강도 생각' 같은 이름은 훌륭한 선택이다. 물론 내담자가 '과거 사고'라고 부르는 것을 선호한다면 이것도 완전히 괜찮다.

조심해!

이것은 치료에서 가장 긴 '조심해' 단락이므로 하품하지 않기를 바란다. 이 치료를 촉진하려 할 때 다음 상황 중 일부가 발생할 수 있으므로 건너뛰지 말라.

1. 과정 기반 대 내용 기반 반응: 내담자가 반추를 다루고 있을 때 어떤 치료자는 "그 생각이 맞는다면 어떤 일이 일어날까요?", "이 상황을 바라볼 수 있는 다른 방식이 있을까요?" 같은 질문을 함으로써 본인 스스로 반추 사고의 내용에 걸려들기 쉽다. 이런 질문은 반추와의 융합을 강화하므로 내담자에게 당신이 무엇의 본을 보이는지 주의하라! 물론 초진 접수를 하거나 내담자의 힘든 상황을 이해하려는 경우 내담자에게 과거 상황을 기술하도록 요청하는 게 맞겠지만 이것은 과정 기반 질문 요청하기 원칙의 예외에 속한다.

   내담자의 반추 사고에서 이상적인 반응은 다음과 같다. "당신이 그 생각을 할 때 어떤 일이 일어나나요? 그 생각이 시작되었을 때 당신은 무엇을 하고 있었나요? 그리고 그 후에는 무엇이 일어났나요?" 이런 질문들은 반추의 맥락, 즉 선행 사건과 결과에 초점을 맞춘다. 때때로 임상의는 '기능 기반 개입이 공감적이지 않고 내담자를 무시한다.' 같은 생각에 걸려든다. 나는 특히 행동학적 접근을 훈련받지 않은 임상의에게 이러한 유형의 융합이 있다는 것을 알아챘다. 당신에게 냉담한 치료자가 되라고 제안하는 것이 아니라 반추가 저하된 기분, 불안 및 분노를 악화시키는 과정에 집중하라는 것이다. 수용전념치료와 일치하는 반응은 돌보면서도 특정 과정의 기능을 살피는 것이다.

2. 내담자에게 외상의 과거력이 있는 경우 반추 사고로부터 탈융합: 참가자에게 외상 병력이 있는 경우 과거로부터 탈융합을 실습하는 게 그들이 겪은 일을 수인하지 않거나 최소화하려는 것이 아니라 그러한 *과거 기억이 자신의 행동을 잡아채고 지배하도록 하지 않고 그 과거 기억을 더 잘 가질 수 있도록 배우는 것*임을 명확히 하는 것이 중요하다. 가능한 경우 내담자가 "나는 x에 관한 기억을 가지고 있다."라고 말하게 함으로써 그러한 외상 기반 연합으로부터 탈융합하는 연습을 시작하도록 초대하라. 또한 내담자가 과거 이야기를 공유하는 경우 먼저 이러한 외상 기반 기억을 가진 내담자의 투쟁을 알아봐 준 후 다음과 같이 질문함으로써 과정 기반 개입으로 돌아갈 수 있다. "그런 생각/이미지/기억이 생기면 무엇이 발생하나요? 당신은 무엇을 하나요? 그 결과는 무엇입니까? 언제 그런 생각을 가집니까?"

   아주 명확히 하자면 이것은 외상 그 자체의 치료는 아니다. 누군가에게 완전한 외상의 증상이 있다면 수용전념치료와 일치된 노출치료가 추천된다(행동 조절 장 참조). 외상 병력을 가진 내담자가 감정을 다룰 때 감정의 스위치를 경험할 수 있으므로 이 치료는 확실히 도움이 될 수 있다. 하지만 외상후스트레스장애 증상은 다루지 않는다.

3. 과거 사고와 '그것을 잊고 싶다.': 때때로 내담자들은 외상의 역사를 가지지 않을지라도 불편한 과거 경험을 미묘하게 회피하면서 "이전에 일어난 일에 관해 생각하고 싶지 않아요. 그냥 잊어버리고 그런 일이 없었던 척하고 싶어요."라고 말한다. 이런 반응이나 그 비슷한 말을 듣는다면 먼저 내담자의 투쟁을 알아봐 주고 그다음 내담자가 잊으려는 시도의 실효성으로 돌아가는 게 좋다. ("이해되네요. 제가 당신이라도 아마 똑같이 하고 싶겠지만 그 시도가 실제 효과가 있습니까? 내면 목소리가 떠올리는 것을 제어할 수 있는 장치가 정말로 있습니까? 잊으려고 노력하는 것이 실제로는 어떻게 작동하였나요?")

4. 과거 사고와 자기 자비 기반 반응: 내담자가 과거 사고와 융합되어 있고 탈

융합 연습에 참여하는 것이 도전적이라면 이에 반응하는 또 다른 방법은 그들에게 "내면 목소리가 떠올리는 과거의 생각을 통제할 수 없다면 그 생각과 친절한 관계를 맺기 위해 무엇을 할 필요가 있을까요?"라고 요청할 수 있다. "당신의 내면 목소리는 과거의 온갖 기억을 불러냄으로써 당신이 다시 상처받지 않도록 보호하는 역할을 할 뿐입니다. 그게 자기 일입니다. 그런데 만약 당신이 거기에 걸려들게 된다면 오늘 당신의 삶에서 얻을 수 있는 보상은 무엇입니까?"라고 추가할 수도 있다.

위의 내용은 과거 사고로부터의 탈융합을 가르칠 때 접하게 되는 가장 흔한 하나의 시나리오이다. 도움이 되었기를 바란다!

가르침 요점: 꼬리표 사고

우리 내면의 목소리는 피부 아래에서와 외부에서 일어나는 모든 일에 싸구려, 바보, 고급스러운, 추악한, 매력적인, 나쁜, 똑똑한, 어리석은 등으로 꼬리표를 달고, 붙이고, 분류하고, 평가하고, 판단한다는 것을 강조하라. 수용전념치료에서는 이러한 유형의 생각을 '꼬리표 사고'라고 부른다. 너무 장황하게 말하지 말고 탈융합 활동으로 넘어가라.

체험적인 수용전념치료: 꼬리표 사고 알아채기 및 명명하기

이 탈융합 실습은 세 부분으로 구성된다. 첫 번째와 두 번째 부분은 내면 목소리가 자발적으로 꼬리표를 만드는 방법을 시연하는 것을 목표로 한다. 세 번째 부분은 꼬리표 사고로부터 탈융합을 실습한다.

먼저 참가자에게 종이와 펜을 사용할 수 있도록 준비시켜라. 그들에게 당신이 몇 문장을 말하면 어떤 것이든 내면 목소리에 나타나는 것을 가지고 문장을 완성하라고 한다. 다음 문장을 읽는다.

- [당신의 친구 이름]와의 우정은...
- 내 발 모양이...
- 내가 마지막으로 읽은 책이나 잡지는...
- 이 집단은...
- 내 차는...

내담자는 내면 목소리에 의해 빠르게 생성된 꼬리표 단어가 있을 것이다. 그렇다면 이 과정은 이미 예상되는 과정으로 정상화하고 감정 기계가 켜지면 내면 목소리가 온갖 유형의 꼬리표 사고를 떠올릴 가능성이 크다는 점을 강조하라.

두 번째 부분에서는 내담자에게 짝을 짓게 한 후 방에 있는 대상을 개별적으로 선택하고 가능한 많은 모든 유형의 꼬리표를 사용하여 파트너에게 기술하도록 요청하라. 그런 다음 내담자에게 2~3분 동안 역할을 전환하도록 하라. 내담자에게 이 꼬리표 활동에서 모든 **반응**을 모으고 이것이 내면의 자연스러운 활동임을 다시 한번 강조하라.

마지막으로 짝을 이룬 내담자에게 다른 사람과 관련된 약간 속상한 상황을 개별적으로 선택하도록 요청하라. 사건을 선택할 수 있는 몇 분의 시간을 준 후 각 내담자에게 속상한 상황이나 사람의 행동을 가능한 한 많은 꼬리표를 사용하여 기술하도록 초대하라. 각 참가자가 서로의 속상한 상황을 공유한 후 다음과 같은 지침을 제공하라. "이번에는 같은 속상한 사건을 공유하되 단지 행동을 기술합니다. 꼬리표를 사용하고 싶은 충동(촉박감)을 알아채고, 상황이나 사람의 행동을 있는 그대로 기술합니다." 그다음 약 5분간 두 사람이 역할을 바꾸어 진행할 시간을 주라.

꼬리표와 융합되는 것과 행동 및 상황을 기술하는 것의 차이를 강조하라. 꼬리표와 융합되는 것은 특히 감정 기계가 켜져 있을 때 그 순간 감정 기계가 지시하는 것을 해야 할 것 같은 강한 촉박감이 있고 이후 자신의 행동을 후회하기 때문이다.

내담자가 명명하기 기술에서 다양한 이름을 활용하도록 격려해 주라. 모든 이름이 유효하며 '텔레노벨라'와 같은 어색한 이름도 사용할 수 있다.

조심해!

필요한 경우 알아채기 기술이 '행동이나 상황 기술하기'에도 사용된다는 것을 분명히 하라. 지금까지 명명하기 및 알아채기는 사적인 내부 경험을 언급하는 데 사용되었으나 외부 상황을 기술하는 데에도 사용할 수 있다. (이것은 내담자가 다른 사람의 행동을 알아채고 명명하기를 실습하는 대인 관계 모듈에서 자세히 다룰 것이다)

가르침 요점: 미래 사고

내면 목소리는 때때로 날씨 채널처럼 미래를 예측하고 무엇이 잘못될까 생각을 떠올린다고 설명하라. 원시인의 뇌는 생존을 위해 잠재적으로 위험한 상황을 예측해야 했기 때문에 이것이 또 다른 뇌의 보호 반응임을 상기시켜라. 이는 또한 두려움과 불안의 차이에 관해 감정 알아차리기 모듈에서 배운 것을 내담자에게 상기시키는 순간이 될 수 있다. 두려움은 현재 감정이고 불안은 미래 감정이다.

참가자에게 미래를 생각하지 말거나 부정적인 결과를 걱정하지 말라고 제안하는 것이 아니라는 것을 설명하라. 새 직장을 시작할 때 거주지를 변경할 때 은퇴를 계획할 때는 미래 상황의 사고와 융합되는 것이 때때로 필요하고 효과적이라는 점을 명확히 하라. 하지만 감정이 고조될 때 내면 목소리가 좁고 경직된 방식으로 떠올리는 미래 시나리오에 걸려들거나 빠져드는 것은 다른 얘기이다(거절의 두려움이 있는 사람이 '*사람들은 나를 항상 거부할 거야.*', '*그들은 결코 나를 이해하지 못할 거야.*' 같은 사고에 걸려들 수 있다).

체험적인 수용전념치료: 실효성 없는 미래 사고로부터 탈융합

내담자에게 미래의 상황과 이와 관련된 걱정, 불안, 불편, 우려를 생각해 보도록 요청하라. 이런 이미지를 붙잡고 있는 동안 내면 목소리가 떠올리는 각기 다른 유형의 사고를 약 2분 정도 지켜보게 하라. 이후 다음 단계를 따르라고 요청하라.

1. 미래의 사고에 이름을 붙여라: 모든 이름은 유효하다. 내담자가 사고를 인식하는 데 도움이 된다면 격식을 갖추어도 좋고 어색한 것이어도 좋다(예: '재앙 예측씨' '부정 결과 이야기' 또는 '불운을 부르는 이야기').
2. 뉴스 채널의 리포터라서 마치 뉴스처럼 미래 사고를 안내하도록 요청받는다고 상상하라. 각 내담자가 자신 뉴스의 (즉 미래 사고의) 이름을 집단에 알리고 내면 목소리가 떠올린 뉴스 이야기를 공유하도록 초대하라.
예를 들면 "제 뉴스의 제목은 '아무도 이 소설을 읽지 않는다.'이고 구체적인 내용은 다음과 같습니다. 9년 3개월 2일간 작업했던 이 소설은 그래픽 디자이너의 조리대 위에서 노트북의 받침대 역할로 끝이 납니다."와 같다.

슈퍼필러에게 내면 목소리가 언제 예측 사고를 내느라 바쁜지 알아채는 기술이 있다면 분석 마비 또는 비효율적인 문제 해결에 빠지지 않고 현재로 돌아오는 데 도움이 된다는 점을 강조하라.

마지막으로 내담자에게 탈융합 기술이 감정 기계와 어떻게 관련되어 있는지 그리고 일상생활에 얼마나 유용한 기술인지 다음처럼 설명하라. "감정 기계와 그것에 특화된 장치인 내면 목소리는 쉬지 않고 내용을 만들어냅니다. 그리고 다른 사람들과 마찬가지로 슈퍼필러는 그 사고에 빠르게 걸려들 수 있습니다. 눈 깜짝할 사이에 그렇게 됩니다. 이러한 느낌, 감각, 기억, 생각 같은 사적 경험을 알아채고 명명하기를 배우는 게 어리석지 않으며 오히려 한발 물러서서 중요한 것을 확인하고 감정 기계가 당신을 위해 선택하는 대신 당신이 당신의 반응을 선택하게 합니다."

조심해!

일부 참가자가 묻는 잠재적인 질문은 "문제 해결법과 미래 사고에 걸려드는 것의 차이점은 무엇입니까?"이다. 다음은 고려할 만한 짧은 답변이다. "상황에 대비하는 것과 온갖 부정적인 결과를 막으려는 여러 유형의 사고때문에 분석 마비 상태에 빠져 일어날 수 있는 모든 부정적 시나리오를 예상하는 거 사이에는 상당한 차이가 있습니다."

모든 것을 하나로 묶기

회기를 마칠 때 이 모듈이 사고 알아차리기에 초점을 두고 있더라도 이전 모듈에서 배운 알아채기, 명명하기, 실효성 확인하기, 가치 확인하기, 가치 기반 행동 선택하기 기술은 모든 유형의 사적 경험에 적용된다는 점을 분명히 하라. 이러한 핵심 수용전념치료 기술은 이 치료의 접착제이며 모든 모듈의 내용을 연결한다.

다음은 이 회기의 기술을 요약한 것이다.

내부 기술	외부 기술
과거, 미래 및 꼬리표 사고 알아채고 명명하기	가치 기반 행동 선택하기
과거, 미래 및 꼬리표 사고로부터 탈융합	
과거, 미래 및 꼬리표 사고의 실효성 확인하기	
가치 확인하기	
가장 의지했던 행위의 실효성 확인하기	

주간 실습

슈퍼필러 내담자가 두 가지 핵심 워크시트를 완수하도록 매우 격려하라.

토막 논평

나는 수용전념치료 모델을 보는 약간의 연구 배경과 이 모델이 사고, 인지, 생각하기에 있어 다른 모델과 무엇이 다른지 공유하고 싶다.

1996년 중등도에서 중증까지의 우울증이 있는 내담자를 대상으로 인지행동치료(인지 재구조화 및 행동 활성화를 포함한 인지행동치료), 행동 활성화 단독, 약물치료를 비교한 연구에서 행동 활성화 단독만으로도 인지행동치료 전체 패키지와 동등한 결과를 얻을 수 있음을 보여 주었다(Jacobson et al., 1996). 이후의 연구에서 세 가지 접근법 모두 긍정적인 치료 결과를 보이지만 행동 활성화는 약물 치료만큼 효과적이며 두 치료 모두 인지행동치료 전체 패키지보다 우수하다는 것을 확인했다(Coffman, Martell, Dimidjian, Gallop, & Hollon, 2007; Dimidjian et al., 2006).

이 연구는 연구자들이 인지행동치료의 효능에 의문을 제기하게 한 점에서 엄청나게 중요한 의미를 지닌다. 인지행동치료의 효과가 없어서가 아니라 어떤 개입이 변화를 주도했는지 몰랐기 때문이다. 또는 변화의 매개자나 메커니즘을 알지 못했다. 그 시점까지 인지행동치료는 전체 패키지로 시험 되었으며 사전, 사후 및 추후 관찰 자료만을 살펴보고 있었다.

웬젤은 사고의 변화가 치료 결과를 가져오지 않는다는 생각을 뒷받침하는 인지 재구조화를 고찰한 연구 결과를 계속 요약하고 있다(Wenzel, 2017). 그는 다음과 같은 판단 근거를 확인했다. (a) 증상의 변화는 매개 요인의 변화 이전에 발생했다(Stice, Rohde, Gau, & Wade, 2010). (b) 문제가 있는 인지의 변화는 결과를 예측하지 못했다. (c) 문제가 있는 인지의 변화는 비인지행동치료에서도 똑같았다.

　이 토막 논평에서 남겨야 할 메시지는 이것이다. 1996년 연구와 다른 많은 연구는 생각의 변화(내용 기반 개입)가 반드시 변화의 메커니즘은 아니라는 것을 보여 주었다.

Chapter 11

7회기 – 사고 알아차리기
Session 7 - Thought Awareness

이 회기의 주제

이 회기는 내면 목소리가 제시하는 지배, 이유 대기, 대인 관계 규칙 같은 또 다른 유형의 사고에 초점을 맞춘다. 일반적으로 보면 감정 조절 문제로 어려움을 겪고 있는 내담자 대부분은 규칙과 융합되어 있고 보통 "이게 이런 식입니다. 그건 원래 그런 겁니다."라는 등의 주장 때문에 이를 깨닫지 못한다. 규칙과 높은 수준의 융합은 규칙 지배 행동을 촉진하고 행동 조절 기술의 사용을 낮추며 만성적으로 실효성 없는 행동을 조성한다. 수용전념치료 공동 설립자 중 한 명인 커크 스트로살의 말에 따르면 이러한 실효성 없는 행동은 '어떤 스트레스에서든 지배적인 반응이 되기에 **만연하고**, 시간을 가로질러 발생하기에 **지속적이고**, 과잉 학습된 속성이기에 **저항적인** 경향이 있다.'(Strosahl, 2015)

이에 도전하는 언어(예: 내담자가 다르게 생각하거나 새로운 대처 사고를 사용하도록 가르치는 것)로는 언어의 내용을 약화할 수 없고 사고, 이미지, 기억 등을 단지 사적 내부 경험으로 보도록 할 때 가능하다는 것을 기억하라. 만약 과도하게 탈융합을 설명하는 자신을 발견한다면 주의하라.

개요

1. 순간 속의 머물기 연습
2. 주간 실습 검토
3. 가르침 요점: 지배 사고
4. 가르침 요점: 대인 관계 규칙
5. 가르침 요점: 이유 대기 사고
6. 가르침 요점: 행동 없이 생각하기
7. 모든 것을 하나로 묶기
8. 주간 실습

자료

각 참가자를 위한 종이와 펜

타이머

화이트보드 또는 기타 큰 칠판

워크시트

해당 없음

순간 속 머물기 연습

이 알아차리기 실습을 시작하기 전에 내담자에게 연습 내내 사용할 종이와 펜을 옆에 두도록 요청하라. 그다음 아래 지시문을 내담자에게 읽어 줄 지침으로 활용하라. 나는 당신이 자신의 단어를 사용하여 지시문을 만들도록 격려하고 도전하고 초대한다!

눈을 감고 휴식을 취하며 알아차림을 호흡으로 부드럽게 가져오십시오. 숨을 들이쉬고 내쉬는 매 순간 알아챔을 허락하십시오. 호흡에 집중하면서 가능한 한 최선을 다해 자신에게 이 순간에 존재하는 기회를 줄 수 있는지 확인합니다.

다음 몇 분 동안 당신과 가깝고 당신이 아끼는 특별한 사람에 대해 생각해 보십시오. 마음속으로 그 사람을 선택한 후 당신이 겪었던 슬픈 기억을 떠올려 보십시오. 그것은 최근 몇 주 전 또는 심지어 몇 달 전에 일어난 슬픈 상황일 수 있습니다. 올바른 기억인지 아닌지에 갇히지 말고 그 기억 중 하나를 선택하기 위해 최선을 다합니다. 가능한 한 생생히 슬픈 순간의 이미지를 마음으로 가져오십시오. 지금 당장 일어나고 있는 것처럼 기억하기 위해 최선을 다해 마음속으로 명확하게 볼 수 있도록 합니다. 잠시 이 이미지를 붙잡아 이 사람과 관련한 생각이 무엇인지 확인합니다. 이 슬픈 순간을 되새기면서 이 사람에 대해 어떤 생각이 듭니까? 당신의 생각을 알아챈 후 이 이미지가 당신의 마음에서 사라지게 하고 눈을 뜨고 그 슬픈 기억 속에서 당신이 아끼는 이 사람에 관해 떠오른 생각을 적어 두십시오.

다시 눈을 감고 친절하게 호흡을 알아차리는 것에 집중하십시오. 숨을 들이쉬고 내쉴 때 공기가 지나가는 감각을 알아챕니다. 연습을 더 진행하기 전에 호흡에 자신이 접지되도록 허용합니다.

이 사람에게 화를 냈던 순간을 회상할 수 있는지 친절하게 보십시오. 최근에 일어난 일이든 오래전에 일어난 일이든 상관없이 마음챙김 훈련을 위해 당신이 작업하고 싶은 순간 중 하나를 회상하기 위해 최선을 다하십시오. 첫 번째 기억에서 했던 것처럼 가능한 한 생생히 화난 기억을 상상할 수 있는지 최선을 다해 그 독특한 특성을 알아챌 수 있는지 보십시오. 이 화난 이미지를 붙잡는 동안, 그 순간 이 사람에 관해 가지고 있던 생각을 알아채십시오. 비판적이거나 판단적인 생각이 있었습니까? 그 분노의 순간에, 이 사람에 대해 어떻게 생각했습니까? 화난 기억을 붙잡은 채 마음속에 떠오른 생각들을 알아챈 후 천천히 눈을 뜨고 이 사람에 대해 떠오른 생각을 적어 보십시오.

마지막으로 눈을 감으세요. 발이 나무줄기인 것처럼 바닥에 대고 천천히 한 번 더 호흡에 주의를 기울여 자신을 이 순간에 존재할 수 있도록 합니다.

잠시 호흡을 유지한 다음 훈련의 마지막으로 이 사람과 함께했던 즐거운 순간을 회상할 수 있는지 봅니다. 다른 추억과 마찬가지로 이 즐거운 순간을 가능한 한 생생히 마음에 가져오기 위해 최선을 다하고 그 독특함에 주의를 기울이고 잠시 이를 붙잡으십시오. 부드럽게 그리고 여전히 그 이미지에 집중하면서 즐거운 순간을 경험할 때 이 사람에 대해 가졌던 각기 다른 생각을 알아챌 수 있는지 봅니다. 이 사람에 대해 어떻게 생각하십니까? 이 연결의 기억을 붙잡는 동안 당신의 마음에 어떤 생각이 떠오르나요? 당신의 생각을 마지막으로 살펴보십시오. 그런 다음 심호흡을 하고 이 이미지를 놓아버리고 두 눈을 뜨고 이 훈련의 마지막 부분에서 떠오른 생각을 적어 두십시오.

내담자가 이 알아차리기 연습에서 어떤 **반응**을 보였는지 디브리핑할 때, 내면 목소리가 떠올린 각기 다른 유형의 생각을 애쓰지 않고 유기적으로 알아채는 기술의 본을 보여 주려 최선을 다하라.

주간 실습 검토

평소와 같이 진행하라.

가르침 요점: 지배 사고

참가자에게 지난주에 과거 사고, 미래 사고, 꼬리표 사고 세 가지 유형의 사고를 배웠다는 점을 상기시켜라. 이 회기에서는 계속 규칙이나 지배 사고와 같은 각기 다른 유형의 사고에 관해 배울 것이다. 내담자에게 전달해야 할 두 가지 기본 사항이 있다. 규칙을 제시하는 내면 목소리의 속성을 정상화하고 까다롭겠지만 내담자가 규칙을 인식하도록 돕는다.

1. 규칙은 내면 목소리로부터 나온 사고의 한 유형이란 것을 정상화하라. 태어난 이후부터 우리 모두 경험을 통해 또는 규칙을 통해 빠르게 배운다. 모든 것 또는 어떤 것과 관련한 각기 다른 규칙을 명시적으로 듣게 된다. "콘센트에 손가락을 넣지 마.", "오후 6시에 와.", "도둑질은 안 돼." 같은 말이다. 규칙 따르기는 우리를 안전하게 지키고 집단의 일원이 되는 데 도움이 되며 옳은 일을 하고 있다는 감각을 준다. 자녀 양육, 회사 운영 또는 사회적 상황과 같은 특정 맥락이 있다. 가정, 학교, 직장, 친구 집단 등 우리가 참여하는 각기 다른 작은 문화에서 효과적으로 기능하려면 규칙을 따라야 한다. 문제가 되는 것은 감정 기계가 켜져 있을 때 우리는 그러한 규칙 중 일부와 빠르게 융합되어 우리가 그러한 행동의 실효성이나 자신의 가치에 다가가거나 물러나는지를 확인하지 않고 행동할 수 있다.

2. 내담자가 지배 사고를 인식하도록 돕는 요령은 다음과 같다. 가장 쉬운 방법 중 하나는 '당연하다, 해야만 한다, 반드시 해야 한다, 항상, 전혀'라는 표현을 알아채는 것이다. 한편 지배 사고는 세상일이 어떻게 되어야 하는지, 어떤 방식으로 되어야 하는지 또는 사람들이 어떻게 행동해야 하는지에서 경직된 믿음, 기대, 선호의 형태로도 나타난다(예: "사람들은 24시간 이내에 답장을 보내야 해.", "나는 문자 대신 전화하는 걸 좋아해.", "손가락으로 음식을 만지는 것은 안 돼.", "검은색은 모든 색상과 잘 어울리는 중립적인 색이야."). 또한 슈퍼필러는 "나는 지금 당장 이 문제에 대해 뭔가를 해야 해."처럼 감정이나 "난 더는 이 고통을 참을 수 없어."와 같은 괴로운 상황을 처리하는 자기 능력 같은 다른 유형의 지배 사고와 투쟁할 수도 있다.

대부분 슈퍼필러는 이러한 지배 사고와 융합될 때 그것이 여러 상황이나 관계에서 협소한 행동을 이끌기 때문에 어려움을 겪는다. 슈퍼필러가 그러한 지배 사고를 자기 행동의 원인으로 보게 되면 지배 사고가 마치 사실인 것처럼 반응하기 시작한다(예를 들어 사회 불안증이 있는 내담자가 '*내가 파티에 참여하면 그들은 나를 판단할 거야.*'라는 지배 사고에 융합되어 파티를 피하면 그 지배 사고에 대한 믿음이 강화된다). 이러한 핵심 요점을 논의한 후 이 가르침 요점의 체험적 부분으로 이동하라.

체험적인 수용전념치료: 지배 사고 알아채기 및 명명하기

이것은 내담자가 자라면서 접했던 가장 흔한 지배 사고에 대해 알아채고 명명하는 두 가지 기술을 돕는 활동이다.

첫 번째 부분에서는 내담자에게 식탁에서 식사하는 방법에 관해 배운 모든 규칙을 회상해 보라고 요청하라. 그들은 어떤 예절을 따라야 했나? 운전 방법, 비가 올 때 입는 옷 등 다른 생활 상황을 토론의 출발점으로 삼을 수 있다. 내담자에게 익숙한 규칙을 공유한 후 당연히 그들 중 일부는 이러한 규칙을 여전히 일상생활의 일부로 고수하고 있다는 점을 강조하라.

그 후 청소년기에 남들로부터 배웠던 세 가지에 관한 규칙, 즉 실수를 처리하는 법, 공공 상황에 접근할 때 행동하는 법, 실패를 처리하는 법에 대해 집단과 함께 회상하고 공유하도록 초대하라. (이 질문을 다른 상황으로 변경할 수 있다. 대인 관계 규칙은 다음 가르침 요점에서 다룰 것이므로 제외하라) 물어볼 핵심 질문은 다음과 같다.

1. 이러한 규칙과 융합되면 어떤 행위를 합니까?
2. 이러한 규칙에 융합되었을 때 단기적으로 어떤 이점이 있습니까?
3. 이러한 규칙에 융합되었을 때 장기적으로 어떤 이점이 있습니까?

내담자가 자신에게 중요한 것으로 다가가는 행위를 취하는 데 도움 되지 않는 규칙일 경우 해당 규칙에 이름을 붙이도록 초대하여 그 규칙이 나타날 때 이를 파악하고 탈융합할 수 있도록 하라(예: '일을 올바르게 하는 101가지 규칙이라는 책', '통치자 토마스' 또는 '완벽한 매너남 매기').

조심해!

때때로 내담자는 자신들이 고수하는 특정 규칙이 '일을 하는 올바른 방법'이라고 주장할 수 있으며 이때 모든 임상의는 그 생각에 이의를 제기하고픈 촉박감을 가지면서 "그것은 도움이 되지 않는 생각입니다."에 걸려들기 쉽다. 하지만 더 기능적인 질문은 다음과 같은 것이다. "당신은 스스로가 옳다는 생각에 따라 행동을 만드시겠습니까, 아니면 본인에게 진정으로 중요한 걸로 행동을 조직하겠습니까?", "이것이 이 일을 하는 올바른 방법이라는 생각을 붙잡고 있다면 이것은 당신을 어디로 끌고 갈까요?", "내가 옳다는 생각이 발, 팔, 다리, 입에게 정확히 무엇을 해야 하는지 처방하게 된다면 어떤 일이 일어날까요?"

다음 가르침 요점은 관계 영역에서 특정 유형의 규칙을 다룬다. 우리 삶에 영향을 주는 가장 흔한 영역 중 하나가 다른 사람과의 상호 작용이기 때문에 감정 조절 문제는 슈퍼필러에게 매우 필요한 가르침 요점이다.

가르침 요점: 대인 관계 규칙

우리는 끊임없이 사람들과 상호 작용하고 있고 내면의 목소리가 모든 대인 관계 유형의 규칙을 제시한다는 점을 생각할 때, 이번 가르침 요점은 대인 관계 규칙에 초점이 맞춰져 있다고 설명하라. 몇 가지 상황을 예로 들자면 다른 사람을 어떻게 대해야 하는지, 다른 사람은 어떻게 행동해야 하는지, 다른 사람이 기분 나쁜 행동을 할 때 어떻게 반응해야 하는지, 또는 심지어 조금이라도 상처 입을 가능성이 있을 때 어떻게 반응하는지에 관한 규칙이다.

다음과 같이 대중적인 규칙 몇 가지를 언급할 수도 있다. "내가 불안하다고 느낄 때 사람들이 나에게 말을 걸지 말아야 해, 나에게 스트레스가 되기 때문에 사람들은 내가 인생에서 무엇을 할 것인지 그만 물어야 해, 설령 아프다 해도 자신을 위해 준비한 요리를 먹지 않는 것은 무례한 일이야, 내가 다른 운전자가 먼저 가도록 허락했다면 누가 되었든 나에게 고맙다는 인사를 해야만 해, 밤 10시 이후에는 아무에게도 전화하면 안 돼, 내가 문자를 보내면 넌 답장해야 해." 등이다.

내담자의 사례를 수집한 후 체험적인 수용전념치료 활동으로 이동하라.

체험적인 수용전념치료: 대인 관계 규칙 실효성 확인하기 및 이로부터 탈융합

이 모듈의 대부분 연습과 마찬가지로 이 연습도 두 부분으로 구성되어 있다. 첫 번째 부분에서는 내담자에게 제시될 아래의 일반적인 지침을 읽어라.

"당신이 큰 희망을 걸었던 관계에 대해 생각해 보십시오. 우정일 수도 있고, 낭만적인 연인 관계일 수도 있고, 동료와의 관계일 수도 있습니다. 그 관계에서 시작은 좋았고 잘 진행되어 가다가 그다음 어떤 일로 인해 실망감을 느꼈습니다. 이 사람에게 느낀 실망감의 순간을 가능한 한 생생히 회상해 보십시오. 잠시 그 이미지를 잡고 그 기억의 세부 사항을 알아채고 당신의 감정 기계가 가진 **반응**과 그 관계 또는 비슷한 다른 관계에서 상처받지 않도록 내면 목소리가 제시한 어떤 규칙, 기대 또는 원칙을 확인해 보십시오."

디브리핑에서 내담자에게 자신이 고수하고 있다고 알아챈 대인 관계 규칙을 집단과 공유하고 이를 화이트보드에 적도록 요청하라. 몇 분간 토론하고 나서 또 다른 실망의 기억을 가지고 같은 연습을 두 번 더 반복하고 내담자가 알아챈 규칙을 화이트보드에 추가하라.

화이트보드에 모든 규칙을 적은 후 집단에 핵심 질문을 한다. 당신은 그 규칙을 따르고 고수할 때 개인적 가치에 더 다가갔나요, 물러났나요?

이 활동의 두 번째 부분은 어리석은 목소리로 내부 규칙을 말하고 추가하는 탈융합 실습이다.

내담자에게 일정하게 융합되는 세 가지 대인 관계 규칙을 각각 기록하도록 요청하라. 그다음 이 연습을 위해 서로 다른 어색한 목소리로 서로에게 그 규칙을 큰 소리로 말할 것이라고 설명하라. (나와 같은) 강하고 굵은 라틴계 억양, 답답한 목소리, 속삭이는 목소리, 배트맨 목소리, 다스 베이더 목소리와 같은 어색한 목소리의 예를 들어주라. 당신의 왼쪽에 있는 사람에게 부드러운 목소리 톤으로 대인 관계 규칙 중 하나를 말하면서 이 연습을 시작한 다음 그 사람에게 당신의 부드러운 목소리 톤을 흉내 내며 규칙을 따라 하도록 요청한 다음 부드러운 목소리 톤 그대로 자신의 규칙을 추가하도록 초대하라. 이것은 모두 부드러운 목소리로 자신들의 첫 번째 규칙을 말할 때까지 계속된다.

두 번째 라운드에서는 내담자에게 공식적이고 사무적인 목소리 톤으로 두 번째 규칙을 말하도록 요청하면 모든 사람이 첫 번째 규칙과 마찬가지로 그 목소리 톤을 따른다. 마지막으로 세 번째 규칙에서 탈융합할 때가 되면 내담자에게 어색한 목소리로 세 번째 규칙을 말하면서 시작하도록 요청하라. 그러면 모두가 그 어색한 목소리를 흉내 낸다.

늘 그렇듯이 참가자들의 **반응**을 확인하라. 이제 또 다른 유형의 생각, 이유 대기 사고를 소개할 준비가 되었다.

조심해!

나는 수용전념치료 워크숍에 참석하면서 감정적으로 강렬하고 많은 생각을 하게 만드는 여러 체험 연습에 참여했다. 어떤 경우에는 이런 체험 연습이 하나의 탈융합 연습으로 맥락화되지 않았을 때 연습 중 일부가 사람들이 가지고 있는 신념이나 생각을 조롱하거나 하찮게 대하는 것처럼 보이거나 값싼 기술로 보인다. 내가 추천하는 것은 어색한 목소리 탈융합 연습을 제시할 때 내담자의 투쟁에서 돌봄과

존중의 손길을 가지고 이것이 누군가를 조롱하거나 어색한 목적으로 우습게 행동하려는 게 아니라 특히 우리가 상처받을 때 내면 목소리가 떠올리는 작동하지 않는 내용에서 벗어나는 법을 실습하는 것임을 분명히 하는 것이다.

가르침 요점: 이유 대기 사고

우리 내면의 목소리가 떠올리는 또 다른 흔한 유형의 사고는 이유 대기 사고라는 것을 내담자에게 전달하라. 이름에서 알 수 있듯이 이는 우리의 내부 경험이 현실을 어떻게 구술하는지에 관한 설명, 이유 또는 명료화를 말한다. 이유 대기 사고는 일반적으로 "너무 스트레스를 받아서 할 수가 없어.", "자고 일어났는데 뭔가 안 좋은 느낌이 있어서 침대에 누워 있었어.", "너무 바빠서 할 수 없어.", "조용해서 아무 일도 일어나지 않을 거야."와 같은 문장으로 나타난다. 이러한 사고는 현실과 우리 내부와 외부에서 일어나는 모든 일을 이해하고픈 우리 내면 목소리의 자연스러운 창조물이다. 그것은 또한 우리 내면의 목소리가 취하는 또 다른 형태의 보호이기도 하다. (예측의 정확성이 100%가 아닐지라도) 나쁜 일이 일어날 경우를 대비해 항상 우리를 조심하도록 한다.

체험적인 수용전념치료: 알아채기, 명명하기, 이유 대기 사고로부터 탈융합

내담자의 동의를 얻은 후 최근 그들의 감정 기계가 켜지면서 내면의 목소리가 '나는 이것을 내려놓을 수 없어, 왜냐하면…'과 같은 생각을 떠올리게 하고, 내려놓지 못하는 이유를 만들었기 때문에 하던 일로 돌아가기 어려웠던 기억을 회상해 달라고 요청하라.

내담자에게 작업할 상황을 선택할 시간을 준 후 내면 목소리가 생성되는 각기 다른 이유를 알아채도록 초대하라. 다음으로 내담자에게 생각을 가볍게 잡는 과정을 물리적으로 연기해 보라고 요청하라. 예를 들어 내담자는 마치 생각을 잡는 것처럼 한 손으로 부드러운 몸짓을 한 다음 마음에 감사하고 손을 돌려 생각을 떨어뜨릴 수 있다. 내담자에게 생각을 가볍게 잡는 실습을 위해 사용할 수 있는 다른 신체적 몸짓을 찾아보라고 초대하라. 내담자에게 이런 탈융합 연습을 2분 동안 실습하게 하고 디브리핑할 때 이 활동에서 알아채거나 배운 것이 무엇인지 확인하라.

조심해!

때때로 이유 대기 사고로부터 탈융합하는 법을 가르칠 때 내담자들은 "뭔가를 하고 기분이 나아져야 하지 않나요? 하지만 탈융합하면 기분이 나아질까요? 아니면 그게 생각을 관리하는 방법인가요?"라고 묻는다. 여기에 내가 흔히 반응하는 방식이 있다. "이러한 기술 중 어느 것도 우리의 느낌, 감정, 감각 또는 우리가 가진 다른 유형의 개인적 경험을 제거하여 더 잘 살고 더 잘 행동하는 목적으로 실행되지 않습니다. 느낌, 감정, 감각 또는 개인적 경험은 그냥 일어나는 일이며 우리가 어디를 가든 이것들을 가지고 다닙니다. 아마존은 불편한 개인 소음을 제거하는 장치를 발명하지 않았습니다. 문제는 우리가 그 이유 대기 사고에 사로잡혔을 때 우리의 행동이 우리에게 중요한 것에 다가가는지 물러나는지를 확인하지 않는다는 것입니다. 그런 이유 대기 사고가 아무리 진짜처럼 들려도 그것은 한 묶음의 편지이고 중요한 것을 향해 안전지대에서 벗어나야 할 때를 선택하는 것은 우리에게 달려있습니다." 이것은 단지 하나의 반응일 뿐 유일한 반응은 아니다. 다른 반응이 있을 수도 있다!

가르침 요점: 행동 없이 생각하기

내담자가 행동하지 않고도 감정 가지기를 배웠듯이 이제 행동을 하지 않고 생각을 가지는 법을 실습할 때라고 설명하라. 간단한 대화를 촉진하기 위해 내담자에게 집단에 참석하기 이전에 불편한 사고를 어떻게 다루었는지 묻고 그들의 반응을 화이트보드에 적어라. (보통 일반적인 반응은 괴로운 사고를 긍정적인 것으로 바꾸기, 긍정적인 확신하기, 응원하는 문장 말하기, 좋은 이미지로 대체하기, 자신에게 좋은 말하기, 생각이 틀렸음을 증명하는 말 나열하기 등이다) 내담자가 이런 반응을 사용한 순간 무슨 일이 일어났는지를 확인하라. 이런 특정한 고통스러운 사고로 인해 장기적으로 어떤 결과가 나타났나? 그 사고는 영원히 떠나서 다시는 돌아오지 않았나, 아니면 그 사고에 대항하여 반복적으로 싸우고 있는 자신을 발견하고 있는가?

그동안 해 왔던 모든 반응의 핵심적인 문제를 강조하라. 기존 반응들은 두뇌에 너무 큰 노력을 기울이게 한다. **반응**적인 감정 기계와의 투쟁이 이미 어렵다는 점을 고려할 때 때때로 '그 사고에서 올바른 반응'을 찾으려는 노력은 감정과 사고와의 싸움을 연장하고 증폭시킨다. 그러기에 아무것도 하지 않고도 사고 가지기를 배우는 것이 이 치료의 또 다른 핵심 기술이다.

체험적인 수용전념치료: 행동 없이 사고 알아채기

이 연습을 위해 타이머를 4분으로 설정하고 다음 지침을 제공하라. "다음 4분 동안 우리는 내면 목소리가 어떤 유형의 생각을 떠올리는지 알아채고 지난 두 회기에서 각기 다른 유형의 사고에 관해 배운 모든 것을 종합할 것입니다. 머릿속에 과거 사고가 떠오르면 큰 소리로 '과거'를 외치고, 미래 사고라면 '미래'를 외치고, '그래야 해', '당연해' 또는 '꼭 해야 해'를 가진 사고라면 '지배'를 외치고, 판단이나 평가 사고가 있으면 '꼬리표'라고 외칩니다."

참가자에게 폐활량을 다해 비명을 지를 필요는 없다는 점을 분명히 하라. 그들은 단지 자신의 마음에서 떠오르는 사고의 유형을 큰 소리로 말하면 된다. 다른 참가자의 마음이 아닌 자신의 마음에 최대한 집중하도록 요청하라. 방이 시끄러워질수도 있지만 그런 일은 우리의 일상생활에서 늘상 일어나는 일이다.

시끄러운 목소리가 허용되지 않는 건물에 있다면 연습을 변형해 보라. "만약 내면 목소리가 과거 사고를 떠올리면 한 손가락으로 반대편 손바닥을 두드리십시오. 미래 사고라면 두 손가락으로 한 번 두드리고, 꼬리표 사고라면 세 손가락으로 두드리고, 지배 사고라면 네 손가락으로 두드립니다." 정리하면 다음과 같다.

- 과거 사고는 한 손가락으로
- 미래 사고는 두 손가락으로
- 꼬리표 사고는 세 손가락으로
- 지배 사고는 네 손가락으로

반응을 수집할 때 내면 목소리의 활동 알아차리기, 온갖 유형의 사고 가지기, 아무것도 하지 않기로 선택하기 과정이 어떻게 진행되었는지 내담자와 확인하라.

조심해!

일부 내담자는 감정적으로 압도당한다고 느낄 때 온갖 유형의 사고가 나타나면 어떻게 해야 하는지 반복해서 묻는다. 나는 보통 그들의 투쟁을 인정하고 치료에서 배웠던 두 가지 핵심 기술인 알아채기와 명명하기를 강조한다. 그런 다음 이를 반복해서 실습하고 무슨 일이 일어나는지 확인하도록 격려한다. 또한 4회기의 감정 알아차리기 모듈에서 배운 닻을 내리고 자신을 현재로 되돌리는 방법을 속상한 생각을 다루는 데에도 적용한다는 것을 상기시킨다.

당신은 다른 반응을 보일 수 있다. 그것도 훌륭하다. 나는 단지 탈융합이 하나의 과정이지 임시변통 기술이 아니라는 본을 보이도록 초대하고 싶다.

나의 제안은 어려운 생각, 이미지, 기억을 가지기로 할 때 해결해야 할 것이 없다는 결정적인 메시지를 계속 강화하는 것이다. 당신이 이들을 좋아하지 않거나 사랑하지 않더라도 해결해야 할 문제는 아니다. 내부 경험을 수용하면 우리가 원하는 삶을 향한 단계를 자유롭게 선택할 수 있다!

모든 것을 하나로 묶기

아래는 이 회기에서 논의된 내부 기술과 외부 기술 목록의 요약이다. 내면 목소리에서 나오는 각기 다른 유형의 마음 소음을 포착하지 못할 때 내담자는 수많은 내용에 쉽게 융합될 수 있으므로 각기 다른 유형의 사고를 구분해서 목록을 작성했다! 생각에 걸려드는 것을 보는 것보다 변별을 촉진하는 것이 낫다!

내부 기술	외부 기술
이유 대기 사고를 알아채고 명명하기 지배 사고를 알아채고 명명하기 대인 관계 지배 사고를 알아채고 명명하기 탈융합 지배 사고의 실효성 확인하기 가치 확인하기 가장 의지했던 행위의 실효성 확인하기	가치 기반 행동 선택하기

주간 실습

참가자에게 핵심 워크시트를 건넨다.

> ### 토막 논평
>
> 이번 토막 논평은 기능과 형태에 대해 말하고자 한다. 이 주제로 당신을 지루하게 하거나 고문하려는 의도는 없으나 행동 원칙 없이 수용전념치료를 수행할 수는 없다(내 마음에 따르면!).
> '탈융합은 평상시의 언어 규칙을 깨고, 스스로의 생각을 맹목적으로

받아들이지 않고, 생각을 현실에 대한 단순한 논평으로 듣고 보는 맥락을 만드는 것이다.'(Blackledge, 2015, p. 140). '맥락 만들기'라는 핵심 단어는 내담자가 생각, 문자, 단어, 문장, 서사 또는 마음의 온갖 유형의 단어 산물을 문자 그대로 받아들이지 않으면서, 사적인 언어 기반 경험과 새롭게 관계하도록 돕는 것을 의미한다. 생각과 관련하여 이런 새로운 방식은 낡은 생각하기 방식을 제거하는 게 아니라 새로운 생각하기 방식을 추가하는 것이다. 우리는 배운 것을 지울 수 없다. 그것은 거기 있었고, 여기 있고, 거기 있게 될 것이다.

수용전념치료에서 탈융합은 책에 나열된 수많은 탈융합 연습 목록을 허겁지겁 수행하는 그 이상의 것이다. 그것은 또한 생각의 형태보다 생각의 기능에 주의를 기울이는 것이다. 실제 사례를 보면서 이 마지막 문장을 풀어보겠다.

나는 어렸을 때부터 책 읽는 것을 좋아했고 그 마음은 세월이 지나도 변하지 않았다. 나는 내 마음을 쉽게 하고 특정 주제에 대해 배우고 여러 수용전념치료 전문가의 소식을 듣고 좋은 이야기를 즐기고 웃고 싶어 하는 등 여러 가지 이유로 책을 읽는다. '읽기'라는 행동은 우리가 행동의 형태라고 부르는 것이다. 기능은 해당 행동이 미치는 영향, 결과 또는 효과를 의미한다. 수용전념치료에서 형태와 기능을 구별하는 것은 매우 중요하며 탈융합은 치료실에서 이를 수행하도록 하는 과정 중 하나이다. 예를 들어 농담하는 내담자는 때로 크게 웃는 기능을 가질 수도 있지만 때로는 미묘한 형태의 회피가 될 수도 있다. 따라서 필요 이상으로 내용을 강화하는 질문을 하는 대신 내담자의 삶이나 치료에서 특정 순간 그 행동의 기능이나 영향에 초점을 맞추는 것이 중요하다.

—

Chapter 12

8회기 – 이야기로서의 사고
Session 8 - Thoughts as Stories

이 회기의 주제

이 장은 사고 알아차리기 모듈의 마지막 회기이지만 이 모듈에서 가장 영향력 있는 회기 중 하나이다. 감정 기계의 끊임없는 통제 의제를 약화하려는 전반적인 목표에 따라 아무것 또는 타인과 자신을 묘사하는 내담자의 이야기에 초점을 맞추고 감정 과학에서 '감정 편향'이라 부르는 것과 관련한 짧은 가르침 요점으로 마무리할 것이다. 감정 편향은 감정이 우리에게 특정 자극에 집중하도록 유도하여 주의를 좁히고 자극이 일어나는 맥락을 무시하게 만드는 것이다.

이 회기의 주요 목적은 이야기가 자신을 통제하고 그것이 말하는 대로 행동하는 '이야기 속에 존재하기'와 이야기에 이름을 붙이고 그것이 말하는 것을 알아채고 그것이 어떻게 작동하는지 확인하고 자신의 삶을 어떻게 살 것인지를 선택하는 '이야기를 보기' 사이의 차이점을 알아채도록 돕는 것이다.

슈퍼필러가 걸려드는 서사敍事의 민감성과 역사적 특성을 생각했을 때 내담자와 작업하기로 선택한 '나는 적합하지 않다.'라는 식의 이야기를 두고 각기 다른 탈융합 연습을 할 때 약간 속도를 늦추는 것이 도움이 된다. 나는 서사를 논의할 때 당신이 잠시 멈추고 가능하면 서사에 관해 조금 들어보라고 하고 싶다. 특정 행동과 연결하고 내담자의 삶에서 이에 따라 행동했을 때의 결과를 강조하라.

시작할 준비가 되었나?

개요

1. 순간 속에 머물기 연습
2. 주간 실습 검토
3. 가르침 요점: 아무것에 관한 이야기
4. 가르침 요점: 타인에 관한 이야기
5. 가르침 요점: 자기에 관한 이야기
6. 가르침 요점: 느낌에 기반한 이야기
7. 모든 것을 하나로 묶기
8. 주간 실습

자료

카드당 한 개의 명사가 쓰인 플래시 카드 10개
카드당 한 개의 관계 단어가 쓰인 플래시 카드 5개
각 참가자를 위한 종이와 펜
8.5 x 11 빈 용지
실뭉치

워크시트

해당 없음

순간 속에 머물기 연습

이 알아차리기 연습은 즉흥 연극 연습에서 가져왔다. 즉흥극에 익숙하지 않다면 이것은 수용전념치료 핵심 기술을 실습할 수 있는 절호의 기회이다. 내면 목소리가 떠올리는 생각, 감정 기계가 활성화한 느낌을 알아챈다. 그리고 그 경험을 알아채고 명명할 수 있는지 살펴본다. 그런 다음 가장 의지했던 행위와 가치를 확인하고 행동을 선택한다.

참가자에게 일어서서 원을 만들도록 초대하라. 집단이 리듬을 만들고 서로에게 임의의 단어를 잡아서 던질 것이라고 설명하라.

내담자에게 제공하는 기본 지침은 다음과 같다. 집단이 만들 리듬에는 네 단계가 있다. 1단계는 모두가 양손으로 자신 허벅지를 두드리고, 2단계는 부드럽게 손뼉 치며, 3단계는 왼손 손가락을 튕기고, 4단계는 오른손 손가락을 튕긴다.

모든 참가자와 함께 2분 동안 이런 순서로 해 보라. 모든 사람이 지침대로 함께 하는지 확인하여 두드리고, 손뼉 치고, 튕기는 리듬을 들을 수 있도록 하라. 모든 사람이 이 리듬을 이해한 후 집단에 단어를 던지고 잡는 또 다른 단계를 추가할 것이라고 설명하라.

허벅지를 두드리고 손뼉 치는 처음 두 단계는 같겠지만 왼손을 튕길 때 한 사람이 한 단어를 잡고 오른손을 튕길 때 같은 사람이 오른쪽에 있는 이웃에게 단어를 던진다(이 맥락에서 단어를 던지는 것은 단어를 말하거나 반복하는 것을 의미한다). 실습과 시연을 위해 1단계와 2단계부터 시작하여 양손으로 허벅지를 두드리고 부드럽게 손뼉을 친 다음 오른손가락을 튕기면서 한마디를 던진다(말한다). 오른쪽에 있는 사람이 왼쪽 손가락을 튕기면서 그 단어를 잡고(반복하기) 오른쪽 손가락으로 튕길 때 새로운 단어를 던지는 식이다. 모든 사람이 1단계부터 4단계까지 함께 몇 라운드를 연습한 후 그 다음으로 3단계와 4단계에서 단어를 잡고 던지기를 추가하도록 초대하라.

집단이 이 순서대로 몇 번 연습한 후 "더 빠르게" 또는 "더 느리게"와 같은 다른 명령을 추가할 수 있다. 몇 라운드 후에 모든 사람에게 멈추고 각자 위치로 돌아가 활동에서 느낀 **반응**을 보고하도록 요청하라. 강조할 요점은 내담자가 이 활동을 실습한 것처럼 일상생활에서도 순간에 머문다는 것은 환경이 매우 시끄럽더라도 의도적으로 이를 선택하는 것임을 강조하는 것이다.

주간 실습 검토

지금까지 모듈을 통해 해왔던 것처럼 규칙적으로 진행하라.

가르침 요점을 바로 시작하는 대신 이를 준비하기 위해 미리 언급해야 할 체험적인 수용전념치료 활동이 있다.

체험적인 수용전념치료: 마음의 관계하기 능력을 알아채기

회기 전에 플래시 카드에 한 장당 한 개씩 10개의 명사(예: 펜, 의자, 도둑, 삼촌, TV)를 적고, 그다음은 플래시 카드 한 장당 한 개씩 5개의 관계 단어를 쓴다(예: 더 많이, 같음, 더 나은, ~같이 보이는, ~ 같이 느끼는). 명사가 쓰인 모든 플래시 카드를 봉투 하나에 넣고 관계 단어가 있는 플래시 카드를 다른 봉투에 넣는다.

회기를 위해 두 봉투를 가져와서 이 활동을 시작할 자원자 한 사람을 요청하라. 자원자에게 명사 봉투에서 플래시 카드 두 개와 관계 단어 봉투에서 플래시 카드 하나를 꺼내도록 요청하라. 그런 다음 자원자 또는 집단에 왜 이 세 단어가 함께 의미가 있는지 이유를 설명하도록 요청하라. 두 봉투의 모든 플래시 카드를 사용할 때까지 계속하라.

이 활동에서 내담자의 **반응**을 수집할 때 마음이 무엇을 하고 있는지에 대해 내담자가 알아챘는지 확인하라. 그들의 내면 목소리가 특별한 노력 없이도 단어를 관계 짓고 이를 이어가고 있다는 메시지를 전달하라. 다음번 가르침 요점인 '서술하고, 관계 짓고, 또는 이야기를 창조하는 내면 목소리의 무한한 능력'으로 넘어가라.

가르침 요점: 아무것에 관한 이야기

우리 내면의 목소리는 끊임없이 온갖 유형의 관계를 형성하고 있음을 내담자에게 설명하라. 위의 연습은 내면 목소리가 매 순간 우리 삶의 경험에 대해 어떻게 서술을 떠올리는지 보여 준다. 수용전념치료에서 이야기는 내면 목소리가 자신의 내부 기술과 외부 현실을 이해하려 조합한 문자, 단어 및 문장의 연결을 말한다. 앞으로 '이야기', '동화', '서사'라는 용어는 이 회기에서 같은 의미로 사용될 것이다. 그리고 모든 유형의 내면 목소리에서처럼 이 회기 전반에 걸쳐 내담자가 이야기를 받아들인다면 자신 삶에서 어떤 일이 일어나는지 확인하도록 초대할 것이다.

체험적인 수용전념치료: 아무것에 관한 이야기 드러내기

참가자에게 이 활동에서 세 가지 주제를 제공하라. (1) 그날의 기상 조건 (2) Mac과 PC 사용자의 차이점 (3) 고수와 파슬리가 함께 어울리는 이유 (어떤 주제라도 자유롭게 선택하라. 내담자가 내면 목소리의 지속적인 서술 능력을 경험하도록 흔하지 않은 것을 제시하도록 하라) 그다음 내담자가 해당 주제의 이야기를 서술하고 집단과 공유하도록 초대하라.

조심해!

이야기를 떠올리거나 이야기에 걸려드는 것이 근본적으로 잘못된 게 아니라는 점을 다시 한번 명확히 하는 게 도움이 된다. 문제는 그것에 융합되어 경직되게 행동하면 중요한 것에서 물러나게 된다는 것이다.

가르침 요점: 타인에 관한 이야기

아무것에 관한 이야기 외에도 내면 목소리가 타인을 묘사하는 서사도 떠올리고 있음을 내담자와 토론하라. 참가자에게 친구나 중요한 타인과 대화를 나눌 때 인식할 겨를도 없이 내면 목소리가 상대가 누구이며 또는 과거 그들과 겪었던 매혹적인 이야기로 자신을 데려간 적이 있는지 물어보라. 그다음 깨닫게 되는 것은 그 순간 상대방이 하는 말은 한마디도 듣지 못했다는 것이다.

내담자에게 타인의 이야기에 갇힌 예를 물어보라. 타인에게 걱정, 분노, 실망한 이야기를 되새기며, 얼마나 많은 시간을 허비했는지 확인하라. 그들이 이야기에 걸려들면 이것은 그들에게 어떻게 작동하는가? 이야기가 이어질 때 행동의 실효성은 어떻게 되는가?

감정 기계가 완전히 가동되면서 슈퍼필러가 이야기와 융합되어버리면 특히 문제를 일으킨다. 이러한 서사는 너무 설득력을 가져 그들은 앞에 있는 사람의 말조차 들리지 않는다. 그 순간 내면의 목소리가 이미 일어난 일의 '진실'에 단지 또 다른 증거를 추가하는 것으로 보여 내담자로서는 상대의 행동과 내면 목소리에서 나온 서사를 구분하는 능력을 빠르게 잃어버린다.

체험적인 수용전념치료: 타인에 관한 이야기로부터 탈융합

내면 목소리가 떠올릴 때 쉽게 걸려드는 타인에 관한 세 가지 이야기를 선택하라고 하라. 시각화가 포함된 새로운 탈융합 연습을 배울 것임을 알려라. 내담자에게 이러한 서사 하나하나를 두고 그들을 지배하려는 비판적인 만화 캐릭터를 상상해보라고 요청하라. 잠시 동안 해당 만화 캐릭터가 어떻게 보이는지 알아차리고 그 캐릭터에 '괴팍한 수잔' 또는 '완벽주의자 토비'와 같은 이름을 짓도록 권하라.

몇 분 동안 실습한 후 내담자가 어떤 **반응**을 가졌는지 확인하라. 그들은 무엇을 알아차렸나? 마지막으로 탈융합을 위해 다른 시각화 연습을 언급하라. 예를 들면 타인에 관한 이야기를 단어의 글꼴, 색상, 크기를 변경할 수 있는 컴퓨터 화면 위에서 상상하기 또는 시냇물에 떠다니는 나뭇잎, 하늘을 가로질러 날아가는 새, 컨베이어 벨트에 떨어지는 여행 가방 또는 메뉴 아이템이라고 상상하기 같은 것들이다.

조심해!

누군가에게 대인 관계 외상, 방임 또는 기타 학대의 이력이 있는 경우 그들의 배경을 고려할 때 '사람들이 나에게 상처 주고 부당하게 대했어.'라는 생각을 탈융합하려는 것에 민감하게 반응하고 회의적일 수 있다. 그런 상황에서는 그 이야기와 동반되는 감정적 고통을 이해한 후 이야기와 융합될 때 내담자에게 무슨 일이 일어나는지 그리고 삶과 그들이 아끼는 사람들과의 관계에서 그 행동이 가지는 실효성을 탐색하도록 도와주라. "그 이야기는 무엇을 위한 이야기인가요?", "이 이야기로 당신은 어떤 대가를 치르고 있나요?"와 같은 질문을 할 수 있다.

'알아봐 줄 것을 알아봐 주는 것'과 타인에 관한 서사에서 풀려나기 위해 변화를 만드는 내담자의 '책임'(즉, *반응할 수 있는 능력, response-ability*)을 강화하는 것 사이의 균형을 말하는 수용전념치료 규칙은 없다. 수용전념치료자의 역할은 내담자에게 무엇을 해야 하는지 설득하거나 말하는 것이 아니라 실효성 없는 행동을 이끄는 서사에 관해 솔직하게 바로 들어가는 것이다. 이를 위해 내담자의 행동에 주의를 기울여야 한다. 창조적 절망감과 실효성은 이를 위한 유용한 수용전념치료 개입이다.

내담자가 타인에 관한 이야기로부터 탈융합하는 데에 어려움을 겪는다면 그 서사와 융합되는 것이 어떻게 가치 갈등을 가릴 수 있는지 살펴보는 것이 도움이 된다. 예를 들어 몇 년 전 나의 내담자는 의료 제공자의 오진으로 인해 유산을 겪었다. 8년 동안 내담자는 불만을 제기하고 법적 절차를 시작하고 여러 번 병원을 방문하여 항의하고 유명 여배우와 정부 당국에 편지를 쓰며 수많은 시간을 보냈으며 자신이 겪은 일에 의문을 제기하는 사람에게 소리를 질렀다. 그 소모적인 과정을 거치는 동안 '의사들이 자신에게 어떻게 잘못했는지'의 서사에 걸려들어 그녀는 '옳은 일을 하기'라는 한 가지 가치에만 초점을 맞추었으나 그녀의 어머니, 친척 또는 친구들과 함께하는 연결의 가치에는 관심을 기울이지 않았다. 그녀는 또한 자신이 되고 싶은 의사가 되기 위한 수련에도 집중하지 못했다.

가르침 요점: 자기에 관한 이야기

내면 목소리는 우리가 누구인지에 관한 이야기도 쉽게 떠올릴 수 있다고 언급하라. 우리를 말하는 일부 이야기는 사실이지만(우리가 태어난 곳, 나이 또는 눈 색깔) 그렇다고 해서 모든 이야기가 정확하다는 의미는 아니다. 종종 우리의 이야기는 진실과 거리가 있다. 내담자에게 온종일 마음속에 나타나는 모든 생각, 기억, 이미지가 실제인지 상상해 보도록 하라. 그게 정말이기는 한가요? 설마.

우리가 누구인지에 대해 고통스럽고 가지기 힘든 또 다른 이야기가 있다("나는 엉망입니다.", "나는 가족에서 일어난 모든 일 때문에 완전히 망했어요.", "나는 패배자입니다."). 참가자에게 타인보다 더 두드러진 자신에 관한 이야기가 있는지 간단히 확인하고 있는 그대로 정상화하라. 그런 다음 이 활동의 체험적 측면으로 이동하라.

체험적인 수용전념치료: 자기에 관한 이야기 붙잡기

이 체험적인 수용전념치료는 두 부분으로 나뉜다. 첫 번째 활동은 자기에 관한 이야기를 제거하려고 내담자가 기울인 통제 노력을 알아채는 것이고, 두 번째 활동은 실효성 없는 행동을 이끄는 자신에 관한 이야기를 알아채기, 명명하기, 탈융합하기의 핵심 기술을 실습하는 것이다. 이 연습을 진행하기 전에 연습 내용을 다 읽어보기를 바란다.

첫 번째 부분: 공갈배와 싸우기

(이 연습은 조지 아이퍼트와 존 포사이스(2005)가 개발한 클립보드 은유에 기반하여 수정한 것이다.)

이 연습에 참여하려는 자원자를 초대하고 그가 투쟁하는 부적합 이야기 중 하나를 집단과 공유할 수 있는지 허락을 받아라. 자원자에게 8.5×11 종이에 감정 기계가 활성화될 때 자기에 관해 가지게 되는 서사를 쓰도록 요청하라('*나는 혼자야.*', '*나는 바보야.*', '*나는 항상 엉망이야.*'). 자원자에게 이 서사를 촉발하는 상황, 이에 따른 감정이나 감각, 그리고 이 서사와 융합될 때 가장 자주 의지했던 행위를 집단과 공유하도록 초대하라. 이 서사와 싸우거나, 밀치거나, 억제하거나, 제거하려 했던 가장 의지했던 행위가 어떤 것이든 기록하게 하라(당신도 이를 화이트보드에 기록할 수 있다).

자원자에게 일어서서 종잇조각을 쥐고 손을 들도록 초대하라. 당신도 일어서면서 종잇조각이 당신의 손바닥과 자원자의 손바닥 사이에 오도록 맞잡아라. 자원자에게 다음 순간 그의 임무는 손으로 그 이야기를 밀치는 것이라고 설명하라. 자원자의 이야기에 따라오는 생각, 이미지 또는 기억을 자원자 대신 큰 소리로 말하기 시작하면서 종이를 그의 손에 향하여 밀치는 동안 자원자가 당신에게 반응해 보라고 한다. 당연히 내담자는 되밀 것이다. 이 신체적 활동을 몇 분 동안 계속하라. (이야기를 더 많이 밀칠수록 이야기는 다시 돌아와서 더 세게 민다는 아이디어를 내담자가 깨달을 만큼 충분히 긴 시간 동안 계속하라).

이 활동을 디브리핑할 때 자원자에게 다음과 같은 질문으로 시작하라. "밀었을 때 팔은 어땠습니까? 몸에서 알아차린 것은 무엇입니까? 다리에서는?" "이 고통스러운 이야기를 없애거나 긍정적 이야기, 또는 치어리더 식의 긍정적 확신으로 대체하려는 충동(촉박감)이 있었나요?"

그런 다음 자원자에게 어떤 강요도 하지 않고 이야기를 그대로 놓아두는 경험을 생각해 보도록 초대하라. "그때 기분이 어땠나요?", "어떤 **반응**이 있었나요?" 이 순간 신체적으로 이야기와 싸우는 것과 아무것도 하지 않는 것의 차이를 강조하는 것이 중요하다.

두 번째 부분: 서사를 알아채기, 명명하기, 실효성 확인하기

이 두 번째 활동은 실뭉치를 사용한다. 참가자에게 그들 중 한 명에게 실을 던지면 받는 사람이 실의 끝을 잡을 것이라고 설명하라. 그런 다음 편안함을 느끼면 자신의 서사나 이야기 중 하나를 공유하고 그것이 어떤 느낌인지 그리고 그 이야기를 경험할 때 무엇을 하는지 공유하게 하라. 다음으로 그 사람이 실의 끝을 잡은 상태에서 실을 다른 사람에게 건네며 모든 집단 구성원이 실 조각을 잡을 때까지 게임을 계속하라. 활동이 진행되는 동안 거미줄과 같은 구조가 형성되도록 각자가 실의 한쪽 끝을 잡는 것이 중요하다. 모든 참가자가 자신의 서사를 공유한 후 자신이 실의 끝부분을 잡고 있으면서 모든 사람의 이야기를 공유하고 있음을 알아차렸을 때 어떤 **반응**이 있었는지 알려달라고 요청하라. 자신의 이야기를 소리 내어 공유할 때 무엇을 알아챘는가? 다른 사람들의 이야기를 들을 때 무엇을 알아챘는가?

이 활동은 참가자에게 새로운 탈융합 연습을 가르치는 걸로 끝난다. "생일 축하합니다." 같은 잘 알려진 노래의 선율에 맞춰 이 이야기를 노래하는 것이다. 물론 다른 인기 있는 노래를 선택할 수 있다. 내담자에게 이야기를 식별하는 데 도움이 되는 자신의 이야기 중 하나에 이름을 생각하도록 요청하라(예: '부족한 아가씨' 또는 '우울하고 불운한 도리'). 모두가 이름을 선택한 후 마지막 문장 "생일 축하합니다. 사랑하는 [이야기의 이름], 생일 축하합니다!"로 변경하여 생일 축하 노래를 부르도록 초대하라.

내담자에게 각자의 자리로 돌아가 디브리핑을 진행하도록 요청하라. 실효성 없는 이야기에서 탈융합하기 위해 다른 곡에 맞춰 노래를 부르거나 스마트폰 앱(예: Talking Carl 또는 Voice Changer)을 사용하는 등 다양한 노래를 시도하도록 격려하라.

조심해!

위의 체험적인 수용전념치료의 두 부분을 모두 해나갈 때 참가자가 연습에 머물도록 이야기, 촉발 요인, 그들이 의지하는 통제 전략의 이름을 부르도록 운을 떼라. 때때로 참가자 중 일부는 타인을 지나치게 자극할 수 있는 배경 정보(예: 학대 이력 또는 과거 자살 행동)를 자연스럽게 공유해 버릴 수 있고 주어진 시간 제약으로 집단이 이를 관리하기 어려울 수 있다.

가르침 요점: 느낌에 기반한 이야기

이 주제는 마지막 가르침 요점이며 감정과 투쟁하는 것의 본질이기에 슈퍼필러에게 매우 중요하다.

감정 기계가 작동할 때 슈퍼필러는 자신의 노력에도 불구하고 느낌, 생각, 이미지, 기억, 촉박감, 감각이 끊임없이 상호 작용하여 너무 많이, 너무 빨리 느끼도록 연결되어 있다. 그러므로 슈퍼필러로서 이러한 입장에 서보는 것은 용기 있는 것임을 내담자에게 상기시켜라. 감정 기계가 작동하고 그들 내면 목소리가 서사를 떠올리게 할 때 그들은 이야기에 걸려들어 이를 절대적인 진실이라 믿으며 그 순간 자신이 느끼는 것을 증폭시킨다. 감정 기계의 모든 성분이 서로 작용하고 서로에게 영양을 공급하는 것과 같다.

정서 과학 내에서 우리의 행동이 감정을 중심으로 조직될 때("나는 x를 느끼기 때문에 이는 진실이다.") 그 과정을 '감정 확증 편향'이라고 부른다고 내담자와 공유하라. 이 부분을 너무 장황하게 언급하지 말고 다음 활동으로 넘어가라.

체험적인 수용전념치료: 느낌에 기반한 이야기 알아채기, 명명하기, 실효성 알아채기

이 이미지 연습을 위해 종이와 펜이 필요하다. 다음은 읽도록 제안된 지시문이다.

부드럽게 눈을 감고 편하게 의자에 앉아 숨을 몇 번 쉬면서 최근 몇 주 또는 몇 달 전 감정 기계가 활성화되어 침울함을 겪은 순간으로 잠시 당신의 주의를 돌립니다. 이 기억을 잠시 붙잡으십시오. 기억이 올바른지에 얽매이지 말고 그런 기억 중 하나를 선택하기 위해 최선을 다하십시오. 이 슬픈 순간의 이미지를 가능한 한 생생하게 마음으로 가져오십시오. 완벽한 기억일 필요는 없으며 이 연습에서 작업할 슬픈 기억일 뿐입니다. 이 슬픈 순간을 잠시 상상하고 그것에 온전히 집중하고 이 이미지에 주목한 후 이 순간과 함께하는 자기 생각과 접촉해 봅니다. (잠시 멈춤) 해당 이미지를 마음에서 사라지도록 놓아두고 눈을 뜨고 내면 목소리가 자신에 관해 떠올렸던 서사를 적어 보십시오.

다음으로 다시 눈을 감고 몇 번 숨을 쉬고 최근 또는 오래전 경험한 흥미로운 순간을 마음속에 가져오십시오. 첫 번째 이미지에서 했던 것처럼 흥미로운 기억을 가능한 한 생생히 상상해 보십시오. 최선을 다해 그 독특한 속성을 알아채십시오. 그리고 그것을 가지게 된다면 잠시 붙잡으십시오. 그런 다음 그 순간 내면 목소리가 자신에 관해 떠올린 이야기를 살펴보십시오. 이 흥미로운 기억을 붙잡은 채 마음속에 떠오른 생각을 알아챈 후 천천히 눈을 뜨고 자신에 관해 떠오른 생각을 하나씩 적어 보십시오.

다시 눈을 감고 잠시 호흡에 머뭅니다. 그다음 감정 스위치가 켜지고 당신이 당혹감을 느낀 순간을 회상해 보십시오. 다른 기억들과 마찬가지로 부끄러움을 느끼는 이 순간을 가능한 한 생생하게 마음속에 가져오고 그 독특함에 주의를 기울여 잠시 이를 붙잡기 위해 최선을 다하십시오. 내면 목소리가 떠올린 다른 생각을 알아챌 수 있는지 살펴보십시오. 당신의 생각을 마지막으로 살펴보고 이 이미지를 놓아버리고 눈을 뜨고 이 기억과 함께 떠오른 서사를 적어 보세요.

마지막으로 나머지 시간 동안 안착하면서 눈을 감은 채 당신이 겪었던 즐거웠던 순간의 기억을 마음으로 가져오십시오. 다른 기억과 마찬가지로 완벽한 기억인지 고민하지 않도록 하십시오. 그것과 작업할 목적으로 하나의 기억을 선택하고 가능한 한 생생하게 마음에 간직하고 이 특별한 순간의 세부 사항을 알아챕니다. 마지막으로 내면 목소리가 떠올리는 서사를 알아채고 이 이미지를 놓아두고 눈을 뜨고 이 이미지에 따라온 자신의 서사를 적어 보십시오.

디브리핑의 핵심 질문은 다음과 같다. 이 연습 중에 겪었던 침울함, 흥분, 당혹감, 기쁨의 각기 다른 감정 때문에 자신을 다르게 생각했는가? 이러한 감정 중 일부가 고양되면 그것이 절대적인 진리인 것처럼 감정에 걸려들어 한발 물러나 이를 확인하지 않고 신속하게 감정에 따라 행동하기 쉽다는 점을 강조하라.

조심해!

대부분 슈퍼필러는 그 순간의 감정에 기반한 자신의 수백 가지 이야기를 가지고 있다. 이런 이야기들은 어떤 임상의라도 쉽게 빠져들게 하며 거기에 대해 논쟁하고 틀렸음을 증명하거나 내담자에 관해 긍정적인 무엇을 떠올려 주고 싶은 강한 촉박감을 느끼게 한다. 내가 제안하고 싶은 것은 그러한 **반응**을 알아챌 때 잠시 멈추고 호흡하고 무엇이 일어나고 있는지 알아채고 내담자의 삶에서 이야기가 가지는 실효성으로 되돌아오는 것이다.

모든 것을 하나로 묶기

이 회기에서 다루었던 기술은 다음과 같다. 이를 검토하면서 감정 알아차리기 모듈의 내용과 이번 탈융합 모듈을 확실히 연결하라. 동료와의 다툼, 자동차 고장, 좋아하는 펜을 잃어버리는 것과 같은 어떤 상황으로든 느낌이 촉발될 때 감정 스위치가 켜지는 일은 자연스럽다는 것을 내담자에게 강조하라. 그런 일이 일어나면 내면 목소리는 마치 마음속 작은 보스처럼 깨어나서 그들에게 무엇을 하라고 요구한다. 특히 그런 촉발 순간에 슈퍼필러가 자신이 배운 핵심 기술을 사용하도록 권장한다. 닻을 내리고 가장 크게 의지했던 행위의 실효성을 확인하고 그 상황에서 자신에게 중요한 것이 무엇인지 확인하고 가치와 일치하는 문제에 어떻게 반응할지 선택하는 것이다. 내면 목소리와 싸울 때 탈융합은 가치 기반의 행동이다!

내부 기술	외부 기술
아무것, 타인, 자신에 관한 이야기 알아채고 명명하기	가치 기반 행동 선택하기
아무것, 타인, 자신에 관한 이야기로부터 탈융합	
이러한 이야기가 나타날 때 가장 의지했던 행위의 실효성 확인하기	
아무것, 타인, 자신에 관한 작동하지 않는 이야기로부터 탈융합	
아무것, 타인, 자신에 관한 이야기의 실효성 확인하기	
개인적 가치 확인하기	

　이 모듈에서 수용전념치료가 어떻게 생각에 접근하는지, 융합과 탈융합의 차이, 과거/미래/지배/대인 관계 규칙/이유 대기/이야기 같은 작동하지 않는 행동을 이끄는 각기 다른 유형의 사고를 알아채기, 명명하기, 탈융합 실습을 배웠음을 상기시켜라. 탈융합은 언어의 함정에서 벗어나는 또 다른 유용한 수용전념치료 기술임을 강조하고 탈융합을 실습한다고 해서 그 단어가 사라지지는 않지만, 괴로운 순간에 진정으로 중요한 것이 무엇인지 다시 집중하고 스스로 확인하는 데에 도움이 된다는 것을 명확히 하라.

　내담자가 일상에서 특히 감정 기계가 활성화되거나 중요한 것을 향해 단계를 밟을 때 탈융합을 연습하도록 계속 격려하라. 마음이 소음을 내는 동안 "마음아, 고마워."라고 말하는 단순한 행동조차도 하나의 시작이다. 마지막으로 우리가 괴로운 생각과 싸우거나 최소화하거나 이를 없애려고 노력하는 한 내면 목소리의 내용 생성기와의 논쟁에서 이길 수 없다는 점을 다시 한번 강조하라. 생각을 가지는 법을 배우는 것은 우리가 삶을 어떻게 살고 싶은지 선택할 수 있는 자유를 주는 것이다!

개인 메시지

감정이 고조되어 목적 있는 삶에 장벽으로 작용할 때 실제 상황에서 일어나는 언어 과정을 즉석에서 포착하는 법을 내담자에게 보여 준 당신에게 진심으로 감사한다.

그리고 우리 모두 수용전념치료를 따라 사는 법을 계속 배우면서 치료자로서 겪게 되는 어렵고 민감한 순간을 포함하여 일상생활에서 이러한 탈융합 기술을 적용하길 바란다. 내면 목소리가 '당신은 충분히 괜찮은 치료자가 아니야.'라는 생각이 들게 하거나 과거의 끔찍한 기억, 미래의 무서운 이미지, 자신과 관련한 꼬리표에 걸려들게 하는 도전적인 상황에서 탈융합 기술을 사용하라. 내담자를 가르치면서 최선을 다해 이를 알아채고, 명명하고, 가장 의지했던 행위의 실효성을 확인하고, 진정으로 중요한 걸 선택하고 다음 단계를 선택하라. 내면 목소리로부터 물러나는 이 과정이 쉽지 않겠지만 당신이 그 다음 무엇을 하든 큰 차이를 만들 것이다.

주간 실습

참가자에게 이번 주 핵심 워크시트를 건네라.

토막 논평

수용전념치료가 생각을 바꾸는가 바꾸지 않는가? 이는 수년 동안 많은 논의의 주제였으며 이를 보는 나의 견해를 당신과 공유하고 싶다.

20년 전 수용전념치료가 보급되었을 때 많은 오해가 있었고 수용전념치료는 생각을 바꾸지 않는다는 소문이 있었다. 수용전념치료는 우리 내면의 목소리가 사적이든 공적이든 모든 유형의 자극과 끊임없이 관계짓고 언어로 모든 걸 만든다고 본다. 우리 내면의 목소리가 우리 삶 전반에 걸쳐 그리고 통상 우리가 미처 알아차리지 못하는 가운데 수많은 관계를 이어가고 있다고 상상해 보라. 그 각각에 도전하고 변화시켜야 한다고 상상해 보라. 그 과업을 완수하려면 얼마나 많은 삶이 필요할까? 아마도 이는 불가능할 것이다.

수용전념치료는 생각 바꾸기에 투자하지 않겠지만 당신에게 새로운 소식을 전한다. 수용전념치료가 생각을 바꿀 수 있고 그 방식은 다음과 같다. 인지 탈융합은 단어의 내용을 표적으로 삼는 것을 우선시하지 않고 사람과 사고의 관계에 초점을 맞추겠지만 일부 사례에서 어떤 상황을 이해하기 위해 새로운 관계, 새로운 인지, 새로운 틀을 만드는 과정에서 자연스럽게 생각의 변화가 일어난다.

이 토막 논평을 끝내면서 인지 재구성과 인지 탈융합은 생각이 문제 행동의 원인이라는 데 깔끔하게 동의하자. 하지만 재구성과 탈융합이 생각을 표적으로 하는 방식은 서로 다른 과정이며 다른 목표를 가지고 있다.

Chapter 13

모듈 - 신체 알아차리기
Module - Body Awareness

당신이 나에게 "패트리샤, 일요일 아침에 뭘 해요?"라고 묻는다면, 라틴계 억양의 "핫 요가 수업에 가요."라는 말을 듣게 될 것이다. 나는 지난 15년 동안 매주 요가를 연습해 왔으며 요가 자체와는 거리가 멀지만 내 몸이 그 영향을 완전히 알아챘다고 말할 수 있다!

슈퍼필러는 작은 것에서 거대한 것까지 온갖 유형과 크기의 감정 롤러코스터 타기의 한가운데에 있으며 현대 생활의 일상적인 시간(예: 장시간 통근, 수백 통의 이메일, 가족을 위한 식료품 쇼핑)은 말할 것도 없고 내부 경험과 끊임없이 씨름하면서 몸이 지친다.

이 모듈은 내담자가 신체적 자기 관리 영역에서 자신에게 중요한 게 무엇인지 확인하도록 초대하면서 지속적으로 통제의 환상을 줄인다. 슈퍼필러가 이 치료를 통해 배웠던 것처럼 우리는 마음속에 나타나는 것을 통제할 수 없으며 마찬가지로 몸이 경험하는 것 또한 통제할 수 없다. 우리가 어디를 가든 온갖 유형의 신체 소음을 갖는 것은 인간 본성의 일부이다. 하지만 우리가 내부 경험을 바꾸려는 노력을 내려놓는 법을 배우게 되면 내부 소음을 가진 상태에서 앞으로 나아갈 방식을 선택할 수 있는 더 많은 에너지, 시간 및 내부 자원을 공급받는다.

    이 모듈의 핵심 메시지는 의미 있는 삶을 창조하기 위해 우리가 자기 몸을 어떻게 다루는지 주의를 기울여야 한다는 것이다!

9회기: 신체 알아차리기
Session 9 - Body Awareness

이 회기의 주제

이 회기는 슈퍼필러에게 신체를 보살피는 일의 가치를 확인하고 뇌, 신체, 감정 상태 간의 상호 작용에 관해 배우고 감정 기계가 완전히 가동될 때 나타나는 도망, 싸움, 동결 반응 같은 특정 신체 상태의 영향을 확인해 보라는 요청으로 시작한다.

회기의 리듬은 역동적이며 참가자가 치료실에서 움직이면서 뛰어난 연기 기술을 보여 주기를 요구한다(이 회기가 끝날 때쯤 수업 뒤편에 페넬로페 크루스[1]가 서 있을지도 모른다).

접지와 닻 내리기는 이미 5 회기에서 소개했으나 슈퍼필러가 일상생활에서 감정 각성을 자주 접하기 때문에 자기 위로 연습 때 다시 살펴볼 것이다.

개요

1. 순간 속에 머물기 연습
2. 주간 실습 검토
3. 가르침 요점: 나는 어떻게 자신을 돌보고 싶은가?
4. 가르침 요점: 당신의 뇌와 감정 기계
5. 가르침 요점: 신경계와 세 가지 신체 상태

---

1)수많은 상을 받은 스페인의 여자 영화배우

6. 가르침 요점: 접지를 하는 시기와 이유

7. 가르침 요점: 스트레칭 요령

8. 가르침 요점: 수면, 운동, 식사 요령

9. 모든 것을 하나로 묶기

10. 주간 실습

자료

뇌 모형 소품

플래시 카드

워크시트

유인물: 체형 그림

워크시트를 내려받으려면 http://www.newharbinger.com/41771을 방문하라.

순간 속에 머물기 연습

아래 제시된 지시문을 읽고 회기를 시작하라.

잠시 호흡과 접촉합니다. 가능한 한 편안히 앉은 자세로 알아차림을 가져옵니다. 긴장한 곳이 있으면 그 신체 부위를 최대한 이완하십시오. 그리고 힘을 들이지 않고 숨을 들이쉬고 내쉴 때마다 호흡에 주의를 기울입니다. 어떤 식으로든 호흡을 조절할 필요는 없습니다. 단순히 숨이 자연스럽게 쉬도록 놓아둡니다. (잠시 멈춤) 조만간 당신의 마음은 그날의 관심사, 이번 시간 전에 일어난 일, 당신이 해야 할 일과 관련한 생각으로 방황할 것입니다. 주의를 호흡으로 부드럽게 돌릴 수 있는지 살펴보십시오.

다음으로 나는 당신이 '내가 옳고, 당신이 틀렸어.' 또는 '내가 더 잘 알고 있어.'라는 생각이 떠올랐던 순간을 가져오도록 초대할 것입니다. 누군가가 당신을 부당하게 대우했거나 당신을 화나게 한 상황 그리고 자연스럽게 당신 마음이 '내가 옳아, 네가 틀렸어.'라는 식의 생각을 떠올리게 했던 상황을 회상할 수 있는지 살펴봅니다. 완벽한 상황을 선택하느라 고민하지 마십시오. 잠시 당신이 집중할 수 있는 상황을 선택하기만 하면 됩니다. 이 이미지를 마음속에 간직하고 가능한 한 생생히 이를 알아차리고 당신의 몸에 무엇이 나타나는지 살펴봅니다. 신체 감각이 있습니까? 한 부위입니까? 아니면 움직입니까? 기분이 어떠합니까? 이 감정에 붙일 이름이 있습니까? 잠시 의도적으로 이 감정을 있는 그대로 지켜보고 강도, 속도, 감정에 따라 가장 의지했던 행위를 알아챌 수 있는지 살펴봅니다. 당신의 감정 기계는 항상 활동하고 있으며 이 연습에서 우리는 그저 활동의 순간을 알아챕니다. 이 감정이 당신의 몸에서 어떻게 느껴지는지, 그것과 함께 오는 감각, 그리고 이와 함께 행동하려는 충동(촉박감)에 한 번 더 주의를 기울일 수 있습니까? (*잠시 멈춤*) 무언가를 하고 싶은 충동(촉박감)이 강할지라도 감정을 살피는 것 이외에 아무것도 하지 않고 이를 가지고 있는 것이 어떤 것인지 알아채십시오.

간단하게 내담자에게 이 활동에 관해 그들이 가지는 **반응**을 들여다볼 기회를 제공하라. 늘 그렇듯이 호기심의 본을 보이고 **반응**의 각기 다른 성분을 알아채고 명명하는 것이 도움이 된다.

주간 실습 검토

핵심 워크시트인 '슈퍼필러를 위한 수용전념치료 로드맵' 및 '활동하는 가치'를 계속 살펴보라.

가르침 요점: 나는 어떻게 자신을 돌보고 싶은가?

이 부분은 새로운 모듈의 시작이기에 내담자에게 이 모듈이 가치를 탐색하고 이에 다가가는 활동임을 알려라.

체험적인 수용전념치료: 가치 식별

내담자에게 그들이 존경하는 스포츠 스타나 존경하는 친구에 대해 잠시 생각해 보라고 말하라. 내담자가 그런 종류의 한 사람을 선택한 후(이름을 말할 필요는 없다) 가족 모임이 펼쳐지고 자신이 선택한 사람이 가족(내담자)에게 신체적 안녕과 관련되어 그들에게 무엇이 중요한지를 말해주는 상상을 해 보도록 요청하라. 그 뒤 다음과 같은 질문을 하라. "신체 관리의 가치에 관해 그 사람이 뭐라고 말하길 원하십니까?" "당신 몸을 돌볼 때 그 사람이 당신에게 중요한 어떤 자질을 언급하기를 원하십니까?" 내담자가 자신의 반응을 기록할 수 있는 옵션을 제공하라.

간단히 말해 우리에게 가치는 매우 중요한 것임을 내담자에게 상기시켜라. 그것은 규칙, 목표 또는 느낌이 아니다. 가치는 우리가 중요하게 선택하는 자질이며 끊임없이 가치대로 살아가고 있기에 동사이다.

참가자에게 그들이 떠올린 가치를 집단과 공유하도록 초대하고 두 회기 동안 신체적 자기 관리가 집단 회기의 주제임을 공유하라. 그래서 내담자에게 주간 가치 기반 활동을 하는 두 주 동안 건강에 집중하도록 초대한다. 명확히 말해 매회기마다 워크시트로 실습하는 가치 기반 삶을 이 활동으로 작성하도록 요청한다.

이 체험적인 수용전념치료가 끝날쯤 참가자에게 신체 건강 관리 가치대로 살아가는 데 방해가 되는 것을 기꺼이 공유할 의향이 있는지 물어보라. 이번 주에 가치 기반 행동을 선택할 때 그동안 학습했던 수용전념치료 기술 중 써 볼만한 것이 있는지 간단히 확인하라.

조심해!

이 연습에서 나타날 수 있는 두 가지 시나리오가 있다.

첫 번째는 일부 내담자는 변하라는 지시를 받았던 의료 시스템을 경험했을 수 있다. 자신의 건강을 개선하는 데 필요한 행위를 알고 있으면서도 지시를 따르는 데 어려움을 겪었던 사람들이다. 내가 추천하는 사항은 이 모듈 전반에 걸쳐 가치 기반 활동을 촉진함에 있어 가치 기반 행동에 닻을 내리고 가치를 계속 살피면서 건강 관련 행동의 변화를 스스로 선택하도록 하는 것이다.

두 번째 잠재적 시나리오는 집단에 만성 질환, 신체장애 또는 만성 통증을 앓고 있는 내담자가 있을 것이고 자연스럽게 그들의 내면 목소리가 "내 몸 때문에 할 수 없어요."와 같은 반응을 보이는 것이다. 그런 경우에는 내담자의 신체와의 투쟁을 알아봐 주고 자기 관리 가치에 따라 산다고 해서 가치와 특정 활동 사이가 일대일 관계는 아니라는 점을 명확히 하는 것이 도움이 된다. (일대일 관계는 내면 목소리에서 나오는 갈고리다) 이는 각기 다른 유형의 건강 관련 행동에 유연성을 갖고 신체가 잠시 멈춰야 할 때를 인정하고 필요한 조정을 하려는 것이다.

내담자와 가치 명료화를 한다고 해서 치료의 모든 것이 순조롭게 진행된다는 말은 아니지만 내 경험상 내담자가 지시받거나 꾸지람을 받거나 강요당하지 않기 때문에 대화의 질이 달라진다. 그들은 자신에게 중요한 것이 무엇인지 확인하고 자기 행동의 실효성을 확인하고 조금씩 행동을 선택하도록 초대받는다. 마지막으로 수용전념치료에서 우리는 모든 영역에서 유연하고 유동적이며 광범위한 가치 기반 행동을 창출하는 데 중점을 두고 있다는 점을 기억하라.

가르침 요점: 당신의 뇌와 감정 기계

참가자에게 이 회기가 신경심리학 수업은 아니겠지만 뇌가 관여하는 부분을 이야기하지 않고는 감정 조절 난제를 논하기 어렵다고 말하라. 감정 기계가 켜질 때 뇌는 이를 그럴듯하게 만들고 이에 따라 신속하게 행동을 조직하고 있음을 아는 것이 도움이 된다.

뇌 모형 소품을 들고 참가자에게 뇌의 세 가지 중요한 영역인 시상하부, 편도체, 해마를 보여 주고 이들의 기능에 관해 언급하라.

1. 시상하부는 위험 탐지기 역할을 하며 그 소견을 편도체에 전달한다(위치: 뇌 뒤쪽).
2. 편도체는 뇌에서 스트레스 호르몬을 방출하고 싸움, 도피 또는 동결 반응을 위해 우리 몸을 조직한다(위치: 뇌 뒤쪽).
3. 해마는 편도체로부터 메시지를 받은 후 위험 신호가 진짜인지 아닌지 전전두엽 피질의 확인을 받아 이에 따라 반응한다(위치: 이마, 전전두엽 피질은 판단, 의사 결정, 문제 해결을 담당한다).

이러한 영역이 어떻게 상호 작용하는지를 알려주는 기본 지식을 얻은 후 일부 슈퍼필러의 경우 이것이 작동하는 방식에 약간의 차이가 있음을 간략하게 설명하라.

1. 그들의 시상하부는 환경에서 훨씬 더 자주 위협을 지각한다(과잉 활동).
2. 편도체는 더 빠르게 활성화된다(과잉 반응).
3. 해마는 포화 상태가 되어 무슨 일이 일어나고 있는지 상황에 대응하는 방법을 확인하는 데 시간이 걸린다(과소 활동).

이러한 차이를 명확히 하기 위해 다음 체험적인 수용전념치료 활동으로 이동하라.

체험적인 수용전념치료: 활동 중인 우리의 뇌와 감정 기계

이것은 수용전념치료 연습인 '마음과 함께 산책하기'의 미니 버전으로 뇌의 여러 기관이 산책한다는 식으로 은유의 변화를 준 것이다.

네 명의 자원자를 초대하여 이 활동은 뇌의 다른 기관을 대역하는 연습이 될 것이며 각 참가자가 하나씩 역할을 담당할 것이라고 설명하라. 네 명의 자원자를 구해 각 참가자에게 각 역할을 할당하라. 한 참가자는 시상하부, 다른 참가자는 편도체, 세 번째는 해마, 네 번째는 평범한 사람의 역할을 준다.

역할 할당 후 다음 지침을 주라.

- 시상하부 역할을 하는 참가자는 고양이처럼 지속해서 위험을 확인하고 있다고 설명하라. 이 참가자는 한 손을 이마에 얹고 조심스럽게 움직이면서 주변을 확인하고 사람들의 얼굴을 보고 아마도 '그들이 나를 좋아할까? 그들은 나에게 화가 났을까? 저게 거미야?'라는 생각을 떠올리는 듯한 제스처를 할 수 있다.
- 편도체를 대역하는 참가자에게는 토끼처럼 편도체가 빠르게 활성화된다고 언급하라. 이 사람은 위아래로 점프하고 발을 구르고 "위험, 위험, 위험!"이라고 비명을 지른다.
- 해마의 역할을 하는 내담자의 경우 거북이처럼 해마가 매우 느리게 움직인다는 것을 표현하라.
- 끝으로 마지막 참가자는 마치 뇌와 산책하면서 과잉 활동하는 시상하부, 과잉 반응하는 편도체, 과소 활동하는 해마를 경험하는 것처럼 방을 돌아다닌다.

각 참가자의 역할을 살펴본 후 앞의 세 참가자가 뇌의 특정 역할을 하도록 하면서 '뇌와 산책하는 사람'에게 방에서 걷도록 요청하라. 일부 참가자는 무엇을 말해야 하는지 코칭이 필요할 수 있으므로 그들의 참여에 주의를 기울이는 것이 도움이 된다.

5분 동안 이 활동을 한 후 모든 사람에게 잠시 멈추고 자신들이 관찰한 내용을 숙고하도록 초대하라. '뇌와 산책하는 내담자'에게 물어볼 핵심 질문은 자신의 뇌에서 그런 모든 활동이 일어나는 동안 계속 걷는 과정에 관한 것이다. 이 질문은 간단하게 들리겠지만 슈퍼필러가 자신이 망가졌거나 결함이 있는 것이 아니라 단순히 많은 것을 느끼도록 연결되어 있어, 자연스럽게 강한 감정 각성이 일어나 감정 다루기를 배우는 것이 어렵다는 점을 이해하는 또 다른 맥락을 만든다.

조심해!

체험적인 수용전념치료와 고양이, 토끼, 거북이 은유가 어색해 보이면 건너뛰고 싶은 촉박감이 생길 수 있다. 하지만 나의 좁은 소견으로 이 연습은 감정 기계가 켜질 때 뇌의 각기 다른 영역이 내담자의 행동을 어떻게 구성하는지 체험적으로 배우는 데 도움이 되며 슈퍼필러에게 수용과 자비를 촉진한다.

이 연습은 슈퍼필러의 행동에서 반응 능력을 제거하거나 슈퍼필러가 뇌의 희생자라고 말하는 게 아님을 명심하라. 이는 그들의 행동을 새로운 맥락에 두는 것이다. 이 연습을 촉진할 때 나의 내담자는 다음과 같이 말했다. "내가 왜 그렇게 무언가를 하려는 강한 압박을 가지는지 이제야 알게 되었어요."

가르침 요점: 신경계와 세 가지 신체 상태

이 가르침 요점은 이전 가르침의 연속이며 신경계의 기초를 다룬다.

이 시간은 생리학 수업이 아니며 참가자가 하품하거나 이 가르침 요점에 관해 나에게 짜증 내는 것을 원하지 않으나 다음은 내담자와 함께 논의해야 할 기본 아이디어이다. 우리의 신경계는 두 가지 주요 부분을 가지고 있다. (1) 부교감 신경계는 우리의 진정, 이완 및 위안 반응(예: 기도, 호흡, 일요일 아침에 긴 목욕 또는 좋아하는 요가를 하는 것)을 담당하며 (2) 교감 신경계는 투쟁 또는 도피 반응을 담당한다.

우리의 신경계가 감정 기계와 함께 활성화되면 우리 몸은 투쟁, 도피, 동결 세 가지 유형의 반응으로 전환된다는 것을 내담자와 간략하게 공유하라.

투쟁 및 도피 반응이 더 많이 알려져 있으므로 동결 반응을 설명하는데 더 많은 시간을 할애할 수 있다. 동결 반응을 설명하는 핵심 요점은 다음과 같다. 편도체가 오랜 기간 최대 수준으로 "위험, 위험"을 외치고, 상황으로부터 투쟁하거나 도피할 수 없을 때 부교감 신경계의 등 쪽 미주 신경은 생존 반응으로 우리 몸이 차단되도록 준비한다. 우리 몸의 이러한 보호 반응을 해리라고 부른다.

이것이 비록 지루해 보일지라도 참가자에게 신경계에 관해 배우는 것이 중요하다는 점을 명확히 하는 것이 중요하다. 일부 슈퍼필러는 성향상 과잉 항진된 신경계를 가지고 있고 자주 경험하는 압도적인 감정에서 자기 비하적 서사로 빠르게 넘어갈 수 있기 때문이다. 자신의 신체 활동을 알아채고 명명하기를 배우는 것은 그들이 만나는 모든 상황을 어떻게 처리할지 선택의 가능성을 높일 뿐만 아니라 인생에서 앞으로 나아갈 때 자기 경험에서 이해를 돕는 새로운 맥락을 만든다. 그들은 부서지거나 결함이 있는 것이 아니다. 그들의 몸이 빠르게 **반응**할 뿐이다. 때로는 너무나도 빠르다.

체험적인 수용전념치료: 몸이 어떻게 움직이는지 알아채기(신체 스캔)

이 체험적인 수용전념치료는 참가자들이 일상생활에서 신체가 겪는 각기 다른 생리적 상태와 언제 어떻게 접지할지 알아채는 두 부분으로 구성되어 있다.

첫 번째 부분에서 내담자끼리 짝을 짓게 하라. 한 내담자는 신체 상태 전달자로 다른 내담자는 관찰자로서 대화에 참여한다. 다음 지침이 씌여진 플래시 카드를 준비하라.

신체 상태를 전달하기 위해:

- 진행자가 손뼉 치는 소리가 들리면 다른 신체 상태로 전환하면서 대화를 계속하세요.
- 한 번의 박수는 대화할 때 투쟁 상태에 들어가고 있음을 의미합니다.
- 두 번의 박수는 대화할 때 동결 상태에 들어가고 있음을 의미합니다.
- 세 번의 박수는 대화할 때 도피나 도주 상태를 취하고 있음을 의미합니다.

각 쌍이 신체 상태 전달자가 될 사람을 선택한 후 그 사람에게 플래시 카드를 건네고 파트너와는 내용을 공유하지 않도록 요청하라. 다음으로 모든 사람에게 대화하고 싶은 어떤 주제이든 이야기하도록 요청하라. 1~2분 후에 손뼉을 한 번, 세 번 또는 두 번 치면 신체 상태 전달자는 플래시 카드에 지정된 생리적 상태로 몸짓 언어를 전환하여 그 특정 상태대로 행동하면서 대화를 계속한다. 다음 손뼉을 치지 말고 내담자가 2분 동안 그 역할을 맡게 하여 각기 다른 생리적 상태를 관찰할 시간을 주라. 잠시 후 내담자에게 역할을 전환하고 같은 지침을 따르도록 요청하라.

이 체험적인 수용전념치료에 관해 숙고할 때 신체 상태 전달자에게 자기 몸이 다른 생리 상태를 연출하는 동안 대화를 이어가는 경험에 관해 이야기하도록 요청하라. 그런 다음 관찰자에게는 신체 기계가 다른 신체 상태를 겪고 있을 때 그들이 무엇을 알아차렸는지 그리고 그들의 파트너와 이야기하는 느낌이 어땠는지 물어보라. 일상생활에서 그들의 몸은 어떤 상태로든 들어갈 수 있겠지만 감정 기계를 다루는 법을 배우게 되면 그 몸 상태에 얽매여 상황을 악화시키지 않고 그러한 신체 상태를 가지는 법을 배울 수 있다는 점을 강조하라.

주어진 순간에 신체가 어떻게 작동하는지 확인하도록 가르치는 이 활동의 두 번째 부분으로 이동하라.

이 활동에는 어떤 것이든 당신에게 익숙한 신체 스캔 연습이 유용하다. 사용할

신체 스캔 연습이 없는 경우 내담자에게 읽어 줄 수 있는 간단한 신체 스캔 지시문
이 다음에 있다(『마음에서 빠져나와 삶 속으로 들어가라』(헤이즈, 2005)에서 발췌).

몇 분 정도 시간을 내어 신체 감각이 왔다 갔다 하는 것을 추적해 보기 바랍니
다. 특정 부위에 주의를 집중하면 신체에서 일어나는 감각을 알아챌 수 있습니
다. 감각을 알아챌 때 '느슨하고 아픈 감각' 또는 그것에 또 다른 이름을 붙일
수 있는지 확인하십시오. 설령 이름을 찾을 수 없더라도 걱정하지 말고... 그저
그것을 알아채는 데 집중하십시오... 잠시 계속 집중하십시오... 그리고 떠오른
어떤 느낌을 알아챕니다... 다음으로 부드럽게 당신의 목으로 이동하여 어떤 감
각이 나타나는지 확인하십시오. 잠시 초점을 유지하세요... 그리고 상체로 이동
하여 가슴, 팔, 위장을 알아채고... 어깨를 돌리며 그 부위에 집중합니다. 상체에
어떤 감각이 나타나는지 알아챕니다. 마음이 표류한다면 그냥 그것을 알아채
고 어떤 판단과 생각에도 걸려들지 말고 다시 상체를 알아채는 데 주의를 돌리
고 잠시 머뭅니다... 계속 진행하면서 관심의 초점을 골반 부위로 옮기고 엉덩
이, 대둔근에서 감각을 알아챕니다. 그들과 싸우지 말고 단순히 알아채고 몇 분
동안 그 감각에 주의를 기울이십시오. 이 연습은 처음에는 어색하게 느껴질 수
있지만 진행하면서 더 자연스러워질 수 있습니다. 하체에 집중하면서 계속 움
직여 봅시다. 다리 앞쪽을 천천히 스캔합니다... 허벅지, 무릎, 다리 아래를 알아
채고 천천히 허벅지와 종아리 뒤쪽으로 이동합니다. 마지막으로 발로 이동합니
다. 주의를 집중하고 발바닥, 발목, 발가락의 감각을 알아챌 수 있도록 자유롭
게 흔들어보세요.

이 신체 스캔 실습에서 내담자의 피드백을 수집하기 위해 체형 그림 유인물을
나눠주라. 내담자에게 몸에서 알아챈 감각과 그 감각을 기술하는 단어를 적도록
요청하라. 안내를 위해 인간 체형 그림 옆에 적힌 단어를 사용할 수 있다.
　마지막으로 우리는 내담자가 이러한 기술에 가능한 한 쉽게 접근할 수 있기를

원하므로 매일 실습할 수 있는 짧은 버전의 신체 스캔도 있다고 언급하라. 내담자
가 관심을 보이면 이 짧은 신체 스캔을 위해 자기 몸이 세 개의 신체 영역으로 나
뉘어 있다고 상상하고(아래 참조), 하루 중 언제라도 잠시 멈추고 해당 영역의 감
각을 알아챌 수 있다고 간략하게 설명한다.

- 영역 1: 머리, 목, 어깨
- 영역 2: 상체 – 등, 가슴과 팔
- 영역 3: 하체 – 엉덩이, 다리 그리고 발

내담자에게 신체 상태를 알아채고 명명하기 실습을 할 수 있는 선택사항을 계
속 제공하기 위해 하나의 대안으로 하루 중 호흡의 질(얕나요? 빠른가요? 느린가
요? 깊은가요?), 몸의 온도(차갑고, 뜨겁고) 또는 말소리의 질(빠르고, 느리고, 더
듬고)을 확인하도록 권장한다. 이 가르침 요점이 끝날 때 내담자가 원하는 삶을 만
들어 나감에 있어 신체 상태를 알아채고 명명하는 핵심 기술이 유용할 것임을 다
시 한번 강조하라.

조심해!

일부 내담자는 외상의 병력이 있거나 해리가 있을 수 있다. 이때 해리는 뇌가 과도
하게 활성화되었을 때 누구나 경험할 수 있는 자연스러운 반응임을 명확히 한다면
내담자에게 이전과는 다른 맥락을 제공한다. 임상적으로 해리가 문제가 되는 것은
내담자의 삶에 영향을 미칠 정도로 빈번하게 탈줄 모드로 들어갈 때를 말한다. 외
상 관련 과거 사고에서 반추를 논의할 때 언급했듯이(6장) 이 교과 과정은 높은 수
준의 해리 반응은 다루지 않는다. 추가적인 치료가 될 수는 있겠지만 해리를 주요
문제로 겨냥하지 않는다.

가르침 요점: 접지를 하는 시기와 이유

4회기에서 감정에 휩싸일 때 닻을 내리는 기술을 배웠다는 것을 내담자에게 상기시켜라. 이 가르침 요점을 확장하여 내담자의 몸이 동결, 투쟁, 도피 모드로 들어갈 때 스스로 현재 순간으로 되돌릴 수 있도록 할 것이다.

닻 내리고 접지하기 실습은 불편한 경험을 억제하거나 제거하는 것이 아니라 감정 기계, 시끄러운 신체 소음 또는 요구가 많은 내면 목소리에 사로잡힐 때 의도적으로 선택할 수 있는 행동이며 내부 경험이 자신의 경로대로 가도록 놓아두는 데 도움이 된다. 이 가르침 요점을 지나치게 설명하지 말고 다음 단계로 넘어가라.

체험적인 수용전념치료: '활동하는 접지' 연습

일부 접지 연습에 익숙할 수 있겠지만 이 연습에는 약간의 변형이 있으므로 아래의 지침을 읽어보길 바란다.

최근에 당신이 겪었던 가벼운 투쟁의 기억을 마음에 떠올리고, 그 이미지를 붙잡으면서 당신의 감정 기계가 어떤 **반응**을 떠올리는지 알아챕니다. 어떤 과거 사고, 미래 사고, 지배 사고... 아니면 어떤 이야기를 알아챌 수 있나요? 당신에게 나타날 수 있는 느낌, 감각 또는 행동하려는 충동(촉박감)을 알아챕니다. 무엇을 하고 싶나요? (*잠시 멈춤*) 다음으로 이 투쟁에 대해 가장 의지했던 행위나 무언가 하고 싶은 충동(촉박감)을 알아채고 명명할 수 있는지 살펴보세요... 어떤 문제 해결 반응이 있습니까? 숨거나, 도망치거나, 이 연습을 그만두고 싶은 충동(촉박감)이 있나요? 다른 사람들보다 더 많이 존재하는 어떤 감정이 있나요? 당신의 몸에서 더 우세한 감각이 있나요? (*잠시 멈춤*) 이제 몸 전체를 접지하는 것처럼 발을 바닥에 세게 누르고 발가락을 약간 꼼지락거리고 다시 세게 누르고 천천히 손을 배에 올려놓습니다.... 숨을 들이쉬고 내쉴 때마다 알아채기 시작합니다... 숨쉬는 단순한 행위에 집중하기 시작하면서 그리고 그렇게 하는 동안 주변을 알아챕니다.... 눈에 보이는 대상을 알아채고 명명합니다... (*잠시 멈춤*) 다음으로 당신은 감정 기계가 지금 떠올리는 어떤 감정을 부드럽게 알아채고 명명할 수 있나요? (*잠시 멈춤*) 다시 발로 바닥을 누르고 들리는 소리를 알아채고 명명합니다... (*잠시 멈춤*) 그다음 당신의 몸이 지금 어떤 감각을 가지는지 조용히 알아채고 명명합니다... (*잠시 멈춤*) 그런 다음 다시 발을 누르고 방 안에 어떤 냄새가 있으면 알아챕니다... (*잠시 멈춤*) 천천히 심호흡을 다섯 번 하면서 숨을 들이쉬고 내쉴 때 어떤 느낌인지 알아챕니다.

내담자와 함께 이 접지 연습을 되돌아볼 때 (대처 사고, 만트라, 또는 긍정적인 확신 같은) 어떠한 내용이나 언어 기반 도우미를 사용하지 않고 현재의 내부 경험에 집중한다는 점에 주목하라. 수용은 우리 뇌의 더 적은 자원을 사용한다!

조심해!

현실을 보자! 슈퍼필러가 감정적 불편함을 잘 참지 못한다는 걸 생각하면 모든 기술이 역효과를 낼 수 있으며 이를 또 다른 문제 해결 전략으로 삼거나 도피 및 통제 전략이 될 수 있다. 이 기술을 어떻게 사용하는지 주의를 기울이지 않으면 내담자의 보고만으로는 제대로 알 수 없다. 만약 "작동하지 않았다.", "여전히 불안했다.", "시도했지만 아무 도움도 되지 않았다." 같은 진술을 듣게 된다면 내담자가 이러한 기술을 어떻게 실습하고 있는지 확인하고 싶을 것이다.

가르침 요점: 스트레칭 요령

이 가르침 요점을 시작하기 전에 이완과 신체 예산(리사 펠드먼 배럿이 만든 용어,

2017a)²⁾에 도움이 되는 각기 다른 활동에 대해 알고 있는 것이 있는지 참가자들의 의견을 물어 보라. 그리고 나서 끊임없이 감정 스위치가 켜고 꺼지거나, 내면 목소리가 계속 수다를 떨거나, 과거 상황을 되새기거나, 예측 모드로 들어가거나, 자신이나 타인의 서사에 걸려들게 되면 생리적 **반응**이 증가하고 대부분의 시간 동안 스트레스를 받거나 초조해지기 쉽다는 것을 설명하라. 위안慰安 기술은 감정 기계를 길들이고 더 나은 삶을 사는 데 필요한 기술이다!

체험적인 수용전념치료: 스트레칭 기술

기본적인 스트레칭 연습을 알려주는 아래의 추천 지침을 읽고 이를 가지고 참가자를 안내하라. 자세마다 30초를 부여하라.

이 스트레칭 연습을 위해 턱을 가슴 쪽으로 가까이 가져오고 머리를 천천히 오른쪽으로 움직여서 오른쪽 귀가 오른쪽 어깨에 닿거나 가까워지게 하고 그 자세를 유지합니다. 그런 다음 턱을 가슴으로 되돌리고 머리를 천천히 왼쪽으로 움직여서 왼쪽 귀가 왼쪽 어깨에 닿도록 합니다. (*내담자가 자세를 알아차리도록 잠시 멈춘다*)

그다음 어깨를 귀 쪽으로 들어 올리고 잠시 그 자세를 유지하고 그다음 어깨를 앞뒤로 각각 5번 돌립니다.

마지막으로 왼팔을 뻗어 몸 앞쪽으로 단단히 유지합니다. 그다음 오른손을 왼팔의 팔꿈치에 대고 왼팔을 단단히 유지하면서 오른손을 왼팔 위로 천천히 움직이고 오른손이 왼손에 닿을 때까지 계속합니다. 그런 다음 왼팔의 손가락을 천천히 하나씩 펴세요. 오른팔, 손, 손가락으로 같은 단계를 반복합니다.

---

2)역주: 신체 예산(body budget)은 몸에 무언가 필요할 때 이를 충족할 수 있도록 예측하고 대비하는 것을 말한다. 배럿은 최신 진화 이론을 근거로 뇌의 존재 이유가 단순히 생각을 위한 게 아니라 적절한 움직임이라고 보고, 적절함의 기준이 '신체 예산'이라 했다.

내담자와 디브리핑할 때 수백 가지의 스트레칭 연습이 있다는 점을 분명히 하고 그중 어떤 것이든 시도해 보라고 권유하라. 특히 언제 어디서나 실행할 수 있는 연습을 시도하라고 한다.

조심해!

내담자들에게 전하는 메시지는 스트레칭 기술을 연습하는 것이 사적인 불편한 경험을 없애는 것이 아니라 속도를 늦추고, 자신을 접지하고, 순간의 감정에 끌리지 않고 느낌을 더 잘 느끼는 것이다. 이것은 불쾌한 경험을 제거하기 위해 마라톤을 뛰고 수백 개의 전략을 개발했던 슈퍼필러에게 전달하기 쉬운 메시지가 아니겠지만 우리가 그들의 행동을 조형하도록 더 많이 지원할수록 그들은 더 유연한 삶을 살게 될 것이다.

가르침 요점: 수면, 운동, 식사 요령

신체 예산을 자원화하기 위한 세 가지 중요한 변수를 집단과 간략하게 논의하라.

- 수면: 수면 부족은 우리 몸이 감정 조절 문제를 겪게 하는 가장 큰 원인이다.
- 운동: 매일 30분의 신체 활동은 우리 몸이 최적의 수준에서 기능하도록 도와준다.
- 식사: 우리가 먹는 것과 식사 방법에 주의를 기울이면 의학적 질병에 걸릴 가능성이 줄어든다.

체험적인 수용전념치료

이 가르침 요점은 매우 단순하기에 활동이 없다!

조심해!

내담자에게 신체에 영향을 미치는 의학적 또는 신체적 상태가 있는 경우 할 수 있는 적절한 신체 활동에 관해서는 의사와 상의해야 함을 상기시켜라.

모든 것을 하나로 묶기

이 회기에서 배운 기술을 내담자를 위해 요약하라.

내부 기술	외부 기술
신체 상태 알아채기: 도피, 투쟁, 동결 각 신체 상태에서 행동의 실효성 확인하기 접지 가장 의지했던 행위의 실효성 확인하기	가치 기반 행동 선택하기

주간 실습

참가자에게 이번 주의 핵심 워크시트를 건네주라.

토막 논평

이 책을 쓸 때 나는 정서신경과학에서 가장 매혹적인 책 중 하나인 리사 펠드먼 배럿의 『감정은 어떻게 만들어지는가』를 읽었다. 나는 이미 1장에서 슈퍼필러의 치료와 관련된 그녀의 연구 결과를 요약했다. 아래는 감정에서 뇌의 역할에 대한 그녀의 견해이다.

펠드먼 배럿에 따르면 감정은 그냥 촉발되는 것이 아니다. 감정은 뇌에 의해 구성된다. 감정이 촉발된다는 고전적 견해에도 불구하고 그녀의 견해로는 우리는 감정에 능동적으로 참여한다. 모든 감정은 내수용 경험(감각)으로 우리 몸에서 시작되며 우리의 뇌는 이를 이해할 필요가 있기에 그 경험을 개념/단어/상징과 일치시키기 위해 이전 경험/연합을 빠르게 사용한다. 뇌의 예측이 내수용 경험과 일치하면 뇌는 과거 경험에 따라 행동을 조직한다(즉, 학습은 일어나지 않는다). 하지만 뇌의 예측이 내수용 경험과 일치하지 않으면 펠드먼 배럿이 '예측 오류'라고 부르는 것이 생긴다. 이것은 학습이 일어나는 방식이다. 흥미롭지 않은가?

하지만 우리는 예측을 만들고 싶어하는 부지런한 뇌를 가지고 있기 때문에 예측이 우리의 감각 경험과 일치하지 않는 경우조차도 우리의 뇌는 쉽게 예측에 빠져든다.

뇌의 자연스러운 예측 특성을 인정하면 감정 경험을 서로 구별하는 것(알아채기 및 명명하기 기술)의 중요성을 강화하고, 감각과 감정에서 우리의 어휘를 최대한 늘려 학습이 일어나도록 하며 뇌가 새로운 정보를 학습하여 우리의 내부 세계와 외부 세계에 더 적응적으로 참여하는 새로운 행동 반응을 조직하는 것으로 이어질 수 있다.

유인물: 체형 그림

신체 스캔 연습을 한 후 몸에서 알아챈 감각과 이를 기술하는 단어를 적어 주십시오.
아래 인물 그림 옆에 있는 단어 중 일부를 예시로 사용할 수 있습니다.

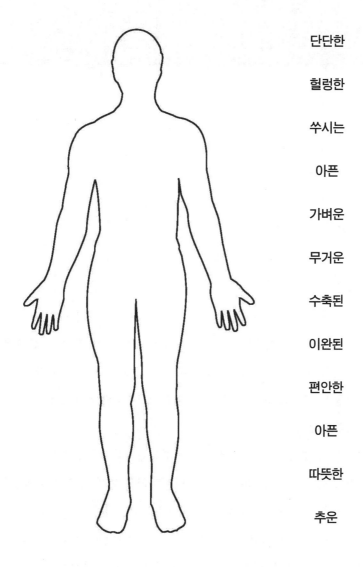

단단한

헐렁한

쑤시는

아픈

가벼운

무거운

수축된

이완된

편안한

아픈

따뜻한

추운

Chapter 14

10회기 – 신체 알아차리기
Session 10 - Body Awareness

이 회기의 주제

누구에게나 신체 건강이 중요하지만 매일 겪는 수백 가지 감정 사슬로 인해 몸이 지치고 만성 스트레스에 놓이기 쉬운 슈퍼필러는 이미 바쁜 마음에 정신적 피로까지 더해지므로 이들에게 있어 신체 건강은 더욱 중요하다. 이 회기는 신체 알아차리기 모듈의 마지막 시간이며 이를 통해 내담자는 신체적 자기 관리 가치, 뇌와 신체가 자신의 행동을 구성하는 방식의 기초, 기본 조절 능력에서 감정 기계의 압도적인 영향을 명확히 한다.

이 회기에서는 주로 감정 롤러코스터를 경험하는 게 어떻게 주의에 영향을 주고 편향된 감정을 만들어 문제 해결 능력을 떨어뜨리는지, 그럼으로써 최종적으로 어떻게 우리를 현재에서 벗어나게 하는지에 초점을 맞춘다.

자, 현실을 보자. 인생은 슈퍼필러뿐만 아니라 우리 모두에게 이상과 거리가 먼 수백 가지 상황을 몰고 온다. 이러한 상황은 우리가 고통을 직시하고 문제를 해결하는 방법을 배우도록 요구한다. 하지만 우리는 최선의 의도에도 불구하고 모두 엉망이 되고 만다. 그렇다면 슈퍼필러 세계에서 다음 단계는 무엇일까? 자기 비난, 자기비판, 어떤 경우에는 자기혐오로 가득 차게 된다. 이것이 바로 이 회기의 마지막에 가치 기반 문제 해결과 자기 자비에 초점을 맞추는 이유이다.

문제 해결은 문제 자체를 해결하기 위한 고전적인 틀에 박힌 도구가 아니라 가치 기반의 삶을 향해 사용할 수 있는 또 다른 기술로 소개된다. 문제 상황을 인식한 후 슈퍼필러는 자신이 통제할 수 있는 것과 그렇지 않은 것을 구별하여 자신이 가질 수 있는 모든 변화 의제를 알아채도록 한다. 이는 힘겨운 상황에서 수용을 실습하고 가치 기반 삶을 선택하는 중요한 단계이다.

자기 자비를 가르칠 때 장벽으로 작용할 수 있는 자기 자비를 보는 가장 흔한 사고를 검토하고 자기 자비 실습을 위한 신체적 제스처를 강조하는 가르침 요점이 있다.

슈퍼필러는 지친 두뇌를 가지고 있다! 우리는 그들의 괴로움을 덜어줄 수 있는 수용전념치료 기술을 가르쳐야 할 의무가 있다!

개요

1. 순간 속에 머물기 연습
2. 주간 실습 검토
3. 가르침 요점: 주의
4. 가르침 요점: 정서 편향된 주의
5. 가르침 요점: 가치 기반 문제 해결
6. 가르침 요점: 자기 자비
7. 모든 것을 하나로 묶기
8. 주간 실습

자료

포스트잇 (참가자당 10~15개의 포스트잇)

워크시트

워크시트: 가치 기반 문제 해결

http://www.newharbinger.com/41771를 방문하여 워크시트를 내려받아라.

순간 속에 머물기 연습

미리 말하자면 이 순간 속에 머물기 연습은 고전적인 즉흥극 연습을 각색한 것이다.

　내담자에게 일어서서 방안에 줄을 서도록 요청하라. 서로의 말을 주의 깊게 듣고 각 사람의 반응에 따라 이야기를 전개함으로써 함께 하나의 이야기를 만들 것이라고 설명하라. 잘못된 반응이나 잘못된 문장은 없다. 모든 반응은 유효하고 이를 환영한다. 줄의 어느 한쪽 끝에 있는 사람에게 '시작 문장'을 제공한 다음 이 사람에게 그 '시작 문장'을 반복하고 다른 문장을 추가하도록 요청하라. 다음으로 이동하여 각 참가자가 줄을 추가하고 각 사람이 줄을 세 번 추가할 때까지 활동이 계속된다.

　모든 유형의 '시작 문장'이 허용된다("문 앞에 사람이 서 있었습니다.", "제가 아무것도 하지 않았는데 컴퓨터가 다운되었습니다.", "초콜릿케이크를 먹고 있었습니다."). 이 활동에 대해 논의하는 동안 모든 사람이 활동을 이어나가기 위해서 타인의 반응에 주의를 기울이는 것이 중요하다는 점을 내담자에게 지적하라. 이것이 다음 가르침 요점이다.

주간 실습 검토

늘 그렇듯이 지난주 주간 실습을 검토할 자원자를 요청하라.

가르침 요점: 주의

슈퍼필러에게 주의가 왜 중요한지 궁금할 것이다. 여기에 간단한 반응이 있다. 슈퍼필러는 끊임없이 지치고, 피곤하고, 혼란스럽다. 자신의 삶이 수백 개의 사슬 속에서 감정에서 행동으로 다시 감정과 행동으로 이어진다면 어느 누구든 그럴 것이다. (이 장의 끝에 있는 토막 논평에 긴 반응이 있다.)

이 가르침 요점을 진행하기 전에 참가자가 주의에 관해 가지고 있는 아이디어를 수집한 후 주의는 특정 상황에 의도적으로 집중할 수 있는 능력이라고 알기 쉬운 언어로 설명하라. 우리가 하루 동안 무엇을 하든, 누구와 대화하든, 주의를 기울이는 게 삶의 기술이다. 왜냐하면 우리는 외부 세계(예: 거리의 소음, TV, 말하는 사람들, 아기 울음)와 내부 세계(예: 할 일 목록, 보고 싶은 영화 이미지, 우리가 나눈 대화에서 걱정이나 다음 생일 파티에 대한 소원)에 노출되면서 항상 자극을 받기 때문이다. 의도를 가지고 주의를 기울이는 선택을 하면 온갖 소음에 산만해지지 않고 우리에게 중요한 활동에 주의를 둘 수 있다.

체험적인 수용전념치료: 뇌의 자원을 알아채기

이 연습을 위해 참가자에게 포스트잇 한 묶음(각각 약 10~15개)을 제공하고 각 포스트잇에 하루에 해야 할 작업(아침 식사 준비, 출근, 보고서 작성 또는 통신사에 전화하기 등)을 하나씩 적도록 초대하라. 쓰기가 끝나면 모두에게 한쪽 팔을 뻗으면서 손바닥이 위를 향하도록 요청한다. 손바닥에 포스트잇을 연결해서 붙여두고 포스트잇에 적힌 글을 차례로 집단이 들을 수 있도록 큰 소리로 말하게 하라. 내담자들이 자신들의 포스트잇을 붙인 손바닥을 위로 향하게 들고 있으면서 손을 볼 때 무엇을 보는지 기술하도록 요청하라. 그들 중 일부가 관찰한 내용을 공유한 후 잠시 그들의 손이 뇌가 주의를 기울일 수 있는 능력이라고 상상하고 포스트잇에 쓰인 작업이 손바닥 안에 잘 들어가는지 확인하도록 요청하라. 그리고 다음과 같이 말하라. 주의를 기울일 수 있는 뇌의 제한된 용량을 고려할 때 하루 안에 완료해야 하는 작업 목록을 주면 이 모든 것에 주의를 기울이는 것이 실제로 가능할까요? 뇌가 그렇게 많은 일을 처리하는 것이 어떻게 가능하다고 생각합니까? 그리고 하루에 주어진 시간이 제한되어 있는데 그것이 정말 가능할까요?

이 활동을 디브리핑할 때 내담자에게 전달하는 핵심 메시지는 우리가 무한한 주의력을 가지고 있지 않다는 것이다. 우리의 뇌 용량은 제한되어 있기에 무엇에 주의를 기울여야 할지 신중하게 선택하고 하나의 작업에 집중하고 한 번에 하나씩 수행하는 게 우리가 개발해야 할 기술이다.

앞으로 나아가기 전에 내담자와 공유할 수 있는 팁이 있다. 그들이 해야 할 일이나 하고 싶은 활동의 긴 목록을 다시 살펴보고 자신의 개인적 가치 또는 건강의 가치 쪽으로 다가가는 활동 세 가지를 꼽으라면 어떤 활동을 선택하겠는가? 이어지는 가르침 요점으로 이동하기 전에 두세 명의 자원자에게 그들의 답변을 집단과 공유하도록 요청하라.

조심해!

때때로 참가자는 집중된 주의나 선택적 주의/다중작업 등 여러 가지에 주의를 기울이는 것에 관해 질문한다. 보통 나는 모든 유형의 인간 행동과 마찬가지로 어떤 행동이 때로는 적응적이고 다른 경우에는 그렇지 않을 수 있다고 대답한다. 단일 작업에 과도하게 집중된 주의는 슈퍼필러의 삶뿐만 아니라 모든 사람의 삶에서 경직된 레퍼토리가 될 수 있다. 예를 들어 길을 건너면서 (이 책과 같은) 훌륭한 책을 읽는 것에 주의를 더 기울이고 주변에 차가 있는지 확인하지 않으면 사고로 이어질 수 있다. 하지만 우리가 햇볕을 쬐고 해변에서 마가리타를 마시면서 같은 책을 읽는 데 몰두한다면 그것은 다른 시나리오이다. 다중작업이나 여러 작업에 주의를 기울일 때도 마찬가지로 적응적인 상황도 있고 그렇지 않은 상황도 있다. 일반적으로 음악을 들으면서 설거지를 하거나 팟캐스트를 들으면서 운전하는 것과 같이

과잉 학습된 활동을 하면서 다중작업을 할 수 있다.

가르침 요점: 정서 편향된 주의

여기서는 주의와 관련한 마지막 가르침 요점이 이어지며 특별히 정서 편향된 주의를 언급한다. 참가자 중 인생의 어느 시점에 어떤 유형의 공포증을 앓은 적이 있는지 물어보는 것으로 시작하라. 그렇다면 각기 다른 상황, 시간 및 장소에서 공포증이 어떻게 나타났는지 공유하도록 요청하라.

다음은 벌레에 두려움을 갖는 사람에 관해 공유할 수 있는 예이다. 이 사람은 새로운 방에 들어가서 곁눈질로 빠르게 움직이는 작은 것을 발견할 때마다 감정 기계가 활성화되고 거미를 경험한 학습 이력 때문에 내면 목소리가 "조심해, 벌레 같아. 거미일 수도 있으니 위험해."라고 말할 것이다. 곁눈질로 방 안을 움직이는 물체는 벌레가 아니라 먼지 조각, 작은 종잇조각, 양탄자의 머리카락임에도 불구하고 이러한 **반응**을 보인다.

공포증은 감정이 어떻게 주의 편향으로 이어지는지 그리고 과거 경험으로 인해 위험해 보이는 상황을 마주할 때 우리의 감정 기계가 얼마나 자연스럽게 활성화되는지를 보여 주는 전형적인 예이다. 이렇게 되면 뇌가 위험을 경고하고 과거의 연관성을 빠르게 검색하여 우리의 행동을 조직한다(벌레 피하기, 돌아서거나 비명을 지르기 등). 문제는 뇌가 자기 일을 하는 동안에도 실제로 무슨 일이 일어나고 있는지 확인하지 않을 수 있고 우리는 금방 압도적인 느낌에 걸려들게 된다는 것이다.

이것은 내가 일반적으로 내담자에게 '우리의 주의가 우리를 속일 수 있다.'라고 말하는 순간이며 이는 또한 참가자에게 직감 **반응**과 진정한 감정 알아차리기의 차이를 상기시키는 기회가 될 수 있다(3회기 참조).

체험적인 수용전념치료: 정서 편향된 주의 감지하기

인터넷에 접속할 수 있는 경우 내담자에게 보여 주기 위해 '선택적 주의' 온라인 비디오를 검색하라. 인기 있는 비디오는 농구하는 사람 한가운데를 걷는 고릴라 영상이다. 또한 내담자가 무언가를 느꼈을 때 내면 목소리는 분명 그것이라고 말했지만 이후 다른 것으로 판명된 순간에 관해 내담자와 간단한 집단 논의를 할 수 있다.

조심해!

외상 병력을 가진 내담자는 그동안 잠재적으로 위험한 상황에서 벗어나도록 뇌가 자신에게 경고한 것이 얼마나 많은 도움이 되었는지 강변하는 일이 드물지 않다. 이러한 유형의 질문을 받을 때 내담자가 위험의 지각을 불신하도록 권장하는 것이 아님을 분명히 하고 언제 어떻게 감정 기계가 활성화되면서 뇌라는 기계가 행동을 조직하는지, 그것이 때로는 적응적이고 때로는 그렇지 않은지를 인식하도록 하는 것이 도움이 된다. 끊임없이 위험을 찾거나 다음번 관계에서 상처받기를 기다리는 것이 정말 적응적일까?

가르침 요점: 가치 기반 문제 해결

이는 수용전념치료가 가진 추가 이점을 통해 슈퍼필러와 함께 검토할 수 있는 홀륭한 가르침 요점이다. 참가자에게 문제 상황이나 문제를 어떻게 정의하는지 묻는 걸로 시작하라. 문제와 관련한 수백 가지 정의가 있다는 점을 명확히 하고 전문적인 내용을 다루지 않고 짧은 정의를 공유하라. *어떤 것이든 우리가 가지는 기대, 욕구 또는 소망이 충족되지 않을 때 문제가 된다.*

다음은 문제의 몇 가지 예이다. 누군가와 이야기를 나눌 때 그 사람이 나와 다른 의견을 가지고 있다는 것을 깨닫는 것이다. 우리 옆에 있는 사람이 입을 가리지 않고 기침하는 것을 알아챈다. 상사로부터 추가 작업을 요청하는 이메일을 받는다. 거리에서 담배를 피우는 사람들이 있다. 또는 난 채식주의자인데 고기로 요리를 하는 사람이 있다. 다른 예도 자유롭게 떠올려 볼 수 있겠지만 슈퍼필러가 인생에서 겪는 복잡한 것이 아닌 일상적인 어려움을 보여 주는 예를 사용하라. 슈퍼필러는 주요 생활 사건만이 아니라 매일 발생하는 상황에서도 감정 롤러코스터에 갇힐 수 있기 때문이다.

이 모든 예에서 기대, 이상, 소망 또는 원칙이 충족되지 않았으며 이것이 우리가 직면한 문제임을 강조하라. 어떤 문제이든 우리의 감정 기계를 너무 많이 그리고 너무 자주 작동시키면 누구든 정신적으로 지치고 주의를 기울이는 능력이 제한되며 어떤 상황에서든 이를 해결하는 능력이 떨어질 수 있다.

마지막으로 수용전념치료에서 상황을 해결하는 것은 기술이나 기법을 아는 것뿐만 아니라 한발 물러서서 자신의 가치를 나침반으로 사용하는 것임을 분명히 하라.

체험적인 수용전념치료: 가치 기반 문제 해결

이 치료에서 문제 해결은 가치 기반의 삶을 증진하는 또 다른 기술이다. 이를 실습할 때 상황을 수용하고 자신에게 중요한 것을 확인하고 행동을 선택하기 위한 첫번째 단계로 '*그들이 통제할 수 있는 것과 통제할 수 없는 것은 무엇인지*' 질문함으로써 내담자가 가지고 있는 변화 의제에 언제 걸려드는지 알아채도록 초대한다. 슈퍼필러의 선택 능력을 키우면 괴로움을 완화하고 자신이 원하는 삶에 더 가까이 다가갈 수 있다. 특히 우리 모두 마주하는 수백 가지 문제 상황에서 더욱 그렇다.

이 체험적인 수용전념치료를 위해 가치 기반 문제 해결 워크시트를 사용하라 (먼저 당신이 이 워크시트를 직접 작성하여 집단에서 무엇을 질문하고 어떻게 제시할지 아이디어를 얻기를 권한다). 내담자에게 이 연습에서 집중하고 싶은 상황을 선택하도록 초대하라. 반응을 작성하는 동안 집단을 다니면서 개별적으로 봐줄 필요도 있다. 워크시트는 (1) 문제 상황을 분석할 때와 (2) 문제를 해결하려 행위를 취한 후에 작성하는 두 부분으로 구성되어 있다. 워크시트의 두 번째 부분은 주간 학습을 수행한 후 완성하는 것이라서 여기서 검토하지 않는다.

조심해!

간단하게 들리겠지만 상황이 쉽게 해결되는 것으로 가정하거나 내담자의 수준을 아주 높게 보고 임상의가 문제 해결을 지나치고 갈 수 있다. 하지만 이렇게 가정하는 갈고리를 경계하라고 말하고 싶다!

슈퍼필러는 매우 자주 여러 가지 괴로운 상황을 마주한다. 그들의 뇌를 소진케 하는 이런 어려움을 대할 때 감정-행동-감정-행동의 사슬을 보인다. 이는 주의 편향으로 이어지고 가치 기반 결정을 내리기 위한 일반적인 인지 능력을 떨어뜨린다.

또한 '둘 중 하나'라는 사고에 걸려들어 대체 해결책에 관해 생각하는 능력이 줄고 다른 선택지를 빠르게 거부하거나 잠재적인 해결책을 제대로 실행하지 못하는 슈퍼필러를 만날 수도 있다. 경직된 사고 패턴과 융합되면 음악 장비를 어떻게 작동할지와 같은 작은 상황부터 만족스럽지 못한 일 처리에 이르기까지 문제 해결 능력이 떨어진다.

가르침 요점: 자기 자비

이는 슈퍼필러가 자기 몸에 스트레스를 가하는 자기 비난이라는 토끼 굴에 빠지는 대신, 자신이 말하거나 행한 일로 후회할 때 보살핌, 용서 및 자비로 반응하도록 가르치는 것이다. 자기 자비가 무엇인지 검토하는 것으로 시작하여 오해한 부분을 논의하고 체험적 연습으로 마무리한다.

우리 모두 같은 인류로 살고 있다는 현실을 내담자와 공유하면서 이 가르침 요점을 시작하라. 인간은 실수하게 마련이고 의미 있는 삶을 살기 위해 최선을 다할 때조차 일이 잘못될 수 있다. 우리는 일이 어떻게 되어가는가를 두고 신체에 스트레스를 주고, 내면 목소리가 우리의 불완전함을 고문하도록 하고, 어떻게 우리가 문제인지에 집중하는 걸로 끝난다. 그 대신 스트레스가 우리 몸에 닥쳐오는 그 순간 자기 자비를 실습하도록 배울 수 있다.

참가자에게 자기 자비에 대해 가지고 있는 생각을 확인하라.

다음은 이 가르침 요점이다. 참가자에게 요점을 전달할 수 있도록 미리 읽어라. 이러한 사고 각각을 검토할 때 다음 세 가지 사항을 최대한 강조하라. (1) 자기 자비에서 내담자가 가진 생각을 학습 역사의 일부로 정상화하고 (2) 이를 정서 과학의 최신 연구로 맥락화하고 (3) 내담자가 일상생활에서 자신의 실효성을 볼 수 있도록 돕는다.

사고: 자기 자비는 상황을 악화시키는 것이어서 이를 실습할 수 없다.
일부 내담자의 경우 어려움을 겪을 때 친절함으로 존재하기를 배우는 게 힘들 수 있으며 감정 알아채기가 감당하기 어렵게 느껴질 수 있지만 계속해서 감정에서 도망치거나 자책하는 것은 괴로움을 연장할 뿐이라는 점을 강조하라.

사고: 자기 자비를 배우려면 마음챙김을 수련해야 한다.
확실히 마음챙김 수련은 자기 자비를 실습하는 능력에 도움이 되지만 어려운 감정이 있을 때 자기와 친절한 관계를 발전시키는 법을 배우는 데 반드시 마음챙김이 필요하지는 않다.

사고: 자기 자비를 실습하는 것은 이기적인 사람이 되는 것과 같다.
상처를 받아 겪게 되는 모든 어려움과 함께 있기를 배우고 친절함으로 반응하는 것은 이기적인 사람이 되는 것과 같지 않다. 그것은 내면 목소리의 판단이며 이 치료에서 배운 것처럼 하나의 생각이지만 그것이 우리를 정의하지 않는다.

사고: 자기 자비를 익히는 것은 내가 한 일에 책임지지 않는 것이다.

내담자와 공유해야 할 핵심 사항은 다음과 같다. 자신이 말하거나 행한 일에 대해 비난하는 사고와 융합되는 것은 시간 소모적이고 내면 목소리로 감정 기계를 빠르게 작동시켜 생각이라는 토끼 굴에 빠뜨린다. 과거에 푹 빠져 있다고 해서 과거가 바뀌는 게 아니며 과거로부터 배우는 것과 거기에 집착하는 것은 다르다.

사고: 자기 자비는 나에게 아무것도 하지 않는다.

어려움을 겪을 때 스스로 친절함을 실습한다고 해서 괴로운 감정에서 오는 불편함을 제거하지 못한다는 점을 수인하라. 자기 자비를 실습해서 특정한 결과를 얻는 것은 아니다. 이는 단지 때때로 찾아오는 참을 수 없는 감정과 함께 현재에 머무는 법을 배우고 자신에게 가혹하게 대하고 싶은 촉박감을 알아차리면서 가혹한 감정에 친절하게 반응하는 것이다.

사고: 자기 자비는 나에 대해 너무 관대하게 만든다.

우리의 상처를 마주하고 자신의 괴로움을 인정하는 법을 배우는 일은 용기 있는 일임을 분명히 하라. 자기 자비는 우리에게 이런저런 일을 하도록 떠미는 것과는 아무 관련이 없다.

사고: 자존감이 있을 때만 자기 자비를 실습할 수 있다.

사고 알아차리기 모듈에서 보았듯이 수용전념치료에서 부정적인 사고를 포함해서 사고를 나쁜 것이나 절대적인 현실로 보지 않는다는 점을 상기시켜라. 우리는 그것을 내면 목소리가 자연스럽게 만들어 낸 것으로 본다. 자기 자비는 우리 자신을 다르게 생각하는 게 아니며 누구에게도 자신을 부정적으로 이야기하도록 요구하지 않는다.

자기 자비를 실습하거나 학습하는 데 방해가 되는 다른 생각이나 아이디어가 있는지 확인하고 이에 대해 논의한다.

체험적인 수용전념치료: 자비로운 손길

내담자가 자기 자비를 실습하는 데 방해가 되는 가장 흔한 장애물을 살펴본 후 체험 연습을 통해 집단을 안내하라.

이 연습은 다음 네 단계로 구성된다.

1. 먼저 내담자에게 스트레스를 주고 몸을 동요하게 하고 몇 시간씩 타인이나 자기 자신의 예측 사고나 서사에 융합하게 만든 하나의 상황을 선택하도록 초대하라.

2. 상황을 선택한 후 참가자에게 그 상황을 마음속으로 가져와서 잠시 그 상황을 붙잡고 가능한 한 자세하게 세부 사항을 상상해 보도록 초대하라(1~2분).

3. 이제 스트레스 상황을 붙잡고 있는 동안 나타날 수 있는 신체 **반응**의 위치(예: 머리나 가슴)를 파악하도록 요청하라. 내담자가 신체 감각에 주목하는 데 어려움을 겪는다면 아래에서 위로 간단한 신체 스캔을 하도록 초대하라.

4. 마지막으로 참가자에게 자신의 괴로움을 인정하고 한 손을 해당 신체 부위에 놓으면서 상처받았음을 인정하고 그 부위의 신체 감각을 알아채도록 요청하라. 내면 목소리가 자신을 비난하는 이야기를 떠올리면 부드럽게 알아채고 그 이야기를 명명한 다음 자기 신체에 다시 주의를 되돌려서 친절과 보살핌으로 그 상처를 인정할 수 있다고 말하라.

디브리핑 할 때 스트레스받거나 집어삼켜지거나 잠겼다고 느낄 때마다 이를 감지하는 신체 부위를 찾아 그 위에 손을 놓아두고 숨을 들이쉬고 내쉬면서 자신의 투쟁을 인정하고 판단하거나 비난하거나 가혹한 말을 하는 대신 압도적인 감정이 그 경로대로 흘러가게 놓아두고 자신을 현재로 되돌리도록 격려하라.

마지막으로 내담자가 일상 레퍼토리의 일부로 각기 다른 자기 자비 신체 제스처를 시도하도록 운을 떼라. 예를 들어 나의 내담자 중 한 명은 감정 투쟁을 인정하기 위해 가슴에 손을 얹기로 했고 다른 내담자는 배를 가볍게 누르기로 했다.

조심해!

내담자들은 때때로 자비를 실습하거나 그 순간에 스스로 무언가를 말해야 할 때 만트라를 사용하는 것에 관해 질문한다. 때때로 이 질문은 문제 해결 의제에서 나온다. 감정이 격해져서 무언가 당장 해결해야 할 것 같을 때 슈퍼필러는 문제 해결 반응에 쉽게 걸려든다.

자기 자비의 신체 제스처는 수용 기반 과정을 증진한다. 슈퍼필러의 소진된 뇌가 더 적은 자원을 가지고 주어진 상황을 더 큰 관점으로 볼 수 있도록 전전두엽 피질에 접근할 기회를 늘리기 때문이다. 명확히 말해 만트라를 감정을 제거하기 위한 목적으로 문제 해결에 사용한다면 오히려 감정 상태를 증폭시킨다.

자기 자비를 위해 만트라를 사용하는 게 근본적으로 잘못된 건 아니겠지만 인지 재평가에서처럼 '전형적으로 교감 신경계가 안정될 때까지 시간이 더 걸린다.' (Strosahl, Robinson, & Gustavsson, 2015, pp. 96- 97) 어떤 사람에게는 스스로 진정시킴으로써 교감 신경계의 해로운 영향에 제동을 걸 수 있겠지만 시간이 꽤 오래 걸릴 수도 있고 일부 사람들은 실제로 자신을 흥분시켜 생리적으로 더 각성된다 (Strosahl, Robinson , & Gustavsson, 2015, pp. 96-97).

단순하게 말하면 수용은 내담자가 그들 앞에 있는 불쾌한 사고, 느낌, 기억 또는 감각을 인식하도록 가르친다. 이는 자신과 사적 경험 사이에 공간을 만들어 그들이 마음의 위협에 빠르게 걸려드는 것과 관련한 대안을 허용한다. 이는 내담자가 언제 어디서 어떤 일을 겪고 있든 적은 비용으로 접근할 수 있는 두뇌 자원이다.

모든 것을 하나로 묶기

다음은 이 회기 기술 목록이다.

내부 기술	외부 기술
정서 기반 편향 알아채기 가치 기반 문제 해결 자기 자비 실습 가장 의지했던 행위의 실효성 확인하기 가치 확인하기 주의 집중이나 다중작업 집중을 언제 실습 할지 선택하기 가치 기반 행동 선택하기	

이 회기가 이 모듈의 마지막이기에 이전 회기에서 배운 기술을 요약해 주라. 이 기술들은 신체 상태(도피, 투쟁, 동결)를 명명하기, 알아채기, 특정 신체 상태를 가질 때 행동의 실효성 확인하기, 그리고 자신을 현재로 되돌리는 기술로서의 접지하기이다.

내담자가 기술을 익힐 때 이를 실습하기 위해 문제가 나타나길 기다릴 필요가 없고 계속 수용전념치료 기술이 생활 일부가 되도록 격려하라!

주간 실습

참가자에게 이번 주에 사용할 핵심 워크시트를 전달하라.

그리고 당신의 내면 목소리가 이러한 워크시트 사용에 대해 언급하는 경우 핵심 수용전념치료 기술을 배우기 위해 내담자가 청사진을 더 많이 사용할수록 배운 내용을 더 많이 응고하고 치료에서 다루는 수용전념치료 기술을 더 쉽게 기억할 수 있다는 것을 명심하라.

개인 메시지

당신이 일차 진료 기관에서 일하지 않는 한 신체적 안녕에 관해 이야기하는 기회가 많지 않을 것 같지만 이것은 우리 삶에서 매우 중요한 영역이다. 신체에 주의를 기울이기를 익히는 일은 건강하고 의미 있는 삶의 기둥이다.

신체 알아차리기 모듈의 마지막에서 감정 기계가 뇌의 기본 조절 능력에 미치는 영향과 슈퍼필러에게 신체적 자기 관리가 중요함을 볼 수 있는 기회를 얻었길 바란다. 우리와 마찬가지로 슈퍼필러는 아무리 좋은 의도를 가졌어도 감정적으로 흥분한 몸에 쉽게 배신당할 수 있다. 건강한 신체를 관리하는 기본 기술을 가르침으로 가치 기반의 삶을 도모할 수 있으며 이것이 바로 이 치료가 하고자 하는 것이다. 수고했다!

토막 논평

이 치료가 수용 기반 과정을 강조한다는 점을 생각하면 이 간략한 토막 논평은 정서신경과학의 발견을 기반으로 감정 조절, 주의 능력, 수용 사이의 관계를 다룬다. 이것은 위스콘신 매디슨 대학교 리차드 데이비슨의 연구 분야이고(Davidson & Begley, 2012), 커크 스트로샬, 패트리샤 로빈슨 및 토마스 구수타우슨(2015)도 논의에 참여했다. 살펴보자!

전두엽 피질이 우리 행동을 안내하고 어떤 유형의 내부 또는 외부 자극은 집중하고, 어떤 자극은 무시하거나 기각할지 선택한다는 것은 잘 알려져 있다. 감정 기계가 활성화되면 두 가지 중요한 과정이 시작된다. 첫 번째는 과도하게 변연계가 구동되어 주의 능력에 부정적인 영향을 미치는 소음을 생성하고 전두엽 피질이 완전히 주의를 기울이기 어렵게 만든다. 깨닫지 못하는 사이에 몇 분의 1초 만에 주의 편향 과정을 만들어 낸다. 주의가 우리를 속인다!

두 번째 과정에서 변연계의 과활성화는 전두엽 피질이 재평가 반응에 참여하게 함으로써 이러한 과잉 활성화를 조절하도록 다그친다. 흥미로운 점은 다음과 같다. 재평가 과정은 두 가지 형태가 있다. 압도적인 상황을 관리하려는 시도로 사용되는 재평가 형태는 스트레스 요인과 관련한 지각에 도전하고 최악의 시나리오에 대비하게 하고 성공적으로 끝났던 과거 유사한 상황에 대해 생각하는 것 등이다. 이것은 단지 몇 가지 언어에 기반한 재평가이다. 보다시피 이것의 주된 목적은 스트레스 요인의 강도를 줄이는 것이다. 두 번째 형태의 재평가는 스트레스 기반 반응의 의미를 단지 관찰하거나 이것과 분리하는 것이다. 여기서 강조점은 경험을 관찰하고 놓아주는 것이다. 놀랍게도 교감 신경계의 활성화를 감소시키는 데 있어 수용 기반 반응이 더 빠르고 두뇌 자원 측면에서도 비용 대비 가장 효율적이다.

워크시트: 가치 기반 문제 해결

모든 일은 우리가 원하는 대로 진행되는 게 아니며 종종 문제에 부딪히게 됩니다. 수용전념치료는 문제 해결하기를 하나의 기법이 아닌 가치를 향한 또 다른 단계로써 배우기를 요청합니다. 당신이 투쟁하고 있는 상황을 선택하고 아래 질문에 최선을 다해 답해 보십시오. (양가감정을 가질 수 있는 상황이나 이해관계가 큰 상황을 선택하는 것이 더 좋습니다)

상황을 최대한 구체적으로 기술할 수 있나요?

_____

_____

_____

당신이 통제할 수 있는 것은 무엇인가요?

_____

_____

당신이 전혀 통제할 수 없는 것은 무엇인가요?

_____

_____

_____

잠시 물러서 보면 이 상황에서 당신에게 정말 중요한 것은 무엇인가요? (가치를 확인할 때 '갈고리에 걸려든 느낌'이 있는지 주의합니다.)

_____

당신의 감정 기계가 어떤 것(느낌, 감각, 촉박감, 기억, 이미지, 사고)을 떠올리나요?

_____

_____

_____

당신이 취할 수 있는 행위는 무엇입니까? 각각의 행위가 당신의 개인적 가치에 더 가까워지는지 멀어지는지 확인하세요.

가능한 행위	가치에 가까워짐 (1-10)	가치로부터 멀어짐 (1-10)

위 표에서 당신의 반응에 기초하여 무엇을 결정했나요?

_____
_____
_____

현실적으로 생각해 봅시다. 당신이 선택하는 어떤 결정이든지 자유로울 수는 없으며 시끄러운 내면 목소리와 신체 소음을 지닌 당신의 감정 기계가 그곳에 있을 것입니다. 당신의 가치에 더 다가가는 행동을 선택하기 위해 어떠한 감정, 생각, 감각 또는 충동(촉박감)을 위한 공간을 확보해야 합니까?

_____
_____

다음 질문은 이 문제에 대해 행위를 취한 후 대답합니다.
취하기로 한 행위는 무엇이었나요? _____

_____

단기적으로나 장기적으로 이러한 행동의 결과는 무엇이었습니까?

_____
_____

—

Chapter 15

모듈 – 대인 관계 알아차리기
Module - Interpersonal Awareness

이제 치료 여정이 여기까지 도달했다. 이 모듈은 마지막 경계석 중 하나이다!

이 모듈은 슈퍼필러가 일상생활에서 마주하는 가장 골치 아픈 영역 중 하나인 대인 관계 문제를 다루고 있다.

우리 모두 관계와 씨름하지 않는가? 친구, 연인, 친척, 직장 동료, 이웃과의 관계에서 때때로 의견이 엇갈리고, 다투고, 상처받고, 용서하고, 또 다투고, 고민하거나, 불평한다. 연결되었다 재연결하는 법을 배우지 않는 삶이 있을까?

슈퍼필러는 우리 모두와 마찬가지로 다른 사람들과 의미 있는 방식으로 연결되고 싶어 하지만 최선의 노력에도 불구하고 감정 롤러코스터가 행동을 장악할 때 결국 후회를 남기고 배워야 할 기술 목록만 늘어난다.

이 모듈은 대부분의 대인 관계 기술 책에서 볼 수 있는 전형적인 자기주장 훈련 기술을 포함하지만 이를 넘어 슈퍼필러가 해야 할 두 가지에 초점을 둔다.

1. 그들의 가족사, 애착 양식, 각기 다른 관계를 통한 학습 경험 등 더 큰 맥락 안에서 자신의 대인 관계 행동을 이해하기

2. 타인을 대할 때 이미 확립된 상태로 반복이 되고 작동하지 않는 지속적인 갈
   고리에 관해 배우기

생각해 보라! 몇 년 동안 우리는 내담자들에게 '나 전달법'을 활용하라고 가르
쳐왔다. 내담자들이 '나 전달법'을 이용해서 "나는 당신이 바보인 것 같다고 생각
해요."라고 말하는 것을 몇 번이나 들었는가? 주장 기술을 가르치는 것으로 충분
한가? 그것이 정말로 중요한 차이를 만들었을까? 물론 이러한 자기주장 기술은 도
움이 되지만 만성적인 관계를 다룰 때 반드시 변화의 주요 동인은 아니며 대인 관
계 문제에 대해 그저 또 다른 반창고일 수도 있다.

일부 슈퍼필러는 쉽게 상처받을 수 있다. 감정적으로 민감한 것을 생각하면 주
어진 학습 이력과 대인 관계에서 자신이 아는 범위에서 최선을 다해 고통스러운
경험에 반응하여 행동을 조직한다.

이 모듈은 슈퍼필러가 자신의 취약성을 학습 이력의 일부로 이해할 수 있도록
도와준다. 익숙한 패턴대로 계속 행동하면서 자신과 남을 비난하기보다 함께 살아
갈 때 불가피한 갈등을 관리하기 위해 새로운 대인 관계 행동을 배우게 된다.

이 모듈은 대인 관계 예절 모음이 아니라 슈퍼필러가 자신의 관계를 회복하기
위한 안내서이다. 슈퍼필러에게 이러한 삶의 기술을 가르쳐 사랑스럽고 소중하며
지속적인 관계를 경험할 수 있도록 최선을 다해 보자!

다음 네 회기의 각기 다른 '체험적인 수용전념치료'는 역할 연기를 포함하고 있
다. 자세한 지침은 아래를 참조하라.

11회기: 대인 관계 알아차리기
Session 11 - Interpersonal Awareness

이 회기의 주제

수용전념치료 심리 육각형 모델에서 가치 과정이 없었다면 우리 삶과 임상 작업에서 지금과 같은 모습이 될 수 있었을까? 그럴 것 같지 않다.

수용전념치료는 우리 모두 자동 조종 모드로 살 수도 있겠지만 어디에 있든 중요한 것으로의 의미, 방향, 전념과 함께 살아갈 수 있음을 상기시켜 준다. 나는 개인적으로 목적을 가지고 삶을 살기 시작했을 때 삶이 많은 면에서 더 명확해졌다. 중요하지 않은 것에 걸려들지 않고 나를 가로막는 것을 가볍게 여기며 경직되게 융합될 때와 상처받을 때 숨어버리는 순간을 알아챌 수 있었다. 그리고 조금씩 완전히 살아있다고 느끼고, 참여하고, 강한 활력을 느끼는 순간에 주의를 기울이는 것을 배웠다. 이는 쉽지 않았지만 내가 더 나은 인간이 될 기회를 주었다.

슈퍼필러는 타인과 연결하기 위해 용기 있는 발걸음을 내딛다가 상처를 받으면 뒤로 물러서거나, 관계를 단절하거나, 소리를 지르거나, 말다툼하는 등 순간의 감정에 기반한 행동을 하면서 나중에 결국 후회한다. 그들의 입장에 서보기란 쉽지 않으며 언제 어디서나 켜지고 꺼지는 감정 스위치를 가지고 삶을 살아가는 것은 많은 노력이 드는 일이다.

이 회기는 슈퍼필러가 타인을 어떻게 대하고 싶은지 발견하고 재확인하고 아끼고 사랑하고 오래가는 관계를 만들기 위한 핵심 기술을 익히게 한다.

다음은 이 회기의 내용이다. 회기는 대인 관계 행동을 안내하는 닻으로서 가치를 명료화하는 활동으로 시작하고 애착 양식의 기본으로 넘어가서 세 가지 각기 다른 관계(친척, 친구, 연인)에서 자신의 관계 양식을 살펴볼 수 있도록 초대한다.

수용전념치료의 핵심 기술(알아채기, 명명하기, 가장 의지했던 행위 확인하기, 가치 확인하기, 행동 선택하기)은 모든 재료에 적용되는 일정한 기술로 남는다.

같은 생각을 유지하기 위해 우리는 애착을 '과잉 학습되고 과잉 일반화된 관계 행동 패턴'이라고 말한다. 왜냐하면 한 사람의 애착 양식이 돌에 새겨져 있다거나 우리의 과거가 자신을 정의한다는 식의 아이디어를 고수하지 않는 것이 슈퍼필러에게 자신의 행동을 변화시킬 기회를 주기 때문이다.

가보자.

개요

1. 순간 속에 머물기 연습
2. 주간 실습 검토
3. 가르침 요점: 대인 관계 가치는 무엇인가?
4. 가르침 요점: 애착 양식
5. 가르침 요점: 자신의 학습 이력 극복하기
6. 모든 것을 하나로 묶기
7. 주간 실습

자료

해당 없음

워크시트

유인물: 묘비명

순간 속에 머물기 연습

이 알아차리기 연습을 위해 내담자에게 다음과 같은 지침을 제공한다.

편안하게 앉아서 시작합니다. 원한다면 눈을 감고 호흡에 주의를 기울입니다. 콧구멍을 통해 들어와서 폐의 아래쪽으로 내려가는 공기를 따라가세요. 공기가 콧구멍 안팎으로 이동하는 것을 알아챕니다. 따뜻한가요? 차갑나요? (*몇 분간 잠시 멈춤*)

이제 잠시 우리는 불편한 감정을 떠올리는 감정 기계의 규칙적인 활동에 초점을 맞출 것입니다. 매일 당신에게 떠오르는 불편한 감정, 가지고 있기 어렵고 때로는 나머지 하루 동안의 분위기를 만드는 감정에 관해 생각해 봅니다. 혼란, 무력감, 무관심, 두려움, 슬픔 또는 기타 도전적인 감정을 생각해 봅니다. 감정에 이름을 붙일 수 없다면 그 대신 나타날 수 있는 고통스러운 감각에 초점을 맞춥니다... (*잠시 멈춤*)

이제 당신이 어떤 느낌이나 감각을 선택했다면 이것과 투쟁하는 순간의 기억을 떠올려 보겠습니다. 어떤 감정을 선택하든 그 이미지를 마음속에 간직하고 몸에 나타나는 감각을 알아챕니다. 당신을 가장 괴롭히는 가장 강한 것을 찾고 그것을 마치 처음 경험하는 것처럼 호기심을 가지고 알아채 보세요. 감각은 몸 어디에서 시작되고 어디서 끝나나요? 어디에서 가장 강한가요? 가장 약한 곳은 어딘가요? 움직임이 있을까요?

이 감각과 동반되는 가장 의지했던 행위나 충동(촉박감)을 알아채 봅니다. 어떤 것들은 강하고 즉각적인 행위를 요구할 수 있겠지만 그것을 인정하고 그저 이 감각을 계속 관찰할 수 있는지 살펴보세요. 만약 당신 내면의 목소리가 감각과 관련한 생각을 떠올리기 시작한다면 "마음아, 고마워."라고 말하면서 감사하고 이 충동(촉박감)을 인정하면서 나타나는 감각을 관찰하는 것으로 되돌아옵니다. (*잠시 멈춤*)

심호흡을 몇 번 한 다음 감각 관찰을 내려놓고 이 훈련 초반과 마찬가지로 호흡으로 주의를 가져옵니다. 당신의 몸을 통해 안팎으로 공기가 움직이는 것을 알아챕니다. 다음으로 당신에게 불쾌감을 주는 다른 감정을 선택할 수 있는지 살펴보세요. 가지고 있기 어려운 감정을 최대한 선택해 보세요. 첫 번째 감정에서 그랬던 것처럼 이 느낌과 씨름했던 순간을 떠올려 보세요. (잠시 멈춤) 몇 분 걸려도 되니 하나의 상황을 선택해 보세요. 완벽한 상황이 아니어도 됩니다. 감정이 당신을 가지는 대신 당신이 감정을 가지는 연습을 할 수 있게 말이죠.

첫 번째 감정에서 그랬던 것처럼 몸에 있는 감각을 알아차리면서 그 상황으로 주의를 가져갑니다. 호기심을 가지고 있는 그대로의 감각을 관찰하면서 감각과 싸우지 않으면서 그것과 함께 할 수 있도록 공간을 만듭니다. 마음이 방황할 때 많은 생각이 들 것입니다. 당신이 이를 알아채는 동안 당신이 작업하고 있는 감각과 느낌으로 돌아갈 수 있는지 살펴봅니다. 당신의 몸에서 그것의 강도, 한곳으로 모이는지, 움직이는지, 상체에 있는지 하체에 있는지 알아채십시오. 이러한 느낌과 감각을 변화시키려 하지 말고 그것이 올 때 관찰하도록 자신을 초대합니다. 단순히 그것을 가지며 당신의 감정 기계의 창조물이 무엇인지 경험하는 것을 배울 뿐입니다.

마음이 방황한다면 당신은 선택하고 또 선택하면 됩니다. 주의를 산만하게 하는 것들이 왔다 가게 하고 계속해서 당신의 주의를 다시 호흡에 두도록 합니다.

잠시 후 이 느낌, 느낌에 따른 감각, 당신의 감정 기계가 불러일으킨 충동(촉박감)에 집중하는 걸 내려놓고 이제 방으로 돌아옵니다. 발가락을 조금 꼼지락거리다가 심호흡을 몇 번 한 후 눈을 떠보세요.

이 훈련은 참가자가 하나 이상의 감정 상태에 초점을 맞추는 가장 긴 '순간 속에 머물기 연습' 중 하나이다. 디브리핑을 할 때 어떤 것도 하지 않으면서 감정 경험을 가지는 게 어떤 것인지 알아챈 것을 질문하는 것이 도움이 된다.

주간 실습 검토

평소와 같이 진행하라.

가르침 요점: 대인 관계 가치는 무엇인가?

이 치료는 가치 기반 삶을 위한 기술 교육을 통해 내담자가 원하는 삶을 창조하도록 지원하는 것이 목적임을 상기시켜라. 대인 관계 기술을 진행하기 전에 내담자가 스스로 대인 관계 가치를 파악하는 것이 중요하다.

대인 관계 가치는 우리가 관계에서 어떻게 행동하고 싶은지 그리고 우리 자신과 다른 사람을 어떻게 대하고 싶은지를 뜻하는 우리의 가장 깊은 욕망과 삶의 원칙이다. 대인 관계 가치는 나중에 하고 싶은 것, 타인에게 대우받고 싶은 것(사랑받기 등), 다른 사람과 함께 하고 싶은 것(어울리거나 영화 구경하기 등), 타인과 어울릴 때 느끼고 싶은 것(행복감) 등이 아님을 분명히 하라. 위의 진술들은 우리가 가지고 싶은 행동과 감정을 반영하겠지만 이 변수 중 어느 것도 우리가 통제할 수 없으므로 가치가 아니다.

체험적인 수용전념치료: 대인 관계 가치 발견하기

이 가치 식별 활동은 두 부분으로 되어 있고 이미 익숙할 수 있는 묘비명 연습을 약간 수정했다. 내담자에게 묘비명 유인물을 전달한 후 첫 번째 부분에 관해 다음 지침을 제공하라.

"당신이 다른 사람을 대할 때 감정을 다스리느라 이를 제거하거나, 최소화하고, 억누르는 등 할 수 있는 모든 것을 하는 데 일생을 바쳤다고 잠시 상상해 보세요.

그것이 당신 삶이었다면 당신의 묘비명은 어떻게 될까요?" 이 활동을 설명하는 데 도움 되는 예가 있다. "여기 패트리샤가 누워 있다. 그녀는 항상 거절할 때 너무 죄 책감을 느끼지 않을까 걱정했다. 데이트할 때 거절당하지 않는 느낌을 가지기 위 해 최선을 다했다."

참가자에게 이 연습의 첫 번째 부분을 완료할 수 있도록 몇 분 동안 시간을 주 라. 유인물 왼쪽에 있는 묘비명 이미지에 그들의 반응을 적어 보라고 요청하라.

두 번째 부분에서는 다음과 같이 지시한다. "오른쪽 묘비 이미지에 당신이 관계 에서 중요하게 생각하고 다른 사람들을 대하는 방식에 대해 말하고 싶은 몇 가지 자질을 적어 봅니다. 만약 고치고 싶은 자질 목록을 떠올리는 자신을 발견한다면 당신이 정말로 자기 삶에서 말하고 싶은 자질로 범위를 좁힐 수 있는지 살펴보십 시오." 예를 들어 "여기 패트리샤가 누워 있다. 그녀는 사랑하는 사람들을 사랑하 고 돌보는 데 시간을 보냈다."

이 가치 활동에서 의견을 수집할 때 참가자에게 다음과 같이 질문한다. "어떤 묘비명을 선호하나요?"

조심해!

이 가치 식별 연습을 진행할 때 일부 내담자는 여전히 행위와 가치를 혼동할 수 있 으며 치료자인 당신은 내담자에게 이에 관해 직접 피드백을 제공하는 게 어색할 수 있다. 나는 당신이 그 느낌을 알아채고, 이름을 붙이고, 당신의 가치를 확인하 고, 직접적인 피드백을 제공하기 어렵게 만드는 모든 장애물에서 벗어나도록 초대 하고 싶다. 우리 모두에게 중요한 것이 무엇인지 확인하지 않는 한 그동안 해오던 대로 계속하기 쉽다는 것을 명심하라.

가르침 요점: 애착 양식

내담자가 애착을 어떻게 이해하는지 확인하고 몇 가지 답변을 모은 후 이 치료에서 애착은 '태어나서 습득한 타인과 관련된 행동 패턴'이라 설명하면서 이 가르침 요점을 시작할 수 있다. 이제 아래의 가르침 요점을 명확히 하라.

- 우리는 부모 또는 양육자와의 첫 상호 작용을 기반으로 타인과 관계 맺는 법을 배운다.
- 태어날 때 우리의 오른쪽 뇌는 감각을 통해 세상에 대해 배울 수 있도록 돕는다. 우리는 그 감지된 기억을 암묵 기억에 저장한다.
- 우리가 말을 배우면서 이번에는 감각뿐만 아니라 언어를 통해서도 세상과 타인에 대해 배우며 이를 명시적 기억에 저장한다.
- 타인과 관계를 맺고, 연결하고, 유대감을 형성하는 패턴은 우리가 태어난 순간부터 죽는 순간까지 조직화 된다. 일단 감각을 통해 타인과 연결하는 것을 배우고 그다음 언어나 사고에 의해 이를 조직하고 범주화하고 분류한다.

애착은 감정 조절을 이해하기 위해 중요하다고 설명하라. 왜냐하면 우리가 태어났을 때부터 가장 가깝고 밀접한 사람들과 수백 번의 상호 작용을 통해 감정 조절을 배웠기 때문이다. 자기 조절과 타인과의 조절은 우리 학습 역사의 일부이며 우리가 어디를 가든 함께 한다. 그 관계 학습은 많은 관계에서 반복되며 타인과 관계를 맺을 수 있는 행동 패턴을 조직한다.

다음으로 네 가지 애착 유형을 언급하고 내담자에게 각 유형의 예를 제시한다.

- 불안형 애착 양식: *나는 당신이 나를 정말로 좋아하는지 확인하고 싶다.*
- 혼란형 애착 양식: *나는 당신을 원하기도 하고 원하지 않기도 한다.*
- 무시형 애착 양식: *나는 당신을 원하지 않는다.*

- 안전형 애착 양식: *나는 당신을 원하고 당신을 원하는 것이 괜찮다.*

체험적인 수용전념치료 활동을 통해 참가자가 자신의 애착 양식을 식별할 수 있도록 돕는다.

체험적인 수용전념치료: 애착 양식 확인하기

내담자에게 자신의 가까운 관계에 관해 생각해 보라고 요청하고 그 관계에서 그들이 가지고 있다고 생각되는 애착 양식을 종이에 적어 보고 나누는 것이 괜찮다 싶으면 반응을 공유하라고 한다. 내담자가 자신의 반응을 공유하는 동안 애착 양식을 활성화하는 촉발 요인(특정 느낌 또는 감각 등), 동반 행동, 관계에서의 결과를 알아채도록 운을 떼라.

한두 명의 참가자에게 반응을 공유하게 한 후 애착 양식이 한 관계에서 다른 관계로 이동되는지 물어보라. 예컨대 친척은 친구나 연인과는 다른 관계를 맺는가?

마지막으로 내담자가 자신의 애착 양식과 관련한 느낌을 명명하고 그 느낌이 다시 일어날 때 이를 억누르지 않도록 격려하라. 예를 들어 나의 내담자는 '나의 편집적 이야기'라고 명명하기로 했다.

알아채기와 명명하기 기술은 문제 있는 행동으로 이끄는 모든 인지적 내용에 적용된다는 것을 기억하라. 물론 내담자에게 자신의 애착 양식과 관련된 느낌과 이야기를 명명하도록 요청하는 것은 그들의 투쟁을 가볍게 보거나 조롱하는 것이 아니라 그것들과 융합하지 않고 가볍게 붙잡을 수 있도록 돕는 것이다. 그러한 느낌, 생각, 감각이 나타날 때 내담자의 투쟁을 계속 알아봐 주고 이를 탈융합하도록 초대하라.

조심해!

이 가르침 요점을 참가자에게 제시할 때 내가 들은 공통된 의견은 "애착은 변하지 않기 때문에 나는 그것에 대해 많은 걸 할 수 없다."라는 것이었다.

만약 그런 말을 듣는다면 애착 패턴은 경직되어 있어 타인을 대하고 상처받을 때 같은 걸 계속하도록 압박할 수 있는 게 사실이지만 결국 이 또한 여러 번 반복해서 연습한 반복적 행동일 뿐이라는 것을 명확히 하라.

이 치료에서 내담자는 경직된 패턴이 활성화될 때 잠시 멈추고 알아채고 반응하기 전에 진정으로 자신에게 중요한 것이 무엇인지 확인하는 수용전념치료 기술을 배우고 있다. 다른 과잉 학습된 행동과 마찬가지로 새로운 행동을 배우기까지 시간이 걸리긴 하지만 타인과 관계를 맺는 오래된 방식의 결과를 알고 자신의 가치와 접촉한다면 슈퍼필러가 이를 배우지 못할 이유가 없다.

가르침 요점: 자신의 학습 이력 극복하기

애착에서 이전의 가르침 요점을 이어가면서 다른 행동과 마찬가지로 수용전념치료에서 우리는 항상 행동의 실효성을 살펴보고 이것이 자신의 가치와 멀어지거나 가까워지는지 확인하고 있음을 참가자에게 언급하라.

다음과 같이 '카드 한 벌' 은유를 내담자와 공유할 수도 있다. "부모님이 당신을 대했던 방식, 양육, 그리고 당신이 자랐던 환경이 적힌 카드 한 벌이 주어졌다고 상상해 보세요. 이것은 당신이 원했던 카드 한 벌이 아니라 그냥 가지고 있는 카드 한 벌입니다. 이제 앞으로 무엇을 하고 싶나요? 당신에게 주어진 카드로 당신이 원하는 관계를 만드는 게임을 해보는 건 어떨까요?"

체험적인 수용전념치료: 애착에 이끌린 행동의 실효성 알아채기

이 활동에는 두 부분이 있다. 집단을 이끌기 전에 읽어보길 바란다.

첫 번째 부분: 내담자에게 이 활동을 위해 작업할 세 가지 관계에 관해 생각하고 '타인을 대할 때 오래되고 반복되는 행동 패턴이 시작된 사건'을 확인하도록 운을 떼라. 타인과의 어려움이 '자신에게 일어난 엄청난 일'이라는 생각에 융합되는 대신 이 치료를 통해 촉발 요인, 감정 경험, 반응을 연결하도록 배우는 중이므로 사건의 시작을 확인하는 것이 중요하다.

두 번째 부분: 타인을 대할 때 그러한 애착에 이끌린 행동이 촉발되는 순간에 따라오는 친숙한 감정(거절당하는 감각, 공격당하는 느낌, 무시당하는 느낌, 멸시당하는 느낌 등)을 내담자가 인식할 수 있는지 확인하라. 참가자에게 그런 촉발 느낌 중 하나를 선택하고 다음 순간 해당 감정을 알아채고 명명하는 실습에 참여하도록 초대하라.

아래는 참가자에게 읽어 줄 추천 지시문이다. 그들이 연습에 안착할 수 있도록 "눈을 감으십시오" 또는 "호흡에 주의하십시오" 같은 지시 사항을 자유롭게 추가하라.

다음 몇 분 동안 나는 당신이 방의 한 지점에 시선을 집중하거나 눈을 감고 부드럽게 호흡에 주의를 집중하도록 초대합니다. (*2~3분 동안 잠시 멈춤*)

다음으로 당신이 아끼는 사람과 올해 있었던 약간 속상한 기억을 마음속에 떠올려 봅니다. 그 기억은 애착에 이끌린 행동을 촉발한 사건입니다. (*잠시 멈춤*) 잠시 당신의 몸에서 무슨 일이 일어나는지 알아챕니다. 이 기억을 마음속에 간직하고 있는 동안 나타나는 감각에 주의를 기울이십시오. 기억과 함께 오는 강렬한 느낌에 이름을 붙일 수 있는지 확인합니다. 그것의 강도 (*잠시 멈춤*) 마음에 나타나는 생각, 가장 의지했던 행위를 알아챕니다... 무엇을 하고 싶은가요? 당신에게 이 느낌을 억누르거나 도망치려는 어떤 충동(촉박감)이 있습니까? 이 감정의 생애, 다시 말해 그것이 어떻게 자연스럽게 변하는지, 그리고 어떻게 자연스럽게 새로운 감각이 따라오는지 알아챕니다. (*잠시 멈춤*) 감각이 오고 감을 하나씩 관찰하기 위해 최선을 다하십시오... 그리고 느낌이 오고 가는 것도 하나씩 알아채 봅니다... (*2~3분 동안 잠시 멈춤*) 준비가 되었으면 이 집중 훈련에서 집단으로 되돌아오기 위해 발가락을 약간 꼼지락거리세요.

디브리핑을 위해 참가자와 논의해야 할 주요 관찰 사항은 다음과 같다. 문제가 있는 상황으로 되돌아가서 불쾌한 느낌이 있는 채로 의도를 가지면서 공간을 만들 때 무엇을 알아챘나요?

조심해!

————

때때로 같은 질문을 반복하는 것으로 느껴질 수 있겠지만 슈퍼필러가 느낌을 수용하고 선택하는 핵심 기술을 강화하고, 실습하고, 예행연습하도록 돕고 있음을 기억하라. 그리고 이 기술은 애착에 이끌린 행동을 유발하는 감정을 포함하여 모든 유형의 괴로운 감정에 적용된다.

수용-전념치료에서 우리는 감정을 행동의 원인으로 보지 않고 가지도록 배우는 내부 경험으로 본다. 이것은 우리의 학습 이력 때문에 촉발되는 것에도 해당한다.

모든 것을 하나로 묶기

————

이 모듈이 새롭긴 하지만 내담자는 이 치료에서 다루는 기술을 잊어버리기 쉽다. 그러므로 오늘 회기에서 논의된 기술技術을 기술記述하는 간단한 방식을 사용하는 것이 중요하다.

내부 기술	외부 기술
애착 양식 알아채고 명명하기 애착 양식과 관련되어 촉발되는 감정을 느끼기로 선택하기 애착에 이끌린 행동의 실효성 확인하기 대인 관계 가치 확인하기	가치 기반 대인 관계 행동 선택하기

주간 실습

이것은 대인 관계 알아차리기 모듈의 첫 번째 회기이지만 전체 치료의 열한 번째 회기이다. 따라서 이 회기는 내담자가 원하는 삶을 살기 위한 전념을 재검토할 좋은 기회이다. 내담자에게 자신의 가치에 따라 살기로 선택하는 것이 저절로 이루어지는 게 아님을 상기시켜라. 우리는 매일 그것을 향해 작은 발걸음을 내디디고 있으며 집단은 내담자가 일상생활에서 수용전념치료 기술을 실행할 수 있도록 지지한다. 주간 실습은 그들을 고문하는 게 아니라 그들이 아끼는 것을 향해 작은 발걸음을 내딛는 것이다!

늘 그렇듯이 내담자가 두 종류의 핵심 워크시트를 완성하도록 적극적으로 권장하라.

토막 논평

여기 우리 모두에게 경이적인 소식이 있다. 우리는 뇌가 정적이고 경직되어 변하지 않는다고 생각해 왔으나 신경과학은 실제로 뇌는 훈련할 수 있고 지도받을 수 있고 역동적이라고 알려 준다. 그렇다! 지난 10년간 뇌 가소성과 관련한 많은 연구가 있었다. 다니엘 시겔, 리처드 데이비슨, 릭 핸슨과 같은 우리에게 친숙한 많은 연구자는 뇌가 스스로 재배선할 수 있는 능력을 지니고 있다고 제안했다.

뇌 가소성과 관련하여 인기를 얻은 표현은 '함께 발화하면 함께 연결된다'라는 것인데 이는 우리가 다르게 행동할 때 각기 다른 새로운 학습 경험의 반복이 우리 뇌의 신경 구조를 변화시켜 새로운 신경 경로를 창조하고 새로운 뇌지도를 형성한다는 걸 의미한다. 멋지지 않은가? 이것은 뇌 구조가 성인이 되어서도 계속 변한다는 것을 의미한다.

이 발견은 예를 들어 시각 장애인으로 태어난 사람들은 어떤 나이에도 의사소통을 위해 점자를 배울 수 있다는 것을 의미한다. 캘리포니아에서 뉴욕으로 이사한 성인 택시 운전사는 그 대도시에서 새로운 경로를 배울 것이다. 볼리비아에서 미국으로 이주하는 이민자는 성인 생활의 절반을 스페인어로 말하고 생각하면서 자랐더라도 영어를 배울 수 있다. 슈퍼필러와 함께하는 우리의 작업에서 이것은 좋은 소식이다. 왜냐하면 그들이 비록 혹독한 양육을 겪었고, 학습의 역사가 거칠었고, 감정 기계가 매일 최고 수준으로 활성화된다 하더라도 타인과 관계를 맺을 때 올바른 기술로 그들의 행동 패턴을 극복하는 법을 배울 수 있기 때문이다. 치료에서 배우는 핵심 수용전념치료 기술을 실습하면 새로운 신경 경로, 즉 여행할 수 있는 새로운 길이 생긴다. 여러 번의 반복, 실습, 예행연습은 뇌를 재배선한다. 변화가 가능하다.

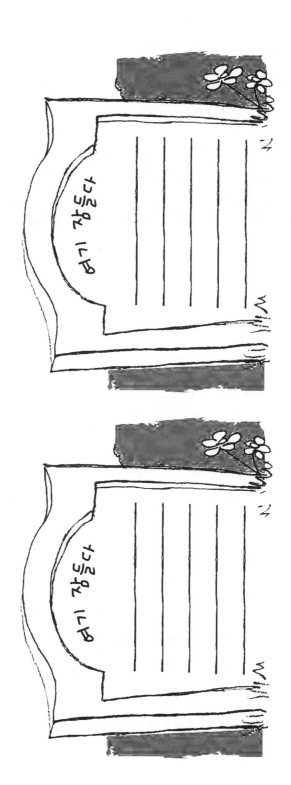

유아·초등 편

Chapter 16

이 회기의 주제

찰리 채플린의 영화를 본 적이 있는가? 아름다운 사운드트랙이 있는 오래된 흑백 영화이다. 세월이 지나도 나와 같은 몇몇 오래된 영혼에 고전이 된 영화이다. 영화 라고 하면 놀라운 효과로 가득하고 시각적으로 생동감 넘치며 놀라운 그래픽 디자 인과 풍부한 캐릭터 개발로 가득 찬 이 시대에 오래된 무성 영화가 우리 중 일부에 게 아직 호소력을 가진다는 건 놀라운 일이다. 이 흑백 영화를 볼 때 채플린에게서 내가 존경하는 여러 달콤한 자질이 있으나 그중에서도 대사 없이 시시각각 능숙하 게 자신의 캐릭터에 무슨 일이 일어나고 있는지를 보여 주는 방식이 나에게 항상 깊은 인상을 주었다. 어떻게 이런 일이 일어날까? 나는 영화 평론가가 아니라 단지 열정적인 행동 치료자일 뿐이지만 내 의견으로 채플린은 자신의 신체 움직임, 자 세, 표정의 미묘한 부분을 영리하게 조직해서 전체 이야기를 만드는 아이디어, 개 념 및 상황을 전달한다. 아무 말도 듣지 않고도 우리는 무슨 일이 일어나고 있는지 안다.

이 회기는 슈퍼필러에게 찰리 채플린 버전이 되라고 요구하는 게 아니라 의사소통의 기본, 즉 자신의 비언어적 행동으로 돌아가려는 것이다. 대부분 임상의는 비언어적 의사소통 기술을 가르치는 것에 익숙하지만 이 회기에서 독특한 점은 비언어적 행동이 감정 기계의 활성화와 관련이 있으며 슈퍼필러 자신의 대인 관계 가치에 따라 이러한 행동의 실효성을 확인하도록 계속 요청한다는 것이다.

마지막으로 다음 회기 내용인 갈등 전술을 준비하기 위해 이번 회기의 마지막 가르침 요점을 '갈등에 관한 사고'로 끝맺는다. 내 학생 중 한 명이 정확히 지적했듯이 어쩌면 당신도 왜 이 장 안에 그저 갈등 해결 기술을 가르치기보다 갈등에 관한 사고를 가르침 요점으로 포함하고 있는지 궁금할 수 있다. 여기 나의 짧은 반응이 있다. 때때로 슈퍼필러는 갈등, 다툼, 논쟁에서 지배 사고와 융합되어(예: *논쟁에는 승자와 패자가 있다*), 이에 따라 행동하다 보면 통상 갈등을 다룰 때 요구되는 유연한 레퍼토리를 잘 수행하지 못한다.

건강하고, 사랑하고, 성취감 있는 관계를 위해서는 옳은 일을 하거나 갈등에서 이기는 것보다 관계가 더욱 중요하다는 점을 배우는 게 필수적이다. 이를 실행에 옮기기 위해서는 행동 유연성이 필요한데 슈퍼필러가 지배 사고와 높은 수준으로 융합될 때 이것이 손상된다!

자 시작하자.

개요

1. 순간 속에 머물기 연습
2. 주간 실습 검토
3. 가르침 요점: 당신의 신체 자세와 표정
4. 가르침 요점: 갈등에 관한 사고
5. 모든 것을 하나로 묶기
6. 주간 실습

자료

타이머

워크시트

워크시트: 면접을 위한 피드백 용지

유인물: 갈등에 관한 사고

유인물: 갈등에 관한 사고의 실효성을 알아채기(부록 참조)

http://www.newharbinger.com/41771을 방문하여 워크시트를 내려받아라.

순간 속에 머물기 연습

이 활동에는 타이머 설정이 필요하다. 먼저 참가자에게 일어나서 극장 무대 위에 줄을 서듯 서서 함께 하나의 이야기를 만드는 데 참여해 달라고 요청하라. 각각의 참가자는 대략 2분 동안 이야기 흐름을 생각한다. 진행자로서 이야기의 시작을 알려주면서(예: "옛날 옛적에 양말이 하늘을 날고 있었어요.") 이 훈련을 시작할 수 있다. 타이머를 2분 동안 설정한 후 각 참가자가 매번 이야기 흐름을 추가하며 이야기를 계속하도록 할 수 있다. 타이머가 울리면 다음 참가자는 이전 참가자가 중단한 곳 어디서나 이야기를 이어갈 수 있다.

이 활동을 위한 간단한 팁: 참가자에게 이 알아차리기 연습은 완벽한 이야기 만들기가 아니라 이 활동 중 순간적으로 떠오르는 것과 관련한 것임을 분명히 설명하라. 그리고 이야기의 첫 번째 흐름을 선택할 때 성인용 기저귀를 제조하는 회사나 위험 부담을 줄이려고 회사를 확장하는 청소년 같은 가볍거나 자극적인 주제를 선택하라. 기술을 배우는 것이지 심각할 필요는 없다!

모든 사람이 평균 5회 정도 참여한 후 활동을 끝낸다. 집단이 크면 연습 시간이 길어질 수 있다.

이 활동에 대해 논의할 때 집단과 함께 의도적으로 주의를 기울이고 줄거리를 이어나가는 데 집중하는 동안 관찰한 것이 있는지 확인하라. 또한 자신의 감정 기계가 만들어 낸 소음과 이를 어떻게 관리했는지도 물어볼 수도 있다. 마지막으로 그러한 사적 경험을 관찰하는 것이 이것을 수리하거나, 수정하거나, 반론을 제기하는 것이 아니라 있는 그대로 관찰하는 것이라는 본을 보이도록 최선을 다하라.

주간 실습 검토

지금까지 해오던 대로 주간 실습 검토를 진행하라.

이번 회기에서는 가르침 요점으로 직접 들어가기보다 먼저 작은 역할 연기를 진행할 것을 권장한다. 가르침 요점을 소개하기 전에 참가자와 함께 이 회기 내내 해당 가르침 요점에서 보다 역동적이고 체험적인 설정을 만들어 주는 역할 연기를 구성하라.

이 첫 번째 가르침 요점을 위한 안내용 역할 연기를 위해 자원자 한 명을 초대하여 점심시간 동안 서로를 알아가는 두 친구 사이에 이루어지는 사회적 상호 작용을 시연할 것임을 알려주라. 자원자에게 최대한 자연스럽게 하라고 요청하라.

화자로서 당신의 임무는 친구의 안부를 묻는 등 여느 만남에서 하듯이 대화를 시작하되 대화가 진행되는 동안에는 상대방에게 주의를 기울이지 않는 것처럼 행동하라. 너무 과장하지는 말고 방을 둘러보거나, 때로는 몸을 떨거나, 눈살을 찌푸리거나, 아래를 내려다보거나, 빠르게 말하거나, 느리게 말하거나, 저음과 고음 모두를 사용하라.

약 5분간 대화를 계속한 후 자원자에게 그의 경험을 묻고 역할 연기 중에 일어난 변동에 대한 내부 **반응**을 확인하라.

이것이 비언어적 의사소통을 알려주는 가르침 요점을 참가자에게 소개하려는 것임을 알려주라.

가르침 요점: 당신의 신체 자세와 표정

내담자와 논의할 수 있는 핵심 아이디어는 감정 기계가 켜지면 그것이 우리 몸의 반응을 빠르게 조직하고 자세와 손동작 및 표정을 조율하고 때로는 우리가 모르는 사이에 대화하는 사람에게 사회적 신호를 보낸다는 것이다.

참가자와 함께 그다음 신체화 연습을 살펴보면서 각기 다른 느낌을 가질 때 의사소통 수단으로서 자기 신체를 경험할 수 있도록 하라. 선호하는 느낌 어떤 것이든 자유롭게 사용하라. 대중적으로 친숙한 감정과는 다른 느낌을 사용하면 좋다.

- 신체 자세일 경우: 참가자에게 관심이 있거나, 낙담하거나 가슴이 아플 때의 자세를 보여달라고 요청하라.
- 표정의 경우: 참가자에게 의심, 절망, 놀라움의 느낌에 맞는 표정을 짓도록 요청하라.

마지막으로 내담자에게 세 가지 다른 신체 자세와 각각의 표정을 시연하라고 한다. 즉, 자기주장 자세(어깨를 뒤로 젖히고 똑바로 선 자세), 수동적 자세(구부린 자세), 공격적 자세(웅크리고 상대방에게 몸을 향하는 자세)를 언급하고 이런 각기 다른 자세를 취하도록 요청하라.

체험적인 수용전념치료: 실습 시간

참가자에게 이 활동은 2인 1조로 취업 면접이라는 특정한 시나리오를 예행연습할 것이라고 알려주라. 그들 중 한 명이 면접관 역할을 하고 다른 한 명이 (취업) 지원자 역할을 할 것이라고 설명하라. 개개인은 약 5분에서 7분 동안 각자 역할에 참여한다. 예행연습을 할 동안 신체 자세, 표정, 손동작뿐 아니라 자신의 감정 경험에 특별히 주의를 기울이도록 요청하라.

두 참가자 모두 지원자 역할을 연습한 후 디브리핑을 진행하라. '면접관을 위한 관찰 시트'와 '면접 지원자를 위한 관찰 시트'를 디브리핑 목적으로 전달하라. 모든 사람이 이를 완료한 후 집단과 공유하도록 요청하라.

다음으로 두 번째 예행연습을 위해 짝을 이루어 일상에서 접하는 감정 기계를 작동시키는 문제 상황의 시나리오를 제공하라. 디브리핑과 피드백을 받을 시간이 되면 첫 번째 시나리오에서 수행한 것과 같은 절차를 반복하라.

조심해!

이러한 역할 연기를 촉진할 때 연기에 너무 몰입되어 치료자는 내담자가 배우고 있는 수용전념치료 기술과 연결하는 걸 잊어버리기 쉽다. 따라서 알아채기, 명명하기, 가장 의지했던 행위의 실효성 확인하기, 가치 확인하기, 행동 선택하기라는 기본 수용전념치료 기술로 반드시 돌아가야 한다. 이러한 모든 대인 관계 기술은 주로 외부 기술이다. (그런데 내부 및 외부의 분류는 엄격하지 않으며 내담자가 아이디어를 이해하기 위한 청사진일 뿐이다)

내담자에게 "당신의 감정 기계는 뭐라고 말하고 있습니까?", "그 감각을 알아채고 명명할 수 있겠습니까?", "내면 목소리는 무엇을 생각해 냈나요?"와 같은 질문을 하거나 "과거/미래 사고를 알아채 봅시다." 같은 언급을 하는 것은 참가자가 이 치료의 핵심 기술을 익히는 데 도움이 된다. 반복과 실습이 중요하다!

회기의 이 시점에서 비언어적 의사소통 중 슈퍼필러가 쉽게 융합될 수 있는 '갈등에 관한 사고'로 이동한다. 슈퍼필러가 관계나 사람이 중요할 때 이러한 사고에서 풀려나 가치에 기반한 행동으로서 다툼을 다루는 법을 배우도록 돕는다.

가르침 요점: 갈등에 관한 사고

모든 관계에는 온갖 종류의 갈등이 존재하며 소리를 지르고 맹비난하는 것만 갈등이 아니라 무엇을 할 것인지 저녁에 무엇을 먹을지 어떻게 아이들을 키울지와 같은 선호, 이외 다른 유형의 불일치를 포함한 다른 모든 의견이 있을 수 있음을 분명히 하라. 부부관계에 있어서 뛰어난 연구자인 존 고트만은 그의 연구에서 갈등이 실제로는 예외가 아니라 일반적임을 보여주었다(Gottman & Silver, 1999). 갈등이 있다고 꼭 관계가 파괴되는 것이 아니고 오히려 그 관계가 자라고 더 강해지려는데 도움이 될 수 있다.

내담자에게 갈등을 다루는 방법에 관해 전해 받은 메시지가 있는지 간단히 확인하고 이 활동에서 이러한 메시지, 신념, 아이디어를 해체할 것임을 알려주라. 유인물인 '갈등에 관한 사고'를 나눠주고 거기에 나열된 각 항목에 대해 논의하라. 또한 각 사고와 관련된 행동에 대해서도 논의하여 사고가 특정 행동을 이끄는 방식을 내담자가 확인할 수 있게 하라.

참가자에게 이 목록에 추가할 다른 신념과 그에 따른 행동이 있는지 확인하라.

체험적인 수용전념치료: 갈등에 관한 사고의 실효성 살펴보기

이 치료에서 내담자와 논의하는 다른 행동과 마찬가지로 '갈등에 관한 사고의 실효성 워크시트'(http://www.newharbinger.com/41771)를 건네면서 슈퍼필러와 함께 각 신념과 관련된 행동의 실효성을 확인하라. 그중 한두 가지 예를 작성하고 괜찮다면 반응을 집단과 공유하게 하라.

이 활동을 끝내기 전에 갈등에 관한 사고가 나타날 때 내담자가 이를 알아채고 명명하는 기술을 실습하도록 격려하라. 그들은 갈등에 관한 사고를 어떻게 명명할까?

조심해!

갈등에 관한 신념은 대개 사회적으로 강화되고 강력해지므로 갈등과 관련한 내담자의 사고를 학습 역사의 일부로서 반복적으로 여러 번 예행연습을 거치면서 과잉 학습된 행동으로 재구성하는 것이 도움이 된다.

내담자의 성장 과정, 전해 받은 메시지, 겪은 일 그리고 감정 기계의 강도를 고려할 때 그들이 타인과의 다툼을 다루기 위해 최선을 다한 것을 이해한다는 걸 내담자에게 알리는 것이 강력한 무언가가 될 수 있다. 이는 그들의 잘못이 아니며 그들 안에는 잘못된 게 없다는 것이다. 사실 그 반대이다. 그들은 빠르게 활성화되어 온갖 방향으로 내모는 감정 기계와 함께 인생을 용감하게 걸어왔다.

나의 좁은 소견으로 이것이 이 치료의 보석 중 하나이며 일반적으로 수용전념 치료에서도 그러하다고 생각한다. 슈퍼필러에게 급하게 기본적인 자기주장 기술이나 나 전달법을 어떻게 사용하는지 가르치기보다 그들의 대인 관계에서 문제 행동을 일으키는 동인 중 하나인 갈등에 관한 규칙과의 융합을 표적으로 삼는다.

모든 것을 하나로 묶기

참가자에게 신체 자세와 표정을 선택하는 것이 감정 기계가 활성화될 때 그들이 선택할 수 있는 외부 기술임을 상기시켜라.

내부 기술	외부 기술
몸의 자세 알아채기 갈등에 관한 사고를 알아채기 및 명명하기 대인 관계 가치 확인하기	의사소통할 때 신체 자세와 표정 선택하기

주간 실습

내담자에게 두 가지 핵심 워크시트를 작성하도록 요청하라.

토막 논평

나는 우리가 존과 줄리엣 고트만의 엄청난 공헌을 언급하지 않고 관계의 갈등에 관해 이야기할 수 없다고 생각한다. 그들의 책은 오래 지속되는 낭만적 관계를 강화하는 유용한 조언과 연습을 제공한다. 그들의 작업은 비디오테이프로 녹화되었고 생리적 신체 징후가 추적된 500쌍 이상의 커플을 대상으로 수년에 걸쳐 수행된 종단 연구에서 나왔다. 그렇다, 당신도 봤을 거다! 이 두 연구자는 여러 상황에서 커플의 상호 작용을 코딩하고 신체 **반응**을 확인하는 데 수년에 걸쳐 수천 시간을 보냈다! 나는 개인적으로 그들의 연구가 그 시점까지 커플과 함께 작업할 때 우리가 가지고 있지 않았던 경험적 토대를 제공한다고 생각한다. 그전까지 임상 심리학에서 커플 작업은 기본적인 자기주장 훈련과 수백 가지 유형의 제안만 있었고 이를 뒷받침하는 탄탄한 증거가 없었다. 이 두 연구자의 작업은 우리 분야에서 90도 전환을 일으켰다!

그들의 연구 결과 중에서 행복한 관계는 문제를 가지지 않는다는 아이디어가 틀렸음을 밝혔고 많은 커플이 다투긴 하지만 여전히 강력한 결혼 생활을 유지하고 있음을 발견했다. 이 두 연구자는 갈등을 악화시키면서 빈도가 높을 때 관계를 파괴할 수 있는 특정 행동을 확인했다. 이러한 행동을 '4명의 기수騎手'라고 불렀다. 이것은 (1) 사람의 특성을 언어적으로 공격하는 형태인 비판 (2) 지각된 공격으로부터 자기를 보호하는 행동을 뜻하는 방어성 (3) 갈등을 피하려고 철수하는 행동을 묘사하는 담쌓기 (4) 가장 파괴적인 기수로서 냉소와 조롱 같은 사람을 깔보는 행동인 경멸이다(Gottman & Silver, 1999).

우리 모두 어느 시점에서 이러한 행동을 할 수도 있다. 하지만 슈퍼필러의 경우 높은 정서적 각성과 과잉 학습된 행동 성향으로 인해 이러한 경향이 가속화될 수 있다. 슈퍼필러에게 인간은 모두 의견이 일치하지 않고 다툼이 있고 때때로 관계에서 매우 전투적일 수 있다는 사실을 받아들이고 경직된 대인 관계 행동을 이끄는 도움 되지 않는 사고에서 벗어나도록 돕는 것은 타인을 대할 때 유연한 행동을 개발하고 풍요로운 삶을 살아갈 기회를 늘리는 데 있어서 중추적이다.

워크시트: 면접을 위한 피드백 시트

면접관을 위한 관찰 시트

면접 지원자가 역할 연기에 어떻게 참여하고 있는지 알아채고 다음 각 범주에 서 몇 가지 관찰 사항을 적어 보십시오.

태도 _____

_____

자세 _____

신체 _____

얼굴 _____

_____

면접 지원자를 위한 관찰 시트

역할 연기에 참여할 때 내면의 경험과 무엇이 나타났는지 확인합니다.

어떤 유형(과거, 미래, 이유 대기, 꼬리표, 이야기, 지배)의 사고인가요?

_____

_____

어떤 느낌? _____

_____

어떤 감각? _____

_____

가장 의지했던 행위? _____

_____

유인물: 갈등에 관한 사고

우리 내면의 목소리는 자연스럽게 갈등에 관한 사고를 떠올리게 합니다. 아래는 흔한 것 중 일부입니다. 당신에게 적용되는 것을 확인하고, 다른 것이 있으면 추가하고 해당 사고와 융합될 때 따라오는 행동을 적어 두십시오.

갈등에 관한 사고	해당 사고에 걸려들 때 하는 가장 흔한 행동
당신이 먼저 바꿔라, 난 그다음에 할게.	상대방 혹은 관계를 위한 조정을 거부하기. 상대방의 요청이나 의견을 무시하기. "나는 그런 일을 한 적이 없어." 또는 "왜 내가 변해야만 해?"같이 말하기
다툼에는 승자와 패자가 있어.	상대방이 당신의 관점에 동의하도록 설득 모드로 들어가기. 어떤 대가를 치르더라도 상대방이 틀렸음을 증명하기.
나는 논쟁하고 싶지 않아, 사람들이 나를 좋아하길 바라!	상대방을 위해 일하고 사람들이 즐겁게 지낼 수 있도록 하며 자신이 정말로 느끼는 것을 상대방에게 말하지 않기.
갈등을 일으킨 사람이 해결해야 한다.	상대방의 관점을 배우기를 거부하기. 다른 상대방도 투쟁하고 있다는 것 무시하기.
말다툼은 관계를 악화시킨다.	갈등을 무시하고 아무 일도 없었던 것처럼 행동하기.
지는 것은 짜증 나!	갈등을 놓아주기를 거부하고 상대방이 달래도록 주장하기.
지금 나에게 무슨 일이 일어나고 있는지 당장 말하지 않으면 사람들이 나를 진지하게 받아들이지 않을 거야.	상대방 실수를 정확히 지적하거나 그 사람의 성격에 대해 광범위하게 언급하기.
말다툼하지 말고 저절로 나아질 때까지 기다리자.	상처받고 실망한 느낌 등을 무시하기. 가능한 한 빨리 대화 주제 변경하기.

—

Chapter 17

13회기 – 갈등 전술: 문제의 핵심
Session 13 - Conflict Tactics: The Heart of the Problem

이 회기의 주제

___

존   지난주 친구들과 함께 할 이 모임에 관해 말한 것 기억 못 해?

레슬리 일주일 됐잖아. 난 모든 것을 기억해야 하는 시리[1]가 아니야(*대답하는 동안 눈을 굴림*).

존   넌 항상 나한테 이런 식이야. 나에게 중요한 것에 관심이 없어.

위와 같은 대화를 나누어본 적이 있는가? 아무리 열심히 노력하고 얼마나 좋은 의도가 있고 얼마나 잘 알고 있다고 생각하던 우리는 항상 다투고, 충돌하고, 상처를 입고, 화를 내고, 한 가지 상황이 해결되기 전 다음 상황이 나타난다. 현실을 직시하자(당신은 이미 내가 무슨 말을 할지 알 수도 있다). 관계에서 사람 사이에 일어

___

1)Siri는 Apple의 iOS와 iPadOS, macOS, watchOS, tvOS 등 Apple의 소프트웨어 탑재 기기들 전반에서 작동하는 인공지능 개인 비서 응용 프로그램이다.

나는 문제는 예외가 아니라 표준이다. 일이 부드럽게 잘 된다고 관계가 더 쉬워질까?

누구든 개인적으로 사람 사이에 문제가 생기지 않기를 간절히 원하겠지만 아마존에서는 타인의 행동을 수정할 수 있는 장치를 판매하지 않는다. 대인 관계의 문제를 다루는 법을 배우려면 우선 자신이 상처받고 있다는 것을 인정하고, 원하지 않는 사적 경험을 부정하지 않은 채, 마주하고 있는 사람 또한 상처받고 있다는 것을 수용하고 그들의 경험을 바꾸려고 하지 않고, 그들과 우리의 고통에 개방성, 유연성, 호기심을 보여야 한다.

이 회기의 목표는 슈퍼필러가 대인 관계 갈등을 어떻게 관리하는지 그리고 논쟁 중에 그들이 사용한 가장 의지했던 반응을 알아차릴 수 있도록 돕고 가장 의지했던 전투 전술이 관계에서 갖는 실효성을 확인하는 것이다.

당신은 갈등을 다룰 때 슈퍼필러에게 자기주장적, 수동적, 공격적 의사소통 방식이라는 고전적 3부작을 가르치는 것이 무엇이 잘못된 것인지 의아해할 수도 있다. 여기에 나의 반응이 있다. 다른 사람은 동의하지 않을 수도 있지만 그래도 괜찮다. 자기주장적 의사소통 방식을 가르치기는 하나도 잘못된 게 없지만 단지 급진 행동주의가 가진 정밀성 측면으로 보면 슈퍼필러에게 문제 행동의 원천이 되는 과정, 즉 고도의 지배 사고와의 융합 및 체험 회피를 보지 않고 타인과의 갈등을 관리하는 방법만 가르치는 것으로는 행동 변화를 촉진할 수 없다.

그런 점을 염두에 두면서 이 회기의 내용으로 넘어가도록 하자.

개요

1. 순간 속에 머물기 연습
2. 주간 실습 검토
3. 가르침 요점: 갈등을 다루는 당신의 역할 모델
4. 가르침 요점: 가장 의지했던 전투 전술
5. 모든 것을 하나로 묶기

6. 주간 실습

자료

플래시 카드(참가자당 7장의 플래시 카드)

모든 참가자를 위한 작은 가정용 품목(예: 작은 샴푸나 진귀한 향신료 미니 포장)

워크시트

유인물: 가장 의지했던 전투 전술

http://www.newharbinger.com/41771를 방문하여 워크시트를 내려받아라.

순간 속에 머물기 연습

이 알아차리기 훈련을 위해 샴푸나 진귀한 향신료의 작은 포장 등 가정에서 사용할 수 있고 눈에 띄는 냄새나 질감을 가진 아이템이 필요하다.

아이템을 선택한 후 참가자들에게 건넨다. 그들이 아이템의 특징을 알아차리고 큰 소리로 말하도록 운을 떼고 해당 아이템을 들고 있는 동안 그들이 가지고 있는 내부 경험을 알아채도록 다시 운을 떼라. 그들에게 어떤 연상, 미래 사고 또는 과거 사고가 나타나는가?

내담자의 반응을 수집하고 언제, 어디서, 누구와 함께 있든 목적을 가지고 주의를 기울이는 것 외에 알아차리기를 함양하는 데 있어 초능력이 필요하지 않다는 점을 강조하면서 활동을 마무리하라.

주간 실습 검토

평소와 같이 진행하라.

가르침 요점: 갈등을 다루는 당신의 역할 모델

이 가르침 요점은 내담자가 어린 시절, 청소년기 또는 심지어 성인 시절 동안 갈등에 관해 배운 걸 회상하는 데 중점을 둔다. 당신에게 가장 적합한 표현을 사용하여 참가자에게 명시적 또는 암묵적으로 타인들과 전투, 분쟁, 다툼을 처리하는 방법을 배울거라고 간략하게 설명하라. 우리는 때때로 누군가 의견 불일치를 다루는 방법을 보고 배웠고 또 어떨 때는 논쟁할 때 해야 할 일을 구체적으로 들었을 수도 있다(예를 들어 "누군가 당신에게 이런 짓을 한다면, 갚아 줘." 또는 "아무도 널 비난 못 하게 해.").

체험적인 수용전념치료

이 연습에서 다음의 제안된 지침을 참가자들에게 읽어 주라.

이 짧은 연습을 위해 몇 분 동안 최대한 편안하게 앉습니다. 호흡에 천천히 집중하고 원한다면 눈을 감거나 한 곳을 바라봅니다. 심호흡을 세 번 한 후 어린 시절이나 청소년기로 시간을 거슬러 올라가 부모님, 양육자, 또는 주변 사람들과 다투던 쓰라린 순간을 떠올려 보십시오. 일어나지 않았으면 하는 다툼이나 목격하지 않아야 했던 다툼 중 하나를 선택합니다.

그 기억을 가능한 생생하게 상상하고 잠시 그것을 붙잡아 두고 논쟁 중에 말했던 단어들, 사람들이 말하는 목소리의 질, 그들의 몸과 몸짓을 기억할 수 있는지 살펴봅니다. 그들이 어떻게 서로 다투게 되었는지를 기억할 수 있는지 봅니다.

바로 지금 여러분의 감정 기계가 어떤 **반응**을 보이는지 알아채고 이에 따라 일어나는 느낌을 알아채고 명명할 수 있는지 살펴봅니다. 어떤 신체 **반응**이든 무언가를 하고 싶은 가장 의지했던 행위나 충동(촉박감)을 알아챕니다. 그리고

잠시 그 경험에 머물 수 있도록 최선을 다해 보세요. *(2~3분간 잠시 멈춤)*

그 이미지는 놓아두고 다시 자신의 호흡에 주의를 집중합니다. 마치 해변에 서서 모래 속으로 발가락을 들이미는 것처럼 발가락을 약간 꼼지락거리면서 호흡의 질을 알아챕니다. 공기가 콧구멍을 통과해서 잠시 후 몸을 떠나는 것을 알아차려 봅니다. *(1~2분간 잠시 멈춤)*

이 연습을 따라가면서 주변 사람들이 서로 싸우는 것 말고는 아무것도 중요하지 않은 것처럼 계속 다투던 또 다른 기억을 떠올릴 수 있는지 살펴봅니다. 첫 번째 이미지에서 그랬던 것처럼 그 기억을 가능한 한 생생하게 떠올립니다. 가능한 많은 세부 사항을 회상하면서 그 사람들이 말다툼했던 방식에 주의를 기울일 수 있는지 살펴보세요. 잠시 그것에 머물러 보세요. *(2~3분간 잠시 멈춤)* 이 이미지를 가지고 있는 동안 당신의 개인 **반응**을 알아채 봅니다... 신체 감각에 주의를 기울이는 것으로 시작할 수 있습니다. 그 감각을 잡기 위해 당신의 몸을 잠깐 스캔합니다. 그 느낌에 이름을 붙이고 내면 목소리가 떠올리는 생각을 알아챌 수 있는지 살펴보세요.

마지막으로 이 이미지를 놓아두고 다섯 번 심호흡하고 발가락을 꼼지락거리며 방으로 돌아옵니다.

내담자로부터 피드백을 모으고 "함께 자란 사람들이 일반적으로 갈등을 어떻게 다루었나요?"라는 핵심 질문으로 토론을 마쳐라. 참가자들이 자신의 반응을 공유할 때 그 사람의 명칭이나 판단을 사용하는 대신 행동을 알아채고 기술하도록 격려하라. 예를 들어 '*그녀는 비열했다.*'라고 말하지 말고 '*그녀는 어떤 의견에도 반응하지 않았고, 난 단지 그것에 대해 말할 수도 없었고 말하기도 싫었다.*'라고 말한다.

우리 모두 학습 역사의 일부로 살아가면서 사람과의 문제를 다루는 각기 다른 방식을 배우는 게 당연하다고 정상화하고 지금부터는 타인과 논쟁할 때 만성적이고 반복적인 행동에 자세히 주의를 기울여야 할 때라고 언급한다.

조심해!

슈퍼필러는 쉽게 자기 비난 모드로 들어가므로 가장 의지했던 이러한 전투 전술을 사용하는 것이 자신을 좋은 사람이나 나쁜 사람으로 만드는 게 아니라는 부분을 짚어라. 그들이 배운 것과 감정에 민감한 성향을 고려할 때 그것은 이해할 만하다. 슈퍼필러가 갈등의 한가운데 있을 때 감정 스위치는 계속 켜지고 느낌은 최대 수준으로 증폭된다. 그러한 순간에 상처받으면 정말로 상처를 느끼고, 실망을 느끼면 정말 실망하게 되며, 화가 난다면 그들은 정말 크게 화를 낸다. 그런 순간에 여느 인간과 마찬가지로 지난 수년간 배웠던 것, 즉 전투를 다루는 가장 의지했던 전술에 의지할 것이다.

솔직해지자. 우리 대부분은 상처를 어떻게 다루어야 할지 모르고 슈퍼필러처럼 실수도 많이 한다. 나는 나의 상처와 함께 사는 법을 배우면서 내가 저지른 모든 실수에 관해 책 한 권은 쓸 수 있다.

가르침 요점: 가장 의지했던 전투 전술

여기에 내담자와 공유해야 할 중요한 재구성이 있다. 다툼 중에 상처를 받을 때 우리는 무언가 말을 하고 행동하다가 시간이 지남에 따라 마치 재활용하는 것처럼 가장 의지했던 반응을 반복적으로 되풀이하며 이에 의존한다. 이것이 바로 가장 의지했던 전투 전술이 제2의 천성이 될 때까지 과잉 학습된 행동으로 바뀌어 가는 방식이다.

내담자에게 가장 의지했던 전투 전술이 있는 것은 자연스럽다는 것을 강조하라. 그것은 단지 학습 레퍼토리의 일부일 뿐이며 커피를 만들고 글을 쓰고 다른 기술을 배우는 방식과 다를 바 없다. 여기서 상처를 받을 때 가장 의지했던 전투 전술을 사용하는 것은 당연하다. 그렇지 않은 사람이 있을까? 하지만 이러한 가장 의지했던 전투 전술 중 일부 또는 전부를 자동적인 행동으로 남용하는 것은 다른 이야기이다.

이러한 가르침 요점을 안내하기 위해 참가자에게 '가장 의지했던 전투 전술' 유인물을 전달하라. 살펴보기 전에 내담자에게 이 유인물은 교육 목적을 위한 참고 목록이고 그들 자신의 관계에서 가장 의지했던 전투 전술이 어떻게 작동하는지 알아채기, 명명하기, 확인하기 실습을 할 거라고 알려라(이 유인물은 맥케이, 다비스, 팬닝McKay, Davis, & Fanning, 2018에서 영감을 받았으나 이 치료를 위해 상당 부분 수정했다).

각각의 가장 의지했던 전투 전술을 논의하면서 감정 기계가 활성화되어 내담자가 단 몇 초 만에 전술에 가담했던 예를 들어달라고 요청하라.

참가자들이 학습하고, 토론하고, 예를 제시하고, 자신들의 가장 의지했던 전투 전술을 인식한 후 이 가르침 요점에 해당하는 체험적인 수용전념치료로 이동하라.

체험적인 수용전념치료: 가장 의지했던 전투 전술 발견하기

이것은 아마도 전체 치료에서 가장 긴 체험적인 수용전념치료 중 하나일 것이다. 여기에는 슈퍼필러가 갈등을 구체적으로 다룰 때 자신의 행동 패턴을 인식하도록 돕는 것을 최종 목표로 하는 네 가지 다른 연습이 있다. 당신은 이 전체 연습의 각 부분에서 구체적인 지침을 읽고 무엇을 기대할 수 있는지 미리 알아야 한다.

첫 번째 부분: 가장 의지했던 전투 전술을 위한 촉발 요인 알아채기

참가자에게 아래 지시 사항을 읽어 주면서 눈을 감을지 뜰지를 선택하게 하라.

누군가와 다투던 순간을 떠올려 보세요. 가벼운 다툼일 수도 있고 격렬한 다툼일 수도 있습니다. 연습에 적절한 완벽한 다툼인지 걱정하지 마시고 단순히 마음을 찌르는 하나를 선택합니다. 상처받고 당신의 감정 기계가 제대로 움직였기 때문에 때때로 마음에 곱씹던 기억 중 하나를 고르시면 됩니다. 하나의 기억을 선택한 후 잠시 그 이미지를 유지하세요... 누군가 우리를 화나게 하면 우리는 자연스럽게 자기 몸에 나타나는 감정적 또는 본능적인 **반응**을 가지게 되고 그다음 가장 의지했던 전투 전술을 사용하고자 하는 충동(촉박감)을 갖게 됩니다. 당신에게 이 촉발 지점은 무엇이었나요?

당신의 감정 기계가 무엇을 떠올렸는지 확인합니다. 당신의 내면 목소리가 빛의 속도로 어떤 생각을 떠올렸나요? 당신의 마음이 재빨리 '분노'라고 말한다면 이는 다른 유형의 상처를 덮을 수 있다는 걸 조심하세요. 그것을 조금 더 자세히 들여다볼 수 있는지 살펴보세요.

이 이미지를 붙잡고 그 투쟁에 관해 정말로 당신을 아프게 한 것에 주의를 기울이도록 최선을 다합니다. 이제 잠시 멈추고 이 방의 주변 환경에 주의를 기울이세요.

여느 때처럼 참가자에게 자신들의 감정 기계가 생각해 낸 어떤 반응이든 설명해 달라고 요청하고 가장 의지했던 전투 전술을 촉발한 특정 감정, 감각 또는 사고를 식별하도록 운을 떼라. 대부분 내담자는 속상한 상황을 나열함으로써 빠르게 반응할 수 있겠지만 당신의 임무는 이 치료의 주 관심사인 빠르게 촉발 요인이 되는 내담자의 사적 경험이 무엇인지를 식별할 수 있도록 돕는 것이다. 내담자가 갈등을 다룰 때 반복적인 반응의 원천이 될 수 있는 각기 다른 감정 상태를 더 많이 인식할수록 내담자는 압도적인 감정에 머무르고 가장 의지했던 전투 전술을 사용하려는 자신의 촉박감을 확인하고 가치 측면에서 해당 촉박감을 확인하고 가치 기반 행동을 더 능숙하게 선택할 수 있다.

두 번째 부분: 가장 의지했던 전투 전술 변별하기

이 연습에서 참가자당 7개의 플래시 카드가 필요하다. 모든 집단 참가자에게 이를 건네고 각 대문자에 해당하는 가장 의지했던 전투 전술을 적도록 요청하라

(인쇄된 용지가 지시문보다 낫다[2]).

한 명의 자원자를 앞으로 초대하여 (집단이 들리지 않게) 개인적으로 요령을 전달한다. 상황에 따라 각자의 역할을 연기할 텐데 그냥 본인처럼 하면 된다고 하라. 이별, 상관으로부터 피드백 받기, 어떤 영화를 볼지 마음이 바뀌는 친구, 기타 상황 중에서 선택할 수 있는 시나리오를 요청하라. 역할 연기를 하는 동안 당신은 감정 기계가 떠올리는 감정에 따라 화를 내고 반응할 것이며 각기 다른 가장 의지했던 전투 전술을 구사할 것임을 명확히 하라.[3]

그 후 집단에 당신과 자원자가 역할 연기를 통해 사람들이 어떻게 감정 기계에 빠르게 빠져드는지, 감정에 의해 통제되는 동안 어떻게 갈등에 접근하는지 보여줄 것이라고 설명하라. 집단 구성원에게도 임무가 있다고 설명하라. 역할 연기 중에 가장 의지했던 전투 전술을 식별하면 모든 사람이 볼 수 있도록 집단을 향해 해당 플래시 카드를 들어야 한다고 말하라.

진행자로서 참가자 중 누군가 플래시 카드를 올리면 잠시 멈추고 참가자가 역할 연기에서 보이는 어떤 행동을 특정 전술로 보았는지 확인하라.

역할 연기에서 자원자와 대화 때 각기 다른 가장 의지했던 전투 전술을 포함하여 집단이 이를 인식하는 실습을 계속할 수 있도록 하라. 약 20분 후 잠시 멈추고 참가자들의 **반응**을 수렴한 후 다음 활동으로 전환하라.

세 번째 부분: 가장 의지했던 전투 전술 인식하기

세 번째 연습 때 참가자 각자 종이와 펜이 필요하다. 다음과 같은 지시문을 제시하고 마찬가지로 선호하는 단어들을 자유롭게 사용하라.

---

2)역주: 첫 글자만 적힌 7개의 카드를 나눠주고 참가자가 나머지를 적도록 해서 종류를 익히도록 하는 것 같다.

3)역주: 치료자가 좀 더 주도적으로 전투 전술을 구사하고 자원자는 평소 모습대로 연기하는 과정에서 집단은 어떤 종류의 전투 전술이 나타나는지 맞혀보는 실습일 것 같다

이 연습 때 초점을 맞출 관계 하나를 선택하고 종이 한 장을 들고 페이지 중앙에 수직으로 선을 그린다. 왼쪽에는 그 관계에서 겪은 여러 가지 갈등을 적고 오른쪽에는 문제 상황을 관리하기 위해 이전에 사용했거나 지금도 사용 중인 가장 의지했던 전투 전술을 적는다.

이 연습을 하는 게 다소 까다로울 수 있다. 누군가 당신에게 매우 속상한 일을 했을 수 있고 여전히 당신은 속상할 수 있기 때문이다. 하지만 갈등을 어떻게 처리했는지 살펴보는 것은 감정 기계를 길들이기 위한 하나의 단계이고 이를 통해 원하는 관계를 맺는 데 더 가까이 갈 수 있다.

참가자들이 이 연습을 마치도록 5분에서 10분 정도의 시간을 주고 나누는 것이 괜찮게 느껴지면 집단과 반응을 공유하도록 초대하라.

디브리핑 후 그들의 관계에서 가장 의지했던 전투 전술을 계속 사용하는 장단기 보상을 강조하라. 타인의 행동으로 상처받을 때 그들은 자신이 느끼는 걸 느낀다. 감정적 경험은 실제이지만 행동 반응이 그들의 관계 가치와 항상 일치하는 건 아니다.

네 번째 부분: 가장 의지했던 전투 전술 실효성 알아채기

마지막으로 수용전념치료에서 우리는 항상 행동의 실효성을 확인하는 걸로 되돌아간다는 것을 내담자에게 상기시켜라. 이전 활동에 이어 다음과 같은 질문을 던져라. 당신이 의존하는 그런 가장 의지했던 전투 전술의 어떤 부분이 당신의 관계에 도움이 됩니까? 당신이 가장 의지했던 전투 전술에 따라 행동했을 때 관계에 있어서 장기 결과는 무엇이었습니까? 당신 자신에게서의 장기 결과는 무엇이었습니까?

가장 의지했던 전투 전술 알아채기, 명명하기, 해당 전술의 실효성 확인하기, 대인 관계 가치 확인하기 같은 핵심 수용전념치료 기술을 더 튼튼히 하라. 참가자에게 자신의 가장 의지했던 전투 전술에 이름을 붙이고, 시도할 수 있는 탈융합 연습(예: 시각화, "나는 그 생각을 하고 있습니다."라고 말하기, 자세 취하기)을 사용하도록 요청하면서 이 활동을 끝내라.

조심해!

내가 내담자로부터 가장 의지했던 전투 전술을 검토할 때 들은 흔한 반응 중 하나는 '마지막 말을 하지 않고 논쟁을 포기하기가 본인에게 얼마나 어려운가?'라는 것이다. 그들은 종종 열띤 대화로부터 물러나기 어렵게 만드는 몇 가지 이유를 대면서 이유 대기 사고와 융합된다. 예를 들면 '내가 요점을 이야기할 필요가 있다.' 또는 '나중에 네가 이런 대화가 있었다는 걸 잊어버리고 부인하게 될 것'이기에 지금 말해야 한다는 것이다. 나는 보통 이러한 의견에 대해 행동의 실효성으로 되돌아가서 다음과 같은 질문으로 반응한다. "마지막 말을 하게 되면 당신의 삶이 더 나아지나요?", "당신에게 정말로 무엇이 정말 더 중요한가요. 논쟁에서 이기는 것인가요 아니면 관계를 위해 점수를 따는 것인가요?", "가장 의지했던 전투 전술을 사용하려는 강렬한 충동(촉박감)을 내버려두고 자신을 그 순간으로 되돌리는 연습을 하기 위해 무엇이 필요할까요?", "지금이 닻을 내리는 실습하기에 좋은 순간일까요?"

실효성 질문을 여러 번 반복하게 되어 미안하다. 하지만 이 치료와 수용전념치료에서는 이것이 내담자와 함께 검토할 수 있는 가장 독특하고 효과적이며 영향력 있는 개입 중 하나이다.

모든 것을 하나로 묶기

이제 인기 있는 회기가 끝났다!

내담자에게 가장 의지했던 전투 전술을 알아채고 명명하기는 그들이 배운 내부 기술임을 상기시켜라.

내부 기술	외부 기술
가장 의지했던 전투 전술 알아채기	
가장 의지했던 전투 전술 명명하기	
대인 관계 가치 확인하기	
가장 의지했던 전투 전술의 실효성 확인하기	
가치 기반 행동 선택하기	

내담자가 말다툼할 때 사적 경험을 알아채고 명명하는 실습을 한 후에 다음에 뭘 해야 할지 궁금하다면 여기 미리보기가 있다. 다음 장은 가치 기반 행동이자 외부 기술로서의 대인 관계 기술이다.

이미 알다시피 이 치료는 반창고를 붙이려는 시도가 아니다. 대부분 다른 치료에서 기술을 가르치는 것처럼 문제 있는 대인 관계 행동을 다른 행동으로 빠르게 대체하려는 것이 아니다. 이 모든 치료 과정은 감정 기계가 켜졌을 때 계속 중요한 걸 향해 나아가는 법을 배우면서 고통스러운 사적 경험과 접촉하고 유연하고 호기심을 가지고 대응하도록 가르치는 것이다.

주간 실습

내담자에게 두 가지 핵심 워크시트를 하도록 요청하라.

토막 논평

이 토막 논평을 쓸 때 나는 수백 가지의 흥미로운 선택사항 때문에 나 자신이 내용에 갇혔다는 것을 발견했다. 그래서 나는 내가 가장 좋아하는 두 작가 아담 그랜트Adam Grant와 말콤 글래드웰 Malcolm Gladwell에 관해 쓰기로 했다. 만약 그들에 대해 잘 모른다면 지금 당장 그들의 책 중 어떤 것이라도 구하길 바란다. 실망하지 않을 것이다. 아담 그랜트는 잘 알려진 조직 심리학자이자 와튼 스쿨의 최고 교수이며 조직이 소진을 줄이고 동기를 조성하며 사람들이 일터에서 의미를 찾을 수 있도록 돕는 선도적인 전문가이다. 말콤 글래드웰은 우리가 쉽게 간과하거나 오해하는 것들에 초점을 맞추고 사회 및 행동 과학의 부가적인 이점을 더한 많은 환상적인 책들을 세상에 내어놓은 놀라운 이야기꾼이다.

2018년 5월 10일 TED 팟캐스트 워크라이프에서 글래드웰과 그랜트의 공개 토론분이 방송되었는데 이는 이 둘 사이의 연례 토론회였다. 이 토론에서 그랜트는 글래드웰의 특이도와 관련한 열정과 그의 책 중 하나인 다윗과 골리앗에서 약자를 지지하는 것과 최강자를 옹호하는 것 사이의 모순에 관해 질문한다. 반면 글래드웰은 그랜트가 자신이 운전하는 자동차의 브랜드도 알지 못하면서 팀의 파워가 구성원들의 적합성에만 기반한다는 가정으로 부적응이 팀에 더 크게 이바지한다는 개념을 가지고 있음을 질문했다.

이 팟캐스트는 54분밖에 안 되는데 당신은 이를 통해 글래드웰과 그랜트가 어떻게 서로에게 장난치고 본인의 생각이 무엇인지를 말하고 서로의 신념, 가정, 입장을 공개적으로 질문하고 서로의 모순을 포착하고 토론이 진행됨에 따라 서로 함께 웃게 되는지를 듣게 된다. 당신은 글래드웰이 새로운 것을 배우는 데 도움이 되는 논쟁에서 어떻게 패배하기로 동의하게 되는지까지 들을 수 있을 것이다.

갈등을 다루는 것은 관계를 진전시키는 도구적 기술이며 슈퍼필러의 세계에서는 언제든지 높은 감정 각성을 경험하기 쉽다는 점을 고려할 때 이는 매우 중요한 기술이다. 상처를 받을 때 그들의 전투 전술을 잡도록 슈퍼필러를 가르치는 건 그랜트와 글래드웰처럼 관계를 파괴하지 않고 논쟁하는 방식을 배울 기회를 준다.

유인물: 가장 의지했던 전투 전술

당신은 어떻게 논쟁합니까? 갈등을 관리하기 위해 의존하는 가장 흔한 행동 반응을 확인해 보십시오. 이들 중 일부는 당신에게 적용될 수 있고 다른 것들은 그렇지 않을 수 있습니다.

가장 의지했던 전투 전술	연관된 행동
강요 모드	강요 모드는 다툼이 올 때 상대방을 위협, 요구, 강압하는 것이다
비난 모드	비난 또는 외재화된 전투 전술로서 자신의 고통스러운 느낌이나 행동을 상대방 탓으로 돌린다.
이유 대기 모드	가장 의지했던 전투 전술로써 이유 대기 모드로 들어가는 것은 다른 옵션이나 대안을 고려하지 않고 내면 목소리가 절대적 진실로 제시하는 모든 이유, 설명 또는 정당화를 그대로 나열하는 것을 의미한다.
캐릭터 공격 모드	속상할 때 캐릭터 공격 모드로 들어가는 것은 내면의 목소리가 빠르게 생각에 꼬리표를 달고, 꼬리에 꼬리를 물고 상대방과 관련한 비판을 떠올리는 것이다.
달래기 모드	달래거나, 재빨리 동의하면서 자신의 필요를 무시하는 것이다.
분리 모드	분리 모드로 들어가기는 벽쌓기 모드로 들어가기와 같다. 당신이 토론하는 사람과 감정적으로 심지어 신체적으로 단절되는 순간을 말한다.
측정 모드	측정 모드는 관계와 관련하여 다른 사람의 행동을 평가하는 것이다. 그들이 너를 보러 오는가 아니면 네가 차를 몰고 가는가? 그들은 관계에서 네가 쓰는 만큼의 돈을 쓰고 있는가?

Chapter 18

14회기 - 대인 관계 알아차리기
Session 14 - Interpersonal Awareness

이 회기의 주제

경의를 표한다! 치료에서 대인 관계 알아차리기 모듈이 종착지에 도달했다! 이 모듈은 슈퍼필러가 관계에서 무엇이 중요한지 파악하는 걸로 시작해서 사람들과 관계 맺는 만성 행동 패턴인 자신의 애착 양식을 식별하고, 그들의 학습 역사를 극복할 수 있는 신경과학의 놀라운 뉴스를 살펴보고, 내담자가 걸려드는 갈등 관련 사고를 논의하고, 상처받을 때 가장 의지했던 전투 전술을 인식하는 모듈이다.

이 모듈의 이전 회기에서 슈퍼필러는 남과 힘든 만남을 가질 때 촉발되는 각기 다른 압도적인 감정 상태를 알아채고 명명하고 개방하는 수용을 실습했다.

이제 마지막 회기에서 관계에서 실망감을 느낄 때 다양한 정도의 감정 각성, 규칙과의 융합과 접촉하는 것을 실습한 이후 공감 행동, 요청하기, 피드백 받기, 피드백으로부터 캐릭터 공격 식별하기, 관계를 파괴하지 않고 피드백 주기 등의 대인 관계 기술을 살펴봐야 할 때이다.

이 모듈은 슈퍼필러에게 외부 기술을 소개하기에 앞서 내부 경험의 관리를 위한 내부 기술의 개발을 먼저 하도록 구성되어 있다. 건강한 관계는 내부 기술과 외부 기술 모두를 필요로 한다. 그렇지 않으면 타인과 연결할 때 어쩔 수 없이 경험할 수밖에 없는 감정적 불편을 유연하게 경험하는 능력을 키우지 않고 실효성 없는 행동을 대안 행동으로 삼을 위험이 있다.

개요

1. 순간 속에 머물기 연습
2. 주간 실습 검토
3. 가르침 요점: 공감 행동
4. 가르침 요점: 요청하기
5. 가르침 요점: 피드백 받기
6. 가르침 요점: 피드백 주기
7. 가르침 요점: 어려운 관계
8. 모든 것을 하나로 묶기
9. 주간 실습

자료

서로 다른 장르 세 곡의 클립
노래 재생 장치
화이트보드 또는 기타 큰 칠판

워크시트

워크시트: 피드백 주기
워크시트: 요청하기
유인물: 공감 행동 및 요청하기 단계
유인물: 피드백 받기와 주기 단계

http://www.newharbinger.com/41771을 방문하여 워크시트를 내려받아라.

순간 속에 머물기 연습

이 연습을 위해 클래식 곡 하나(예: 솔로 피아노), 하드 메탈 곡 하나, 팝송 곡 하나 (예: '데스파시토') 각기 다른 세 가지 유형의 곡을 선택하라. 물론 다른 장르를 자유롭게 선택해도 된다. 각 곡의 클립을 약 2분 동안 재생하고 매 클립이 끝난 후 내담자에게 그 클립을 들으면서 감정 기계가 활동할 때 나타나는 느낌, 감각, 이미지, 기억, 사고, 촉박감을 알아채고 명명하도록 요청하라.

주간 실습 검토

지금까지 해왔던 대로 주간 실습 검토를 진행하라.

그 후 다음 가르침 요점을 역할 연기할 자원자를 요청하라.

일단 자원자가 있으면 자원자와 따로 다음의 선택사항에서 어떤 시나리오로 역할 연기를 할지 논의하라. (1) 새해 파티를 위해 무엇을 할지 동의하지 않는 두 친구 (2) 친척의 생일 선물에 얼마를 써야 할지 동의하지 않는 한 커플 (3) 사무실을 어디로 옮길지 논쟁하는 두 명의 동료. 이것은 단지 제안일 뿐 다른 시나리오를 자유롭게 선택할 수 있으나 타인과의 갈등과 관련된 것인지 확인하라.

당신과 자원자가 한 가지 상황을 결정한 후 집단 앞에서 역할 연기를 시작하라. 이때 서로 의견이 일치하지 않으면서 빠르게 문제 해결 모드로 들어가는 연기를 하라. 즉시 해결책을 제시하고 상대방에게 무엇을 해야 하는지 말하라. 몇 분 동안 대화를 계속하고 상대방의 어려움을 듣거나 이해하지 않고 상황을 해결하려는 강한 촉박감을 보여 주라.

디브리핑 할 때 당신이 해결책을 너무 빠르게 말했을 때 자원자가 어떠했는지 확인하고 이 역할극을 공감 행동을 알려주는 다음 가르침 요점의 소개로 이용하라.

가르침 요점: 공감 행동

감정 스위치가 켜져 있고 기분이 상하고 상처받았을 때 자신의 고통에 집중하느라 상대방이 어떤 일을 겪고 있는지 보기 어렵다는 것을 내담자에게 설명하라. 신속하게 가장 의지했던 전투 전술에 의존하거나 상황을 즉시 해결하고 싶을 수 있다. 그들이 느끼는 감정이나 그 순간 느끼는 촉박감 자체는 문제가 없다는 것을 분명히 하되 모든 갈등은 우리가 다른 어떤 것을 하기 전에 멈추고 상대방의 투쟁으로부터 배우기를 요구한다. 우리는 그 기술을 *공감* 행동이라 부른다.

공감 행동은 비록 우리가 상대방의 말을 좋아하거나 사랑하거나 동의하지 않은 상태에서 우리 내면의 목소리가 문제 해결 반응을 떠올리더라도 상대방이 화난 것에 대해 생각하고, 느끼고, 감지하고, 원하고, 바라는 게 무엇인지 이해하는 것임을 분명히 하라.

그런 다음 화이트보드에 공감 행동을 실습하기 위한 단계를 적어 모든 참가자가 볼 수 있도록 하라.

1. 당신의 감정 기계가 무엇을 떠올리는지 알아채고 명명합니다.
2. 그 순간 나타나는 가장 의지했던 행위를 알아차립니다.
3. 호흡과 함께 자신을 접지합니다. 자신의 닻을 내리세요!
4. 그들의 상처에 관해 다음 세 가지 질문을 하면서 상대방에게 주의를 기울이세요. 그것에 관해 그들이 무엇을 생각하는지/ 그들이 어떻게 느끼는지/ 당신이 할 수 있는 것이 있는지.

그런 다음 이 단계를 화이트보드에 적은 상태 그대로 두고 가르침 요점의 실습으로 넘어가라.

체험적인 수용전념치료: 공감 행동 실습

참가자들이 짝을 이루게 하고 '공감 행동 실습 및 요청하기 단계' 유인물을 배포하면서 누가 화자가 될지, 누가 공감 행동을 실습할 사람이 될지 정하도록 요청하라. 화자의 경우 파트너와 편안하게 공유할 수 있는 문제 상황 하나를 선택하도록 요청하고 파트너는 화이트보드에 적힌 단계에 따라 공감 행동을 실습한다. 참가자에게 5분 동안 실습한 후 각자의 역할을 바꾸도록 요청하라.

디브리핑을 할 때 내담자와 함께 공감 행동의 실습이 그들의 관계에서 실행 가능하고 적용 가능한지 확인하라. 그들이 공감 행동을 실행하는 데에 어떤 장애물을 예상하는가?

조심해!

공감 행동을 가르칠 때 어떤 내담자는 금방 "문제를 해결하지 못한다는 뜻인가요? 항상 친절해야 하나요?"라는 말을 한다.

이러한 질문에 대응하는 한 가지 방법은 공감 행동을 실습하는 것이 상황을 해결하거나 우리 앞에 있는 사람에게 극도로 정중하고 친절하게 대하는 것이 아니라는 점을 명확히 하는 것이다. 이는 관계가 우리에게 중요할 때 우리 자신을 그들 입장에 두고 상대가 어려움을 겪고 있는 상황을 이해하기 위해 최선을 다하는 것이다.

가르침 요점: 요청하기

대인 관계 기술 가르치기를 계속 진행하라. 다음 가르침 요점은 요청하기이다. 내담자가 어떻게 요청할지 간략히 논의하고 우리 모두 대인 관계에서 온갖 유형의 요청을 한다는 것을 명확히 하라. 예를 들면 들어줄 수 있는 요청, 바보 같은 요청, (심지어 양파가 없는 프랑스 양파 수프 주문, 채식주의자를 위한 소 등심, 다이어트 물 주문하기 같은) 불가능한 요청도 한다. 내담자에게 요청할 때 기본적으로 (1) 요청이 무엇인지 명확히 하기 (2) 상대방에게 요청하기라는 두 가지 단계가 있다고 설명하라.

각 단계에 해당하는 행위를 화이트보드에 적어라.

1단계: 요청이 무엇인지 명확히 하기
- 그 상황에서 개인적 가치를 확인하라.
- 당신이 통제할 수 있는 것과 통제할 수 없는 것을 알아채라.
- 관계에서 좀 더 또는 조금 덜 또는 시작하거나 중지해야 할 것이 무엇인지 확인하라.
- 요청하기에 관해 생각할 때 감정 기계가 무엇을 떠올리는지 알아채고 명명하라.

2단계: 요청하기, 명확하게 진술하기.
- 당신의 상황이 어떠한지.
- 상황에 관한 당신의 생각.
- 상황에 관한 당신의 느낌.
- 당신의 구체적인 요청.

다음은 내담자와 공유할 수 있는 몇 가지 예이다.

시나리오 1:
효율적인 요청: 밤에 카펫 청소가 어려우니 퇴근 후 귀가할 때 신발을 꼭 벗어줬으면 해.

비효율적인 요청: 카펫 청소를 열심히 하는 것을 알아봐 줘.

시나리오 2:
효과적인 요청: 내일 퇴근 후 돌아오는 길에 내 차에 기름 좀 채워 줄래? 내가 스트레스가 있어서 그걸 못할 것 같아 걱정이야.

비효율적인 요청: 네가 내 차를 사용할 때 가득 채워줬으면 좋겠어.

체험적인 수용전념치료로 넘어가 보자.

체험적인 수용전념치료: 요청하기 실습

내담자들이 짝을 이루도록 하고 이 활동의 지침으로 '공감 행동 실습 및 요청하기 단계' 유인물 및 '요청하기' 워크시트를 나눠주라.

참가자에게 서로 세 가지 유형의 요청을 연습하도록 하라.

1. 간단한 요청(예: "저녁 식사로 초콜릿 아이스크림을 줘.").
2. 낭만적 인간관계 또는 친척 관계에서 복잡한 요청.
3. 우정 관계에서 난처한 요청(예: "농담할 때도 이름은 부르지 않았으면 좋겠어.").

참가자에게 한 사람당 평균 5분의 시간을 주고 이 활동을 끝내기 전에 내담자가 이러한 기술을 적용해 볼 수 있는 각기 다른 관계에 대해 디브리핑하라.

조심해!

슈퍼필러에게 이 기술을 가르칠 때 종종 나타나는 두 가지 잠재적인 시나리오가 있다.

1. 요청하기처럼 보이지만 실제는 상대방에게 까다로운 요구나 위협을 전달할 때가 있다(예를 들면 "우리가 이걸 해결하기를 원해."와 "우리가 이걸 해결하지 않는 한 나는 당신과 함께 어떤 모임에도 가지 않겠어."의 차이). 이를 알아채면 내담자에게 피드백을 제공하면서 까다로운 진술, 최후통첩이나 위

협을 하지 않고 다시 요청을 말하게 한다.

2. 다른 경우 특히 슈퍼필러가 외상 경험을 지니고 있거나 수치심을 느끼기 쉬운 경우 '내가 요청하면 상대를 괴롭히는 거야.', '이런 사소한 걸로 요구하면 안 돼.' 같은 신념과 융합될 수 있다. 이러한 진술에 대응하는 한 가지 방법은 먼저 경청하고 호기심 어린 질문을 하면서 그러한 사고에 따르는 어려움을 알아봐 주고 인식한 후 다시 이런 사고의 실효성으로 되돌아가는 것이다. "그 생각이 말하는 대로 할 때 어떤 일이 일어나나요?", "다른 사람과 더 연결되어 있다고 느끼나요?" 같은 질문을 한다.

가르침 요점: 피드백 받기

우리 모두 관계에서 피드백을 주고받으므로 이는 슈퍼필러에게 또 다른 중요한 기술이다. 하지만 때때로 감정 각성이 높은 상태에 있는 슈퍼필러는 피드백이 잘 들리지 않고 느낌에 기반한 이야기와 쉽게 융합되거나 가장 의지했던 전투 전술로 들어갈 수 있다.

내담자와 이 가르침 요점을 검토할 때 논의해야 할 두 가지 핵심 아이디어는 다음과 같다. (1) 우리 주변 사람은 우리의 법적 지위, 우리가 사는 곳, 집의 가구, 직장 등에 관해 온갖 종류의 논평을 한다. 우리는 그들이 말하는 것을 통제할 수 없다. 그리고 (2) 감정 기계가 켜지는 것은 전적으로 당연하다. 우리는 단지 우리의 **반응**이 가치와 일치하도록 최선을 다할 뿐이다. 내담자에게 이러한 핵심 아이디어를 전달한 후 화이트보드에 피드백 받기 추천 단계를 적어라.

1. 당신의 감정 기계가 무엇(느낌, 신체 감각)을 떠올렸는지 알아채고 명명하라.
2. 피드백을 제공하는 사람이나 상황에 관해 내면 목소리가 무엇(이야기, 지배, 과거, 기억, 이미지, 미래 또는 꼬리표 사고)을 떠올리는지 알아채고 명명하라.

3. 자신이 가장 의지했던 행위를 알아차리고 가장 의지했던 전투 전술(강요, 비난, 이유 대기, 캐릭터 공격, 달래기, 분리, 측정 모드)을 확인하라.

4. 그 순간에 머물기 위해 반복적으로 자신을 접지하라. 닻을 내려라!

5. 당신의 가치를 확인하라. 이 상호 작용에서 자신에게 중요한 것은 무엇인가?

6. 가치에 기반한 행동을 선택하라. 이 상황에서 가치에 더 가까워지기 위해 무엇을 해야 하는가?

피드백을 받을 때 그것의 전부 또는 일부에 동의하는지와 관계없이 상대방의 말을 명료화할 필요가 있고, 피드백에 대해 좀 더 생각할 시간이 필요하고, 반응하기 전에 공감 행동을 먼저 실행해야 할 수 있음을 설명하라.

치료자를 포함해서 누구든 피드백을 받는 건 어려운 일이라고 정상화하라. 그리고 압도적인 감정이 우리를 온갖 방향으로 데려가기 때문에 많은 경우 감정 기계는 우리를 이리저리 쉽게 흔든다.

체험적인 수용전념치료: 피드백 받기 실습

참가자들이 짝을 짓게 하고 '피드백 주고받기 단계' 유인물을 배포한 후 연습하고 싶은 상황을 선택하도록 초대하라. 각 참가자에게 위의 단계에 따라 피드백 받기 연습을 하는 5분의 시간을 주라.

조심해!

이 가르침 요점을 검토할 때 때때로 슈퍼필러는 사람들이 자신을 존중하지 않고, 비열하거나, 무례했던 예를 공유하면서 상대방과 관련한 꼬리표에 융합될 수 있다.

우리의 행동에 관해 피드백을 받는 것과 극단의 캐릭터로 공격받는 것은 차이가 있다. 필요한 경우 내담자가 이러한 행동을 알아채고 꼬리표를 사용하지 말고 있는 그대로 진술하도록 초대하라("그는 내 사무실에 들어올 때 문을 두드리지 않았다.", "그는 내가 보고서를 제출했을 때 고맙다고 말하지 않았다.").

나는 타인이 내담자에게 무례하거나 경멸적인 말을 하지 않는다고 말하는 것이 아니다. 하지만 감정 기계가 작동하면 슈퍼필러는 타인으로부터 받은 피드백과 감정이 자신에게 전달하는 것 사이를 구분하지 못할 수 있다. 그리고 신체 알아차리기 모듈에서 나온 대로 주의 편향적이고 감정에 기반한 이야기로 금방 빠져들 수 있다.

피드백을 받을 때 참가자들이 감정 기계에 걸려들 때 주의를 기울여야 할 몇 가지 단서를 공유하라.

1. 몇 가지를 들자면 그들이 분노를 느끼는지, 공격받았다고 느끼는지, 비난받았다고 느끼는지, 혹은 없는 사람 취급을 당했다고 느끼는지 확인하라.
2. 피드백을 받을 때 감정이 자신에게 익숙한 것 또는 역사적인 것인지 확인하라.
3. 사람들이 자신에게 어떻게 잘못했거나 상처를 주었는지와 관련된 이야기에 내면 목소리가 걸려들고 있는지 확인하라.

이러한 단서는 슈퍼필러가 피드백을 받을 때 잠시 멈추고, 무엇이 자신을 정말로 아프게 하는지 확인하고, 자신의 감정 경험을 해체하도록 안내한다. 또한 내담자에게 만성적이고 반복적이며 극도로 괴로운 느낌을 다루었던 감정 알아차리기 회기를 상기시켜 줄 수 있다. 그 감정은 보통 '부적합' 서사와 함께 온다.

가르침 요점: 피드백 주기

대인 관계 기술 가르치기를 진행하는 이번 가르침 요점은 가장 의지했던 전투 전술의 대안 행동으로서 상대방에게 피드백 주기에 초점을 맞춘다.

랜디 패털슨에 따르면 간단히 말해 상대방을 대할 때 우리 모두에게 나타나는 세 가지 유형의 부정적인 피드백이 있다(Randy Paterson, 2000). 이를 공유하라.

- 비언어적 비판: 우리 몸이 반감 또는 일부 다른 감정을 전달한다(당신 몸의 자세를 이용하여 비언어적 비판을 보여 준다).
- 간접 비판: 메시지가 표면적으로는 긍정적으로 보이지만 부정적 의미를 전달한다. 예를 들어 "이 드레스가 조금 커 보이긴 하지만 네가 입고 있으니 기쁘다."
- 적대적인 비판: 피드백이 공격적이고 사람을 향한다. 예를 들어 "너는 게을러.", "너는 결코 옳은 것을 얻지 못해."

화이트보드에 적으면서 피드백을 주기 위한 두 단계를 제안하라.

1단계: 피드백 주기 위한 준비 단계
1. 당신에게 속상한 상황에 관해 (가능한 구체적으로) 명확히 하라.
2. 그 관계에 있어 당신에게 중요한 것(개인적 가치, 관계 가치)이 무엇인지 확인하라.
3. 그 상황에 관해 생각할 때 감정 기계가 무엇을 떠올리는지 알아채고 명명하라.

2단계: 피드백 전달하기
1. 상대방의 행동에서 감사해야 할 것을 감사하라(그리고 감사할 일은 항상 있다는 것을 기억하라).
2. 상대방에게 주고 싶은 피드백에 대해 구체화하라(그 사람에 대한 꼬리표가 아닌 행동을 묘사하라).
3. 상대방에게 피드백을 제공할 때 자신의 느낌과 생각을 구체화하라.
4. 이 피드백을 주는 게 당신에게 중요한 이유를 말하라.

내담자가 이러한 단계를 실습할 수 있도록 다음 예를 큰 소리로 말하고 화이트보드에 적힌 단계를 고려하여 피드백이 효과적이었는지 아닌지 내담자에게 확인하라.

- "당신이 부엌 벽을 칠한 방식이 마음에 들지 않아요, 더 멋지게 할 수 없을까요?"(비효율적인 피드백)
- "시간을 내어 부엌 벽을 칠해주셔서 감사합니다. 확실히 새로운 색이 필요했습니다. 하지만 연한 녹색이 캐비닛과 가구에 잘 어울리지 않는다는 것을 알았습니다. 대신 하늘색을 사용해 보는 것은 어떨까요? 우리 가구와 어울리는 벽을 얻는다면 저에게 큰 의미가 있을 것입니다."(효율적인 피드백.)

다음으로 피드백 주기 기술을 실습하기 위해 짝을 지어서 활동을 진행하라.

체험적인 수용전념치료: 피드백 주기 실습

참가자들이 짝을 이루도록 하고 '피드백 주고받기 단계' 유인물과 '피드백 주기' 워크시트를 나눠주라. 다음으로 내담자에게 피드백 주는 연습 상황을 선택하도록 요청하라. 그들은 워크시트를 이 활동의 지침으로 사용할 수 있고 파트너와 연습하기 전에 미리 작성해 놓을 수 있다. 각 내담자에게 10분을 주고 짝을 이루어 이 기술을 연습하게 하라.

조심해!

우리 모두 마음의 소음에 갇히는 것은 힘든 일이며 매일 겪는 감정 롤러코스터를 고려할 때 슈퍼필러는 더더욱 힘이 든다. 피드백 주기 기술을 검토할 때 일부 내담자는 "하지만 그 사람이 신경 쓰지 않거나 여전히 우리 말을 듣고 싶어 하지 않는다면 어떡하죠?"라고 물을 수 있다. 물론 그럴 가능성이 있다. 하지만 우리가 다른 사람의 행동을 통제할 수는 없겠지만 상대가 우리 희망대로 반응하지 않더라도 우리의 가치에 따라 어떻게 살고 싶은지 조절할 수 있다는 것을 슈퍼필러에게 상기시키는 것이 중요하다.

대안으로 상대방의 행동을 변화시키는 것의 실효성을 물어봄으로써 이 질문에 반응할 수 있다.

가르침 요점: 힘든 관계

이것은 회기와 모듈의 마지막 가르침 요점이다. 최선의 노력, 의도 및 욕구에도 불구하고 일부 관계는 매우 도전적이라는 것을 인정하라.

참가자에게 관계에서 나타나는 각기 다른 장애물을 극복하도록 배우는 것이 중요하지만 한 걸음 물러서서 우리가 투쟁하고 있을 때 무엇을 해야 할지 숙고하는 것도 중요하다고 설명하라. 국제적으로 명성 있는 수용전념치료 트레이너인 러스 해리스는 이러한 관계 딜레마를 언급하며 그의 저서 『행동으로 *사랑하라*ACT with Love』(2009)에서 네 가지 옵션을 제시했고 각각에 질문을 던지고 있다. 이를 내담자와 공유하라.

- 옵션1: 떠난다.
- 옵션2: 머물라. 그리고 바꿀 수 있는 것을 바꾼다.
- 옵션3: 머물라. 그리고 바꿀 수 없는 것을 수용한다.
- 옵션 4: 머물라. 포기하라. 사태가 악화되도록 둔다.

다음은 각 옵션을 살펴볼 때 참가자와 공유할 핵심 질문이다.

- 옵션 1: 삶의 질이 향상될까?
- 옵션 2: 무엇을 통제할 수 있나? 당신에게 더 의미 있으려면 무엇을 할 수 있나?
- 옵션 3: 바뀌지 않는 비참함과 함께 머물려면 무엇을 해야 할까?

• 옵션 4: 투쟁에서 아무것도 하지 않는 것의 대가는 무엇인가?

참가자에게 질문이 있는지 확인하라. 그렇지 않으면 회기의 마지막 활동을 진행하라.

체험적인 수용전념치료: 힘든 관계 마주하기

———

참가자에게 자기 삶에서 이러한 각 옵션을 마주했을 때 네 가지 다른 관계를 살펴보고 이를 어떻게 다루었는지 논의하도록 초대하라.

조심해!

———

상처를 입었을 때 관계를 단절하고, 철회하고, 종료하는 것은 인간의 자연스러운 반응이므로 이 가르침 요점은 이러한 옵션 중 하나를 강화하는 것이 아니라 잠시 멈추고 결정을 내리기 전 모든 옵션을 고려하도록 권유하는 것임을 슈퍼필러에게 명확히 하는 것이 중요하다. 물론 내담자가 학대적인 관계에 있는 경우에는 이러한 옵션이 적용되지 않는다. 그것은 매우 다른 상황이다.

모든 것을 하나로 묶기

———

다음은 이 회기에서 다룬 기술 목록이다.

내부 기술	외부 기술
대인 관계 가치 확인하기	공감 질문하기
가장 의지했던 행위의 실효성 확인하기	요청하기
가치 기반 행동 선택하기	피드백 주기
	피드백 받기

이 모듈의 끝에서 내담자가 이 치료에서 배운 내부 기술을 요약하라. 이는 신체 자세와 표정 알아차리기, 갈등 및 가장 의지했던 전투 전술 및 애착 양식과 관련한 사고를 알아채기, 명명하기, 가장 의지했던 전투 전술 및 애착을 이끄는 행동의 실효성 확인하기, 그리고 애착 양식과 관련된 촉발 감정을 느끼기로 선택하기이다. 내담자가 매일 모든 기술을 실행에 옮기도록 격려하라. 더 많이 실습할수록 감정 기계를 길들이기가 더욱 쉬워진다!

주간연습

내담자에게 평소와 같이 '슈퍼필러를 위한 수용전념치료 로드맵' 및 '활동하는 가치' 워크시트를 작성하도록 요청하라.

개인 메시지

현실을 보자. 우리 대부분은 100% 준비되지 않은 상태로 관계에 들어오고 우리 스스로 자신도 보지 못하는 견고한 패턴을 가지고 있다. 이 모듈에서 슈퍼필러에게 가르친 기술은 관계에 대해 배운 내용의 폭과 깊이를 탐색하는 데 유용하다. 취약할 때 자신의 대인 관계 패턴을 알아차리고 특히 대인 관계의 희망과 꿈을 여는 법을 알려 준다.

당신은 이 모듈을 통해 훌륭한 일을 해냈고 내담자는 이 치료를 시작한 때보다 훨씬 앞으로 나아가고 있다!

토막 논평

2012년에 유연한 연결성 모델을 설명한 멋진 논문이 발표되었다 (Vilardaga, Estevez, Levin, & Hayes, 2012).

이 모델에 따르면 낮은 공감적 관심, 낮은 관점 취하기, 심리 경직성은 편견 같은 사회적 부적응 과정에 이바지한다. 임상적으로 이것은 타인을 향한 공감이 적은 사람은 다른 사람의 관점을 취하기 어렵다는 것이고 그들의 내부 경험에 따라 반응하고 편견 *반응* 같은 비효율적인 사회적 과정에 참여할 가능성이 크다는 것을 의미한다.

유연한 연결성 모델이 제안하는 기술을 개발하기 위해서는 자신의 느낌을 회피하거나 행동하려는 촉박감을 관리하고 타인이나 그들 자신의 이야기나 지배 사고로부터 탈융합하고 사적인 내부 경험과는 무관하게 가치 기반 행동에 참여하는 여러 내부 기술이 필요하다.

슈퍼필러의 세계에서 특히 인간 사이의 문제를 다룰 때 내부 세계와 다르게 관계 맺는 법을 배움으로써 오래 지속되는 의미 있는 관계를 만들 기회를 늘이고 더 크게 봐서 타인을 낙인찍고 '그'와 '나'의 분리에서 오는 전반적인 결과를 줄여준다.

워크시트: 피드백 주기

어떤 상황입니까?

_____

_____

나의 가치는 무엇입니까?

_____

_____

활동 중인 감정 기계가 떠올린 모든 것(느낌, 생각, 신체 감각, 촉박감)을 알아채고 명명하십시오.

_____

_____

구체적인 피드백/요청을 적어 보세요. 감사, 피드백을 주는 이유, 피드백과 관련한 당신의 느낌, 특정한 요청을 포함하십시오.

_____

_____

_____

_____

_____

_____

_____

_____

_____

_____

_____

워크시트: 요청하기

모든 관계는 어느 시점에서 진정이나 요청이 요구됩니다. 이 워크시트를 사용하여 요청해야 하는 모든 시나리오에 대비하기 위해 최선을 다하십시오.

어떤 상황입니까? (가능한 구체적으로 작성하십시오)

_____
_____
_____
_____

당신이 정말 조절할 수 있는 것은 무엇입니까?

_____
_____
_____

어떤 변화 의제에 걸려들어 있나요?

_____
_____

활동 중인 감정 기계(느낌, 생각, 신체 감각, 촉박감)를 알아채십시오.

_____
_____
_____

요청: (1) 상황이 어떠한지 명확히 언급 (2) 상황과 관련한 생각 (3) 상황과 관련한 느낌 (4) 당신의 구체적인 요청.

_____
_____
_____
_____

유인물: 공감 행동 실습 및 요청하기 단계

공감 행동을 실습하는 단계

1. 활동 중인 당신의 감정 기계를 알아채고 명명하십시오(느낌, 감각, 이미지, 기억, 과거, 미래, 지배, 꼬리표 사고).

2. 그 순간 나타나는 가장 의지했던 행위를 알아채십시오.

3. 호흡과 함께 자신을 접지합니다. 닻을 내리세요!

4. 그들의 상처에 관해 다음 세 가지 질문을 하면서 상대방에게 주의를 집중하십시오. 그들이 그것에 관해 무슨 생각하는지/ 어떻게 느끼는지/ 당신이 그것에 관해 할 수 있는 어떤 것이 있는지.

요청하기 단계

1단계: 요청이 무엇인지 명확히 하기

(a)상황에서 개인적 가치를 확인하십시오.

(b)당신이 통제할 수 있는 것과 통제할 수 없는 것을 알아채십시오.

(c)관계에서 당신이 더해야 할 것, 덜해야 할 것 또는 시작하거나 중지해야 할 것이 있는지 확인하십시오.

(d)요청하기에 관해 생각할 때 당신의 감정 기계가 무엇을 떠올리는지 알아채고 명명하십시오.

2단계: 요청하기

명확하게 진술하십시오. (a) 상황이 어떠한지 (b) 상황과 관련한 당신의 생각 (c) 상황과 관련한 당신의 느낌 (d) 구체적인 요청

유인물: 피드백 주고받기 단계

피드백 받기 단계	피드백 주기 단계
1. 당신의 감정 기계가 무엇(느낌, 신체 감각)을 떠올렸는지 알아채고 명명하십시오.	1단계: 피드백 주기 위한 준비 단계
2. 피드백을 제공하는 사람이나 상황에 관해 내면 목소리가 무엇(어떤 이야기, 기억, 이미지, 지배, 과거, 미래, 꼬리 표 사고)을 떠올리는지 알아채고 명명하십시오.	1. 당신에게 속상한 상황에 관해 (가능한 구체적으로) 명확히 하십시오.
3. 자신의 가장 의지했던 행위를 알아채고 가장 의지했던 전투 전술(강요, 비난, 이유 대기, 캐릭터 공격, 달래기, 분리, 측정 모드)을 확인하십시오.	2. 그 관계와 관련하여 당신에게 중요한 것(개인적 가치, 관계 가치)이 무엇인지 확인하십시오.
4. 그 순간 머물기 위해 반복적으로 자신을 접지하기. 닻을 내리세요!	3. 그 상황에 관해 생각할 때 감정 기계가 무엇을 떠올리는지 알아채고 명명하십시오.
5. 당신의 가치를 확인하십시오. 이 상호 작용에서 자신에게 중요한 것은 무엇인가요?	2단계: 피드백 전달하기
6. 가치에 기반한 행동을 선택하십시오. 이 상황에서 가치에 가까워지기 위해서 무엇을 해야 할까요?	4. 상대방의 행동에서 감사할 필요가 있는 것을 감사하십시오(그리고 항상 감사할 것이 있음을 기억하기).
	5. 상대방에게 주고 싶은 피드백에 대해 구체화하십시오(그 사람에 대한 꼬리표가 아닌 행동을 설명하기).
	6. 상대방에게 피드백을 제공할 때 자신의 느낌과 생각을 구체화하십시오.
	7. 그 피드백 주기가 당신에게 중요한 이유를 말하세요.

Chapter 19

모듈 – 철저한 알아차리기
Module - Radical Awareness

엄청난 경의를 표한다! 당신은 이 치료의 마지막 모듈인 철저한 알아차리기를 배우고 있다.

감정 기계 및 이와 함께 오는 것을 알아차리는 것은 우리가 매일 마주하는 예측할 수 없는 도전에 대응할 수 있도록 유연한 행동 레퍼토리를 개발하기 위함이다. 이는 우리가 함양하고 실습해야 할 핵심 기술이다.

나와 당신은 서로 모르는 사이이고 마음챙김에 관해 당신의 생각이 무엇인지, 마음챙김을 어떻게 실습하고 있는지 모르겠다. 하지만 이 모듈의 주제이기에 잠시 언급하려 한다. 마음챙김이 수용전념치료 모델의 매혹적인 토대이지만 일부 치료자에게 이것은 '난 수용전념치료를 할 만큼 능숙하지 않고, 명상 수행을 하지 않으므로 좋은 치료자가 아니다.'라거나, '20년 동안 마음챙김 수련을 하지 않으면 수용전념치료를 할 수 없다.'라는 생각의 원천이 될 수 있다. 그래서 여기에서 나는 자기 공개를 하려고 한다. 나는 매주 일요일 선원에서 명상을 연습한 것이 아니라 행동주의와 인지행동치료 및 변증행동치료 훈련을 받은 후 수용전념치료에 이르렀다.

　　내 경험에 비추어 볼 때 수용전념치료를 실습하고 이에 따라 살아가는 건 두려움과 불만족스러운 이야기를 마주할 수 있게 하고 때때로 짊어지는 참을 수 없는 아픔과 함께 하도록 우리를 초대한다. 피부 아래에서 일어나는 일에서 알아차림을 배우지 않고 이를 실습하기는 힘든 일이다. 하지만 알아차리기를 배우고 내담자에게 이를 가르치는 것은 우리가 '마음챙김의 지배자'가 되어야 한다거나 자신이 아닌 누군가가 되도록 강요하는 걸 의미하지 않는다. 그것은 우리가 내담자에게 요청하는 것처럼 어디에 있든 필요하면 당장 알아차리기 실습을 할 수 있다는 의미이고, 이를 함양하는 다른 방법을 찾은 것일 뿐이다.

　　당신이 이 치료를 처음으로 전달하거나 수용전념치료의 초보자이거나 마음챙김에 대해 잘 모르는 경우 자신 생각을 가볍게 잡고 수용전념치료 치료자가 되는 방법은 한 가지가 아니라는 점을 명심하라. 당신이 개방되어 있고 모델에 자신을 더 몰입할수록 알아차리기를 실습할 수 있는 자신만의 방식을 더 많이 찾을 수 있다.

　　이것이 마지막 모듈이지만 전체 치료를 통해 내담자는 각기 다른 유형의 알아차리기를 실습해 왔다. 이 모듈은 이를 공식화하는 것뿐이다.

　　알아차리기 실습으로 가보자!

15회기 – 철저한 알아차리기
Session 15 - Radical Awareness

이 회기의 주제

이 회기는 전적으로 각기 다른 유형의 알아차리기 실습과 (가치 기반 행동에 잠재적인 장애물로 작동할 수 있는) 알아차림을 가로막는 특정 사고에 초점을 맞춘다.

마음챙김이 주류가 되었다는 것을 고려할 때 일부 임상의는 광범위한 전통적인 명상 기술과 마음챙김 수행에 익숙하다. 확실히 수용-전념치료는 마음챙김에 기반한 치료이지만 나는 당신이 계속 읽기 전에 이 책을 덮고 자신이 거주하는 도시나 동네를 둘러보고 얼마나 많은 수도원이나 불교 사원이 보이는지 세어보길 위해 잠시 한발 물러나도록 초대하고 싶다. 부정행위 금지!

몇 개나 세어지는가? 대부분 내담자는 수도원이나 불교 사원에 살지 않는다. 반대로 이들은 아침 식사를 만들고, 성행위하고, 직장에 다니고, 그러는 사이 모든 일상을 보내는 규칙적인 활동에 참여한다. 이들의 자연스러운 맥락, 즉 매일의 삶 안에서 알아차리기 기술을 개발하도록 돕는 게 우리의 임무이다. 오해하지 말라. 나는 공식적인 명상 수행이 수용-전념치료에서 적절하지 않다고 말하는 것이 아니라 내담자에게 수용-전념치료를 제공할 때 필요한 조정을 하는 것이 전적으로 우리에게 달려 있음을 제안하는 것이다. 예를 들어 '마음을 챙기는'이라는 단어는 내담자에게 너무 많은 의미를 내포하고 있어서 나는 이를 사용하는 걸 꺼린다. 대신 나는 알아차림을 이야기하고 우리가 눈을 감고 조용한 공간에 있을 때뿐만 아니라 언제 어디서 누구와도 알아차림을 실습할 수 있다는 것을 내담자에게 가르치기 위해 노력한다.

이 회기는 피부 안팎에 나타나는 모든 것과 함께 존재하도록 내담자의 학습을 강화하는 것을 목표로 한다.

개요

1. 순간 속에 머물기 연습
2. 주간 실습 검토
3. 가르침 요점: 왜 철저한 알아차리기인가?
4. 모든 것을 하나로 묶기
5. 주간 실습

자료

각 내담자를 위한 플라스틱이나 유리컵

물 한 병

워크시트

해당 없음

순간 속에 머물기 연습

내담자에게 이 활동에서 그들이 이 순간 가지고 있는 내부 경험이 무엇이든 그것을 살펴보도록 초대받는다는 점을 짚어주라. 이후 다음 지시문을 제공하라.

눈을 감고 의자에 앉아 제 목소리를 따라오세요. 마음이 방황하고 있다는 것을 발견하면 부드럽게 제 목소리로 돌아옵니다. 잠시 이 방에 있는 자신에게로 주의를 돌려보세요. 방을 그려봅니다. 이 방에서 자신이 위치한 곳을 정확하게 그려봅니다. 이제 피부 속으로 들어가 당신의 몸과 접촉해 보겠습니다. 당신이 의자에 앉아있는 방식을 알아챕니다. 의자에 닿는 피부에 의해 만들어진 모양을 정확하게 알아챌 수 있는지 보세요. 신체 감각이 있으면 어떤 것이든 알아챕니다. 하나씩 감지하면 그 느낌을 인정하고 당신의 마음이 계속 나아가도록 허용합니다. 이제 당신이 어떤 감정을 가지는지 알아채십시오. 그중 일부는 이미 알고 있던 것이겠지만 어떤 감정이든 알아채면 됩니다. 이제 당신의 생각과 접촉하고 잠시 그것을 조용히 들여다봅니다. 당신은 감각, 감정, 생각을 알아챘습니다. 그리고 이를 알아차린 당신의 그 부분을 우리는 '관찰자 당신'이라 부를 것입니다. 여기 당신의 눈 뒤에 제가 지금 말하는 것을 알아차리는 사람이 있습니다. 그리고 그 사람은 당신이 평생 함께해 온 사람입니다. 깊은 의미에서 이 사람은 관찰자 당신입니다.

지난여름 있었던 일을 기억하길 바랍니다. 이 훈련을 위해 집중할 기억을 고릅니다. 마음에 이미지가 떠오를 때 손을 듭니다. (모두가 손을 들어 이 연습을 진행할 때까지 기다린다)

마음속 그 장면을 둘러보세요. 그때 일어나고 있던 모든 일을 기억합니다. 장면, 소리, 당신의 느낌을 기억합니다. 다시 한번 지난여름 그때 일어나고 있던 모든 일을 보고, 듣고, 느낀 눈 뒤의 사람을 잠깐이라도 붙잡을 수 있는지 살펴봅니다. 바로 관찰자 당신입니다.

자, 이제 다른 곳으로 이동해 보겠습니다. 당신이 10대 때 일어난 일을 기억하길 원합니다. 마음속에 이미지가 떠오를 때 손가락을 들어보세요. 좋습니다. 그 사건을 기억하면서 마음속에 펼쳐지는 장면을 둘러보세요. 그때 일어나고 있던 모든 일을 기억합니다. 장면, 소리, 당신의 느낌을 기억합니다. 천천히 하세요. 그때 무엇이 있었는지 확실해지면 10대 때 이 모든 것을 보고 듣고 느낀 사람을 눈 뒤에서 잠깐이라도 잡을 수 있는지 살펴봅니다. 바로 관찰하는 당신입니다.

마지막으로 여러분이 꽤 어린아이였을 때 예를 들어 여섯 살이나 일곱 살

때 일어났던 일을 기억합니다. 마음속에 이미지가 있을 때 손을 들어보세요. 좋습니다. 이제 다시 한번 주위를 둘러보시고 그 기억을 가능한 생생하게 떠올려 봅니다. 무슨 일이 있었는지 봅니다. 그것을 보고, 소리를 듣고, 당신의 느낌을 느끼고, 그런 다음 당신이 어린 시절 그 순간을 보고, 듣고, 느낀다는 사실을 포착합니다. 그것이 관찰하는 당신입니다.

관찰자 당신은 평생 거기에 있었습니다. 당신이 있었던 모든 곳에서 당신은 알아채고 있었습니다. 이것이 내가 말하는 '관찰자 당신'입니다. 그 관점에서 나는 당신이 삶의 몇 가지 영역을 보길 바랍니다. 몸부터 시작합시다. 당신의 몸이 끊임없이 변하고 있는 것을 알아챕니다. 때로는 아프고 때로는 건강합니다. 휴식을 취하거나 피곤할 수 있습니다. 강할 수 있고 약할 수도 있습니다. 당신은 한때 작은 아기였지만 몸이 자라났습니다. 당신의 신체 감각은 왔다가 사라집니다. 우리가 이야기하는 동안에도 그것은 변하고 있습니다.

이제 다른 영역인 감정으로 가봅시다. 당신의 감정이 어떻게 끊임없이 변하고 있는지 알아챕니다. 때로는 사랑을 때로는 증오를 느낍니다. 때로는 평온함을 느끼고 때로는 긴장을 느낍니다. 당신의 감정은 기쁨에서 비애로 행복에서 슬픔으로 바뀝니다. 지금도 당신은 흥미, 지루함, 이완 같은 감정을 경험하고 있을지도 모릅니다. 당신이 좋아했던 것과 더는 좋아하지 않는 것을 생각해 보십시오. 한때 가졌던 두려움이 이제는 해결되었습니다. 감정에서 당신이 믿을 수 있는 유일한 건 감정은 변한다는 것입니다. 감정의 물결이 오더라도 시간이 지나면 사라집니다. 하지만 이러한 감정이 왔다가 사라지는 동안 어떤 깊은 의미에서 '당신'은 변하지 않는다는 점을 알아챕니다.

이제 어려운 영역인 당신의 생각으로 넘어가 보겠습니다. 생각은 우리를 걸려들게 하고 때로는 우리를 무수하게 다른 방향으로 당기는 성향이 있어서 어렵습니다. 그런 일이 생기면 제 목소리로 돌아와서 당신의 생각이 어떻게 끊임없이 변하고 있는지를 알아챕니다. 당신은 어떤 것을 때로는 이렇게 때로는 다르게 생각합니다. 때때로 당신의 생각은 거의 의미가 없을 수도 있습니다. 때때로 생각은 난데없이 자동으로 나타나는 것처럼 보입니다. 그것은 끊임없이 변하고 있습니다. 오늘 여기 온 이후로 얼마나 많은 생각들이 있었는지 알아챕니다. 잠깐 당신의 생각을 지켜보고 그러면서 당신이 그 생각을 알아채고 있다는 것도 알아채 보십시오.

이제 다시 여기 있는 자신을 그려봅니다. 그리고 이 방을 그려봅니다. [방을 묘사]를 그려 봅니다. 심호흡을 몇 번 합니다. 그리고 방으로 돌아올 준비가 되면 눈을 뜹니다.

내담자가 방으로 돌아올 수 있도록 잠시 시간을 주고 이후 이 훈련에서 **반응**을 물어보라. 답변을 들으면서 다음과 같은 핵심 디브리핑 질문을 한다. 당신은 그 기억의 일부로 자신을 보았습니까? 그리고 누가 그것을 알아채고 있습니까?

내담자에게 수용전념치료에서 사적 경험을 알아차리는 과정을 '알아채는 자기'라고 부르는데 그 관점에서 우리는 감정 기계가 우리를 선택하도록 하는 대신, 내부의 모든 경험을 알아챈 우리가 언제든지 선택하기를 배울 수 있다고 설명하라. 철저한 알아차리기는 알아차리는 자기를 함양하는 데 도움을 주는 기술이며 이것이 이 회기의 초점이다.

주간 실습 검토

평소와 같이 진행하라.

가르침 요점: 왜 철저한 알아차리기인가?

기술로서 철저한 알아차리기는 의도와 목적을 가지고 우리 피부 아래와 주변에서 일어나는 것을 알아차리는 것임을 설명하라. 예를 들어 참가자에게 "이 집단에 참여하는 동안 바로 지금 완전히 현존하고 있습니까?" 또는 "마음속 배경 소음으로 인해 산만한가요?" 또는 "당신이 본 마지막 축구 경기에 걸려들어 있나요?" 또는 "가고 싶은 휴가에 사로잡혀 있나요?"라고 물어볼 수 있다(내담자를 위해 자유롭게 다른 예를 들어도 좋다).

슈퍼필러의 경우 감정 기복이 심한 생물학적 성향과 학습 역사의 일부로서 감정을 관리하는 학습된 전략이 합쳐져 감정 기계에 쉽게 사로잡히고 현재 일어나고 있는 일을 빠르게 무시하는 경향이 있음을 분명히 하라.

이 가르침 요점을 논의할 때 내담자의 신념을 바꾸도록 설득하거나 틀린 사고라고 말하려는 시도에서 물러나라. 이러한 사고를 다른 유형의 경험, 관점 및 참조 구성으로 맥락화하는 것이 당신이 하는 일이다. 여기에 내담자와 함께 논의해야 할 핵심 아이디어가 있다.

사고: 우리는 침묵하고 있을 때만 알아차리기를 실습할 수 있다.

내담자에게 알아차리기 실습은 먹고, 읽고, 자는 것과 같이 온종일 하는 다른 활동과 다르지 않은 지속적인 활동임을 분명히 하라. 알아차리기는 우리의 피부밑과 그 밖에서 일어나는 모든 것에 목적을 가지고 주의를 기울이는 것이므로 주변 환경이 조용하든, 소란스럽든, 극도로 시끄럽든 또는 우리가 입을 다물고 있든, 말하고 있든, 움직이든 간에 항상 무언가에 주의를 기울이는 걸 배울 수 있다.

사고: 알아차리기는 우리의 감정을 조절하는 데 도움이 된다.

참가자에게 아마존은 감정을 조절하는 장치를 판매하지 않으며 우리가 노력하더라도 그것은 불가능하다는 것을 상기시켜라. 감정을 조절할 수는 없겠지만 감정 기계가 떠올리는 소음을 알아채고 명명하기를 배울 때 우리는 자신의 행동 반응에 대해 책임지는 법을 배운다. 이는 우리가 되고 싶은 사람이 될 수 있는 더 많은 기회를 제공한다.

사고: 우리가 이완되었을 때 알아차리기가 작동한다.

참가자에게 때때로 무슨 일이 일어나고 있는지 주의를 기울이는 실습을 할 때 안전감, 이완의 느낌 또는 고요함을 느낄 수 있다는 것을 분명히 하라. 자연스럽게 내면 목소리는 "효과가 있어, 나는 지금 더 편안해."라고 말한다. 하지만 알아차리기를 실습할 때 편안한 만큼 그 결과도 그러할지는 모른다. 그것은 별개이다.

사고: 알아차리기는 긍정적인 느낌에만 적용된다.
유쾌한 느낌에만 집중하면 좋겠지만 그것은 내부적으로, 외부적으로 상황이 어떠한지에 주의를 기울이는 학습 목적을 저버릴 수 있다는 것을 분명히 하라.

사고: 알아차리기는 우리가 감정 기계를 관리하는 데 필요한 전부이다.
내담자에게 알아차리기를 개발하는 것은 수용전념치료의 한 기둥이지만 슈퍼필러가 겪는 압도적인 감정을 관리하기에는 충분하지 않다고 설명하라. 알아차리기는 이 집단에서 배운 다른 모든 기술을 대체하거나 포괄하지 않는다.

참가자에게 논의가 필요한 알아차리기에 관해 들었던 다른 견해가 있는지 확인하라.

체험적인 수용전념치료: 철저한 알아차리기

회기의 이 부분에서 내담자 전용의 환경이나 하루 중 움직이면서도 연습할 수 있는 일련의 알아차리기 연습을 소개하라.

즉석에서 알아차리기

집단에 알아차리기를 연습하기 위해 추가 시간을 예약할 수 있다면 좋겠지만 언제 어디서나 실습을 할 수 있으므로 굳이 바쁜 일정에 추가 시간을 짜낼 필요가 없다고 강조하라.

다음에 있는 간단한 알아차리기 연습을 알려주는 지시문을 읽어라. 각 연습을 2분 동안 하고 연습 사이에 내담자와 함께 디브리핑하라.

1. "이 순간 앉아있을 때 의자와 당신 몸이 어떤 관계에 있는지 몸의 자세를 알아채십시오. 팔과 손의 무게도 알아챕니다. 무거운지 가벼운지 알아챕니다. 당신의 손, 팔, 그리고 어깨 사이의 조화를 알아챕니다. 어떻게 느껴집니까? 긴장한 곳이 있나요? 다른 곳보다 더 편안한 곳이 있습니까? 마지막으로 등의 위치를 알아챕니다, 곧게 펴진 것인지, 꽉 조여든 것인지 조용히 자신에게 기술해 봅니다." (다음 단계로 넘어가기 전에 디브리핑하라)

2. "휴대전화를 꺼내고 이를 잡을 때 손가락의 압력을 알아챕니다. 손가락 모두 사용하는지, 일부 손가락을 사용하는지 알아챕니다. 한 손가락이 다른 손가락보다 더 큰 압력을 받습니까? 팔의 느낌은 어떠합니까? 다른 곳보다 팔 근육이 더 수축한 곳이 있습니까?" (디브리핑)

3. 참가자에게 이 연습을 위해 마실 물 한 잔을 준비하라고 요청하라. 모두 준비가 되면 다음과 같은 지시를 내린다. "천천히 물 한 잔을 입에 가까이 가져와 마시기 시작하세요. 물을 마실 때 유리잔의 무게가 입술에 어떻게 느껴지는지, 물이 입에서 온몸 구석구석으로 어떻게 이동하는지 알아차립니다. 온도를 알 수 있나요? 입의 한쪽에서 다른 쪽으로 물을 옮길 수 있나요?"

마지막 디브리핑할 때 참가자에게 위의 세 가지 활동은 우리가 일상생활에서 할 수 있는 활동이며 매일 이동 중에도 어떤 식으로든 실습할 수 있음을 강조하라!

조용함 속에 알아차리기

이 회기 주제로 내담자에게 이제 좀 더 긴 알아차리기 연습을 안내할 것이라고 설명하라.

아래 지시문을 읽어라.

이 연습을 위해 어떤 물체든 하나를 선택하고 그것을 당신 앞에 놓으세요. 편안한 자세로 앉아 당신의 시야를 이 물체에 집중하는 것으로 시작하세요.

천천히 심호흡을 몇 번 하고 부드럽게 최선을 다해 코로 숨을 들이마시고 입으로 숨을 내쉽니다. 그런 다음 그 물체를 손으로 만지지 말고 눈으로 물체의 표면을 탐색하세요. 그 물체의 표면은 어떻게 생겼나요? 어떤 모양을 가지고 있나요? 여러 면을 가지고 있나요? 반짝이거나 칙칙한가요? 어떤 색인가요? 여러 가지 색을 가지고 있나요, 아니면 한 가지 색을 가지고 있나요? 시간을 가지고 그 물체가 어떻게 생겼는지 탐색해 보십시오.

다음으로 물체를 잡아 손에서 그 무게를 알아챕니다. 무거움이나 가벼움을 더 잘 포착하기 위해 그것을 잡은 채로 팔을 움직여 볼 수 있습니다. 물체가 당신의 손에서 어떻게 느껴지나요? 부드럽게 느껴지거나 거칠게 느껴지나요? 뜨겁거나 차가운가요? 구부릴 수 있나요? 아니면 단단합니까? 다음으로 물체를 코에 가까이 가져와 그것이 가진 냄새를 알아채 보세요. 몇 분 동안 탐색하십시오.

당신의 내면 목소리가 24시간 7일 동안 활동하기 때문에 이 연습을 하는 동안 생각이 나타날 것입니다. 생각, 기억, 이미지 또는 다른 연상들을 알아채고 그 물체로 부드럽게 돌아갑니다. 특이한 점이 있나요? 잠시 후 물체에서 시야를 거두고 호흡을 알아채는 것으로 돌아갑니다.

이 연습의 피드백 중에 내담자가 알아차리기를 연습하면서 어떤 **반응**이 있었는지 질문하라.

감정 기계의 변화 의제를 알아차리기

이 연습은 더 긴 시간 내담자의 내부 경험 알아차리기 실습을 돕는 것이 목표이다.

15분에서 20분 정도 걸리며 아래의 지시문 견본을 사용할 수 있다. 가장 적합한 단어를 사용하여 지시문을 자유롭게 수정해도 된다!

서 있거나 앉거나 편안한 자세를 취합니다. 편안함을 느끼면 눈을 감거나 시선을 한 점에 집중하고 천천히 심호흡을 몇 번 합니다. 숨을 쉬는 이 순간 중심으로 오도록 1분 정도 시간을 가집니다. 만약 어떤 생각이나 이미지가 마음에 들어오면 '생각'이라고 명명하고 숨을 들이마시고 내쉴 때 호흡으로 주의를 돌립니다.

다음 몇 분 동안 지난 3개월 동안 겪었던 투쟁의 순간에 접촉합니다. 직장 상황, 중요한 다른 사람, 친구, 친척과의 상황일 수 있습니다. 그 특별한 상황을 마음속에 가져옵니다. 잠시 그 이미지를 유지하기 위해 최선을 다합니다. 만약 주의를 기울이는 데 어려움이 있다면 부드럽게 주의를 다시 집중할 수 있는지 살펴봅니다. 그런 다음 그것에 연연하지 않고 다시 주의를 기울이는 것으로 돌아옵니다. 당신에게 무엇이 나타나는지 알아챕니다. 이 힘겨운 순간으로 주의를 기울일 때 감정 기계가 말하는 것은 무엇입니까? (잠시 멈춤) 이 경험을 가질 때 속상했던 상처에 더 다가갈 수 있는지 보십시오. 그리고 아픈 만큼 몸에서 그 상처의 느낌을 있는 그대로 느낄 수 있는지 살펴보세요. 움직이나요, 아니면 정지 상태로 유지되나요? 둘 다인가요? 잠시 상처에 집중할 수 있도록 몸을 위에서 아래로 스캔합니다.

만약 당신의 마음이 이 순간을 놓치고 미래 생각으로 데려가거나, 과거의 회상에 빠지게 한다면 주의를 있는 그대로의 이미지로 다시 집중합니다. 다시 한번 상처가 무엇인지를 확인할 수 있는지 살펴봅니다. 이 문제 상황의 핵심에는 당신의 상처가 있고 상처가 있는 곳에 당신에게 중요한 것도 있습니다. 고통은 무엇에 관한 것입니까? (잠시 멈춤) 그 상처가 당신에게 정말 중요한 것에 관해 보여 주는 것은 무엇입니까? 당신에게 숨겨진 가치는 무엇입니까?

이 상처의 순간에 집중하면서 그것의 가치를 인식해 보세요. 감정 기계에서 오는 모든 활동을 알아챌 수 있는지 보세요. 그 감정에 어떤 이름을 붙여주고 싶나요? 완벽한 이름을 찾을 필요가 없습니다. 이름을 선택하고 내면 목소리가 떠올리는 생각을 알아챕니다. 과거 사고 *(잠시 멈춤)*, 미래 사고 *(잠시 멈춤)*, 이야기 *(잠시 멈춤)*, 규칙 *(잠시 멈춤)*, 꼬리표. *(잠시 멈춤)* 그것들에 갇히지 않고 그것들을 알아챌 수 있는지 살펴봅니다. 당신 주의를 이 순간의 현재 감정으로 다시 돌립니다.

활동 중인 감정 기계의 모든 측면을 알아차리면서 그 감정으로 당신이 했던 가장 의지했던 행위에 주의를 둘 수 있는지 살펴보세요. 감정 기계가 느낌을 바꾸도록 강요하고 있나요? 이 상황과 관련된 사람들을 변화시키려 합니까? 이 상황이 일어나는 주변을 변화시키려 합니까? 이 느낌이 당신에게 하도록 요청하는 것은 무엇인가요? 잠시 이 느낌이 밀어붙이려는 어떤 변화 의제에 대해 알아차릴 수 있는지 확인해 보세요 *(잠시 멈춤)*. 이 밀어붙임과 느낌이 **반응** 소음인지 아니면 진정한 알아차리기인지 살펴보세요. 밀어붙임이 시끄럽고 강하며 **반응**적인가요? 아니면 부드럽고 조용한가요?

이 느낌과 함께 오는 충동(촉박감)을 알아채고 *(잠시 멈춤)* 내면 목소리가 떠올리는 생각과 이미지를 알아차린 후 무언가를 바꾸고 싶은 충동(촉박감)을 인정하고 그것을 내버려둘 수 있는지 살펴봅니다. 이 순간 상황이 어떠한지, 어떻게 느끼는지, 어떻게 감지하는지, 어떻게 생각하는지 철저히 주의를 두면 어떻습니까? 그리고 그 어려운 상황을 살필 때 이에 관해 아무것도 하지 않은 채 그저 이 감각을 알아채고, 기술하고, 관찰함으로써 다툼을 멈출 수 있나요? *(잠시 멈춤) 만약 당신이 변화 의제를 내려놓는다면 어떤 일이 일어날까요? (잠시 멈춤) 만약 그 의제를 강요하느라 싸우는 대신 그 도전적인 상황에서 오는 느낌, 감각, 생각, 기억 및 충동(촉박감)을 가지기로 선택한다면 어떨까요? (잠시 멈춤)* 당신은 그 느낌을 좋아하거나 싫어할 필요가 없습니다. 당신은 아무것도 바꾸려 하지 않고 그저 있는 그대로 느끼도록 초대받은 것입니다. *(잠시 멈춤)* **반응**적인 내면 목소리를 듣는 대신 부드럽고, 차분하게, 거의 속삭이듯이 배경에서 나타나는 내면 목소리를 듣는다면 어떻게 될까요?

변화 의제를 내려놓는 것에 관해 위험하거나, 해롭거나, 적대적인 것이 정말로 있습니까? 불쾌한 느낌, 상황 또는 이 힘든 상황과 관련된 사람으로부터 변화 의제를 내려놓을 수 있는지 살펴봅니다. 거기서 도망치지 않고 본인의 선택으로 이 감정에 닿을 수 있는지 보십시오. 지금 바로 나타나는 것에 머물 수 있는지 보십시오.

호흡을 알아차리면서 코로 공기가 들어오고 입으로 공기를 내보내면서 심호흡을 몇 번 합니다. 눈을 살며시 뜨고 방으로 돌아옵니다.

내담자에게 방으로 돌아올 시간을 잠시 준 후 이 연습에서 그들이 가졌던 **반응**을 확인하라. 알아차리기 연습이 매 회기 초반에 연습하듯 순간에 집중하는 것에서부터 마지막 실습에서처럼 더 명상적이고 성찰적인 연습에 이르기까지 서로 얼마나 다를 수 있는지 강조하라.

조심해!

이 회기 시작 부분에서 내가 '마음챙김'이라는 단어를 잘 사용하지 않는다고 말했다. 하지만 나는 마음챙김 단어 사용을 금지하는 경찰관이 아니라는 점을 분명히 하고 싶다. 알아차리기보다 마음챙김 용어를 사용하는 것이 마음에 든다면 당연히 그렇게 사용하라. 전혀 기분 나쁘지 않다. 대안적으로 두 단어를 교대로 사용할 수도 있다. 당신의 결정이다.

모든 것을 하나로 묶기

늘 마찬가지로 내담자가 배운 기술을 굳건히 하는 걸 계속 돕는 이 회기의 표는 다음과 같다.

내부 기술	외부 기술
알아차리기 연습	

이 16회기 치료를 하는 동안 슈퍼필러는 큰 저항 없이 알아차리기 실습을 해왔다. 회기마다 전문 용어를 사용하지 않으면서 심리 육각형 용어상 현재와의 접촉, 수용, 맥락으로서의 자기 과정을 배양해 왔다.

나의 좁은 소견으로 슈퍼필러에게 알아차리기 기술을 가르치는 것의 이점은 그들이 일상생활에서 강력해지는 것이다. 알아차리기 기술은 슈퍼필러가 도망쳐 온 혐오스러운 사적 경험을 계속해서 마주하게 하고 감정적인 불편함을 고쳐야 할 문제가 아니라 있는 그대로 대할 수 있도록 도와준다.

주간 실습

참가자들에게 두 가지 핵심 워크시트를 전달한다.

개인 메시지

우리는 주의력이 부족한 세상에 살고 있으며 결과적으로 주의를 집중시키는 방법을 배우는 것이 우리가 개발해야 할 가장 큰 도전이자 기술 중 하나이다. 감정이 우리의 주의를 끌 때 무엇이 중요하고 언제 중요한지에 집중할 수 있는 기술을 갖는 것은 우리 모두 특히 슈퍼필러에게 중요하다.

감정이 입력되는대로 삶이 돌아간다면 어떤 일이 일어날지 상상해 보라. 감정 기계가 켜지면 그것은 슈퍼필러가 겪어야 할 투쟁이 된다. 그들은 너무 많이 너무 빨리 느끼고, 너무 빨리 행동한다.

친구와 격렬한 토론을 하든, 직장에서 기분이 우울하든, 식당 메뉴에 채식주의자를 위한 선택사항이 없어 불평하는 글을 쓰든 슈퍼필러는 상처를 겪고 있다. 자신의 사적 투쟁과 그 맥락에 의도적으로 주의를 기울이는 능력은 삶의 핵심 기술이다. 우리의 감정 세계와 외부 환경을 효과적으로 조정하는 일은 가치에 기반한 효율적인 삶의 증표이다.

철저한 알아차리기 모듈을 전달하려 애쓴 노고에 자신의 등을 두드려 주라!

토막 논평

마음챙김 기반 개입은 지난 몇 년 동안 광범위한 임상 문제를 치료하는 데 있어 점점 더 인기를 얻고 있다. 하지만 마음챙김이라는 용어는 종종 명상 수행과 좁게 연관되어 비공식 수행의 영향을 무시하고 오직 공식 마음챙김/명상 활동만이 경험에서 알아차리기를 배양한다고 제안되었다.

모건, 그레이엄, 헤이즈-스켈톤, 오르실로, 그리고 로머가 수행한 두 개의 연구는 범불안장애에서 수용 기반 치료를 받은 내담자에게서 공식 또는 비공식 호흡 마음챙김 수행과 치료 이득의 유지 사이의 관계를 탐색했다. 치료 결과는 걱정 수준, 삶의 질, 임상의가 측정하는 불안 심각도 측면에서 보았다(Morgan, Graham, Hayes-Skelton, Orsillo, Roemer, 2014). 계속 읽기 전에 어느 쪽 마음챙김 수행이 내담자의 치료 결과 유지에 더 큰 영향을 미쳤을 걸로 추측하는가? 그렇다면 계속 읽어라.

결과는 다음과 같다. 첫 번째 연구의 9개월 추적 관찰에서 비공식 마음챙김 수행은 모든 치료 성과와 유의미한 관련이 있었다. 두 번째 연구의 6개월 추적 관찰에서도 비슷한 결과를 보고했다. 그리고 12개월 추적 조사에서 비공식 마음챙김 실습이 삶의 질, 걱정과 유의미한 관련이 있었다. 호흡 마음챙김 또한 삶의 중요한 질과 관련이 있었다. 어떤 연구에서도 공식 마음챙김 수행이 치료 결과와 의미 있게 관련되지 않았다.

비공식 마음챙김 수행이 화려해 보이지 않을 수 있지만 그 영향은 실제적이며 내담자에게 삶에서 알아차리기를 발달시킬 기회를 제공한다!

—

Chapter 20

16회기 – 수용전념치료 실험실
Session 16: ACT Lab

이번 마지막 치료 회기는 수용전념치료 기술을 일상생활에 적용하는 실험실 회기로 설계되었다. 늘 그렇듯이 회기는 순간 속에 머물기 연습으로 시작한다. 이전에 제시된 훈련이나 좋아하는 연습 중 하나를 자유롭게 선택하라. 다음으로 주간 실습 검토를 진행하며 내담자에게 지난주의 과제를 공유하도록 초대하라.

이번 회기의 내용을 설명하고 자원자를 초대하여 최근 어려움을 공유한 후 당신과 나머지 집단이 그 상황을 다루는 데에 도움이 될 수용전념치료 기술을 제안하라. 이를 통해 수용전념치료 기술 적용에서 내담자의 의심, 질문 또는 호기심을 검토하는 기회를 가져라.

다음과 같은 핵심 메시지를 공유하라.

1. 감정 기계가 켜질 때 일상생활에서 나타나는 어려운 상황을 처리하기 위해 '슈퍼필러를 위한 수용전념치료 로드맵'을 계속 사용하도록 한다.
2. 이 로드맵에는 내담자가 온갖 유형의 투쟁에 적용할 수 있는 핵심 수용전념치료 기술이 있다. 자신이 통제할 수 있는 것과 통제할 수 없는 것을 구분하

고 유연한 생각하기와 곤란한 상황에 대응하기를 촉진한다.

3. 모든 기술을 시도하고 어떻게 작동하는지 추적하고 계속 반복해서 시도하라.

4. 슈퍼필러나 우리 모두 화가 났을 때 창밖으로 기술을 던져버리고 싶은 마음이 드는 것은 당연하다. 하지만 그렇게 하면 그 순간 단기적 대가는 괜찮아 보일 수 있겠지만 장기적으로 더 많은 투쟁을 추가할 뿐임을 알고 있다. 그러므로 어떤 결과에 집착 없이 자신의 가치를 향해 다가가는 전념으로 하나의 기술을 시도할 때 어떤 일이 일어나는지 마음을 열고 보도록 격려하는 것이 어떨까?

5. 여유를 가지기 위해 내담자가 내면 목소리의 실효성 없는 내용으로부터 탈융합하도록 격려하고 원하는 대로 일이 진행되지 않을 때 친절을 실습하라.

6. 새로운 것을 시도할 때 실수하지 않는 사람이 있을까? 때때로 나쁜 결정을 내리지 않는 사람이 있을까? 슈퍼필러의 난제는 자멸적 서사나 자책 이야기에 빠르게 걸려든다는 것이다. 일시 멈춤하고, 마음 내용의 실효성을 확인하고, 실효성 없는 이야기로부터 탈융합을 실습하고, 자기 자비를 사용하라는 간단한 알림은 슈퍼필러에게 유용하다.

7. 내담자가 계속해서 자신의 가치로 돌아가고 자신에게 정말로 중요한 것과 계속 연결되도록 격려하라!

8. 슈퍼필러에게 감정 롤러코스터를 타는 것과 목적, 의미, 성취감이 있는 삶을 사는 것과의 차이를 상기시켜라. 수용전념치료는 슈퍼필러가 중요한 순간에 느껴야 할 것을 느끼도록 선택하면서 방향을 찾도록 돕는 것이다.

모든 것을 하나로 묶기

'슈퍼필러를 위한 수용전념치료 로드맵'은 문제 상황을 관리하기 위한 다섯 가지 핵심 단계를 보여 준다. (1) 도전적 상황 식별하기 (2) 그와 관련된 개인적 가치 확인하기 (3) 활동 중인 감정 기계 알아차리기 (4) 잠재적 가치 기반 행동 및 실효성 확인하기 (5) 가치 기반 행동(내부 기술 또는 외부 기술) 선택하기이다.

슈퍼필러가 다루는 감정, 사고, 촉박감 또는 신체 감각 등 도전적 내용이 무엇이든 간략하게 설명된 5단계는 이 모든 것에 적용된다.

개인 메시지

축하한다!

당신은 슈퍼필러를 위한 열여섯 회기 수용전념치료 가르치기를 마쳤다. 이야!

치료가 끝날 무렵 나는 고백한다. 나는 '*우리가 수용전념치료로 살지 않고는 수용전념치료를 제공할 수 없다.*'라는 사고와 융합되어 있다.

임상의로서 우리는 갈고리, 회피 전략, 실효성 없는 행동 또는 우리의 가치대로 살아가는 궤도에서 벗어나는 일에서 자신이 면제되지 않는다. 그것은 삶이고 우리 모두 인간이며 수용전념치료 책에서 듣거나 읽을 수 있듯이 우리는 내담자와 같은 배를 타고 있다.

우리 자신의 갈고리를 숙고하는 것은 수용전념치료에서 전형적인 과정이다. 유연할수록 수용전념치료이며 이것은 기법, 허술한 연습 또는 은유의 덩어리가 아니다. 수용전념치료를 제공하려면 변별, 과정에서의 유연성, 많은 실습이 필요하다.

이 교과 과정을 사용하여 첫 번째 집단의 공동 진행을 마쳤을 때 나는 매일 감정 기계와 벌이는 그들의 투쟁을 공유했고 마음속으로 의견을 외치는 '판단씨'를 알아차린 내담자의 용기를 기억하면서 내담자가 새로운 기술을 시도한 순간을 음미하고 그들과 집단을 이룬 것에 감사와 겸손을 느끼며 몇 시간 동안 감동하였다.

이제 16주간의 치료를 마쳤으니 잠시 멈추고 이 경험을 되돌아보고 무엇이 효과가 있는지 무엇은 효과가 없는지 확인하고 이로부터 얻은 배움을 미래 슈퍼필러와 함께 할 작업의 기초로 사용하고 수용전념치료를 당신의 삶에 도입하길 바란다. 만약 당신의 마음이 당신에게 '*잘하지 못했다.*' 같은 말을 하거나 다른 소음이 떠오른다면 이는 기본으로 돌아가 스스로 행동 연습을 할 좋은 기회이다!

PART 03

행동 조절 부전
Behavioral Dysregulation

Acceptance &
Commitment Therapy
for BPD

—

행동 조절을 위한 수용전념치료
ACT for Behavioral Regulation

경계선 성격장애는 주로 언어를 기반으로 한 높은 수준의 규칙 융합, 높은 수준의 체험 회피를 특징으로 하는 감정 조절 문제로서 경직되고 유연하지 못한 비실효적 행동 패턴을 보임과 동시에 가치를 향한 실효적 행동은 부족한 상태이다. 포괄적인 정의는 3장 감정 조절을 위한 수용전념치료에 나와 있다.

슈퍼필러는 압도적인 감정을 다룰 때 지배 사고에 경직되게 걸려들고, 감정으로부터는 도망치고, 투쟁하는 모든 맥락에서 과잉 학습된 행동 반응을 보인다. 그들은 또한 자신이 되고 싶은 사람에게 다가갈 때 필요한 압도적인 감정을 다루는 효과적인 반응을 알지 못한다.

간단히 말해 만성 감정 조절 문제로 어려움을 겪고 있는 내담자는 작동하지 않는 걸 너무 많이 하고 작동하는 걸 너무 적게 하는데 이를 '행동 조절 부전'이라 한다.

감정 조절 연구는 내담자가 감정 조절 치료를 받을 때 그 심각도나 원인과 관계 없이 조절 부전 행동이 현저하게 개선되고 때로는 없어진다는 것을 일관되게 보여 주고 있다.

이 장에서는 행동 조절 부전과 이들의 복합적인 형태인 섭식장애, 약물 남용,

외상, 유사 자살 행동, 자살 행동 등을 어떻게 다룰 것인지에 초점을 맞추고 있다. 앞으로 나아가기 전에 '행동 조절 부전'과 '고통 감내'라는 두 가지 핵심 개념을 다시 살펴보자.

'고통 감내'라는 용어는 스트레스 또는 높은 정서를 견딜 수 있는 능력을 의미한다. 감정 조절 연구에 따르면 고통 감내 능력의 저하는 높은 감정성 성향과 감정 경험의 강도 사이를 매개한다. 최근 연구에 따르면 '경계선 성격장애가 있는 개인은 감정 자극에 주관적 반응의 증가를 보고했으나 생리적 **반응성**은 증가하지 않았다.'(Herpertz et al., 2000).

다른 말로 하면 연구 결과가 시사하는 바는 슈퍼필러의 감정 경험이 감정 조절에 어려움을 겪지 않는 사람과 비교하여 생리학적 징후에서 차이가 없음에도 불구하고 그들에게 강한 감정을 경험하는 성향과 함께 높은 정서를 경험하는 능력의 저하가 같이 온다면 감정 경험의 강도를 높인다는 것이다.

이것은 이미 생물학적으로 높은 정서 성향이 있는 슈퍼필러가 높은 감정성을 감내할 능력이 낮고 높은 정서를 잘 다룰 줄 모른다면 결국 강렬한 감정을 경험하게 될 수 있다는 말이다.

과정의 측면에서 그리고 기능적 맥락주의 관점에서 고통 감내를 생각할 때 나는 두 가지 과정을 찾았다. (1) *'이 느낌을 다룰 수 없거나, 이 느낌이 너무 심하거나, 지금 당장 무언가를 해야 할 필요가 있다.'* 같은 지배 사고와 융합된 것 (2) 불쾌한 정서를 경험하고자 하는 기꺼이 함이 낮은 것이다. 나의 좁은 소견으로 이 두 가지가 결합하면 감정적 고통을 겪는 동안 높은 정서를 경험하는 능력이 떨어진다.

재고해야 할 또 다른 중요한 용어는 '행동 조절 부전'이다. 일반적으로 과음, 강박 쇼핑, 난폭 운전, 자해와 같은 충동적인 행동을 말하겠지만 이 책에서는 경증(욕설, 상황 회피 또는 맹비난)에서 중증(자살 행동)에 이르기까지 본질에서 한 사람의 가치에서 물러나는 광범위한 실효성 없는 행동을 말한다.

우리 모두에게 때때로 조절 부전 행동이 있겠지만 경계선 성격장애의 독특한 점은 이러한 행동이 만성적이고, 과잉 학습되고, 과잉일반화 되었으며, 변화에 둔감하다는 것이다. 그들은 섭식장애, 약물 남용, 분노, 유사 자살 행동 및 자살 행동 같은 주제로 분류됐다.

수용전념치료 모델이 지형적 구성이나 심리 과정의 결과를 다루는 대신 문제 행동으로 이끄는 과정을 활용한다는 점에서 고통 감내와 행동 조절 부전 또한 맥락-기능적 렌즈를 사용하여 이해하는 것이 도움이 된다. 이 과정과 관련한 논의에서 기억해야 할 메시지는 생물학적으로 슈퍼필러가 되는 성향과 감정적으로 민감한 것이 반드시 슈퍼필러의 행동 조절 부전에 관여하는 원인이 아니라는 것이다. 오히려 슈퍼필러가 자신은 압도적인 감정을 관리할 수 있는 능력이 없다는 지배 사고와 융합되거나 싸우고, 저항하고, 경험하기를 꺼릴 때 실효성 없는 행동에 참여할 위험이 더 커진다.

이 장은 복잡한 형태의 행동 조절 부전을 치료하기 위한 원리를 제공하는 것을 목표로 한다.

자살 행동

"나는 재정적인 선택을 잘못해서 일 년 전에 직장을 잃었습니다. 반려견도 작년에 무지개다리를 건넜고 가족이 지지하고 돌보고 이해해 주지만 제가 아는 것은 항상 기분이 우울하다는 것뿐입니다. 이대로 계속 갈 수 있을지 모르겠고, 요즘은 이 모든 게 끝났으면 좋겠어요... 그냥 다리에서 뛰어내리고 싶은 생각뿐입니다."

"무서운 과거 기억이 나는 게 제 잘못이 아니라는 것을 알고 있지만 견딜 수가 없어요. 나는 매일 눈을 뜨고 날 쳐다보는 아이들의 얼굴만 봅니다. 더는 견딜 수 없기에 이 기억이 사라지기를 바랍니다. 내가 실행에 옮겨 사라진다 해도 세상이 달라지지는 않을 거 같아요."

연구에 따르면 자살 사고나 아이디어는 임상 및 비임상 인구집단 모두에서 우리가 상상하는 것보다 더 빈번하다. 자살 행동을 고려할 때 염두에 두어야 할 몇 가지 사항은 다음과 같다.

- 경계선 성격장애에만 국한된 것이 아니다.

  자살 사고는 물질 남용, 정서 장애, 불안 장애, 사고 장애, 관계 문제 및 신체 건강 문제와 같은 경계선 성격장애 이외의 다른 많은 상태와 관련이 있다. 진단을 붙일 수 없는 내담자조차도 자살 행동을 보고했다.[1]

- 자살 행동은 문제 해결 전략이다.

  누군가 자살성을 보고하는 것은 그들이 투쟁하고 괴로우며 해결해야 할 문제를 마주하고 있음을 나타낸다. 자살성은 효과적인 해결책은 아니겠지만 여전히 해결책이다. 내담자는 자살을 첫 번째 반응으로 고려하지 않고 다른 많은 해결책을 시도해 본 후에 고려한다. 문제 해결 반응을 가장 건설적이지 않은 것부터 가장 건설적인 것까지 연속선 위에 놓고 상상해 본다면 자살 아이디어는 연속체의 가장 자기 파괴적인 말단에 있을 것이다.

- 여러 과정의 결과이다.

  감정 상태가 자살성의 원인이라는 오해가 있다. 하지만 자살 행동에는 자살 행동 전후에 여러 동인이 관여한다.

자살 행동을 이해하기 위한 위의 틀(경계선 성격장애에만 국한된 것이 아니라, 문제 해결 반응이며, 여러 과정의 결과)을 고려한 후 치료실에서 이러한 상황을 다루는 권장 단계로 넘어가자.

---

1)역주: 출처가 길어서 각주에 넣었다. Helliwell, 2007; Mean, Righini, Narring, Jeannin, & Michaud, 2005; Moscicki, 2001; Sareen, Houlahan, Cox, & Asmundson, 2005년; Siris, 2001; Tang & Crane, 2006; Chiles & Strosahl, 2004

자살 행동의 기능 평가

만약 내담자가 자살 행동이나 아이디어를 보고한다면 내담자가 투쟁하고 있는 것이므로 보살핌 가운데 상황을 고려하라. 상황을 이해하기 위해 기능 평가보다 더 좋은 건 없다. 다음은 내담자가 갇히는 흔한 과정을 다루는 방식으로 자살성을 연구하기 위해 제안된 모델이다.

- **선행 사건:** 원위 선행 사건은 생활 스트레스 요인, 상황을 해결하려 했으나 이상적인 결과를 얻지 못했던 여러 번의 시도, 맥락 변수, 환경 등을 말한다. 근위 선행 사건은 효과적으로 특정 문제를 해결하는 방법을 알지 못하는 것, 높은 감정성을 가지는 어려움, 생리적 각성, 불쾌한 감정 상태를 경험하고자 하는 기꺼이 함이 낮은 것, 감정 고통을 관리하지 못할 거라는 규칙과의 융합 (예: '*이것을 받아들일 수 없어.*', '*지금 당장 뭔가를 해야 해.*' 등), 미래 사고 와의 융합(예: '*아무것도 작동하지 않을 거야.*') 등의 자살 행동 촉발 요인이 다.
- **문제 행동:** 자살 행동
- **결과:** 자살 행동의 강화제

  누군가 자살 행동에 한 번 또는 여러 번 참여한다면 그 행동은 강화되고 유인 적 조절 또는 혐오적 조절 아래 놓일 수 있다. 이에 대해 자세히 알아보겠다.

우리가 무엇인가를 할 때마다 그것은 우리가 인식하든 못하든 간에 어떤 결과 를 가져온다. 특정 행동이 촉발된 다음 내부 또는 외부 결과는 해당 행동을 증가시 키거나 감소시킬 수 있다.

만약 고려되는 행동이 증가하면 그 결과가 *강화제*로 작용했기 때문이다. 강화 제는 즐겁거나 재미있는 것이 추가되면 정적이고, 혐오스러운 것이 제거된 것이면 부적이다.

행동이 감소하면 결과가 *처벌제*로 작용했기 때문이다. 처벌제는 혐오스러운 것이 추가되면 정적이고, 즐거운 것이 제거되면 부적이다. 행동학적으로 엄밀히 말하면 '처벌제'라는 단어는 단순히 행동이 감소했음을 묘사하는 것이며 '정적'과 '부적'은 기본적으로 행동이 발생한 후에 무언가가 추가되거나 제거된다는 의미이다.

이러한 행동 용어를 묶어서 표로 정리하면 다음과 같다.

강화제 (내부 및 외부)	정적	부적
강화제 또는 증진제 (행동을 증가)	유쾌하거나 재미있거나 즐거운 것을 추가하기	재미없거나 즐겁지 않거나 유쾌하지 않은 것을 제거하기
처벌제 또는 감소제 (행동을 감소)	유쾌하지 않거나, 재미있지 않거나, 즐겁지 않은 것(혐오적)을 추가하기	유쾌하거나 재미있거나 즐거운 것을 제거하기

나는 행동의 결과를 이야기할 때 내담자들이 알기 쉽게 증진제 또는 감소제라고 말한다. 왜냐하면 '처벌제'라는 단어가 다른 맥락과[2] 연관될 수 있기 때문이다. 물론 행동의 결과를 언급하는 방법을 선택하는 것은 당신에게 달려 있다.

자살 행동에도 타인의 행동 변화와 같은 공적 강화제가 있음을 명심하라. 누구든 자살에 관해 듣는 건 큰 스트레스이고 고통스럽기에 자연스럽게 사람들은 이 말을 듣고 타협하고 양보한다.

예를 들어 나의 여성 내담자는 박사학위 논문을 끝내는 것에 관해 물을 때 자신이 압도된다고 말했다. '제시간에 이 논문을 끝낼 방법이 없어.'라는 생각에 사로잡혀 박사학위를 마치기 위해 대안적인 일정을 계획해 보자는 남자 친구의 제안을 거절했다. 남자 친구가 그녀의 계획을 물었을 때 "시간 낭비야. 다시는 묻지 마. 내 삶에서 뭔가 저질러 버릴 수도 있어."라고 말했다. 결과적으로 남자 친구는 박사학위 논문에 대해 더 묻지 않았다. 나의 내담자는 '그 이후 평화로움'을 느꼈다. 행동

---

2)역주: 단지 행동의 결과로 그 행동의 빈도가 줄어드는 것을 가리키는 용어일 뿐인데 의도치 않게 부정적인 다른 사건을 연상시킬 수 있다는 말이다.

학적으로 말해 이 내담자의 자살 진술에는 두 가지 강화제가 있다. '평화로운' 느낌을 주는 내적인 정적 증진제와 남자 친구가 박사학위 논문 관련 질문을 중단하여 질문과 관련된 불편함이 제거되는 공적인 부적 증진제가 있다.

수용전념치료에서 개인의 자살 사고가 단독으로 그리고 단일 행동으로 반드시 문제가 되는 것은 아니지만 자살 사고와 관련된 행동에 뒤따르는 강화적인 결과는 문제가 된다. 수용전념치료에서 내담자는 실효성 있는 행동에 참여하기 위해 자살 사고를 제거할 필요가 없으며 상황을 악화시키는 건 오히려 자살 사고를 제거하려는 시도이다.

기능 분석이 유용한 평가 및 개입이긴 하지만 처음 사용하는 것은 두려울 수 있다. 다음은 내담자가 어려움을 겪고 있는 자살 행동을 이해하기 위해 사용할 수 있는 요약 정리표이다. 이는 처방이 아니므로 자신의 언어를 사용하여 자기 것으로 만들고 최선을 다해 제안된 핵심 과정을 평가하라.

자살 행동의 핵심 과정과 관련한 평가를 통해 내담자의 문제성 자살 행동이 발생하는 더 큰 맥락을 얻을 수 있다. 또한 당신이 돌보고 있으며 내담자의 간힘을 바로잡는 데 관심이 있다는 사실을 내담자와 소통할 수 있다.

자살성과 관련한 기능 평가를 수행할 때 마지막으로 두 가지 팁이 더 있다. 내담자에게 그들의 투쟁을 알아봐 주고 이해한다는 것을 알려라. 그런 다음에 개입으로 이동한다. 마지막으로 내담자의 자살 행동이 강화되고 있는데 내담자는 이러한 관계의 장단기 영향을 정확하게 추적할 수도 있지만 그렇지 않을 수도 있음을 명심하라. 예를 들어 파트너에게 자살 언급을 한 내담자는 휴일 동안 그와 더 많은 시간을 보내면서 자신이 원하는 것을 얻을 수 있었다는 것을 깨닫거나 깨닫지 못할 수 있다는 말이다. 만성적인 감정 조절로 어려움을 겪는 경계선 성격장애로 진단받은 내담자는 조종하고 통제하고 또는 계산적이라고 낙인찍혔으나 이 단어는 그들의 투쟁을 포착하지 못할 뿐만 아니라 그들의 간힘을 보지 못하는 매우 부정확한 견해이다. 또한 이러한 식으로 낙인이 가득한 관점은 내담자가 자신의 행동을 계속 추적하고 있을 거라고 가정하는 것인데, 실제는 반드시 그런 것은 아니다.

선행 사건 자살 행동 전에 무엇이 발생하는가?	결과 자살 행동 후 즉시 무엇이 발생하는가?
원위 선행 사건: 가족력, 생활 스트레스 요인, 만성 질환 상태 등 **근위 선행 사건:** 자살 행동 직전에 무슨 일이 일어났나? 1. 생리적 각성 2. 스트레스를 관리하는 능력에 관한 규칙과 융합(예: '*나는 이 느낌을 다룰 수 없어.*') 3. 사고와 융합(예: '*나는 지금 이것에 대해 뭔가를 해야 해.*') 4. 불편한 감정을 기꺼이 경험하고 싶지 않은 것(예: '*나는 이것을 느끼고 싶지 않아, 짜증 나.*'), 느낌을 다른 느낌으로 대체하려는 노력, 가치와 일치하지 않는 행동에 참여 5. 상황에 관한 지배 사고와 융합 6. 상황에 관한 미래 사고와 융합(예: '*아무것도 작동하지 않을 거야. 모든 게 똑같을 거야.*') 7. 문제 해결 기술 결핍	**사적 강화제 또는 증진제:** 내담자가 자살 행동에 참여할 때 사적으로 긍정적인 경험을 하는가? (예: 안도감이나 평화로운 느낌) 내담자는 자살 행동을 할 때 개인적으로 불쾌한 경험이 제거되는 경험을 하는가? (예: 압박감, 압도감 또는 슬픔을 더는 느끼지 않음) **공적 강화제 또는 증진제:** 자살 행동 후에 타인이 다르게 하는가, 아니면 내담자의 주변 환경에서 공적으로 무언가 변화되어 긍정적 경험이 추가되는가? (예: 친척이 내담자와 더 많은 시간을 보낸다, 내담자와 재미있는 활동을 계획하고 있다) 자살 행동 후에 타인이 다르게 행동하거나 내담자의 주변 환경에서 공적으로 무언가 변화되어 불쾌한 경험이 제거되는가? (예: 상대가 슈퍼필러에게 일을 끝내거나 양식을 작성하라고 요청하지 않는다.)

개입 지점

방금 수행한 기능 평가를 수용전념치료 기술로 전달하기 위한 지침으로 사용하여 내담자의 자살 행동 문제를 바로잡을 수 있다. 다음은 기능 분석의 각 선행 사건 및 결과 성분에서 개입 지점을 제안한 것이다.

선행 사건 자살 행동 전에 무엇이 발생하는가?	개입 지점 내담자와 함께 실습할 수 있는 기술
원위 선행 사건: 가족력, 생활 스트레스 요인, 만성 질환 상태 등	**원위 선행 사건:** 수용전념치료 기술: 알아차리기 (15회기) 반추 (6회기)

근위 선행 사건:

자살 행동 직전에 무슨 일이 일어나는가?

1. 생리적 각성
2. 스트레스를 관리하는 능력에 관한 규칙과 융합(예: '*나는 이 느낌을 다룰 수 없어.*')
3. 사고와 융합(예: '*나는 지금 이것에 대해 뭔가를 해야 해.*')
4. 불편한 감정을 기꺼이 경험하고 싶지 않은 것(예: '*나는 이것을 느끼고 싶지 않아, 짜증 나.*'), 느낌을 다른 느낌으로 대체하려는 노력, 가치와 일치하지 않는 행동에 참여
5. 상황에 관한 지배 사고와 융합
6. 상황에 관한 미래 사고와 융합(예: '*아무것도 작동하지 않을 거야. 모든 게 똑같을 거야.*')
7. 문제 해결 기술 결핍

근위 선행 사건:

1. 접지 (9회기)
2. 자기 위안 (9회기)
3. 주의 편향 (10회기)
4. 자기 자비 실습 (10회기)
5. 신체 상태 (9회기)
6. 지배 사고 알아채기 (7회기)
7. 행동하지 않고 사고 알아채기 (7회기)
8. 감정에 관한 사고 알아채기 (2회기)
9. 기꺼이 함 (3회기)
10. 즉각적인 감정 반응 (3회기)
11. 불편한 느낌과 싸움 인식하기 (3회기)
12. 느끼기로 선택하기(3회기)
13. 느낌 기반 이야기 (8회기)
14. 미래 사고 알아채기 (6회기)
15. 가치 기반 문제 해결 (10회기)
16. 자기 자비 실습 (10회기)

다음은 결과를 표적으로 하는 개입 지점과 관련한 몇 가지 제안이다.

결과 자살 행동 후 무엇이 즉시 발생하는가?	개입 지점

사적 강화제 또는 증진제:

내담자가 자살 행동에 참여할 때 사적으로 긍정적인 경험을 경험을 하는가? (예: 안도감이나 평화로운 느낌)

내담자는 자살 행동을 할 때 사적으로 불쾌한 경험이 제거되는 경험을 하는가? (예: 압박감, 압도감 또는 슬픔을 더는 느끼지 않음)

공적 강화제 또는 증진제:

자살 행동 후에 타인이 다르게 행동하는가, 아니면 내담자의 주변 환경에서 공적으로 무언가 변화되어 긍정적 경험이 추가되는가? (예: 친척이 내담자와 더 많은 시간을 보낸다, 내담자와 재미있는 활동을 계획하고 있다)

자살 행동 후에 타인이 다르게 행동하거나 내담자의 주변 환경에서 공적으로 무언가 변화되어 불쾌한 경험이 제거되는가? (예: 상대가 슈퍼필러에게 일을 끝내거나 양식을 작성하라고 요청하지 않는다.)

사적 강화제 또는 증진제:

1. 즉각 반응의 실효성 (3회기)
2. 자기 위안 (9회기)
   즉각 반응의 실효성 (3회기)

공적 강화제 또는 증진제:

1. 즉각 반응의 실효성 (3회기)
2. 요청하기 (14회기)
3. 가치 기반 문제 해결 (10회기)

기능 평가를 수행하고 나면 자살 행동을 표적으로 하는 효과적인 개입 지점이 많이 있다.

궁금할 수도 있겠지만 *자살 행동이 다시 일어난다면 어떨까?* 그렇다면 당신은 그런 일이 일어날 때마다 기능 분석을 하면 된다. 왜냐하면 행동학적으로 말해 내담자는 A 지점에서 B 지점으로 그냥 가는 것이 아니라 그 특정 행동을 유지해 주는 강화의 결과가 있으니까 가게 되는 것이다. 이를 기억하라!

자살 행동을 보고하고 있지만 저하된 기분, 절망감 및 자살성과 관련한 다른 위험 요소도 같이 보이는 내담자는 다음을 수행해야 할 수도 있다.

여러 위험 요인의 평가

아래 평가표는 함께 작용할 때 자살 시도의 가능성을 높이는 가장 흔한 변수이다.

빠른 팁: 위험 요인을 평가할 때 자동으로 입원을 떠올리는 것이 아니라 위험 정도에 따라 내담자가 필요로 하는 개입의 정도를 고려한다. 물론 입원도 그중 하나이다.

위험 요소	내담자 반응
내담자에게 *자살 사고*가 있는가? 그렇다면 빈도: 얼마나 자주 발생하는가? 고통: 내담자가 자살 사고에 대해 얼마나 괴로워하는가? (0-10)	예, 아니오
내담자는 *구체적인 자살 시도 계획*을 가지고 있는가?	예, 아니오
내담자가 *계획대로 할 수 있는 수단*에 접근할 수 있는가?	예, 아니오
내담자가 *계획을 수행할 의도*가 있는가/ 내담자가 계획을 시도하기를 원하는가?	예, 아니오
내담자가 *대인 관계에서 지지*를 제공하는 누군가와 상호 작용하는가?	예, 아니오
내담자가 *절망감*을 느낀다면 얼마나 강렬한가? (0-10)	예, 아니오
내담자는 *이전에 자살 시도의 이력*이 있는가? 지난 30일 이내에 마지막 자살 시도가 있었는가?	예, 아니오
내담자가 *살아야 할 이유나 삶의 목적*이 있는가?	예, 아니오
내담자는 가까운 미래(예: 주말, 다음 주) 또는 먼 미래(예: 다음 달)에 *실행하려는 계획*을 가지고 있는가?	예, 아니오
내담자가 *양극성 또는 불안정한 기분*의 이력이 있는가?	예, 아니오
내담자의 성별은 무엇인가? (예: 남성, 여성, 성전환자)	

위험 요소	내담자 반응
최근 내담자의 삶에 변화가 있었나?	예, 아니오
내담자는 현재 *약물*을 *사용*하고 있는가?	예, 아니오
내담자가 정신과 약물을 복용하는 경우 복용량이나 처방에 변화가 있었나?	예, 아니오

내담자가 이 점검표의 최소 3~4개 항목에 해당하면 자발적 입원, 하루에 여러 번 전화로 확인, 일주일에 여러 회기, 다른 사람과의 만남, 계획된 접지 연습 및 기타 개입을 고려하는 등 다양한 개입 지점을 고려해야 한다.

유사 자살 행동

우선 자살 행동과 유사 자살 행동의 차이점에 대해 명확히 하고 시작하자. 자살 행동은 특히 삶을 끝내려는 분명한 의도를 가진 사람의 행동을 말한다. 유사 자살 행동 또는 자해 행동은 압도적인 감정에 대한 반응으로 치명적이지 않은 방식으로 신체에 해를 끼치는 행동을 말하며 긋기, 머리 박기, 화상 등과 같은 각기 다른 형태를 취할 수 있다.

지형적으로 말하자면 자살 행동과 유사 자살 행동은 똑같아 보일 수 있겠지만 기능이 다르므로 이러한 행동을 보는 기능 평가가 중요하다.

개입 지점

늘 그렇듯이 유사 자살 행동을 살피기 위해 기능 평가로 시작하라. 추천 단계는 다음과 같다.

1. 기능 평가를 수행하라.

2. 내담자가 행동 변화를 원하는지 확인하라.

3. 선행 사건 및 결과에서 개입 지점을 개발하라(예: 자살 행동에서 개입 지점 표를 확인하라).

기능 평가를 수행했을 때 내담자가 유사 자살 행동을 바꾸고 싶어 하지 않는다면,

4. 내담자 삶의 각기 다른 영역에서 유사 자살 행동의 실효성을 탐색하라(3회기).

5. 창조적 절망감을 소개하라(4장).

6. 가치 명료화를 사용하라(1회기).

7. 알아차리기(15회기), 접지(9회기), 자기 위안(9회기)을 가르쳐라.

항상 평가인 동시에 개입 도구인 기능 평가로 돌아가서 이에 따라 수용전념치료 과정을 가르쳐라.

문제성 섭식 행동 및 신체상 염려

이 단락을 진행하기 전에 몇 가지 이론적 고려 사항은 다음과 같다.

1. 섭식장애를 보는 기능적 설명이 필요하고 이는 치료 목적에 매우 도움이 된다. DSM-5를 살펴보면 DSM-IV에서 바뀐 사항 중 하나가 진단 개수가 세 개에서 여덟 개로 늘어났다는 것을 알 수 있다. 당신은 또한 각각의 진단 기준을 읽을 수 있다. 하지만 장애 증상의 나열은 진단 분류를 가로지르는 공통성과 차이점을 인정하지 않고 있어서 치료 목적으로는 얻을 게 없다. 증상은 계속해서 독립적인 실체로 제시되고 있지만 이런 경우에는 이와 반대이다.

지형학과 분류법에서 한 걸음 물러나 기능적인 과정 기반 접근 방식으로 렌즈를 전환하면 신체 확인, 신체 회피, 음식 소비(제한, 과식, 제거 행동, 음식을 씹고 뱉어내는 행동, 강박 행동, 충동적인 섭식 행동) 등과 관련된 행동군을 볼 수 있다.

2. 문제성 섭식 행동은 비임상 인구에서 훨씬 더 빈번하다.

3. 문제성 섭식 행동과 음식과 관련한 태도에 있어서 이러한 문제는 일반 인구에서도 예외가 아니라 표준이 되었다. 미국에서는 성인 여성의 50%가 체중 감량을 위해 다이어트를 하고 있고, 정상 체중 대학생의 88%가 날씬해지고 싶다고 밝혔으며, 여성의 약 80%가 외모에 만족하지 못한다고 보고했다(Littleton & Ollendick, 2003; Raudenbush & Zellner,1997).

4. 대부분의 치료는 완전하게 진단을 충족하는 적은 수의 섭식장애 대상군에만 초점을 맞췄다. 섭식장애의 진단 기준을 충족하지 못할 수 있지만 심각한 심리적 고통을 유발하는 문제성 섭식 행동과 신체상 염려로 여전히 어려움을 겪고 있는 개인이 많다(De la Rie, Noordenbos, Donker, & Van Furth, 2007년; Striegel-Moore et al., 2010).

5. 문제성 섭식 행동은 단독으로 발생하지 않는다.

6. 연구에 따르면 문제성 섭식과 관련된 행동은 모양, 체중 및 외모의 우려와 동시에 발생한다(Cachelin, Veisel, Barzegarnazari, & Striegel-Moore, 2000). 이것이 내담자가 일반적으로 폭식 장애 및 신체상 장애와 같은 공존 진단을 받는 이유이다.

7. 현재 치료법은 높은 재발률을 나타내며 여전히 효과가 제한적이다.

8. 인지행동치료 및 대인 관계 심리치료(IPT)는 임상적 섭식장애로 투쟁하는 내담자를 위한 근거 기반 치료이다. 하지만 인지행동치료는 신경성 식욕부진 증상의 치료에 제한적인 성공을 거두었으며 신경성 폭식증의 재발률은 높다(Fairburn et al.,2008; Wilson & Sperber,2002).

이러한 사항을 고려했을 때 과정의 결과만 보지 말고 직접 과정으로 들어가서 문제성 섭식 행동과 신체상과 관련한 주제를 연속체로 보는 개입이 필요하다는 주장을 강력하게 할 수 있다. 초진단 및 과정 기반 접근 방식인 수용전념치료는 임상적으로 섭식장애로 진단된 (소수의) 사람과 신체상 문제 및 문제성 섭식 행동으로 어려움을 겪고 있는 일반 인구 모두를 해결하는 대안이 될 수 있다.

섭식장애에서 수용전념치료 개입을 한 여섯 건의 무작위 대조 시험이 시행되었다. 이 연구의 결과는 수용전념치료가 신체 불안, 무질서한 식습관, 무질서한 섭식과 관련된 증상 및 문제성 섭식 행동을 감소시켰음을 보여 준다. 또한 수용전념치료는 신체상 수용, 심리 유연성, 균형 잡힌 섭식 행동 및 삶의 질을 향상시켰다.[3]

감정 조절 문제와 문제성 섭식 행동 및 신체상 염려 사이의 상호 작용을 고려할 때 이 치료는 핵심 과정을 활용할 수 있는 이점이 있다. 왜냐하면 섭식장애를 앓고 있는 개인은 불쾌한 내부 상태와 경험을 피하고 감정을 조절하기 위한 역기능적 전략에 의존하고, 인지 경직성, 낮은 고통 감내, 빈약한 감정 알아차리기 및 섭식장애가 아닌 삶의 가치에 있어 명료성 부족을 보이기 때문이다.[4]

외상

외상후스트레스장애는 어떤 사람이 자신이나 타인의 잠재적인 사망, 부상 또는 폭력 등 안전에 위협이 되는 스트레스가 많은 사건에 노출된 후 결과적으로 다음과 같은 일련의 증상 군을 경험할 때 진단한다. (a) 침습 (기억, 악몽, 플래시백) (b) 외부 및 내부 단서를 회피하는 행동 (c) (자신과 타인을 향한) 생각과 기분의 변화 (부정적인 정서, 처진 기분) (d) 생리적 각성 및 **반응**의 변화(수면 장애, 과민성). 이러한 경험이 한 달 이상 지속하고 다른 삶의 영역에서 개인의 기능에 부정적인 영향을 미친다.

외상후스트레스장애가 있는 내담자는 상당한 시간과 자원을 소비한다. 증상과

---

3)Tapper et al.,2009; Lillis, Hayes, & Levin,2011년; Weineland, Arvidsson, Kakoulidis, & Dahl, 2012; Pearson, Follette, & Hayes, 2012; Clark, 2013; Kattermann, Goldstein, Butryn, Forman, & Lowe, 2014; Juarascio, Schumacher, Shaw, Forman, & Herbert, 2015.

4)각각 Rawal, Park, & Williams, 2010/ Manlick, Cochran, & Koon,2013; Svaldi, Griepenstroh, Tuschen-Caffier, & Ehring, 2012/ (Juarascio, 2011)

관련한 고통을 관리하는 게 종일 하는 일이 되고 결국 개인을 가치 기반의 삶에서 멀어지게 한다.

외상후스트레스장애에서 가장 효과적인 치료 중 하나는 노출치료이다. 외상 사건과 관련된 단서를 점진적으로 상상 또는 실제로 제시한다. 노출치료의 목적은 감정적 대응의 습관화가 일어날 때까지 외상 사건의 내부 또는 외부 단서를 통해 두려움과 불안을 다시 경험하도록 내담자를 돕는 것이다.

기능적 맥락주의 치료 모델인 수용전념치료는 외상후스트레스장애가 있는 내담자뿐만 아니라 모든 내담자에게 실효성 없는 행동을 유발하는 광범위한 불편한 내적 사건에 접촉하도록 초대하므로 치료 자체가 노출이다. 외상 사건과 관련된 자극의 경험을 회피하고 사고, 기억, 기타 단서와의 융합을 외상후스트레스장애의 진단 특징이자 유지 요인으로 보기 때문에, 수용전념치료는 이 장애에서 완전한 치료법이 될 수 있다.

감정 조절을 위한 16주간의 수용전념치료는 외상 사건과 관련된 감정 스트레스를 관리하도록 가르칠 수 있으므로 외상후스트레스장애로 투쟁하는 내담자에게 유익하다. 하지만 여전히 그들에게 외상을 표적으로 삼는 치료가 필요하다.

개입 지점

내담자가 단순 또는 복합 외상으로 어려움을 겪고 있고 당신이 그들과 개별 치료를 하는 경우 다음과 같은 개입이 제안된다. 내가 '제안된 개입'이라고 할 때 이는 정확히 말해 처방이 아니라 당신의 임상 판단에 따라 조정하는 것임을 명심하라.

이 치료의 회기들은 외상 작업의 개입을 위한 단독 지침으로 사용되거나 내담자에게 필요한 더욱 포괄적인 외상 작업의 보완이 될 수도 있다.

가치 탐색 (1회기)

외상후스트레스장애로 투쟁하는 대부분 내담자는 자신에게 중요한 것과 접촉하지 않는다. 따라서 가치 식별하기로 시작하는 것이 치료의 좋은 시작이다. "만약 당신이 겪은 일과 관련한 기억이 사라진다면 당신은 삶에서 무엇을 하고 있을까요?", "당신이 치료를 시작하기로 마음먹을 정도로 중요한 것이 무엇입니까?" 같은 소박한 질문을 하는 것이 좋다.

신체 알아차리기 연습 (9회기)

외상으로 투쟁하는 내담자는 과각성(대부분의 시간 동안 초조함을 느끼거나 상황을 벗어날 준비를 한다)과 저각성(해리, 순간적으로 얼어붙는다) 상태를 번갈아 경험한다. 그들은 각기 다른 신체 상태에 대해 배우고 접지, 자기 위안, 자기 자비 및 스트레칭 기술을 연습함으로써 이익을 얻는다.

위의 기술이 외상이 있는 내담자에게 유용한 이유는 신체를 사용하여 다시 중심을 잡을 수 있고, 말이 필요 없고, 플래시백, 침습 기억, 회기 안팎에서 기타 촉발 순간에 대해 이러한 기술을 사용할 수 있기 때문이다. 내담자에게 이러한 기술을 가르칠 때 감정 롤러코스터를 사라지게 하지는 않지만 악화시키지 않고 롤러코스터가 지속되는 동안 이를 타는 데에 도움이 된다는 것을 명확히 하라.

알아차리기 연습 (15회기)

지금 여기에서 일어나는 것에 주의를 기울이는 법을 배우는 것은 종종 자기를 비난하는 이야기에 걸려들거나, 그들이 겪었던 외상 사건을 반복 재생하거나, 관계/타인/세계와 관련한 실효성 없는 이야기와 융합된 내담자에게 핵심적인 기술이다.

외상의 영향을 받은 내담자에게 알아차리기 연습을 가르칠 때 내부 상태에 초점을 맞추기 보다 이보다 덜 혐오스러운 주변 환경에 초점을 맞추는 연습으로 시작하는 것이 좋다. 또한 이들 내담자에게 알아차리기 실습을 위해 눈을 감으라고 요청할 필요는 없다. 그들 중 일부에서 해리를 유발할 수 있기 때문이다.

관찰자로서의 자기 연습 (15회기)

외상후스트레스장애 환자는 언어적 내용(기억, 자기 또는 타인의 이야기)에 높은 수준으로 융합하는 경향이 있고, 외상 사건과 관련된 감정 상태를 회피하기 때문에 이들에게 한 걸음 물러서는 능력과 경험의 컨테이너가 되기를 배우는 것이 기본적인 개입이다.

탈융합 연습 (6,7,8회기)

외상이 있는 내담자와 함께 작업할 때 어리석은 목소리로 생각을 말하고 30초 동안 큰 소리로 반복하기 같은 일부 탈융합 연습을 하는 것이 내담자에게 이를 이해할 수 있는 틀이 없는 경우 비수인으로 경험될 수 있으므로 탈융합을 도입하는 속도에 민감하게 반응하는 것이 중요하다. 탈융합 기술을 다룰 때 사고에는 단어뿐만 아니라 기억, 플래시백 및 이미지가 포함된다는 점을 명확히 하라.

내담자에게 다음 사항을 질문하는 것으로 시작하라.

- 사고의 실효성: 그 이미지나 기억이 떠오를 때 보통 무엇을 합니까? 그 이미지나 기억을 가질 때 보통 어떻게 행동합니까? 그 생각이 당신에게 중요한 일을 하는 데 도움이 되었습니까?
- 사고의 기능: 그 생각, 이미지 또는 기억이 떠오를 때 당신의 마음은 무엇을 하려고 합니까? 당신의 마음이 당신을 보호하려 하는 어떤 고통스러운 것이 있나요?

바람직하게는 내담자가 팝콘 같은 마음의 속성에 익숙해진 후 다음에 나오는 기꺼이 함 질문을 하는 것이다. 마음을 언급할 때 당신이 좋아하는 어떤 은유이든 (단어 기계, 사고 생성기) 활용하라. 그 은유를 이용하여 생각, 기억, 이미지는 계속해서 되돌아오는 것이고 내담자는 그것을 통제할 수 없지만 어떻게 대응할지는 선택할 수 있음을 인정할 때까지 마음의 활동을 정상화하라.

- 사고를 가지는 기꺼이 함: 이미지나 기억을 가질 수 있도록 개방하면서

되고 싶은 사람을 향해 한 걸음 내디딜 수 있을까요? '사람들이 항상 나를 다치게 할 것이다.'라는 생각을 가진 채 다른 사람들과 연결되는 방향으로 기꺼이 움직일 수 있을까요?

이후 탈융합 연습을 소개할 수 있다. 내담자가 탈융합을 시도해 보고 자신과 관련된 탈융합을 더 자주 사용하도록 격려하라.

수용 기반 노출 (3회기: 느끼기로 선택하기)

이 책이 노출 관련 책은 아니지만 수용전념치료 임상가는 수용전념치료가 혐오 자극에 대해 말하는 임상 실제와 억제 학습 모델(Craske et al., 2014)에 기반한 노출 관련 최신의 연구가 일치한다는 것을 인식하는 것이 중요하다. 습관화를 목표로 하는 노출 훈련의 전통적인 모델은 구식이다. 현재 노출 모델에서는 혐오 자극을 경험할 수 있는 개방성과 안전 기반 행동을 사용하지 않은 채 각기 다른 상황에 걸쳐 정서를 명명해 주는 것과 결합할 때 이때의 새로운 안전 기반 학습은 위협 기반 학습의 활성화를 차단하는 데 도움이 될 것이라고 가정한다.

수용전념치료에서 가치를 염두에 두고 개인의 선택으로 가치에 기반한 삶을 육성하기 위해 노출을 수행한다. 노출에는 기본적으로 내수용 노출, 상상 노출, 상황 노출 세 가지 유형이 있으며 무엇을 할지는 작업 중인 혐오 자극에 기초한다. 내담자가 수용 기반 노출 작업에 동의하면 다음을 시작할 수 있다.

1. 노출 메뉴 개발: 이것은 일반적이지 않지만, 노출 단계를 안내하는 데 도움이 될 수 있다. 이때 0~10점까지 각 노출 항목에 직면하려는 내담자의 기꺼이 함을 확인하라.

2. 수용 기반 상상 노출 수행: 내담자가 집중하기를 원하는 외상 기억과 관련한 서사를 내담자와 함께 가능한 한 많은 세부 사항을 포함하여 작성하라. 내담자가 서사를 읽기 시작할 때 그들에게 오는 **반응**을 피하거나 주의를 분산하

거나 제거하려는 압박이 있는지 확인하라. 여기서 수용전념치료의 독특한 점이 있는데 내담자가 상상 노출을 위한 지시문을 읽도록 하는 대신 때때로 일시 중지하고 내담자의 **반응**을 확인하고 해당 **반응**과 관련한 주의의 초점을 유연하게 전환하는 것이다. 예를 들어 내담자가 신체 감각을 알아채면 그 감각을 알아채고 이름을 붙이고 느낌을 기술하도록 한 다음 서사로 돌아가도록 초대하라. 이런 식으로 당신은 내담자의 내부 경험과 지시문의 서사 사이를 오간다. 기본적으로 내담자가 신체 감각, 기억, 생각, 느낌 또는 촉박감 같은 내부 **반응**을 기술할 때마다 당신은 부드럽게 내담자가 이들을 알아채고 이름을 붙이면서 이를 위한 공간을 확보하도록 돕는다.

노출하는 동안 내담자가 외상 사건으로 미래 사고('*나는 이것을 극복할 수 없을 거야.*', '*내 인생은 결코 이전과 같지 않아.*'), 과거 사고 ('*이런 일이 일어날 줄 알았더라면, 나는 그것을 입을 필요가 없었어.*'), 자기 비난 이야기 ('*내 잘못이야. 나는 더 잘할 수 있었어.*')에 걸려들면 당신은 내담자가 그 순간을 알아차리는 실습을 하고 다시 상상 노출을 읽는 것으로 되돌아가도록 돕는다.

3. 수용 기반 상황 노출 수행: 상황 노출은 내담자가 외적 사건으로 인해 회피해 왔던 상황, 사람, 장소 또는 활동에 접근하도록 돕고, 이러한 상황에 접근하는 것이 자신에게 중요하고 가치 기반 삶을 향한 움직임인지 생각해 보는 것이다.

상황 노출을 촉진하는 것은 전념 행동으로 실행될 수 있으며 내담자가 방해물과 마주할 때마다 탈융합(생각, 기억, 규칙, 이야기를 알아채고 명명하기)과 수용(해당 느낌을 알아채고 명명하기)을 실습하도록 격려한다.

내담자가 마주하기에 너무 큰 상황에 부딪히면 미세 노출을 권할 수 있다 (예: 외상 사건이 발생한 거리를 걷는 대신 해당 거리에 5초 동안 서 있기).

상황 노출을 계획할 때 혐오 상황에 접근하는 기간이나 길이, 혐오 상황에 접근하는 근접성 등의 변수를 고려한다.

4. 수용 기반 내수용성 노출 수행: 때때로 내담자는 신체적 경험을 외상 기반 반응의 출발점 역할을 하는 내부 신호로 기술한다. 따라서 수용 기반 내수용 노출이 필요할 수 있다. 예를 들어 나의 이전 내담자는 냄새가 그녀가 경험한 외상 사건을 상기시키는 방식을 기술하곤 했는데 결과적으로 그녀는 몸에 땀이 나는 활동을 피했다. 가치 기반 내수용 노출의 예로 30분 동안 댄스 수업에 참여하게 했다.

수용전념치료에서 노출은 유연하고 역동적인 과정으로 내담자가 혐오 자극을 접촉할 때마다 치료자는 내담자가 생각, 억압하려는 촉박감, 강렬한 감정 또는 신체적 감각을 알아채게 함으로써 그들이 갖는 각기 다른 **반응**을 추적하도록 운을 뗀다. 또한 탈융합과 수용으로 그때그때 수용전념치료 과정을 촉진하여 행위를 하려는 촉박감의 실효성과 가치 측면에서 느껴야 할 것을 느끼는 기꺼이 함을 알아채도록 한다.

요약

슈퍼필러는 너무 많이, 너무 빨리, 너무 쉽게 느끼는 경향이 있다. 감정적 민감성 성향, 감정과 관련한 규칙과의 과도한 융합, 순간의 감정에 사로잡히는 것, 감정 롤러코스터를 관리하려고 하는 모든 행동으로 인해 이 장에서 설명한 경직되고, 비유연하고, 과잉 일반화된 패턴의 복잡한 반응을 발전시킨다.

이 16주간의 수용전념치료는 슈퍼필러에게 풍부하고, 성취감 있고, 목적이 있는 삶을 육성하기 위해 감정, 사고, 신체 및 대인 관계 알아차리기 개발의 기반이 되는 기술을 가르친다. 하지만 일부에서는 특정 복잡한 형태의 행동 조절 부전을 겨냥한 개인 치료가 필요하다.

이 장에서 다루는 각 제안에 관해 책을 쓸 수도 있지만, 그렇다면 당신은 훨씬 더 많은 분량을 읽어야 할 것이다. 대신 이 장에서는 수용전념치료 모델이 이러한 복잡한 사례를 어떻게 처리하는지 그 개요를 제공하고 개인 치료에서 이들을 도울 수 있는 핵심 개입을 기술했다.

인생은 감정 조절의 어려움보다 크고, 결국 이 치료는 감정 롤러코스터를 연중무휴 매달려 관리하는 것에서 삶의 다른 측면에 집중하고 그들이 키워나가고 싶은 삶에 참여하는 걸로 관심을 돌리게 하려는 것이다!

| 마지막 말 |

여기서 우리는 이 책의 종착역에 서 있다.

이 책이 슈퍼필러와의 작업에 유용했기를 바란다. 나는 이 책이 완벽하다고 생각하지 않고 항상 개선의 여지가 있겠지만 경중, 중등도 및 중증 감정 조절 문제로 어려움을 겪고 있는 내담자를 위해 수용전념치료를 제공하는 기본서로서 많은 논의의 시작이라 생각한다.

이 프로젝트가 끝나서 안도감을 느낀다. 이 페이지를 끝마치면서 흥분, 두려움, 불안, 그리고 다른 감정이 나타난다. 수년에 걸쳐 나는 이 프로젝트를 실현하기 위해 각기 다른 수용전념치료 개입을 가지고 놀았고, 친구 및 동료들과 이리저리 아이디어를 논의하고, 이를 강의하느라 학생들을 괴롭혔고, 감정 조절 관련 연구를 계속하며 정서 과학을 읽고, 슈퍼필러의 투쟁에 세심한 주의를 기울여 왔다.

나는 마음 속 깊이 이 프로젝트가 나의 삶에도 적용되었음을 알고 있다. 이 책은 처음부터 끝까지 가치 기반 행동이며 인간 투쟁의 특정 영역에 맥락 행동 과학을 전파하고 적용하려는 나의 전념 행동의 일부이다.

이 책을 마무리하기 전에 내가 당신에게 드리는 마지막 말은 다음과 같다.

나는 당신이 슈퍼필러와 함께 당신의 작업에 계속 변화를 불러오기를 진심으로 바란다!

당신은 이것을 해냈다!

– 주리타 박사Dr. Z

| 참고 문헌 |

Aldao, A., Sheppes, G., & Gross, J. J. (2015). Emotion regulation flexibility. *Cognitive Therapy and Research, 39*(3), 263-278.

American Psychiatric Association (2013). *Diagnostic and statistical manual of mental disorders* (5th ed., DSM-5), Arlington, VA: American Psychiatric Publishing.

Artusio, E. (2018). A randomized clinical trial of acceptance and commitment therapy treatment for adult clients struggling with emotion regulation problems. Unpublished dissertation, The Wright Institute, Berkeley, CA.

Barlow, D. H. (2002). *Anxiety and its disorders: The nature and treatment of anxiety and panic* (2nd ed.). New York, NY: Guilford Press.

Barrett, L. F. (2012). Emotions are real. *Emotion, 12*(3), 413-429.

Barrett, L. F. (2017a). *How emotions are made.* New York: Houghton Mifflin Harcourt.

Barrett, L. F. (2017b). The theory of constructed emotion: An active inference account of interoception and categorization. *Social Cognitive and Affective Neuroscience, 12*(1), 1-23.

Barrett, L. F., Gross, J., Conner, T. C., & Benvenuto, M. (2001). Knowing what you're feeling and knowing what to do about it: Mapping the relation between emotion differentiation and emotion regulation. *Cognition and Emotion, 15*(6), 713-724.

Barrett, L. F., & Gross, J. (2001). Emotional intelligence: A process model of emotion representation and regulation. In T. Mayne & G. Bonnano (Eds.), *Emotions: Current issues and future directions* (pp. 286-310). New York: Guilford Press.

Bateman, A., & Fonagy, P. (2010). Mentalization-based treatment for borderline personality disorder. *World Psychiatry, 9*(1), 11-15.

Berkman, E. T., & Lieberman, M. D. (2009). Using neuroscience to broaden emotion regulation: Theoretical and methodological considerations. *Social and Personality Psychology Compass, 3*(4), 475-493.

Bigman, Y. E., Mauss, I. B., Gross, J. J., & Tamir, M. (2016). Yes I can: Expected success promotes actual success in emotion regulation. *Cognition and Emotion, 30*(7), 1380-1387.

Blackledge, J. (2015). *Cognitive defusion in practice: A clinician's guide to assessing, observing, and supporting change in your client.* Oakland, CA: Context Press.

Brown, K. W., Ryan, R. W., & Creswell, J. D. (2007) Mindfulness: Theoretical foundations and evidence for its salutary effects, *Psychological Inquiry, 18*(4), 211-237.

Brown, T. A., & Barlow, D. H. (2009). A proposal for a dimensional classification system based on the shared features of the DSM-IV anxiety and mood disorders: implications for assessment and treatment. *Psychological Assessment 21*(3), 256-271.

Cachelin, F. M., Veisel, C., Barzegarnazari, E., & Striegel-Moore, R. H. (2000). Disordered eating, acculturation, and treatment-seeking in a community sample of Hispanic, Asian, Black, and White women. *Psychology of Women Quarterly, 24*(3), 244-233.

Cameron, A. Y., Palm Reed, K., & Gaudiano, B. A. (2014). Addressing treatment motivation in borderline personality disorder: Rationale for incorporating values-based exercises into dialectical behavior therapy. *Journal of Contemporary Psychotherapy: On the Cutting Edge of Modern Developments in Psychotherapy, 44*(2), 109-116.

Chiles, J., & Strosahl, K. (2004). *Clinical manual for assessment and treatment of suicidal patients.* Washington, DC: American Psychiatric Publications.

Ciarrochi, J., Bailey, A., & Harris, R. (2013). *The weight escape.* Boston: Shambhala.

Clark, A. (2013) Whatever next? Predictive brains, situated agents, and the future of cognitive science. *Behavioral and Brain Sciences, 36*(3), 181-204.

Coffman, S. J., Martell, C. R., Dimidjian, S., Gallop, R., & Hollon, S. D. (2007). Extreme nonresponse in cognitive therapy: Can behavioral activation succeed where cognitive therapy fails? *Journal of Consulting and Clinical Psychology, 75*(4), 531-541.

Craske, M. G., Treanor, M., Conway, C. C., Zbozinek, T., & Vervliet, B. (2014). Maximizing exposure therapy: An inhibitory learning approach. *Behaviour Research and Therapy, 58,* 10-23.

Dahl, J. (2009). *The art and science of valuing in psychotherapy: Helping clients discover, explore, and commit to valued action using acceptance and commitment therapy.* Oakland, CA: New Harbinger Publications.

Damasio, A. (2008). *Descartes' error: Emotion, reason, and the human brain.* London: Vintage Digital.

Dane, E., Rockmann, K. W., & Pratt, M. G. (2012). When should I trust my gut? Linking domain expertise to intuitive decision-making effectiveness. *Organizational Behavior and Human Decision Processes, 119*(2), 187-194.

Daubney, M., & Bateman, A. (2015). Mentalization-based therapy (MBT): An overview. *Australasian Psychiatry, 23*(2), 132-135.

Davidson, R., & Begley, S. (2012). *The emotional life of your brain: How its unique patterns affect the way you think, feel, and live, and how you can change them.* London: Avery.

De la Rie, S., Noordenbos, G., Donker, M., & Van Furth, E. (2007). The quality of treatment of eating disorders: A comparison of the therapists' and the patients' perspective. *International Journal of Eating Disorders 41*(4), 307-17.

Dewe, C., & Krawitz, R. (2007). Component analysis of dialectical behavior therapy skills training. *Australasian Psychiatry, 15*(3), 222-225.

Dimidjian, S., Hollon, S. D., Dobson, K. S., Schmaling, K. B., Kohlenberg, R. J., Addis, M. E., et al. (2006). Randomized trial of behavioral activation, cognitive therapy, and antidepressant medication in the acute treatment of adults with major depression. *Journal of Consulting and Clinical Psychology, 74*(4), 658-670.

Dimeff, L., & Koerner, K. (2007). *Dialectical behavior therapy in clinical practice: Applications across disorders and settings* (1st ed.). New York: Guilford Press.

Eifert, G.H. & Heffner, M. (2003) The effects of acceptance versus control on avoidance of panic-related symptoms. *Journal of Behavior Therapy and Experimental Psychiatry, 34,* 293 – 312.

Eifert, G. H., & Forsyth, J. P. (2005). *Acceptance and commitment therapy for anxiety disorders: A practitioner's treatment guide to using mindfulness, acceptance, and values-based behavior change strategies.* Oakland, CA: New Harbinger Publications.

Eisenberger, N. I., & Lieberman, M. D. (2004). Why rejection hurts: A common neural alarm system for physical and social pain. *Trends in Cognitive Sciences, 8*(7), 294-300.

Fairburn, C. G., Cooper, Z., Doll, H. A., O'Connor, M. E., Palmer, R. L., & Grave, R. D. (2008). Enhanced cognitive behaviour therapy for adults with anorexia nervosa: A UK–Italy study. *Behaviour Research and Therapy, 51*(1), R2–R8.

Foa, E. B., & Kozak, M. J. (1986). Emotional processing of fear: Exposure to corrective information. *Psychological Bulletin, 99*(1), 20-35.

Gornall, J. (2013). DSM-5: A fatal diagnosis? *BMJ* 346, f3256.

Gottman, J., & Silver, N. (1999). *The seven principles for making marriage work.* New York. Harmony Books.

Grant, A., & Gladwell, M. Bonus: Malcolm Gladwell debates Adam Grant. *Worklife with Adam Grant.* TED podcast. 10 May 2018.

Gratz, K. L., & Gunderson, J. G. (2006). Preliminary data on an acceptance-based emotion regulation group intervention for deliberate self-harm among women with borderline personality disorder. *Behavior Therapy, 37*(1), 25-35.

Gratz, K. L., & Tull, M. T. (2011). Extending research on the utility of an adjunctive emotion regulation group therapy for deliberate self-harm among women with borderline personality pathology. *Personality Disorders: Theory, Research, and Treatment, 2*(4), 316-326.

Gross, J. J. (2015a). Emotion regulation: Current status and future prospects. *Psychological Inquiry, 26,* 1-26.

Gross, J. J. (2015b). The extended process model of emotion regulation: Elaborations, applications, and future directions. *Psychological Inquiry, 26,* 130-137.

Harris, R. (2009). *ACT with love.* Oakland, CA: New Harbinger Publications.

Harris, R. (2019). *ACT made simple* (2nd ed.). Oakland, CA: New Harbinger Publications.

Hayes, S. (2005). *Get out of your mind and into your life: The new acceptance and commitment therapy.* Oakland, CA: New Harbinger Publications.

Hayes, S. C., Bissett, R., Korn, Z., Zettle, R. D., Rosenfarb, I., Cooper, L., & Grundt, A. (1999). The impact of acceptance versus control rationales on pain tolerance. *The Psychological Record, 49*(1), 33-47.

Hayes, S. C., Strosahl, K. D., & Wilson, K. G. (2011). *Acceptance and commitment therapy: An experiential approach to behavior change.* New York: Guilford Press.

Helliwell, J. (2007). Well-being and social capital: Does suicide pose a puzzle? *Social Indicators Research, 81*(3), 455-496.

Herpertz, S., Schwenger, U. B., Kunert, H. J., and Lukas, G., Gretzer, U., Nutzmann, J., Schuerkens, A., & Sass, H. (2000). Emotional responses in patients with borderline as compared with avoidant personality disorder. *Journal of Personality Disorders 14*(4), 339-351.

Herpertz, S. C., Kunert, H. J., Schwenger, U. B., & Sass, H. (1999). Affective responsiveness in borderline personality disorder: A psychophysiological approach. *The American Journal of Psychiatry, 156*(10), 1550-1556.

Holmes, P., Georgescu, S., & Liles, W. (2006). Further delineating the applicability of acceptance and change to private responses: The example of dialectical behavior therapy. *The Behavior Analyst Today, 7*(3), 311-324.

House, A. S., & Drescher, C. F. (2017, October). Psychological flexibility in DBT skills group participants. Poster presented at the biennial conference of the Southeast Regional Chapter of the Association for Contextual Behavioral Science, St. Petersburg, FL.

Jacobson, N. S., Dobson, K. S., Truax, P. A., Addis, M. E., Koerner, K., Gollan, J. K., et al. (1996). A component analysis of cognitive-behavioral treatment for depression. *Journal of Consulting and Clinical Psychiatry, 64*(2), 295-304.

Juarascio, A. S., Schumacher, L. M., Shaw, J., Forman, E. M., & Herbert, J. D. (2015). Acceptance-based treatment and quality of life among patients with an eating disorder. *Journal of Contextual Behavioral Science, 4*(1), 42-47.

Kahneman, D., Slovic, P., & Tversky, A. (1982). *Judgment under uncertainty: Heuristics and biases.* Cambridge: Cambridge University Press.

Karekla, M., & Forsyth, J.P. (2004). A comparison between acceptance-enhanced cognitive behavioral and Panic Control Treatment for panic disorder. In S. M. Orsillo (Chair), *Acceptance-based behavioral therapies: New directions in the treatment development across the diagnostic spectrum.* Paper presented at the 38th annual meeting of the Association for Advancement of Behavior Therapy, New Orleans, LA.

Karekla, M. Forsyth, J.P., & Kelly, M.M. (2004). Emotional avoidance and panicogenic responding to a biological challenge procedure. *Behavior Therapy, 35,* 725-746.

Kattermann, S. N., Goldstein, S. P., Butryn, M. L., Forman, E., & Lowe, M. R. (2014). Efficacy of an acceptance-based behavioral intervention for weight gain prevention in young adult women. *Journal of Contextual Behavioral Science, 3*(1), 45-50.

Lazarus, R. S., & Folkman, S. (1984). *Stress, appraisal, and coping.* New York: Springer Publishing Company.

Leahy, R., Tirch, D., & Napolitano, L. (2011). *Emotion regulation in psychotherapy: A practitioner's guide.* New York: Guilford Press.

Lillis, J., Hayes, S. C., & Levin, M. E. (2011). Binge eating and weight control: The role of experiential avoidance. *Behavior Modification 35*(3), 252-264.

Linehan, M. M. (1993). *Cognitive-behavioral treatment of borderline personality disorder.* New York: Guilford Press.

Linehan, M. M. (2015). *DBT skills manual* (2nd edition). New York: Guilford Press.

Linehan, M. M., Korslund, K. E., Harned, M. S., Gallop, R. J., Lungu, A., Neacsiu, A. D., et al. (2015). Dialectical behavior therapy for high suicide risk in individuals with borderline personality disorder. *JAMA Psychiatry, 72*(5), 475-482.

Littleton, H., & Ollendick, T. (2003). Negative body image and disordered eating behavior in children and adolescents: What places youth at risk and how can these problems be prevented? *Clinical Child and Family Psychology Review, 6*(1), 51-661.

Luoma, J. B., Hayes, S. C., & Walser, R. D. (2017). *Learning ACT: An acceptance and commitment therapy skills training manual for therapists* (2nd ed). Oakland, CA: New Harbinger Publications.

Lynch, T. R., Hempel, R. J., & Dunkley, C. (2015). Radically open-dialectical behavior therapy for disorders of over-control: Signaling matters. *American Journal of Pyschotherapy, 69*(2), 141-159.

Martell, C. R., Addis, M. E., & Jacobson, N. S. (2001). *Depression in context: Strategies for guided action.* New York: W. W. Norton & Co.

McKay, M., Davis, M., & Fanning, P. (2018). *Messages: The communication skills book.* Oakland: New Harbinger Publications.

Mean, M., Righini, N. C., Narring, F., Jeannin, A., & Michaud, P. A. (2005). Substance use and suicidal conduct: A study of adolescents hospitalized for suicide attempt and ideation. *Acta Paediatrica, 94*(7), 952-959.

Mennin, D. S. (2004). Emotion regulation therapy for generalized anxiety disorder. *Clinical Psychology and Psychotherapy, 11*(1), 17-29.

Mennin, D. S. (2006). Emotion regulation therapy: An integrative approach to treatment-resistant anxiety disorders. *Journal of Contemporary Psychotherapy, 36*(2), 95-105.

Mennin, D. S., Heimberg, C. L., Turk, R. G., & Carmin, C. N. (2004). Regulation of emotion in generalized anxiety disorder. In M. A. Reinecke and D. A. Clark (Eds.), *Cognitive Therapy across the lifespan: Evidence and practice.* Cambridge: Cambridge University Press.

Mennin, D. S., Heimberg, C. L., Turk, R. G., & Fresco, D. M. (2002). Applying an emotion regulation framework to integrative approaches to generalized anxiety disorder. *Clinical Psychology: Science and Practice, 9*(1), 85-90.

Moran, D. J., Bach, P. A., & Batten, S. (2015). *Committed action in practice: A clinician's guide to assessing, planning, and supporting change in your client.* Oakland, CA: New Harbinger Publications.

Morgan, L. P. K., Graham, J. R., Hayes-Skelton, S., Orsillo, S. M., & Roemer, L. (2014). Relationships between amount of post-intervention mindfulness practice and follow-up outcome variables in an acceptance-based behavior therapy for generalized anxiety disorder: The importance of informal practice. *Journal of Contextual Behavioral Science, 3*(3), 173-178.

Morton, J., Snowdon, S., Gopold, M., & Guymer, E. (2012). Acceptance and commitment therapy group treatment for symptoms of borderline personality disorder: A public sector pilot study. *Cognitive and Behavioral Practice, 19*(4), 527-544.

Moscicki, E. K. (2001). Epidemiology of completed and attempted suicide: Toward a framework for prevention. *Clinical Neuroscience Research, 1*(5), 310-323.

Nathan, P. E., & Gorman, J. M. (Eds.). (2002). *A guide to treatments that work* (2nd ed.). New York: Oxford University Press.

Paterson, R. J. (2000). *The assertiveness workbook: How to express your ideas and stand up for yourself at work and in relationships.* Oakland, CA: New Harbinger Publications.

Pearson, A. N., Follette, V. M., & Hayes, S. C. (2012). A pilot study of acceptance and commitment therapy as a workshop intervention for body dissatisfaction and disordered eating attitudes. *Cognitive and Behavioral Practice, 19*(1), 181-197.

Polk, K. L., Schoendorff, B., Webster, M., & Olaz, F. O. (2016). *The essential guide to the ACT matrix: A step-by-step approach to using the ACT matrix model in clinical practice.* Oakland, CA: New Harbinger Publications.

Ramnerö, J., & Törneke, N. (2008). *The ABCs of human behavior: Behavioral principles for the practicing clinician.* Oakland, CA: New Harbinger Publications.

Raudenbush, B., & Zellner, D. (1997). Nobody's satisfied: Effects of abnormal eating behaviors and actual and perceived weight status on body image satisfaction in males and females. *Journal of Social and Clinical Psychology, 16*(1), 95-110.

Reyes-Ortega, M. A., Miranda, E. M., Fresan, A., Vargas, A. N., Barragan, S. C., Robles, G. R., et al. (2019). Clinical efficacy of a combined acceptance and commitment therapy, dialectical behavioural therapy, and functional analytic psychotherapy intervention in patients with borderline personality disorder. *Psychology and Psychotherapy,* June 27, doi: 10.1111/papt.12240.

Roemer, L., Arbid, N., Martinez, J. H., & Orsillo, S. M. (2017). Mindfulness-based cognitive behavioral therapies. In S. Hofmann & G. Asmundson (Eds). *The science of cognitive behavioral therapy: From theory to therapy* (pp. 175-197). New York: Elsevier.

Sareen, J., Houlahan, T., Cox, B. J., & Asmundson, G. J. G. (2005). Anxiety disorders associated with suicidal ideation and suicide attempts in the National Comorbidity Survey. *Journal of Nervous and Mental Disease, 193*(7), 450-454.

Siris, S. G. (2001). Suicide and schizophrenia. *Journal of Psychopharmacology, 15*(2), 127-135.

Skinner, B. F. (1953). *Science and human behavior.* Oxford: Macmillan.

Society of Clinical Psychology (2016). Borderline personality disorder: Psychological treatments. American Psychological Association. https://www.div12.org/psychological-treatments/disorders/borderline-personality-disorder/.

Stice, E., Rohde, P., Gau, J. M., & Wade, E. (2010). Efficacy trial of a brief cognitive-behavioral depression prevention program for high-risk adolescents: Effects at 1- and 2-year follow-up. *Journal of Consulting and Clinical Psychology, 78*(6), 856-867.

Striegel-Moore, R. H., Wilson, G. T., DeBar, L., Perrin, N., Lynch, F., Rosselli, F., et al. (2010). Cognitive-behavioral guided self-help for the treatment of recurrent binge eating. *Journal of Consulting and Clinical Psychology, 78*(3), 312-321.

Strosahl, K. (2015). Association of Contextual Behavioral Science, annual conference presentation.

Strosahl, K. D., Robinson, P. J., & Gustavsson, T. (2015). *Inside this moment: A clinician's guide to promoting radical change using acceptance and commitment therapy.* Oakland, CA: Context Press.

Tang, N. K. Y., & Crane, C. (2006). Suicidality in chronic pain: A review of the prevalence, risk factors, and psychological links. *Psychological Medicine, 36*(5), 575-586.

Tapper, K., Shaw, C., Ilsley, J., Hill, A. J., Bond, F. W., & Moore, L. (2009). Exploratory randomised controlled trial of a mindfulness-based weight loss intervention for women. *Appetite, 52*(2), 396-404.

Vilardaga, R., Estévez, A., Levin, M., & Hayes, S. (2012). Deictic relational responding, empathy, and experiential avoidance as predictors of social anhedonia: Further contributions from relational frame theory. *The Psychological Record, 62*(3), 409-432.

Wenzel, A. (2017). Innovations in Cognitive behavioral therapy: Strategic interventions for creative practice. New York: Routledge.

Weineland, S., Arvidsson, D., Kakoulidis, T. P., & Dahl, J. (2012). Acceptance and commitment therapy for bariatric surgery patients, a pilot RCT. *Obesity Research & Clinical Practice, 6*(1), e21-e30.

Wilson, K. G., & DuFrene, T. (2008). *Mindfulness for two: An acceptance and commitment therapy approach to mindfulness in psychotherapy.* Oakland, CA: New Harbinger

Publications.

Wilson, D., & Sperber, D. (2002). Relevance theory. In G. Ward & L. Horn (Eds.), *Handbook of Pragmatics*. Oxford: Blackwell.

Young, J. E., Klosko, J. S., & Weishaar, M. E. (2007). *Schema therapy: A practitioner's guide*. New York: Guilford Press.

| 부록 |

- 임상 적용을 위해 본문에 있는 워크시트는 아래 페이지에서 내려받을 수 있습니다.
- http://www.newharbinger.com/41771 (영문)
- https://kcbs.ne.kr/books (국문)

황소의 눈

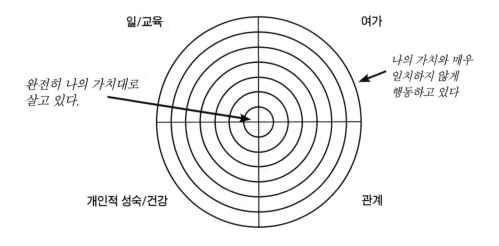

일/교육

여가

나의 가치와 매우
일치하지 않게
행동하고 있다

완전히 나의 가치대로
살고 있다.

개인적 성숙/건강

관계

워크시트: 슈퍼필러를 위한 수용전념치료 로드맵

선택: 내가 선택할 가치 기반 행동은 무엇인가?

선택: 내가 사용할 수 있는 내부 기술은 무엇인가?

선택: 내가 사용할 수 있는 내부 기술 및 외부 기술은 무엇인가?

확인: 가치 기반 선택 사항은 무엇인가? 그것의 실효성은 어떠한가? 선택 사항을 적고, 그 선택 사항이 당신의 가치에 다가가든지 아니면 물러나는지를 실효성을 나타내는 줄에 'X'를 표시합니다.

선택 1: _____

다가가기　　　가치　　　물러나기

선택 2: _____

다가가기　　　가치　　　물러나기

확인: 감정 기계가 뭐라고 하나? 떠오르는 감정, 기억, 이미지, 사고, 감각, 충박감을 알아채고 명명하세요.

확인: 이 상황에서 나에게 진정 중요한 것은 무엇인가?

어떤 상황인가? (가능한 구체적으로)

내가 조절할 수 없는 것은 무엇인가?

주간 실습 워크시트: 활동하는 가치

개인적 가치: _____

나의 가치는 개인적인 가치인가? 아니면 타인이나 타인의 행동을 바꾸려는 것인가?

_____

_____

나의 가치를 확인한 후 내가 취하기로 선택한 구체적인 행동은 무엇인가? (언제, 어디서, 얼마나 오랫동안?)

_____

_____

특정 행위를 취할 때 나의 감정 기계는 _____ 같은 불편한 느낌을 떠오르게 한다.

나는 그런 느낌을 얼마나 기꺼이 가지고 싶은가? (0 = 최저부터 10 = 최고까지 숫자를 표시하세요.)

0   1   2   3   4   5   6   7   8   9   10

가치 기반 행위를 취할 때 내가 겪게 될 감각은 무엇인가?

_____

가치 기반 행위를 취할 때 어떤 생각이 나타날 수 있나?

_____

가치 기반 행위 후의 결과는 무엇이었나?

_____

_____

가치 측정: 해당하는 곳에 표시하세요.

멀리   가까이

0   1   2   3   4   5   6   7   8   9   10

유인물: 감정 조절의 기초

이 유인물을 사용하여 이 회기에서 논의된 각 가르침 요점의 일부를 메모합니다.

가르침 요점: 감정이란 무엇인가?

_____

_____

_____

_____

_____

가르침 요점: 감정 조절이란 무엇인가?

_____

_____

_____

_____

_____

가르침 요점: 감정 조절은 언제 문제가 되는가?

_____

_____

_____

_____

_____

가르침 요점: 감정 조절의 유형은 무엇인가?

_____

_____

_____

_____

_____

유인물: 감정 색인

성공적인	슬픈	즐거운
쓴	비판적인	안목 있는
평화로운	강력한	조용한
갇힌	화난	겁먹은
가벼운 마음으로	장난기 많은	보잘것없는
호기심 많은 (궁금한)	확실한	압도당한
차분한	절망적인	사랑받는
자랑스러운	알아봐 주는	황폐한
무감각한	보람 있는	차가운
하찮은	배신감 드는	굴욕적인
감사한	마비된	취약한
부적절한	가치 있는	무력한
심심한	피곤한	창의적인
단절된	비어있는	살아있는
열린 (개방된)	보호받는	안전한
상상력이 풍부한	적대적인	어리둥절한
사려깊은	반응적인	짜증이 나는
대담한	조용한	분개한
혼란스러운	절망적인	활동적인
우울한	쾌활한	분개한
자극을 주는	희망적인	따뜻한
느긋한	상처받은	존경하는
충격받는	이해받는	좌절한
자신감 있는	양육받는	부끄러운
버림받은	감각적인	예술적인
괘씸한	낙천적인	수용받는

유인물: 감정에 관한 사고

이 유인물은 감정에 관한 가장 흔한 사고를 검토합니다. 각각 의견이나 관찰 사항을 자유롭게 적으십시오.

감정에 관한 사고	의견, 관찰
사고: 감정은 느닷없이 나타난다.	
사고: 나는 느낀다. 고로 나는 존재한다.	
사고: 불편한 느낌은 영원히 지속된다.	
사고: 좋은 감정이 있고 나쁜 감정이 있다.	
사고: 고통스러운 감정은 나쁜 것이다.	
사고: 타인의 행동이 내 느낌을 좌우한다.	
사고: 나의 강렬한 느낌에 대해 생각하는 것은 항상 건강하다.	
사고: 고통스러운 감정은 내가 해야 할 일을 가리킨다.	
사고: 모든 불편한 감정은 나쁜 것이다.	
사고: 내 감정을 조절할 수 있어야만 한다.	
사고: 나는 느낀다, 그러므로 나는 행동한다.	
사고: 긍정적인 느낌은 이상하다.	
사고: _____	

유인물: 체형 그림

신체 스캔 연습을 한 후 몸에서 알아챈 감각과 이를 기술하는 단어를 적어 주십시오.
아래 인물 그림 옆에 있는 단어 중 일부를 예시로 사용할 수 있습니다.

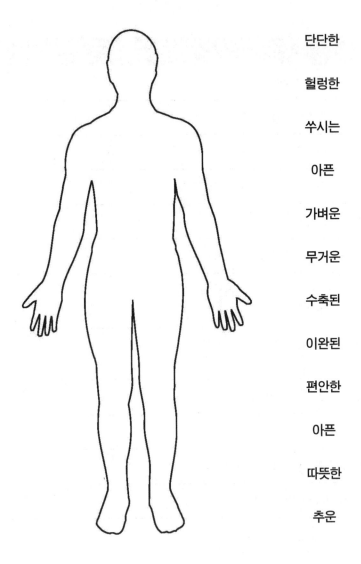

단단한

헐렁한

쑤시는

아픈

가벼운

무거운

수축된

이완된

편안한

아픈

따뜻한

추운

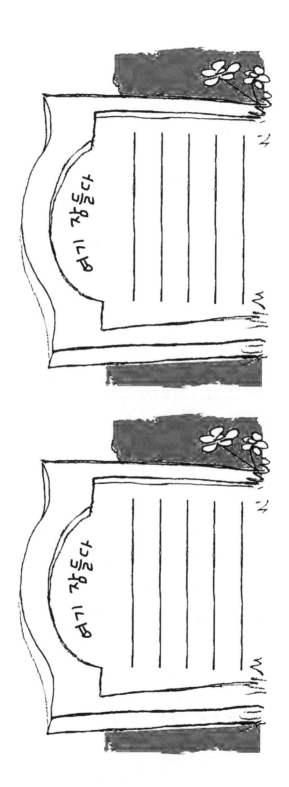

워크시트: 가치 기반 문제 해결

모든 일은 우리가 원하는 대로 진행되는 게 아니며 종종 문제에 부딪히게 됩니다. 수용전념치료는 문제 해결하기를 하나의 기법이 아닌 가치를 향한 또다른 단계로서 배우기를 요청합니다. 당신이 투쟁하고 있는 상황을 선택하고 아래 질문에 최선을 다해 답해 보십시오. (양가감정을 가질 수 있는 상황이나 이해관계가 큰 상황을 선택하는 것이 더 좋습니다)

상황을 최대한 구체적으로 기술할 수 있나요?

_____

_____

_____

당신이 통제할 수 있는 것은 무엇인가요?

_____

_____

당신이 전혀 통제할 수 없는 것은 무엇인가요?

_____

_____

_____

잠시 물러서 보면 이 상황에서 당신에게 정말 중요한 것은 무엇인가요? (가치를 확인할 때 '갈고리에 걸려든 느낌'이 있는지 주의합니다.)

_____

당신의 감정 기계가 어떤 것(느낌, 감각, 촉박감, 기억, 이미지, 사고)을 떠올리나요?

_____

_____

_____

당신이 취할 수 있는 행위는 무엇입니까? 각각의 행위가 당신의 개인적 가치에 더 가까워지는지 멀어지는지 확인하세요.

가능한 행위	가치에 가까워짐 (1-10)	가치로부터 멀어짐 (1-10)

위 표에서 당신의 반응에 기초하여 무엇을 결정했나요?

_____

_____

_____

현실적으로 생각해 봅시다. 당신이 선택하는 어떤 결정이든지 자유로울 수는 없으며 시끄러운 내면 목소리와 신체 소음을 지닌 당신의 감정 기계가 그곳에 있을 것입니다. 당신의 가치에 더 다가가는 행동을 선택하기 위해 어떠한 감정, 생각, 감각 또는 촉박감을 위한 공간을 확보해야 합니까?

_____

_____

다음 질문은 이 문제에 대해 행위를 취한 후 대답합니다.
취하기로 한 행위는 무엇이었나요? _____

_____

단기적으로나 장기적으로 이러한 행동의 결과는 무엇이었습니까?

_____

_____

워크시트: 면접을 위한 피드백 시트

면접관을 위한 관찰 시트
면접 지원자가 역할 연기에 어떻게 참여하고 있는지 알아채고 다음 각 범주에 서 몇 가지 관찰 사항을 적어 보십시오.

태도 _____
_____
자세 _____
신체 _____
_____
얼굴 _____
_____

면접 지원자를 위한 관찰 시트
역할 연기에 참여할 때 내면의 경험과 무엇이 나타났는지 확인합니다.
어떤 유형(과거, 미래, 이유 대기, 꼬리표, 이야기, 지배)의 사고인가요?
_____
_____
어떤 느낌? _____
_____
어떤 감각? _____
_____
가장 의지했던 행위? _____
_____

유인물: 갈등에 관한 사고

우리 내면의 목소리는 자연스럽게 갈등에 관한 사고를 떠올리게 합니다. 아래는 흔한 것 중 일부입니다. 당신에게 적용되는 것을 확인하고, 다른 것이 있으면 추가하고 해당 사고와 융합될 때 따라오는 행동을 적어 두십시오.

갈등에 관한 사고	해당 사고에 걸려들 때 하는 가장 흔한 행동
당신이 먼저 바꿔라, 난 그다음에 할게.	상대방 혹은 관계를 위한 조정을 거부하기. 상대방의 요청이나 의견을 무시하기. "나는 그런 일을 한 적이 없어." 또는 "왜 내가 변해야만 해?" 같이 말하기
다툼에는 승자와 패자가 있어.	상대방이 당신의 관점에 동의하도록 설득 모드로 들어가기. 어떤 대가를 치르더라도 상대방이 틀렸음을 증명하기.
나는 논쟁하고 싶지 않아, 사람들이 나를 좋아하길 바라!	상대방을 위해 일하고 사람들이 즐겁게 지낼 수 있도록 하며 자신이 정말로 느끼는 것을 상대방에게 말하지 않기.
갈등을 일으킨 사람이 해결해야 한다.	상대방의 관점을 배우기를 거부하기. 다른 상대방도 투쟁하고 있다는 것 무시하기.
말다툼은 관계를 악화시킨다.	갈등을 무시하고 아무 일도 없었던 것처럼 행동하기.
지는 것은 짜증 나!	갈등을 놓아주기를 거부하고 상대방이 달래도록 주장하기.
지금 나에게 무슨 일이 일어나고 있는지 당장 말하지 않으면 사람들이 나를 진지하게 받아들이지 않을 거야.	상대방 실수를 정확히 지적하거나 그 사람의 성격에 대해 광범위하게 언급하기.
말다툼하지 말고 저절로 나아질 때까지 기다리자.	상처받고 실망한 느낌 등을 무시하기. 가능한 한 빨리 대화 주제 변경하기.

워크시트: 갈등에 관한 사고의 실효성 알아차리기

우리 내면의 목소리는 자연스럽게 갈등에 관한 사고를 떠올리게 합니다. 아래는 흔한 것 중 일부입니다. 당신에게 적용되는 것을 확인하고, 다른 것이 있으면 추가하고 해당 사고와 융합될 때 따라오는 행동을 적어 두십시오.

촉발 상황 다툼이나 갈등은 무엇에 관한 것인가요?	당신의 감정 기제는 무엇을 생각했나요?	갈등에 관한 어떤 생각에 융합됐나요?	무엇을 하셨나요?	당신이 원하는 관계에 가까워졌나요, 아니면 멀어졌나요?

유인물: 가장 의지했던 전투 전술

당신은 어떻게 논쟁합니까? 갈등을 관리하기 위해 의존하는 가장 흔한 행동 반응을 확인해 보십시오. 이들 중 일부는 당신에게 적용될 수 있고 다른 것들은 그렇지 않을 수 있습니다.

가장 의지했던 전투 전술	연관된 행동
강요 모드	강요 모드는 다툼이 올 때 상대방을 위협, 요구, 강압하는 것이다
비난 모드	비난 또는 외재화된 전투 전술로서 자신의 고통스러운 느낌이나 행동을 상대방 탓으로 돌린다.
이유 대기 모드	가장 의지했던 전투 전술로써 이유 대기 모드로 들어가는 것은 다른 옵션이나 대안을 고려하지 않고 내면 목소리가 절대적 진실로 제시하는 모든 이유, 설명 또는 정당화를 그대로 나열하는 것을 의미한다.
캐릭터 공격 모드	속상할 때 캐릭터 공격 모드로 들어가는 것은 내면의 목소리가 빠르게 생각에 꼬리표를 달고, 꼬리에 꼬리를 물고 상대방과 관련한 비판을 떠올리는 것이다.
달래기 모드	달래거나, 재빨리 동의하면서 자신의 필요를 무시하는 것이다.
분리 모드	분리 모드로 들어가기는 벽쌓기 모드로 들어가기와 같다. 당신이 토론하는 사람과 감정적으로 심지어 신체적으로 단절되는 순간을 말한다.
측정 모드	측정 모드는 관계와 관련하여 다른 사람의 행동을 평가하는 것이다. 그들이 너를 보러 오는가 아니면 네가 차를 몰고 가는가? 그들은 관계에서 네가 쓰는 만큼의 돈을 쓰고 있는가?

워크시트: 피드백 주기

어떤 상황입니까?

_____

_____

나의 가치는 무엇입니까?

_____

_____

활동 중인 감정 기계가 떠올린 모든 것(느낌, 생각, 신체 감각, 촉박감)을 알아
채고 명명하십시오.

_____

_____

구체적인 피드백/요청을 적어 보세요. 감사, 피드백을 주는 이유, 피드백과 관
련한 당신의 느낌, 특정한 요청을 포함하십시오.

_____

_____

_____

_____

_____

_____

_____

_____

_____

_____

_____

_____

워크시트: 요청하기

모든 관계는 어느 시점에서 진정이나 요청이 요구됩니다. 이 워크시트를 사용하여 요청해야 하는 모든 시나리오에 대비하기 위해 최선을 다하십시오.

어떤 상황입니까? (가능한 구체적으로 작성하십시오)

_____

_____

_____

_____

당신이 정말 조절할 수 있는 것은 무엇입니까?

_____

_____

_____

어떤 변화 의제에 걸려들어 있나요?

_____

_____

활동 중인 감정 기계(느낌, 생각, 신체 감각, 촉박감)를 알아채십시오.

_____

_____

_____

요청: (1) 상황이 어떠한지 명확히 언급 (2) 상황과 관련한 생각 (3) 상황과 관련한 느낌 (4) 당신의 구체적인 요청.

_____

_____

_____

_____

유인물: 공감 행동 실습 및 요청하기 단계

공감 행동을 실습하는 단계	요청하기 단계
1. 활동 중인 당신의 감정 기계를 알아채고 명명하십시오(느낌, 감각, 이미지, 기억, 과거, 미래, 지배, 꼬리표 사고).	1단계: 요청이 무엇인지 명확히 하기
2. 그 순간 나타나는 가장 의지했던 행위를 알아채십시오.	(a)상황에서 개인적 가치를 확인하십시오.
3. 호흡과 함께 자신을 접지합니다. 닻을 내리세요!	(b)당신이 통제할 수 있는 것과 통제할 수 없는 것을 알아채십시오.
4. 그들의 상처에 관해 다음 세 가지 질문을 하면서 상대방에게 주의를 집중하십시오. 그들이 그것에 관해 무슨 생각하는지/ 어떻게 느끼는지/ 당신이 그것에 관해 할 수 있는 어떤 것이 있는지.	(c)관계에서 당신이 더해야 할 것, 덜 해야 할 것 또는 시작하거나 중지해야 할 것이 있는지 확인하십시오.
	(d)요청하기에 관해 생각할 때 당신의 감정 기계가 무엇을 떠올리는지 알아채고 명명하십시오.

2단계: 요청하기

명확하게 진술하십시오. (a) 상황이 어떠한지 (b) 상황과 관련한 당신의 생각 (c) 상황과 관련한 당신의 느낌 (d) 구체적인 요청

유인물: 피드백 주고받기 단계

피드백 받기 단계	피드백 주기 단계
1. 당신의 감정 기계가 무엇(느낌, 신체 감각)을 떠올렸는지 알아채고 명명하십시오.	**1단계: 피드백 주기 위한 준비 단계**
2. 피드백을 제공하는 사람이나 상황에 관해 내면 목소리가 무엇(어떤 이야기, 기억, 이미지, 지배, 과거, 미래, 꼬리표 사고)을 떠올리는지 알아채고 명명하십시오.	1. 당신에게 속상한 상황에 관해 (가능한 구체적으로) 명확히 하십시오.
3. 자신의 가장 의지했던 행위를 알아채고 가장 의지했던 전투 전술(강요, 비난, 이유 대기, 캐릭터 공격, 달래기, 분리, 측정 모드)을 확인하십시오.	2. 그 관계와 관련하여 당신에게 중요한 것(개인적 가치, 관계 가치)이 무엇인지 확인하십시오.
	3. 그 상황에 관해 생각할 때 감정 기계가 무엇을 떠올리는지 알아채고 명명하십시오.
4. 그 순간 머물기 위해 반복적으로 자신을 접지하기. 닻을 내리세요!	**2단계: 피드백 전달하기**
5. 당신의 가치를 확인하십시오. 이 상호작용에서 자신에게 중요한 것은 무엇인가요?	4. 상대방의 행동에서 감사할 필요가 있는 것을 감사하십시오(그리고 항상 감사할 것이 있음을 기억하기).
6. 가치에 기반한 행동을 선택하십시오. 이 상황에서 가치에 가까워지기 위해서 무엇을 해야 할까요?	5. 상대방에게 주고 싶은 피드백에 대해 구체화하십시오(그 사람에 대한 꼬리표가 아닌 행동을 설명하기).
	6. 상대방에게 피드백을 제공할 때 자신의 느낌과 생각을 구체화하십시오.
	7. 그 피드백 주기가 당신에게 중요한 이유를 말하세요.

감정은 어떻게 조절되는가

저자 패트리샤 주리타 오나

역자 곽욱환, 조철래

초판 1쇄 인쇄 2024년 05월 16일

초판 1쇄 발행 2024년 05월 27일

등록번호 제2010-000048호

등록일자 2010-08-23

발행처 삶과지식

발행인 김미화

편집 박시우(Siwoo Park)

디자인 다인디자인(E.S. Park)

주소 경기도 파주시 해올로 11, 우미린 더 퍼스트 상가 2동 109호

전화 02-2667-7447

이메일 dove0723@naver.com

ISBN 979-11-85324-76-0   93180